Dialekt-/Standard-Input im beruflichen Kontext in Oberösterreich

Kevin Rudolf Perner

Dialekt-/Standard-Input im beruflichen Kontext in Oberösterreich

Eine gesprächslinguistische Untersuchung zur Variation des Deutschen als Input für erwachsene Deutschlernende interpretiert

 J.B. METZLER

Kevin Rudolf Perner
Weikendorf, Österreich

Bei diesem Buch handelt es sich um die überarbeitete Version meiner im Studienjahr 2022/2023 von der Philologisch-Kulturwissenschaftlichen Fakultät der Universität Wien angenommenen Dissertation.

ISBN 978-3-662-69787-0   ISBN 978-3-662-69788-7 (eBook)
https://doi.org/10.1007/978-3-662-69788-7

Die Deutsche Nationalbibliothek verzeichnet diese Publikation in der Deutschen Nationalbibliografie; detaillierte bibliografische Daten sind im Internet über https://portal.dnb.de abrufbar.

© Der/die Herausgeber bzw. der/die Autor(en), exklusiv lizenziert an Springer-Verlag GmbH, DE, ein Teil von Springer Nature 2024

Das Werk einschließlich aller seiner Teile ist urheberrechtlich geschützt. Jede Verwertung, die nicht ausdrücklich vom Urheberrechtsgesetz zugelassen ist, bedarf der vorherigen Zustimmung des Verlags. Das gilt insbesondere für Vervielfältigungen, Bearbeitungen, Übersetzungen, Mikroverfilmungen und die Einspeicherung und Verarbeitung in elektronischen Systemen.
Die Wiedergabe von allgemein beschreibenden Bezeichnungen, Marken, Unternehmensnamen etc. in diesem Werk bedeutet nicht, dass diese frei durch jede Person benutzt werden dürfen. Die Berechtigung zur Benutzung unterliegt, auch ohne gesonderten Hinweis hierzu, den Regeln des Markenrechts. Die Rechte des/der jeweiligen Zeicheninhaber*in sind zu beachten.
Der Verlag, die Autor*innen und die Herausgeber*innen gehen davon aus, dass die Angaben und Informationen in diesem Werk zum Zeitpunkt der Veröffentlichung vollständig und korrekt sind. Weder der Verlag noch die Autor*innen oder die Herausgeber*innen übernehmen, ausdrücklich oder implizit, Gewähr für den Inhalt des Werkes, etwaige Fehler oder Äußerungen. Der Verlag bleibt im Hinblick auf geografische Zuordnungen und Gebietsbezeichnungen in veröffentlichten Karten und Institutionsadressen neutral.

Planung/Lektorat: Karina Kowatsch
J.B. Metzler ist ein Imprint der eingetragenen Gesellschaft Springer-Verlag GmbH, DE und ist ein Teil von Springer Nature.
Die Anschrift der Gesellschaft ist: Heidelberger Platz 3, 14197 Berlin, Germany

Wenn Sie dieses Produkt entsorgen, geben Sie das Papier bitte zum Recycling.

Danksagung

AUS EINER PRIVATEN AUFNAHME

```
der pApa hat dich verSTANden.=
=er hat JO: gesAgt;=
=ha ha JO::-
(.)
jo:.
(.)
jo::-=
=ha ha he he,
(.)
jo::-=
=jo::.
(.)
JO:: hat_a gesAgt.
```

An dieser Stelle möchte ich die Gelegenheit nützen, mich bei jenen zu bedanken, die es mir ermöglichten, diese Arbeit zu schreiben. Ich bedanke mich herzlich bei meinen Betreuer:innen İnci Dirim und Manfred Michael Glauninger alias Manzi dafür, dass ich sie (zumindest zu fast) jeder Tages- und Uhrzeit um Rat fragen durfte. Besonderer Dank gilt auch meinen Gewährspersonen und all jenen, die meine empirischen Erhebungen ermöglichten. Außerdem danke ich all jenen Kolleg:innen, die ich zwischen 2018 und 2022 u. a. am Institut für Germanistik der Universität Wien kennenlernen durfte und die mich inspirierten. Ich danke meiner Ehefrau Natascha Perner dafür, dass sie mir den Rücken freihielt und meiner Tochter Anna Magdalena Perner dafür, dass sie oft großes Verständnis dafür hatte, wenn Papa arbeiten musste.

Weikendorf, im Juni 2024

Zusammenfassung

Im Mittelpunkt dieses qualitativ angelegten Forschungsprojekts steht die Frage, von welchem *interaktional und situational modifizierten Dialekt-Standard-Kontinuums-Input* Lehrlinge, die sich in der Aneignung des Deutschen als Zweitsprache befinden, im *Kommunikationsraum Betrieb* in Oberösterreich umgeben sind. Im Konkreten wird der Deutschgebrauch von in (Ober-)Österreich sozialisierten Ausbildenden gegenüber deutschlernenden Auszubildenden während deren Arbeitszeit untersucht. Es handelt sich um ein sozio- bzw. gesprächslinguistisches Forschungsprojekt und dementsprechend wird im Kontext von Sequenzialität ausgewertet. Die relevanten Gesprächsdaten wurden im Jahr 2018 in zwei Betrieben im oberösterreichischen Mühlviertel erhoben. Das Datensample besteht aus 26 Episoden unterschiedlicher Länge, und die in diesen Episoden identifizierten Reparatursequenzen spielen eine besondere Rolle. Die Ergebnisse bieten Anknüpfungspunkte für zukünftige Forschungen, die sich mit der Variation des Deutschen und der Vermittlung und/oder Aneignung des Deutschen als Zweitsprache beschäftigen.

Inhaltsverzeichnis

1 **Grundlegendes** 1
   1.1 Hinführung, Untersuchungsgegenstand 1
   1.2 Sequenzanalyse, Semiotik, Abduktion 4
   1.3 Aufbau der Arbeit 15
      1.3.1 Allgemeine Hinweise 16
      1.3.2 Zu den Kapiteln und Abschnitten 17
   1.4 Überblick zum Forschungsstand, Forschungslücke,
      Forschungsfragen 20
   1.5 Zum Zusammenfließen (gesprächs-)linguistischer
      Beschreibungsebenen im Kontext von Deutsch als
      Zweitsprache 29
   1.6 Zum interaktional und situational modifizierten Dialekt-/
      Standard-Kontinuums-Input im Kommunikationsraum
      Betrieb in Oberösterreich 41

2 **Methodisches, Methodologisches** 55
   2.1 Gesprächslinguistische Zugänge und das Prinzip
      Im-Kontext-von-Sequenzialität 56
   2.2 Datenerhebung 64
      2.2.1 Datenbasis 64
      2.2.2 Organisatorische Aspekte 65
      2.2.3 Anmerkungen zur Rolle des Forschenden und zur
           Situation 68
   2.3 Das Datensample 70

2.3.1 Datenreduktion 70
2.3.2 Kollektion(sausschnitte) 71
2.3.3 Die Gewährspersonen 85
2.4 Datenaufbereitung 92

3 Variationsraum von Dialekt bis Standardsprache 95
3.1 Variation, Varietät und Variante 95
3.2 Zu Dialekt und Standardsprache 103
3.3 Sprachgebrauchsmodelle im Kontext von Deutschaneignung und (Aus-)Bildung 111
3.4 Kommunikationsraum und Register 124
3.5 Akkommodation und Code-Wechsel 134

4 Saliente Features 161
4.1 Perspektivierung des linguistischen Salienzkonzepts 162
    4.1.1 Zur Schirmunski'schen Unterscheidung zwischen primären und sekundären (Dialekt-)Merkmalen 162
    4.1.2 Zur sozialen Relevanz von salienten Features 165
    4.1.3 Zur Beobachtung salienter Features 175
4.2 Konversationelle Reparatur(sequenz)en und deren Relevanz bei der Vermittlung von Inhalten 179
    4.2.1 Zu den Reparatursequenzkomponenten 182
    4.2.2 Zu den Signans-/Signatum-Strukturen in Reparatursequenzen 187
    4.2.3 Zum impliziten Common Ground 191
    4.2.4 Reparatursequenzen und deren Entstehungszusammenhang, sprachlich-interaktionale Routine und kommunikative Kausalität 199

5 Exkurs: DSK-Emergenz mit Fokus auf *a*-bezogene Variation 205
5.1 Kollektionsausschnitt kooperationsbezogene Gesprächsausschnitte mit Normalprogression in Fall 1 212
5.2 Kollektionsausschnitt kooperationsbezogene Gesprächsausschnitte mit Normalprogression in Fall 2 225
5.3 Kollektionsausschnitt kooperationsbezogene Gesprächsausschnitte mit Problemprogression in Fall 1 233

5.4	Kollektionsausschnitt kooperationsbezogene Gesprächsausschnitte mit Problemprogression in Fall 2	246
5.5	Kollektionsausschnitt kooperationsbegleitende Gesprächsausschnitte in Fall 1	261
5.6	Kollektionsausschnitt kooperationsbegleitende Gesprächsausschnitte in Fall 2	264
6	**Schlussbetrachtung**	271
Bibliographie	....	285

Abkürzungsverzeichnis

a.	auch
ADS	Ausbilder des Dachdecker-Spengler-Lehrlings
AK	Ausbilder des Kochlehrlings
a-l-Vok.	*l*-Vokalisierung, die sich auf die Repräsentation von /a/ auswirkt
BICS	Basic Interpersonal Communicative Skills
BMI	Bundesministerium für Inneres
bzw.	beziehungsweise
ca.	circa
CALP	Cognitive/Academic Language Proficiency
d. h.	das heißt
DaE	Deutsch als Erstsprache
DaF	Deutsch als Fremdsprache
DaZ	Deutsch als Zweitsprache
DS	steht in verschiedenen Zusammenhängen für „Dachdecker-Spengler"
DSK	Dialekt-Standard-Kontinuum
DSGVO	Datenschutz-Grundverordnung
ebd.	ebendort
et al.	et alii
EU	Europäische Union
EXMARaLDA	Extensible Markup Language for Discourse Annotation
f.	folgende Seite
ff.	folgende zwei Seiten

fiFR	fremdinitiierte Fremdreparatur
fiSR	fremdinitiierte Selbstreparatur
FT	Foreigner Talk
GAT 2	Gesprächsanalytisches Transkriptionssystem 2
ggf.	gegebenenfalls
H. i. O.	Hervorhebung im Original
K	steht in verschiedenen Zusammenhängen für „Koch"
Konj.	Konjunktiv
K. R. P.	Kevin Rudolf Perner
L1	Language 1
L1S	L1-Sprecher/-Sprecherin/-Sprecher:innen
L2	Language 2
L2S	L2-Sprecher/-Sprecherin/-Sprecher:innen
LAD	Language Acquisition Device
LDS	Lehrling, der den Beruf des Dachdeckers und Spenglers lernt
LK	Lehrling, der den Beruf des Kochs lernt
l-Vok.	*l*-Vokalisierung
m. E.	meines Erachtens
m. W.	meines Wissens
Nr.	Nummer
o.	oben
o. B.	ohne Befund
o. J.	ohne Jahr
o. S.	ohne Seite
ÖAW	Österreichische Akademie der Wissenschaften
ÖIF	Österreichischer Integrationsfonds
ORF	Österreichischer Rundfunk
ÖWB	Österreichisches Wörterbuch
Präp.	Präposition
RSmedA	Reparatursequenz mit explizit-dialogischem Aushandlungsprozess
RSoedA	Reparatursequenz ohne explizit-dialogischen Aushandlungsprozess
s.	siehe
s. o.	siehe oben
s. u.	siehe unten
sic	sīc erat scriptum
siFR	selbstinitiierte Fremdreparatur
siSR	selbstinitiierte Selbstreparatur

sog.	sogenannte
T	Transkript
TKE	Turnkonstruktionseinheit
u. a.	unter anderem
[u. a.]	und andere
u.	unten
usw.	und so weiter
v. a.	vor allem
vgl.	vergleiche
vs.	versus
www	World Wide Web
z. B.	zum Beispiel

Symbolverzeichnis

=	(ist) gleich
≈	ungefähr, in etwa oder nahezu
Ø	unbelegtes oder fehlendes Gesprächselement oder -segment
a	bezieht sich häufig auf /a/ und [a], repräsentiert v. a. ab Kapitel 5 nicht nur mehr Phonetisch-Phonologisches
a*	verweist auf [a] für /a/, wenn davon auszugehen ist, dass eine *a*-verdumpfte Variante an sich zumindest unwahrscheinlich ist (*a*-Verdumpfungsresistenz)
←	Verschiebung in Richtung Dialektpol
→	Verschiebung in Richtung Standardpol
↓	Keine Verschiebung im DSK oder eine Verschiebung im dialektnahen oder standardnahen Bereich des DSK
↑	Verschiebung im Sinne eines zusätzlich auftretenden Gesprächselements- oder -segments
↔	Wechselwirkungspfeil
`Courier New`	weist tatsächlich getätigte Äußerungen aus und orientiert sich an GAT 2-Konventionen nach Selting et al. (2009)

Grundlegendes 1

1.1 Hinführung, Untersuchungsgegenstand

Im Forschungs- und insbesondere im Praxisfeld Deutsch als Zweitsprache (im Folgenden auch DaZ) liegt der Schwerpunkt auf der Aneignung des Deutschen durch Sprecher:innen, die sich im sog. deutschen Sprachraum befinden und bereits Aneignungsprozesse in mindestens einer anderen Sprache durchlaufen haben (im Folgenden auch als L2-Sprecher:innen bzw. L2S bezeichnet), und damit zusammenhängenden Fragen der Vermittlung des Deutschen, die zwar nicht notwendigerweise, aber doch häufig durch Sprecher:innen erfolgt, die mit dem Deutschen aufgewachsen sind (im Folgenden auch als L1-Sprecher:innen bzw. L1S bezeichnet). Obwohl es aus sprachwissenschaftlicher Sicht völlig unkontrovers ist, dass im besagten deutschen Sprachraum neben standardkonformem Sprachgebrauch auch nicht-standardkonformer vital ist, wird Variation diesseits standardsprachlicher Heterogenität im Zusammenhang mit der Aneignung und Vermittlung von DaZ bisher wenig Beachtung geschenkt. Zumindest ist eine Überbetonung der normspektralen Variation des Deutschen im Feld DaZ nicht von der Hand zu weisen, die sich v. a. in der Thematisierung des Standarddeutschen/der Standardvarietäten bzw. der damit verbundenen Bildungs- und Fachsprache Deutsch ausdrückt.[1]

---

[1] Vgl. dazu DaZ-affine Darstellungen, Konzepte, Modelle und Methoden wie z. B. in Ahrenholz / Oomen-Welke (2017), Jeuk (2015), Efing (2014) oder Gogolin / Lange (2011).

Ergänzende Information Die elektronische Version dieses Kapitels enthält Zusatzmaterial, auf das über folgenden Link zugegriffen werden kann https://doi.org/10.1007/978-3-662-69788-7_1.

© Der/die Autor(en), exklusiv lizenziert an Springer-Verlag GmbH, DE, ein Teil von Springer Nature 2024
K. R. Perner, *Dialekt-/Standard-Input im beruflichen Kontext in Oberösterreich*, https://doi.org/10.1007/978-3-662-69788-7_1

Aber nicht nur der thematische Überhang an standardkonformer Variation kann für das Feld DaZ als typischer angesehen werden als die Einbeziehung nicht-standardkonformer, sondern auch der Fokus auf Deutschlernende statt auf Deutschvermittelnde, auf Output statt auf Input und auf unterrichtsbezogene statt auf außerunterrichtliche Aspekte. Folgt man dieser Darstellung, handelt es sich bei der vorliegenden Arbeit um eine für das Feld DaZ zumindest weniger typische Arbeit, da sie auf die gesamte Variationsbreite des Deutschen statt nur auf den normspektralen Teilbereich dessen fokussiert und damit verbunden auf Deutschvermittelnde statt auf Deutschlernende, auf Input statt auf Output und auf nicht unterrichtsgeleitete Deutschvermittlungsvorgänge statt auf unterrichtsgeleitete Vorgänge der Vermittlung oder Aneignung des Deutschen. Gerade im Hinblick auf die für diese Arbeit gewählte und für das Feld DaZ auch nicht typische gesprächslinguistische Ausrichtung, unter der im Folgenden in Abschnitt 2.1 unterschiedliche Forschungsprogramme mit Bezug auf Gesprächsdaten subsumiert werden, versteht es sich von selbst, dass die Konzentration auf das, was nach den obigen Ausführungen als L1S-spezifische Aspekte bezeichnet werden kann, nicht bedeutet, dass das, was nach denselben als L2S-spezifische Aspekte bezeichnet werden kann, außer Acht gelassen werden kann. Schließlich entwickeln sich Gespräche und manifestiert sich der Sprachgebrauch in ihnen nicht ohne die Interpretation des interaktionalen Gegenübers, was in der vorliegenden Untersuchung, in der die L1S-Perspektive in drei L1S-L2S-Gesprächskonstellationen zentral ist, z. B. heißen kann, dass L1S aufgrund eines L2S-Outputs auf die Notwendigkeit von (weiteren) Input-Maßnahmen schließen. Dies kann zur Folge haben, dass die Analyse des Inputs von L1S vor dem Hintergrund der Analyse des Outputs von L2S, der Hinweise darauf liefern kann, welche Informationen eines (un-)mittelbar vorangegangenen Inputangebots bereits verarbeitet wurden (= Intake als Produkt, vgl. Chi 2016: 77 f.) oder in Bearbeitung sind (= Intake als Prozess, vgl. ebd.: grosso modo), sinnvoll ist, womit nicht nur Interpretationen aus der L1S-Perspektive und damit verbundene Vermittlungsversuche, sondern auch Interpretationen aus der L2S-Perspektive und damit verbundene deutschaneignungsbezogene Prozesshaftigkeit zum Tragen kommen.

Neben dem in der breiten Fachöffentlichkeit unbestrittenen untrennbaren Zusammenhang zwischen Input (, Intake) und Output ist aus gesprächslinguistischer Sicht auf die Vermittlung und Aneignung von DaZ auf einen weiteren Zusammenhang hinzuweisen, der ohne einen gesprächslinguistischen Zugang mitunter nicht hergestellt wird, nämlich auf die aus Interaktionsverläufen ableitbaren fließenden Übergänge zwischen ungesteuerten und gesteuerten

1.1 Hinführung, Untersuchungsgegenstand

Sprachvermittlungs- bzw. Sprachaneignungssituationen. Selbstverständlich können die Übergänge auch in die andere Richtung fließend sein. Für die vorliegende Untersuchung ist jedoch die oben dargestellte Richtung von größerer Bedeutung. Dies hängt damit zusammen, dass L1S-L2S-Gesprächskontellationen nicht im *Kommunikationsraum Unterricht* betrachtet werden, für den u. a. im Hinblick auf das Feld DaZ kontrollierte Vermittlungs- und Aneignungsvorgänge kennzeichnend sind, sondern im *Kommunikationsraum Betrieb*, in dem allein schon aufgrund seiner primär ökonomischen Ausrichtung nicht davon auszugehen ist, dass kontrollierte sprachbezogene Vermittlungs- und Aneignungsvorgänge in hohem Maße vorkommen würden. Entsprechend zeigen die vorliegenden L1S-L2S-Gesprächsdaten keine Interaktionen zwischen Lehrkräften und ihren Deutschlernenden, sondern Interaktionen zwischen Personen, die in Betrieben arbeiten, aber auch in einer (Aus-)Bildungsbeziehung zueinander stehen, nämlich in der Beziehung zwischen Ausbildenden und Auszubildenden/Lehrlingen. Es handelt es sich um eine Beziehung zwischen Deutschvermittelnden und Deutschlernenden, deren Behandlung ebenfalls nicht typisch für das Feld DaZ ist. Die Fokussierung auf den Kommunikationsraum Betrieb und seine Akteur:innen, sei es auf L1S oder L2S, bedeutet jedoch nicht, dass der Kommunikationsraum Unterricht, z. B. ein berufsbezogener, gänzlich ausgeblendet werden kann, denn aus dem einen Kommunikationsraum fließen Wissensbestände in den anderen und generell spielen Schule, Unterricht und Kurse im Leben im deutschen Sprachraum eine bedeutende Rolle.

Der Wissensfluss von einem Kommunikationsraum in einen anderen, aber auch innerhalb eines Kommunikationsraums, ist im Kontext der Ausbildung von Lehrlingen, die dabei sind, sich Deutsch anzueignen, von dreifacher Bedeutung, denn es kommen (1) fach- bzw. berufsbezogene Inhalte, (2) sprachbezogene Inhalte, bei denen, wie eingangs dargestellt, die gesamte Variationsbreite des Deutschen nicht außer Acht gelassen werden kann, und (3) das Zusammenspiel fach- bzw. berufsbezogener und sprachbezogener Inhalte zum Tragen, was in einer Untersuchung zum mündlichen Deutschgebrauch nicht bedeuten muss, dass schriftsprachlicher keine Rolle spielen kann. Schließlich können Gesprächsausschnitte schriftsprachlich geprägt sein oder auch nicht, und die in der vorliegenden Untersuchung fokussierten L1S sind aufgrund ihrer schulischen Pflichtbildung in jedem Fall in der Lage, bei der Gestaltung ihrer Gesprächsbeiträge Schriftlichkeit im Blick zu haben.

Nachdem nun verdeutlicht wurde, dass sich die vorliegende Arbeit auf die DaZ-Vermittlung in insgesamt drei L1S-L2S-Gesprächskonstellationen im Kommunikationsraum Betrieb konzentriert und damit auf den Input von L1S für L2S bezogen ist, ohne andere Aspekte ausblenden zu können, soll noch kurz auf die Gemeinsamkeit der entsprechenden Orte bzw. Schauplätze eingegangen werden. Aus österreichischer Bundesperspektive wäre sie das Bundesland Oberösterreich, aus oberösterreichischer Landesperspektive das Mühlviertel und aus sprachlich-regionaler bzw. dialektologischer Sicht die Zugehörigkeit zu einem bestimmten Gebiet des deutschen Sprachraums, nämlich zum (mittel-)bairischen. Aber auch die Beschränkung auf Oberösterreich, das Mühlviertel bzw. ein (mittel-)bairisches Gebiet des deutschen Sprachraums bedeutet keineswegs, dass nur bestimmte Variationsaspekte eine Rolle spielen müssen und damit andere außer Acht gelassen werden können.

Anknüpfend an die vorangegangen Ausführungen, in denen einige wesentliche Punkte dieses Forschungsprojektes vorgestellt und vor dem Hintergrund diskutiert wurden, dass die Fokussierung auf bestimmte Aspekte nicht gleichbedeutend mit der Dethematisierung anderer Aspekte sein muss, kann Folgendes festgehalten werden: Der Untersuchungsgegenstand der vorliegenden qualitativ angelegten Arbeit ist der variationsspezifische L1S-Sprachgebrauch, interpretiert als Input für L2S. Er bezieht sich auf die Ausbildung von Deutschlernenden im späten Jugendalter im Kommunikationsraum Betrieb im oberösterreichischen Mühlviertel bzw. in einem (mittel-)bairischen Gebiet des deutschen Sprachraums.

1.2 Sequenzanalyse, Semiotik, Abduktion

Die Auseinandersetzung mit dem Untersuchungsgegenstand erfolgt gesprächslinguistisch. Kennzeichnend dafür ist u. a. nach Deppermann (2008: 49) eine extensiv-explorative Analyse von Interaktionsverläufen in ihrer Sequenzialität, d. h. die analytische Rekonstruktion, wie „die Gesprächsbeteiligten sukzessive klären, wie sie einander verstehen". Die sequenzielle Analyse von Interaktionsverläufen beschränkt sich nicht auf den sprachlich systematisierbaren Bereich (= Phonetik, Phonologie, Morphosyntax und Lexik) der sprachlich-interaktionalen Oberfläche, sondern reflektiert diese Oberfläche auch im Hinblick auf Aktivitäten zur Organisation sozialer Interaktion (vgl. ebd.: 80 f.). Gesprächslinguistische Untersuchungen, wie die vorliegende, zielen darauf ab, durch die Rekonstruktion des Zusammenhangs von sprachlichen Erscheinungsformen und sozialen Funktionen sequenzielle Strukturen zu entdecken, für die zeitliche Aspekte eine Ressource zur Aufrechterhaltung und Herstellung kontextualisierender Relevanz darstellen und die im Idealfall intersubjektiv nachvollziehbar sind (vgl. ebd.: 49). Die sequenzanalytische Grundidee, sprachliche Kommunikation unter dem Aspekt der zeitlichen Abfolge intersubjektiv nachvollziehbar zu analysieren, lässt sich mit Reichertz (2011: 1) bis in das 19. Jahrhundert zurückführen. Doch in

1.2 Sequenzanalyse, Semiotik, Abduktion

der vorliegenden Untersuchung beziehen sich zeitliche Aspekte nicht nur auf die zeitliche Progression, sondern auch auf Zeiträume oder -fenster verschiedener Größenordnungen.

In der gesprächslinguistischen Auseinandersetzung mit dem Untersuchungsgegenstand wird ein abduktiver Ansatz verfolgt, der im Anschluss an Reichertz (2013) semiotisch begründet ist und nicht wie der deduktive oder induktive Ansatz syllogistischen Prinzipien folgen muss oder gar kann. Reichertz (2013: 14) bezieht sich in seinem Begriffsverständnis der Abduktion auf die Peirce'sche Semiotik, insbesondere auf die spätere, in der „die Abduktion eine blitzartig[e] Einsicht [ist], die sich angesichts eines Problems und aufgrund der Kenntnis der Fakten erst nach einem Prozess einstellt und die nur wenig von logischen Regeln behindert wird". Dies näher zu erläutern, ist nicht einfach, da die semiotischen (De-)Kodierungsvorgänge, die hinter dieser Definition von Abduktion stehen, auf mehreren Ebenen und in einer Schleife ablaufen, so dass es notwendig ist, weiter auszuholen und mindestens so weit zu gehen, wie im Folgenden beschrieben wird.

Mit Reichertz (2013: 31 ff., 120–123) ist die Abduktion von einem rekonstruktiven Erkenntnisinteresse geleitet, wie es einerseits zwar oben in Bezug auf die Sequenzanalyse von Interaktionsverläufen und das damit verbundene Entdecken bzw. Erkennen von Strukturen in den Blick genommen wurde, andererseits aber auch darüber hinaus zu thematisieren ist. Kurz gesagt ist damit gemeint, dass ein rekonstruktives Erkenntnisinteresse der Forschenden an Form-Funktions-Zusammenhängen in den Daten mit der Re-/Konstruktion der Forschendenperspektive einhergeht (vgl. ebd.: 122 f.). Es gibt also zwei Ebenen, auf denen Forschende in der Datenauswertungsphase interagieren, die eine bezieht sich auf die Interaktion mit den Daten und kann nur den Ebenen nachgelagert sein, die von Gewährspersonen betreten werden bzw. wurden, und die andere auf die Interaktion über die Interaktion mit den Daten. Dieser in Ebenen zerlegte Komplex lässt sich im Peirce'schen Sinne als „der Dialog [...] Denkende[r] mit sich selbst über das Wahrgenommene" (ebd.: 25) zusammenfassen, der Ausgangs- und Endpunkt jeder Handlungseinheit ist (vgl. z. B. ebd.: 25–28). Er ist in der vorliegenden Untersuchung Ausgangs- und Endpunkt all dessen, was Gewährspersonen – im Folgenden auch als an Interaktionen Beteiligte bezeichnet – und Forschende – im Folgenden auch als an Interaktionen sprachwissenschaftlich Interessierte bezeichnet – getan haben und tun, aber auch hätten tun können.

Peirce geht davon aus, dass der Dialog, den Denkende mit sich selbst über ihre Wahrnehmungen führen, auf den evolutionär entwickelten „Formen des erkennenden Denkens" (ebd.: 9) beruht, die es dem Menschen ermöglichen, bei der

Bewältigung von Aufgaben auf Bewährtes zurückzugreifen und dieses weiterzuentwickeln oder auch, wo nötig, Neues – im Folgenden wird der Begriff des *Neuen* auch in seinem Verhältnis zum bestehenden Wissens- und Kenntnisstand verwendet – zu entdecken (vgl. ebd.: 10, 16). Die wichtigste Form ist dabei die des *informierten Raten* (vgl. ebd.: 23 f., 84 f., 107, 121). Informiertes Raten ist im Peirce'schen Sinne die erfahrungs- und wissensbasierte Interpretation von Zeichen, die die Voraussetzung für das Setzen weiterer zu interpretierender Zeichen ist, was eine realitätskonstituierende Re-/Konstruktion darstellt (vgl. ebd.: 20–28). Im Hinblick auf die vorliegende Untersuchung kann diese realitätskonstituierende Re-/Konstruktion als ein bemühter Griff nach dem Außen, nach der „Welt-da-draußen" (ebd.: 140) beschrieben werden, von dem aus die Verknüpfung sprachlicher Erscheinungsformen und sozialer Funktionen zu einem bestimmten Zeichen Sinn macht, sei es für an Interaktionen Beteiligte oder für an Interaktionen sprachwissenschaftlich Interessierte. Doch dieser Griff nach der Welt-da-draußen ist kein Zugriff auf die objektive Realität, sondern ein Zugriff auf die zeichenhafte Repräsentation von Realität, die im Idealfall intersubjektiv ist, nämlich dann, wenn Wahrnehmungen in einer sozialen Gruppe so wirken, dass aktuelle Handlungsproblemfreiheit besteht.

Der Eindruck von Realität entsteht nicht nur auf der Ebene der Zeichen, sondern auch auf der Ebene ihrer Objekte und der Ebene ihrer Interpretation, die immer als Einheit einen solchen Eindruck konstituieren – wie sich im Anschluss an Glauninger (2017: 116 ff.) die Peirce'sche Auffassung von Semiose in ihren Grundzügen darstellen lässt. Diese Zeichen-Objekt-Interpretations-Einheit ist bei Peirce zunächst nicht als sprachgebundene, sondern als ikonische Struktur zu verstehen, und zwar deshalb, weil für ihn das Denken primär – und dies wohl evolutionär bedingt – an die bildliche Vorstellungskraft gebunden ist, und weil für Peirce allem Denken Gesellschaftliches vorangegangen sein muss, kann eine Zeichen-Objekt-Interpretations-Einheit auch erst nach einer gesellschaftsgebundenen Anwendung eine sprachgebundene Struktur erhalten (vgl. Reichertz 2013: 25 f.). Eine Zeichen-Objekt-Interpretations-Einheit sprachgebundener Struktur, insbesondere in Bezug auf Interaktion „als möglichst weit ausgreifend dimensioniertes Kontinuum" (Glauninger 2017: 119) gedacht, ist letztlich ein (Mittel-) Teil eines schon seit langem und immer weiter andauernden Kreislaufs von Zeichen-Objekt-Interpretations-Einheits-Strukturen. Dieser permanente Kreislauf, aber auch jeder Teil davon – wie etwa Interaktion – als Kontinuum, ob nun selbst als immerwährender Kreislauf oder als immerwährende Serie aufgefasst, ist mit Glauninger (2017: 125 ff.) (infinite) Semiose im Sinne von Peirce, aber auch Luhmann (1991: 553; s. a. Abschnitt 2.3.2).

1.2 Sequenzanalyse, Semiotik, Abduktion

In der vorliegenden Untersuchung haben Zeichen den Charakter eines Indexes, denn „[d]as ‚Sprachliche' indiziert / evoziert / steht für das ‚Außersprachliche'" (Glauninger 2017: 118 [H. i. O.]) und damit nimmt es Bezug auf das Objekt der Aufrechterhaltung und Herstellung von Realität als soziale Basis, worauf die Interpretationen von an Interaktionen Beteiligten bereits ausgerichtet waren, bevor an Interaktionen sprachwissenschaftlich Interessierte ihre Interpretationen vornehmen können bzw. konnten, durch die ebenso Realität als soziale Basis aufrechterhalten oder hergestellt wird, was in einer variations-/gesprächslinguistischen Studie wie der vorliegenden unweigerlich auch über Auseinandersetzungen mit dem Sprachlichen als Indiz und Evokation von Außersprachlichem geschieht. Ein solches Verständnis von Indexikalität ist vergleichbar mit der Diskussion von Bildbildern.

Reichertz (2013: 31 ff., 120–123) sieht in der Sequenzanalyse eine Möglichkeit, dem informierten Raten der Forschenden und damit verbunden dem zeichenhaften realitätskonstituierenden Re-/Konstruktionsprozess auf die Spur zu gehen – und zwar sowohl auf der Ebene, auf der das entsprechende Interesse (vermeintlich nur) datenbezogen ist, als auch auf der Ebene, auf der die eigene Involviertheit, ein solches Interesse zu verfolgen, zum Tragen kommt. Ausgehend von Ersterem und von dort zunehmend ausstrahlend auf Letzteres wird dies im Folgenden verdeutlicht.

Die Sequenzanalyse von Interaktionsverläufen ist im Anschluss an Reichertz (2013: 120–123) ein exploratives Verfahren zur Interpretation der Korrelation von Objekten und sie repräsentierenden Zeichen, wobei letztere in Anlehnung an Glauninger (z. B. 2014; 2017) als Strukturen aus Signantia und damit verbundenen Signata verstanden werden sollen. Im Hinblick auf die vorliegende Untersuchung zum Sprachgebrauch von L1S gegenüber L2S besteht dieses explorative Verfahren in seiner einfachsten Form darin, aufseiten der L1S in zeitlicher Abfolge Strukturen zu erkennen, in denen sich realitätskonstituierend Signantia auf die Gestaltung der sprachlich-interaktionalen Oberfläche und Signata auf die Organisation sozialer Interaktion beziehen.

Bei einer semiotisch höher aufgelösten Betrachtung dessen, mit welchen sprachlich-interaktionalen Mitteln L1S in L1S-L2S-Gesprächskonstellationen welche sozialen Ziele zu erreichen versuchen, ist die entsprechende Signans/Signatum-Struktur nur eine in einem komplexen Gefüge von solchen: Sie ist die Nachfolgerin einer vorangehenden Signans/Signatum-Struktur, was nicht notwendigerweise bedeutet, dass es sich um konzeptibel gleich gelagerte Strukturen handelt, und der Ausgangspunkt einer nachfolgenden Signans/Signatum-Struktur, was ebenfalls nicht notwendigerweise bedeutet, dass es sich um konzeptibel gleich gelagerte Strukturen handelt; und es ist nicht auszuschließen, dass mehr als zwei Signans/Signatum-Strukturen aufeinander bezogen sind und/oder sich überlappen, sei es, weil der rekonstruktive Charakter der Sequenzanalyse unterschiedliche Interpretationen auf verschiedenen (Fein-)Analyse- und Position(ierung)slinien bzw. -ebenen in einer sich ständig entwickelnden Weise zulässt (vgl. a. Reichertz 2011: 15 f.), sei es, weil Interaktion ständig im Entstehen begriffen ist. Der letztgenannte Punkt, d. h. die emergente Eigenschaft der Interaktion (vgl. z. B. Auer 2010; 2015), lässt wohl am leichtesten die Möglichkeit verstehen, dass das Signatum der einen Struktur das Signans einer anderen ist bzw. wird. Aber allein der vorletzte Punkt, d. h. die von Peirce betonte emergente Eigenschaft des Forschens (vgl. Reichertz 2011: 15 f.; 2013: ab 22), kann schon dazu führen, dass das Signatum der einen Struktur das Signans einer anderen ist bzw. wird. Unter Berücksichtigung der Bedeutung von Interaktionen und Forschung als emergente Produkte ist es daher angemessener, von Signans-/Signatum-Strukturen[2] als von Signans/Signatum-Strukturen zu sprechen.

In einer Untersuchung wie der vorliegenden, die nicht außer Acht lässt, dass Interaktion als ein komplexes Gefüge von realitätskonstituierenden Zeichenkonstruktionen gedacht werden kann, werden jedoch nicht nur Signans-/Signatum-Strukturen und ihr Eingebundensein in ein Gefüge mehrerer solcher Strukturen reflektiert, sondern ist auch das Erkennen solcher Strukturen selbst stets zu hinterfragen. Warum es in Untersuchungen wie der vorliegenden notwendig ist, das Erkennen von Signans-/Signatum-Strukturen zu reflektieren, läuft letztlich darauf hinaus, (1) dass in solchen Untersuchungen Interaktion- bzw. Gesprächsdaten, die von an Interaktionen Beteiligten stammen und das Ergebnis ihres Interpretationspotenzials sind, von an Interaktionen sprachwissenschaftlich Interessierten re-/interpretiert werden, (2) dass beide Personengruppen zwar die semiotischen Bedingungen sprachlicher Interaktion teilen, sich aber aufgrund ihrer Position in unterschiedlichen Situationen befinden, um über sprachliche Interaktion zu reflektieren, und (3) dass das Festhalten an einer womöglich neuen Erkenntnis den Blick auf andere neue Erkenntnisse verstellt.

Um zu vermitteln, was mit (1), (2) und (3) gemeint ist oder zumindest eine Vorstellung davon zu vermitteln, werden als Ankerpunkt Differenzierungen auf der Interpretationsebene (der Zeichen-Objekt-Interpretations-Einheit, s. o.)

---

[2] Glauninger (2017: 125 [H. i. O.]) verwendet die Bezeichnung „indexikalische (*Signans-Signatum-*)Struktur", um zu verdeutlichen, dass (1) interaktionsbezogene „Zeichenhaftigkeit […] unmittelbar aus der *sozialen Perspektivierung* von Sprache(n) [resultiert]", (2) vor diesem Hintergrund die Re-/Konstruktion oder das „Konzipieren von sprachlichen *Erscheinungsformen*" begriffen werden kann (3) und sich jedes interaktionsbezogene Zeichen „auf Basis der Kookkurrenz bzw. des Korrelierens von ‚Sprachlichem' und ‚Außersprachlichem' […] als *infinite Semiose* prozessual entfaltet".

1.2 Sequenzanalyse, Semiotik, Abduktion

am deutlichsten sein. In (1) wurde bereits ein starker Bezug zu dieser Ebene hergestellt und klingt zumindest an, dass das Erkennen von Signans-/Signatum-Strukturen in Gesprächsdaten durch an Interaktionen sprachwissenschaftlich Interessierte nicht mehr und nicht weniger sein kann als eine Re-/Interpretation dessen, was die an Interaktionen Beteiligten dazu veranlasst, Sprache auf welche Weise zum Zweck der Organisation sozialer Interaktion zu verwenden oder zu variieren. Dem ist nur noch hinzuzufügen, dass sich Re-/Interpretationen von an Interaktionen sprachwissenschaftlich Interessierten aus der Sicht der an Interaktionen Beteiligten nicht zutreffend („real') sein müssen. Solche Diskrepanzen können sich auf ein Signans, ein Signatum und somit auf eine Signans-/Signatum-Struktur als Ganzes beziehen. Z. B. ist/wäre eine gesprächslinguistisch postulierte Signans-/Signatum-Struktur problematisch, wenn das verfolgte soziale Ziel der an Interaktionen Beteiligten ein anderes ist/wäre als von an Interaktionen sprachwissenschaftlich Interessierten angenommen, oder wenn der Sprachgebrauch von den an Interaktionen sprachwissenschaftlich Interessierten anders eingeordnet wird/würde als von den an Interaktionen Beteiligten. Letzteres kann als Teil der unterschiedlichen Wissensbestände und damit verbundenen Interpretationspotenziale der beiden Personengruppen hinsichtlich der Variation des Deutschen oder anderer Sprachen verstanden werden. Allerdings sind diese Bestände und Potenziale innerhalb der Personengruppen nicht notwendigerweise identisch. Einfache Beispiele dafür sind, dass im (mittel-)bairischen Sprachraum das Wort Topfen 'Quark' sowohl als dialektal als auch als standardsprachlich interpretiert werden kann (vgl. Scheuringer 2005: 1198) oder dass der e-Wegfall einerseits aufgrund ihrer Nichtübereinstimmung mit der schriftsprachlichen Norm als dialektal oder nicht-standardsprachlich, aber andererseits auch als Regularität des standardsprachlichen Sprechens (vgl. Berend 2005: 150) interpretiert werden kann.

Unter (2) fällt, dass an Interaktionen Beteiligte und an Interaktionen sprachwissenschaftlich Interessierte hinsichtlich des Erkennens von Signantia und Signata als indexikalische Strukturen grundsätzlich den gleichen Interpretationsprozess durchlaufen, nämlich einen realitätskonstituierenden Re-/Konstruktionsprozess – und zwar einen immer wieder neuen, der mit Luhmann (z. B. 1991) und im Anschluss an diesen mit Glauninger (z. B. 2017: 125) stets den Versuch der Herstellung und Aufrechterhaltung einer gemeinsamen sozialen Basis darstellt. Allerdings, und auch dies gehört zu (2), ist das Interpretationspotenzial, das an Interaktionen Beteiligte und an Interaktionen sprachwissenschaftlich Interessierte im Rahmen des zeichenhaften realitätskonstituierenden Re-/Konstruktionsprozess zur Verfügung steht, verschieden. Prinzipiell unabhängig davon, wer und was in einer (L1S-L2S-)Gesprächskonstellation im Fokus steht, ist in gesprächslinguistischen Untersuchungen wie der vorliegenden im Anschluss an Auer (2010: 11; 2015) immer zwischen emergenten on-line-Interpretationen und emergenten off-line-Interpretationen zu differenzieren. Erstere sind von an Interaktionen Beteiligten unverzüglich bzw. unmittelbar und immer wieder aufs Neue vorzunehmen, letztere betreffen die mittelbare und zeitlich wesentlich ausdehnbarere Arbeit von an Interaktionen sprachwissenschaftlich Interessierten, und dieser Arbeit soll im Sinne der Abduktion die Suche nach Neuem innewohnen (vgl. z. B. Deppermann 2008: 19–22; Reichertz 2013: 25).

Doch nicht nur das zeitgebundene Interpretationspotential oder das auf Wissensbestände basierende Interpretationspotential, wie es z. B. oben im Zusammenhang mit der Einordnung von sprachlichen Phänomenen als standardkonform oder nicht-standardkonform angedeutet ist, unterscheidet an Interaktionen Beteiligte von an Interaktionen sprachwissenschaftlich Interessierten, sondern auch das Interpretationspotential, das mit ihren unterschiedlichen Zielsetzungen verbunden ist. Während das Erkennen von Signans-/Signatum-Strukturen für an Interaktionen Beteiligte auf gesprächssituationsbezogene Funktionalität in einem engen Kontext ausgerichtet ist, ist es für an Interaktionen sprachwissenschaftlich Interessierte auf die Erfassung gesprächssituationsbezogener Funktionalität in mindestens einem weiteren Kontext ausgerichtet; kurz: Der zu klärende Sachverhalt ist im letzten Fall umfassender angelegt als im ersten.

Trotz unterschiedlicher Zielsetzungen können beide Personengruppen bei der Verfolgung ihrer Ziele auf Bekanntes stoßen, aber auch Neues entdecken, dem beide Personengruppen dann über Hypothesenbildung auf den Grund gehen können. Sieht man von der auf gegenseitige Anerkennung ausgerichteten Beziehungsarbeit ab, die in interaktionsbezogenen Forschungssituationen unerlässlich ist, so ist jedoch die soziale Basis, auf der Bewährtes aufrechterhalten und Neues hergestellt wird, bei diesen Personengruppen auch unterschiedlich. Für die in dieser Untersuchung relevanten an Interaktionen Beteiligten bezieht sie sich auf den Nutzen, den Erfolg, die Anerkennung im Kommunikationsraum Betrieb und für an Interaktionen sprachwissenschaftlich Interessierte bezieht sie sich (allgemein und damit auch hier) auf den Nutzen, den Erfolg, die Anerkennung innerhalb einer (sprach-)wissenschaftlichen Bezugsgruppe, was method(olog)ische Überlegungen im Hinblick darauf erfordert, ob Neues vor dem Hintergrund von Bekanntem interpretiert werden kann oder soll, wie sich im Anschluss an Reichertz (2013: 18) die (qualitative) Deduktion und die (qualitative) Induktion zusammenfassen lassen, oder ob die Entdeckung von Neuem auch als Neues im Mittelpunkt stehen kann, soll oder muss, was dem Verständnis von Abduktion nach Reichertz (ebd.) entgegenkommt.

1.2 Sequenzanalyse, Semiotik, Abduktion

Selbstverständlich soll jede Untersuchung etwas Neues hervorbringen. Der Umgang damit unterscheidet jedoch wissenschaftliche Herangehensweisen voneinander. Unterschiede bestehen darin, ob und inwieweit das Neue durch das Anknüpfen an Bestehendes und Bewährtes, durch das Befolgen von Traditionen und Konventionen gekennzeichnet ist oder ob und inwieweit das Neue sich immer wieder selbst genügt. Letzteres gehört zu (3) bzw. ist Teil dessen, was in (3) bereits enthalten ist und abduktive Haltung meint, nämlich die ständige Offenheit für die Entdeckung von neuen Erkenntnissen (nach neuen Erkenntnissen) – und zwar auch und im Peirce'schen Sinne gerade dann, wenn sie aus gedanklichen Sprüngen bzw. Gedanken-/Geistesblitzen resultieren – und zwar in eine verborgene Logik hinein und nicht als eine Logik (vgl. Reichertz ebd.: 40). Die Logik, in die gesprungen wird oder die aufblitzt, kann nur ein Abbild zeichenhafter realitätskonstituierender Re-/Konstruktionsprozesse sein, und gerade in der extensiv-explorativen Interpretationsreflexion darauf sorgen diese Sprünge oder Blitze dafür, dass immer wieder aufs Neue Hypothesen entwickelt, revidiert und/oder aktualisiert werden. Es entstehen emergente Produkte, deren Besonderheit neben der Tatsache, dass sie ständig im Entstehen begriffen sind, darin besteht, dass sie nicht reduzibel und vorhersehbar sind; dies hat nichts mit Logik zu tun (vgl. ebd.: 39 f.).

Reichertz (ebd.: 145) sieht in der Bereitschaft, immer wieder neue Hypothesen zu bilden, die Grundlage einer abduktiven Haltung bzw. einer Haltung, die stets auf die Entdeckung von Neuem ausgerichtet ist. Mit einer solchen Haltung nehmen Forschende nicht nur die Möglichkeit zur Kenntnis, dass ständig etwas Neues auftreten oder wahrgenommen werden kann und somit Aktualisierungen vorzunehmen sind, sondern sie übergehen diese Möglichkeit gezielt nicht, indem sie nach Neuem Ausschau halten und dementsprechend (ihr) Wissen zur Disposition stellen, es systematisch erweitern und wieder zur Disposition stellen (vgl. ebd. 22 f.). So wird Neugefundenes auf ihre Anschlussfähigkeit an bereits konstruierte Typen und Regeln hin geprüft und die Konstruktion „immer wieder neue[r] Typen und Regeln" (ebd.: 23) in Betracht gezogen. „Kurz: der Forscher [...] schaut, entwirft, prüft – stets bereit, alte Überzeugungen aufzugeben und neue zu erfinden" (ebd.). Dass sich dabei mehrere Erklärungsversuche nicht unbedingt zugunsten einer oder weniger potenter Erklärungen auflösen, kann von (forschenden) Rezipient:innen akzeptiert oder kritisiert werden. An dieser Stelle sei jedoch angemerkt, dass eine solche Auflösung – auch wenn sie vorsichtig formuliert wird – als zeichenhafter realitätskonstituierender Re-/Konstruktionsprozess der Anschlussfähigkeit an eine bestimmte Bezugsgruppe verstanden werden kann, wofür es sich tatsächlich lohnen kann, die ((extensiv-explorative) interpretationsreflexive) Suche nach Neuem einzuschränken, was genau das Gegenteil von Abduktion ist. Nichtsdestotrotz ist ein Angebot an Erklärung(sversuch)en als Ende eines Forschungsprozesses der Anfang eines nächsten und „[ist] Forschen […] (nicht nur, aber ganz wesentlich) die kommunikative Konstruktion wissenschaftlichen Wissens und somit ein wesentlicher Teil der kommunikativen Konstruktion von Wirklichkeit, weil erstere für letztere das ‚Rohmaterial' zur Verfügung stellt und mit Legitimation ausstattet" (ebd.: 31 [H. i. O.]).

Die Offenheit, immer wieder Hypothesen zu entwickeln, zu revidieren und/ oder zu aktualisieren und entsprechend mehrere Erklärungsmöglichkeiten im Blick zu haben, kann mit Reichertz (ebd.: 67–98, 112, 115 f., 121) unter dem Begriff des abduktiven Schlussfolgern subsumiert werden. „Abduktives Schlussfolgern ist – so [s]eine Zuspitzung – kein logischer Schluss im strengen Sinne, der aufgrund genau angebbarer Schritte zu einem bestimmten Ergebnis kommt, sondern ist Ergebnis […] eines *habitus,* tatsächlich etwas *lernen* zu wollen und nicht Gelerntes anzuwenden" (ebd.: 121 [H. i. O.]). Eine abduktive Haltung einnehmen können, bedeutet, Unsicherheit aushalten zu können, denn ein abduktives Vorgehen führt nicht über die formale Logik zu einem Ende, sondern zu einem Ende, das den Ausgangspunkt für weiteres abduktives Vorgehen bildet, was im Sinne von Peirce in letzter Konsequenz einem unendlichen Forschungs- oder Suchprozess entspricht, an dessen virtuellem Ende die Entdeckung des Tatsächlichen bzw. Realen steht (vgl. ebd.: 140).

Die Frage, ob eine abduktive Haltung eingenommen wird oder eingenommen werden kann, bezieht sich nicht nur auf die Datenauswertung, die bisher im Hinblick auf extensiv-explorative Interpretationsreflexion im Mittelpunkt stand, sondern Reichertz (2013) folgend auch auf alle anderen Phasen des Forschungsprozesses. Gedanken-/Geistesblitze treffen nur gut Vorbereitete und eine entsprechende Vorbereitung betrifft neben der Schaffung eines extensiv-explorativ-reflexiven Zugangs zur Dateninterpretation auch die vorgelagerten Phasen, wie z. B. die Verortung des Forschungsvorhabens oder die Art der Daten und deren Erhebung (vgl. ebd. 33, 121–131.), wozu im Folgenden noch Anmerkungen gemacht werden sollen.

Die vorliegende Untersuchung verortet sich im gesprächslinguistischen Spektrum der Grundlagenforschung zur nicht durch Unterricht gesteuerten, aber dennoch im (Aus-)Bildungskontext stehenden Aneignung und damit verbundenen Vermittlung des Deutschen ab dem späten Jugendalter; dabei wird der Kommunikationsraum Betrieb in den Blick genommen. Die Verortung als Grundlagenforschung resultiert daraus, dass zu diesem Thema, insbesondere mit Österreichbezug und unter gesprächslinguistischer Rahmung, noch kaum Arbeiten vorliegen, wie der kurze Überblick über den Stand der Forschung zur Variation des Deutschen im Zusammenhang mit DaZ (s. Abschnitt 1.4) zeigen

1.2 Sequenzanalyse, Semiotik, Abduktion

wird. Folglich steht diese Arbeit, um mit Reichertz (2013: 131) zu sprechen, am Anfang des entsprechenden wissenschaftlichen Erkenntnisprozesses, nämlich der Hypothesenbildung durch Abduktion, was in Zukunft weiterentwickelt werden kann, einerseits im Hinblick auf die abduktive Hypothesenbildung, andererseits im Hinblick auf die Hypothesenüberprüfung.

In der vorliegenden Untersuchung sind Daten zentral, die weder durch Befragungsformen gewonnen wurden, die in genuin gesprächslinguistisch orientierten Arbeiten per se nicht zur Anwendung kommen sollten (vgl. u. a. Deppermann 2008: 19–26), noch durch Elizitierung bzw. Verfahren, die Äußerungen künstlich hervorrufen (vgl. Mezger / Schroeder / Şimşek 2014: 73 ff.), sondern deren Erhebung sich durch Nicht-Elizitierung – also keine künstliche Hervorrufung – auszeichnet. Dementsprechend ist im Folgenden die Unterscheidung zwischen *elizitierten Daten* und *nicht-elizitierten Daten* relevant,[3] wobei letztere dem Anspruch der ‚*Natürlichkeit*' näher stehen als erstere. Nicht-elizitierte Daten eignen sich nach Reichertz (2013: 121 ff.) besser für die Herbeiführung von Abduktion als elizitierte Daten, da erstere im Vergleich zu letzteren, „*nicht* von vornherein mit den eigenen abgelagerten Überzeugungen zur Deckung zu bringen sind" (ebd.: 122 [H. i. O.]) bzw. de facto von sich aus mehr Chancen für Offenheit gegenüber der Entdeckung von Neuem bieten.

Je weniger Daten vor dem Hintergrund einer forschungsleitenden Fragestellung erhoben und produziert werden, desto größer ist die Wahrscheinlichkeit, dass diese Daten tatsächlich nicht elizitiert werden und desto geringer ist die Gefahr einer vorschnellen Bestätigung von abgelagerten Überzeugungen bzw. Vorannahmen – im Sinne der Abduktion würde also idealerweise mit Daten und ohne Forschungsfrage gearbeitet, was im Wissenschaftsbetrieb indiskutabel ist (vgl. ebd.: 122). Um sich diesem Abduktionsideal anzunähern, ohne dabei mit dem Wissenschaftsbetrieb zu kollidieren, schlägt Reichertz (ebd.) zwei Prinzipien vor, nach denen möglichst nicht-elizitierte Daten im Hinblick auf eine oder mehrere Fragestellungen erhoben werden sollten, nämlich – so können sie kurz benannt werden – *größtmögliche Naivität im Untersuchungsfeld* und *größtmögliche Unstrukturiertheit bei der Datengenerierung*. Diese Prinzipien können auch dabei helfen, „subjektive Wahrnehmungsschemata" (ebd.) bei der Datenerhebung in Grenzen zu halten.

---

[3] Vor dem Hintergrund, dass es sich bei der vorliegenden Untersuchung um eine gesprächslinguistische handelt und die entsprechenden Daten nur kontextgebunden sein können, ist die von Mezger / Schroeder / Şimşek (2014: 74 f.) vorgenommene Unterscheidung zwischen den Erhebungsarten Befragung – sie zeichnet sich durch einen geringen bzw. keinen Kontextualisierungsgrad aus – und Elizitierung – sie zeichnet sich durch einen hohen Kontextualisierungsgrad aus – an dieser Stelle irrelevant.

Daten, bei deren Erhebung diese Prinzipien beachtet wurden – also das Untersuchungsfeld möglichst unvoreingenommen erschlossen wurde und die Datengenerierung möglichst wenig von den Forschenden gesteuert wurde –, und die zudem audiovisuell aufgezeichnet wurden –diese Qualitäten weist die vorliegende Untersuchung auf (s. Abschnitt 2.2) –, kommen nach Reichertz (ebd.) dem Datentyp der ‚natürlichen' bzw. nicht-elizitierten Daten am nächsten. Reichertz (ebd. [H. i. O.]) spricht in diesem Zusammenhang auch von „fast *authentische[n]*‘ alltagsweltliche[n] Lebensvollzugsspuren", für deren Interpretation sich die Sequenzanalyse anbietet, da es bei ihr darum geht, solche Spuren alias quasi-authentische oder möglichst nicht-elizitierte Daten – hier Gesprächsdaten mit Fokus auf den Sprachgebrauch von L1S gegenüber L2S –, rekonstruktiv nachzuzeichnen (vgl. ebd. 122 f.), um – so Reichertz (2011) an anderer Stelle – „sukzessive [...] ein[e] Sinnfigur bzw. d[ie] (latent[e]) Struktur" (ebd.: 4) zu erschließen, „mit deren Hilfe soziales Handeln verstanden und erklärt werden kann und in der alle Dateninterpretationen in einer Erklärungsfigur integriert sind" (ebd.), die, wie oben ausgeführt, in der vorliegenden Untersuchung nur ein emergentes Produkt sein kann, d. h. eine oder mehrere Emergenz-Figuren. Das im Sinne der Herbeiführung von Abduktion intendierte Bedingungsverhältnis zwischen nicht-elizitierten Daten und der Sequenzanalyse kann aber auch in umgekehrter Richtung betrachtet werden, also nicht so, dass möglichst nicht-elizitierte Daten eine Sequenzanalyse erfordern, sondern so, dass die Sequenzanalyse möglichst nicht-elizitierte Daten erfordert. Folglich sind vor dem Hintergrund eines abduktiven Vorgehens nicht-elizitierte Daten die Grundvoraussetzung für die Durchführung einer Sequenzanalyse, einem extensiv-explorativ-reflexiven Auswertungsverfahren im Kontext der zeichenhaften realitätskonstituierenden Re-/Konstruktionsprozesse, die alle sozialen Befangenheiten aufbricht. Sind die eigenen Befangenheiten durch die Sequenzanalyse aufgelöst, ist die Bahn frei für neue, abduktiv gewonnene Hypothesen zum Untersuchungsgegenstand (vgl. Reichertz 2013: 123). Die Diskussion zum Verhältnis von Art, Erhebung und Auswertung von Daten in Verbindung mit einem extensiv-explorativ-reflexiven Zugang zu einem gesprächslinguistischen Untersuchungsgegenstand lässt sich in Kurzform wie folgt darstellen: Möglichst nicht-elizitierte Gesprächsdaten, der semiotische Abduktionsbegriff und die Sequenzanalyse greifen sinnvoll ineinander.

Zusammenfassend lässt sich festhalten, dass die vorliegende Untersuchung nur abduktiv angelegt sein kann. Konkret bedeutet dies, dass in dieser Studie die emergente Produktion noch ausstehender Hypothesen zur sozial bedingten Manifestation des konversationellen Deutschgebrauchs von L1S gegenüber L2S im Mittelpunkt steht und nicht die Validierung diesbezüglicher

Hypothesen; d. h. Hypothesen stehen in dieser der Grundlagenforschung zuzuordnenden Arbeit nicht am Anfang, sondern am Ende des Erkenntnisprozesses.

1.3 Aufbau der Arbeit

Semiotisch perspektivierte Abduktion und die damit verbundene Entwicklung emergenter Produkte im Kontext der zeichenhaften realitätskonstituierenden Re-/Konstruktionsprozesse haben auch Auswirkungen auf den Aufbau dieser Arbeit. Zum einen gilt es, die im Erkenntnisprozess unhintergehbare Verschränkung der zeichenhaften realitätskonstituierenden Re-/Konstruktionsprozesse aufseiten der an Interaktionen Beteiligten mit denen der an Interaktionen sprachwissenschaftlich Interessierten zu berücksichtigen. Dies kann in Texten nicht geballt, schon gar nicht gleichzeitig und auch nicht parallel geschehen, sondern muss sich durch den ganzen Argumentationsverlauf ziehen, wie es in der vorliegenden Arbeit der Fall ist. Zum anderen muss damit umgegangen werden, dass sich die vorliegende Arbeit und damit verbunden die durchgängige Diskussion möglicher Ergebnisse bzw. Produkte zu jedem Zeitpunkt der Argumentation in einem emergenten Entwicklungsstatus befinden. Die Fortschreibung solcher Zustände lässt sich auf keinen vorangehenden Zustand zurückführen, ist also nicht reduzibel, und ist durch Unvorhersehbarkeit gekennzeichnet. Wenn man berücksichtigt, dass an keiner Stelle des Argumentationsverlaufs klar ist, wohin die Argumentation führt, können Texte kaum konsequent linear aufgebaut sein. Der Textaufbau dieser Arbeit ist neben der Tatsache, dass sich geschriebene Texte nur in einer linearen Dimension entwickeln können, in dem Sinne linear, dass die verfügbaren Daten kaskadenartig diskutiert werden, und nichtlinear in dem Sinne, dass der extensiv-explorativ-reflexive bzw. abduktive Zugang zu den Daten es v. a. aus Gründen der Kohäsion notwendig macht, auf vorangegangene und/oder noch folgende Textstellen Bezug zu nehmen.

Wie in anderen gesprächslinguistischen Arbeiten, in denen ein abduktiver Zugang zum Untersuchungsgegenstand gepflegt wird oder erkennbar ist, ist auch der Aufbau der vorliegenden Untersuchung durch einen konzeptionell-theoretisch-entwickelnden Stil gekennzeichnet. In Bezug auf die Linearität des vorliegenden Textes bedeutet dies, dass konzeptionell-theoretische Aspekte erst bzw. schon dann in den Text aufgenommen werden, wenn sie in den Kontext der fortlaufenden Analyse der vorliegenden Daten – diese setzt mit Abschnitt 1.5 ein – gestellt werden können. Angesichts der Nichtlinearität des vorliegenden Textes bedeutet der konzeptionell-theoretisch-entwickelnde Stil, dass eingeführte konzeptionell-theoretische Aspekte auch wieder in den Hintergrund treten können, was nicht ausschließt, dass sie später im Lichte eines fortgeschritteneren Erkenntnisprozesses wieder in den Vordergrund treten. Aber auch, dass aufgegriffene konzeptionell-theoretische Aspekte und damit verbundene Überlegungen wieder verworfen werden, ist – wie in Abschnitt 1.2 erwähnt – bei einem abduktiven Zugang nicht auszuschließen. Der konzeptionell-theoretisch-entwickelnde Stil hat auch zur Folge, dass der unmittelbar auf dieses Forschungsvorhaben bezogene Forschungsstand, Begriffsdefinitionen und mögliche Limitationen nicht in gesonderten Abschnitten ausgewiesen, sondern in den Argumentationsverlauf eingeflochten werden bzw. bereits wurden.

1.3.1 Allgemeine Hinweise

Im Allgemeinen wird in diesem Text gegendert, ist von den Gewährspersonen die Rede, wird die maskuline Form verwendet, schließlich wurde von ihnen selbst als Geschlecht „männlich" angegeben.[4]

Wie in vielen gesprächslinguistischen Arbeiten üblich, wird auch hier die Schriftart `Courier New` verwendet, wenn tatsächlich Geäußertes dargestellt wird. Insgesamt treten drei Formen des Verweises auf die vorliegenden und teilweise auch in Perner (2020: 57; 2023: 88–100), Perner / Brodnik (2021: 197 ff.) und Dannerer et al. (2021: 82 f.) dargestellten und kurz diskutierten Gesprächsdaten auf. Am häufigsten wird in den Kapiteln 1, 2, 3 und 4 auf die Transkripte verwiesen, die im elektronischen Zusatzmaterial zu finden sind, entsprechende Verweise lauten z. B. T1_DS oder T1_K (s. hierzu a. Abschnitt 2.4). In den Kapiteln 3 und 4 werden insgesamt fünf Ausschnitte bestimmter Transkripte herausgestellt, dementsprechend ist in Abschnitten dieser Kapitel auch von Beispiel 1, 2, 3, 4 und 5 die Rede. Insbesondere ab Abschnitt 4.2 wird der Verweis auf Reparatursequenzen relevant. Beispiele für solche Verweise sind RSoedA_DS_1, RSoedA_K_1, RSmedA_DS_1 und RSmedA_K_1. Zur besseren Orientierung werden im Text gelegentlich mehrere Verweise gleichzeitig aufgeführt.

---

[4] Die Ansicht, dass queere Sprachformen in akademischen Kontexten Platz haben sollen, wird geteilt, allerdings bin ich in der vorliegenden Untersuchung nicht in der Lage, sie zu berücksichtigen. Alle potenziellen einschlägigen Identitätskonstrukte liegen in niemandes ständiger Reichweite. Es ist davon auszugehen, dass queerer Sprachgebrauch, wie er z. B. im (Glossar des) „Queer-Lexikon" (vgl. www 1) angeboten wird, in wissenschaftlichen Arbeiten vermehrt auftreten wird. Spätestens zu diesem Zeitpunkt wird wohl auch das bisher kaum beleuchtete Themengebiet Deutschvermittlung und -aneignung im Hinblick auf queere Personen verstärkt ins Blickfeld rücken.

1.3.2 Zu den Kapiteln und Abschnitten

Der Haupttext der vorliegenden Untersuchung ist in sechs Kapitel gegliedert. In Kapitel 1 wurden bereits und werden weiterhin grundlegende Aspekte für das vorliegende Grundlagenforschungsprojekt festgehalten. Die Einführung in das Forschungsthema und die Definition des Untersuchungsgegenstandes erfolgte in Abschnitt 1.1, und der hier zugrunde liegende abduktive Zugang wurde in Abschnitt 1.2 beschrieben. In den folgenden Abschnitten von Kapitel 1 wird Deutschaneignung und -vermittlung vor dem Hintergrund der Variation des Deutschen im Allgemeinen sowie im Hinblick auf das vorliegende Grundlagenforschungsprojekt näher beleuchtet. In Abschnitt 1.4 wird im Lichte von Arbeiten zur Variation des Deutschen in Österreich mit DaZ-Bezug auf die Forschungslücke aufmerksam gemacht, die mit der vorliegenden Untersuchung ein Stück weit geschlossen werden soll; dementsprechend sind dort auch Desiderata und die Forschungsfragen zu finden. Im Anschluss daran wird in Abschnitt 1.5 anhand von ersten Beispielen verdeutlicht, wie schwierig es ist, die sprachlich-interaktionale Oberfläche und insbesondere damit verbundene Modifizierungsprozesse und/ oder -effekte mit Bezug auf bloß eine linguistische Beschreibungsebene und unter Berücksichtigung nur eines soziopragmatischen Aspekts zu thematisieren. Auf Basis dieser Feststellung werden in Abschnitt 1.6 nähere Auskünfte über vorliegendes Grundlagenforschungsprojekt gegeben. Dort finden sich auch erste Erläuterungen zu den in dieser Arbeit zentralen Begriffen *Dialekt-/Standard-Kontinuum* (DSK), *interaktional und situational modifizierter Dialekt-/Standard-Kontinuums-Input* und *Variationsraum von Dialekt bis Standardsprache*. Außerdem wird in Abschnitt 1.6 auf die Darstellungsform eingegangen, die gewählt wurde, um die Modifizierungs- und Stabilisierungsphänomene zu veranschaulichen, die auf der sprachlich-interaktionalen Oberfläche erkannt werden können. Es handelt sich hierbei um DSK-Emergenz-Figuren. Diese Figuren werden auch in den Kapiteln 2 und 3 thematisiert.

In Kapitel 2 stehen diverse methodische und methodologische Aspekte im Mittelpunkt, was bedeutet, dass Leitlinien der Feldforschung und gesprächslinguistische Maximen im Zusammenhang mit der durchgeführten Datenerhebung (s. Abschnitt 2.2) und Bildung des Datensamples (s. Abschnitt 2.3) diskutiert werden. Auch in Kapitel 2 werden Begriffe umrissen, die in der vorliegenden Arbeit zentral sind. Es handelt sich hierbei um *lautliche Variation* und *(unmittelbare) Alternativität* (s. Abschnitt 2.3). Auf den Begriff der Variation und der Alternativität kann allerdings von Beginn dieses Texts an nicht verzichtet werden, dementsprechend sind auch in den Abschnitten 1.5 und 1.6 nähere Auskünfte zur Verwendung derselben zu finden. Außerdem wird in Kapitel 2 (s. Abschnitt 2.1) das Prinzip näher vorgestellt, nach dem sich die Auswertung der erhobenen Gesprächsdaten richtet. Es kann als Im-Kontext-von-Sequenzialität-Analysieren bezeichnet werden und ist eine Abwandlung des „*Sequenzialitätsprinzip[s]*" von Deppermann (2008: z. B. 54 [H. i. O.]). Grundlegende Ausführungen zur Sequenzanalyse selbst sind bereits in Abschnitt 1.2 enthalten.

In Kapitel 3 wird der Variationsraum von Dialekt bis Standardsprache näher beleuchtet. Im Wesentlichen enthält dieses Kapitel vier Plädoyers. Es wird dafür plädiert, (1) aus Analysegründen den Begriff der Variation jenem der Varietät vorzuziehen, was v. a. in Abschnitt 3.1 anhand von Beispielen und im Anschluss an Auer (1990) geschieht, (2) dass diverse Unterscheidungen zwischen Dialekt oder dialektal und Standardsprache oder standardsprachlich nur untersuchungsgegenstandsbezogen-pragmatische Lösungen sein können, was ab Abschnitt 3.2 insbesondere im Anschluss an Löffler (2005) zum Tragen kommt, (3) dass unter einer sprachlich-regionalen Perspektive auf horizontale und vertikale Variation des Deutschen migrationsbedingter Deutschgebrauch nicht vernachlässigt werden darf, was in den Abschnitten 3.3 und 3.4 diskutiert wird, und (4) dass kaum von einer kommunikationsraumbezogen-typischen Sprechweise die Rede sein kann, die sich in Gesprächen mit Deutschlernenden manifestiert, was einerseits den Halliday'schen Registerbegriff betrifft, der in Abschnitt 3.4 im Hinblick auf „Berufssprache als Register" nach Efing (2014: z. B. 419) und Foreigner Talk als Register im Anschluss an Hinnenkamp (1982) oder Roche (1998; 2005) thematisiert wird, und sich andererseits auf konvergierende Verhaltensweisen bezieht, die auf der sprachlich-interaktionalen Oberfläche auf unterschiedlichste Art und Weise zum Vorschein kommen können, worauf in Abschnitt 3.5 ausführlich eingegangen wird. Weitere zentrale Punkte in Kapitel 3 sind mögliche Definitionen von Variation, Varietät und Variante (s. Abschnitt 3.1), Ausschnitte des definitorischen Spektrums in Bezug auf Dialekt und Standardsprache (s. Abschnitt 3.2), die Diskussion von Diglossie- und Kontinuum-Modellen zum Deutschgebrauch im (mittel-)bairischen Sprachraum ((Ober-)Österreichs) (s. Abschnitt 3.3), von Bezeichnungen für Spielarten – wenn man so will, Varietäten und/oder Register – des Deutschen, die in Zusammenhängen mit dem Fach Deutsch als Fremd- und Zweitsprache häufig verwendet werden (s. Abschnitt 3.4), und von Code-Wechsel-Modellen sowie Perspektiven auf die Variation des Deutschen aus der Warte von Personen, die in (Ober-)Österreich mit Deutsch aufgewachsen sind, und von Personen, die dabei sind, sich dort Deutsch anzueignen (s. Abschnitt 3.5). Letzteres durchzieht diese Arbeit allerdings bereits von Beginn an. Die Variation des Deutschen wird in der vorliegenden Arbeit auch immer wieder aus der Perspektive von an Interaktionen Beteiligten und von an

1.3 Aufbau der Arbeit

Interaktionen sprachwissenschaftlich Interessierten beleuchtet. Solche Darstellungen spielen in Kapitel 4 eine besonders große Rolle, sind aber auch davor und danach zu finden.

In Kapitel 4 wird die Variation des Deutschen vor dem Hintergrund des linguistischen Salienzkonzepts diskutiert. Dabei kommt der Begriff saliente Feature(s) zum Tragen, der im besagten Kapitel mehrdimensional thematisiert wird. In Abschnitt 4.1 stehen Reflexionen zur epistemologischen Positionierung im Vordergrund. In diesem Abschnitt ist die Diskussion salienter Features zum einen an einen historischen Referenzpunkt im früheren 20. Jahrhundert (s. v. a. Abschnitt 4.1.1) und zum anderen an physiologisch, kognitiv und (konstruktivistisch-)soziolinguistisch bedingte Wahrnehmungsaspekte sowie deren Einflussnahme auf Analyseperspektiven rückgebunden (s. Abschnitte 4.1.2 und 4.1.3). Letzteres orientiert sich maßgeblich an Auer (2014) und Glauninger (2014; 2017). Die Argumentation in Abschnitt 4.1 läuft darauf hinaus, dass ein Feature erst dann salient sein kann, wenn es als „indexikalisches Zeichen" (Glauninger 2014: 26 [H. i. O.]) interpretiert bzw. ihm eine „indexikalische (*Signans-Signatum-*)Struktur" (Glauninger 2017: 125 [H. i. O.]) zugrunde gelegt werden kann. Dies stellt die Basis für die weitere Argumentation in Kapitel 4 dar. In Abschnitt 4.2 und 4.3 steht die Diskussion salienter Features im Zusammenhang mit konversationellen Reparatur(sequenz)en im Mittelpunkt. Konversationelle Reparatur(sequenz)en werden in diesen Abschnitten als Verarbeitungs-, Vermittlungs- und Vertiefungsprozesse dargestellt, die sich im Interaktionsverlauf oder in einer Episode (vgl. hierzu a. Abschnitt 2.3) entsprechend abheben. In Abschnitt 4.2.1 werden die Komponenten einer konversationellen Reparatur(sequenz) und in Abschnitt 4.2.2 deren Entsprechung in Signans-/ Signatum-Strukturen thematisiert. Die v. a. in Abschnitt 4.2.1 entwickelten und in Abschnitt 4.2.2 soziosemiotisch aufgearbeiteten Typen *Reparatursequenz ohne explizit-dialogischen Aushandlungsprozess* (RSoedA) und *Reparatursequenz mit explizit-dialogischem Aushandlungsprozess* (RSmedA) werden ab Abschnitt 4.2.3 v. a. im Anschluss an Garrod / Pickering (2004) im Lichte eines psycholinguistischen Modells interpretiert, nämlich des Modells „interactive alignment" (ebd.: z. B. 8). Unter Miteinbezug dieses Modells werden in Abschnitt 4.2.4 konversationelle Reparatur(sequenz)en im Hinblick auf deren Entstehungszusammenhang, sprachlich-interaktionale Routine und kommunikative Kausalität beleuchtet und in Bezug auf das vorliegende Datensample reflektiert. Das Ergebnis dieser Reflexion ist Teil der Methodologie, die in Kapitel 2 dargestellt ist, und betrifft den Kooperations-Begriff, der in vorliegender Arbeit im Anschluss an Fiehler (1993) zum Tragen kommt, was insbesondere in Abschnitt 2.3.2 behandelt wird und in

Kapitel 5 für die Struktur sorgt, die es ermöglicht, Variationsaspekte zu diskutieren. Außerdem sind in Abschnitt 4.2.4 zusammenfassende Rückblicke zu finden und auch zu Beginn von Kapitel 5 befindet sich eine Zusammenfassung des in der vorliegenden Untersuchung genützten Theorieangebots.

Kapitel 5 ist ein exemplarischer Exkurs zur Phänomenlage, der L2S in Gesprächen mit in (Ober-)Österreich sozialisierten L1S begegnen. Die Hauptrolle spielt hierbei *a* – und *a* bezieht sich in Kapitel 5 nicht nur auf Phonetisch-Phonologisches. Die Gliederung des Kapitels sowie die Benennung der entsprechenden Abschnitte (= Abschnitte 5.1–5.6) beruhen auf dem Fiehler'schen Verständnis von Kooperation im *Kommunikationsraum Betrieb*. In diesem Kapitel werden verschiedene Hypothesen aufgestellt und diskutiert, die in Kapitel 6 erneut aufgegriffen werden und in demselben gemeinsam mit anderen aus dem Forschungsprozess abgeleiteten Befunden Anschlussmöglichkeiten für eine weitere Auseinandersetzung mit der Variation des Deutschen im Kontext der Vermittlung und Aneignung des Deutschen als Zweitsprache darstellen.

1.4 Überblick zum Forschungsstand, Forschungslücke, Forschungsfragen

Im vorangegangenen Abschnitt klingt an, dass zwischen einem unmittelbar auf die vorliegende Problemstellung bezogenen Forschungsstand und einem darauf mittelbar bezogenen unterschieden wird, und ersterer aufgrund abduktiver Perspektivierung kaum in einem Abschnitt zusammengefasst bzw. isoliert dargestellt werden kann. Die Problemstellung wurde bisher nur insofern umrissen, als der variationsspezifische L1S-Sprachgebrauch als Input für L2S interpretiert die Herausforderung der vorliegenden Arbeit darstellt. Die entsprechenden Forschungsfragen sind am Ende dieses Abschnitts zu finden. Diese Skizze reicht vorerst aus, um auf Arbeiten aufmerksam zu machen, die sich zwar mit dem variationsspezifischen Deutschgebrauch in Österreich mit DaZ-Bezug beschäftigen, aber nicht im Sinne der vorliegenden Arbeit gesprächslinguistisch und/oder nicht in Zusammenhang mit der Ausbildung von Lehrlingen stehen.

Wie bereits andernorts erwähnt (vgl. Perner 2023: 86), wird in DaZ-spezifischen Arbeiten häufig der Eindruck erweckt, dass die Aneignung und Vermittlung des Deutschen nur mit der Bereitstellung von standardkonformem Input und der Unterstützung bei dessen Verarbeitung zusammenfallen kann. Allerdings gibt es auch eine Reihe von Arbeiten, die sich zu Recht gegen diesen Verständnishorizont wenden. Diese Arbeiten können im Hinblick auf das

1.4 Überblick zum Forschungsstand, Forschungslücke, Forschungsfragen 21

Altersspektrum der Gewährspersonen, den Grad des Bezugs zu Bildungsinstitutionen, die Konzentration auf Sprachgebrauchsaspekte im Zusammenhang mit der gesteuerten und ungesteuerten Aneignung und Vermittlung des Deutschen (als Zweitsprache) und die Art bzw. den Typ der erhobenen Daten differenziert werden. Allerdings sind diese Differenzierungen nicht immer trennscharf, in den Arbeiten gibt es teilweise Überschneidungen in den oben genannten Merkmalsbereichen und wie in Abschnitt 1.1 angemerkt, muss die Fokussierung auf bestimmte Aspekte nicht zur Dethematisierung anderer führen.

Auch wenn die folgende Übersicht keinen Anspruch auf Vollständigkeit erhebt, zeigt sie doch den Stand der Forschung zum variationsspezifischen Deutschgebrauch in Österreich mit DaZ-Bezug im Hinblick auf Schwerpunkt- und Nichtschwerpunktbildungen.

Ein hoher Anteil der entsprechenden Arbeiten weist einen engen Bezug zu Bildungseinrichtungen für (1) Kinder und Jugendliche (2) und/oder für (junge) Erwachsene auf und bezieht sich dementsprechend vorwiegend, aber nicht ausschließlich, auf Sprachgebrauchsaspekte im Zusammenhang mit der gesteuerten Aneignung und Vermittlung des Deutschen (als Zweitsprache). Ein beträchtlicher Teil dieser Arbeiten stützt sich zumindest auch auf Daten, die durch eine oder mehrere Formen der Befragung gewonnen wurden, d. h. durch Fragebögen (vgl. z. B. Ender / Kaiser 2009 (1, 2); Dannerer 2018 (2); Dannerer / Vergeiner (2019) (2); de Cillia / Ransmayr 2019 (1); Kasberger / Gaisbauer 2020 (1); Kasberger / Kaiser 2019 (1); 2021 (1, 2); Vergeiner 2021 (2); Kaiser 2019 (1); 2020 (1); 2022 (1)), Interviews (vgl. z. B. Ender / Kasberger / Kaiser 2017 (1); Dannerer 2018 (2); Dannerer / Vergeiner (2019) (2); de Cillia / Ransmayr 2019 (1); Kasberger / Gaisbauer 2020 (1); Vergeiner 2021 (2); Kasberger / Kaiser 2019 (1); 2021 (1)) und das Bewältigen einer Testsituation (vgl. z. B. Ender / Kasberger / Kaiser 2017 (1); Kaiser / Ender / Kasberger 2019 (1, 2); Kasberger / Kaiser 2019 (1); 2021 (1); Ender 2020 (1, 2); Kaiser 2019 (1); 2020 (1); 2022 (1); Ender / Kasberger / Wirtz 2023 (1, 2)).

Ein gemeinsames Merkmal der Arbeiten von Ender / Kaiser (2009), Ender / Kasberger (2017), Dannerer (2018), Dannerer / Vergeiner (2019), de Cillia / Ransmayr (2019), Kaiser / Ender / Kasberger (2019), Kasberger / Gaisbauer (2020), Kasberger / Kaiser (2019; 2021), Vergeiner (2021), Ender (2020) und Ender / Kasberger / Wirtz (2023) ist, dass sie sich zumindest auch eingehend mit Einstellungen und/oder Beliefs zum variationsspezifischen Deutschgebrauch in Österreich in Bezug auf DaZ beschäftigen und sich dafür primär eines quantitativ-empirischen Forschungsprogramms bedienen. Es ist wohl diesem Programm geschuldet, dass die entsprechenden Ergebnisdarstellungen kaum über Versus-Designs bezüglich Dialekt (teils bezogen auf das Alemannische, teils auf das Bairische, teils auf beides), Umgangssprache und Standardsprache hinausgehen. In manchen der Untersuchungen zum variationsspezifischen Deutschgebrauch in Österreich mit DaZ-Bezug ist zu erkennen, dass durch Interviews und/oder durch Gruppendiskussionen erhobene mündliche Daten nicht nur inhaltsanalytisch, sondern zumindest gelegentlich auch im Hinblick auf den tatsächlichen mündlichen Sprachgebrauch ausgewertet werden. Dazu gehören z. B. die Arbeiten von Dannerer (2018), Dannerer / Vergeiner (2019), und Vergeiner (2021) zum universitären Sprachgebrauch und die Arbeit von de Cillia / Ransmayr (2019) zum schulischen Sprachgebrauch. In diesen Arbeiten wurden sowohl Lehrende als auch Lernende untersucht, und kann der Rückgriff auf Interviewdaten oder Daten aus Gruppendiskussionen zur Ermittlung des tatsächlichen mündlichen Sprachgebrauchs kaum mit der Verwendung von nicht-elizitierten Daten in Verbindung gebracht werden. Allerdings zählen die Arbeiten von Dannerer (2018), Dannerer / Vergeiner (2019) und Vergeiner (2021) auch zu jenen zum variationsspezifischen Deutschgebrauch in Österreich mit DaZ-Bezug, in denen neben fragebogen-, interview- und/oder testbasierten Daten auch nicht-elizitierte Sprech-/Gesprächsdaten eine Rolle spielen.

Weitere Arbeiten, die über befragungsbasierte Daten und Sprech-/Gesprächsdaten verfügen, beschäftigen sich mit dem variationsspezifischen Sprachgebrauch von Kindern (vgl. Kaiser 2019; 2020; 2022) oder gegenüber Kindern (vgl. Kasberger / Gaisbauer 2020). Diese Studien wurden im mittelbairischen Sprachraum des Bundeslandes Salzburg (vgl. Kaiser 2019: 70; 2020: 42; 2022: 47) bzw. des Bundeslandes Oberösterreich (vgl. Kaiser 2019: 70; Kasberger / Gaisbauer 2020: 109) mit Kindern, die von Geburt an mit Deutsch aufgewachsen sind, und mit Kindern, die nicht von Geburt an (nur) mit Deutsch aufgewachsen sind, durchgeführt. Das empirische Forschungsprogramm dieser Deutschgebrauchsstudien ist überwiegend qualitativ, und die Untersuchung des Sprachgebrauchs in diesen Arbeiten beschränkt sich auf das phonetische Spektrum. Im Fokus dieser Arbeiten stehen Interaktionen zwischen Erwachsenen und Kindern, wobei Kaiser (s. z. B. 2020: 54) auch Interaktionen zwischen Kindern im Blick hat.

In Kaiser (2019; 2020; 2022) stellen sprachbezogene Einstellungen oder Beliefs nur einen forschungsstandbedingten Aspekt dar und der tatsächliche mündliche Sprachgebrauch von Kindergartenkindern steht im Mittelpunkt, für dessen Ermittlung neben fragebogenbasierten Daten auch Sprech-/Gesprächsdaten – ihnen wird primäre Bedeutung beigemessen – erhoben und ausgewertet wurden. Diese Sprech-/Gesprächsdaten sind elizitiert, da die Kinder in

1.4 Überblick zum Forschungsstand, Forschungslücke, Forschungsfragen 23

Spielsituationen gebracht wurden, die Impulse für den kindlichen Sprachgebrauch auslösten (vgl. Kaiser 2019: 73; 2020: 44; 2022: 47).

Insbesondere bei Kaiser (2019: ab 68) wird deutlich, dass eine Untersuchung auf der Basis von Sprech-/Gesprächsdaten und damit eine entsprechende Ergebnisdarstellung (vgl. ebd.: 75 ff.) im Versus-Design hinsichtlich Dialekt, Umgangssprache und Standardsprache problematisch ist. Die Beschreibung des Sprachgebrauchs mit den Kategorien „(auch) dialektnah", „(auch) standardnah", „beides" und „nur gemischt/umgangssprachlich" ist mit Kaiser (ebd.) adäquater. So sehen es auch Kasberger / Gaisbauer (2020: 121–124), die genauso wie Kaiser (2019; 2020; 2022) nur phonetische Sprachgebrauchsaspekte in den Blick nehmen.

In Kasberger / Gaisbauer (2020) stellen sprachbezogene Einstellungen bzw. Beliefs zum variationsspezifischen Deutschgebrauch gegenüber Schulkindern einen Teilaspekt und der tatsächliche mündliche Sprachgebrauch gegenüber ihnen einen anderen Teilaspekt dar. In diesem Zusammenhang fokussieren Kasberger / Gaisbauer (2020) eine ländliche Gemeinde in Oberösterreich namens Weibern und arbeiten sie einerseits mit fragebogen- und interviewbasierten Daten und attribuieren letztere auch als „Gesprächsdaten: Interviews" (ebd.: 118) und andererseits mit Sprech-/Gesprächsdaten, die nicht durch Interviews erhoben wurden. Diese Sprech-/Gesprächsdaten aus Interaktionen zwischen Erwachsenen und (Grund- bzw. Volks-)Schulkindern sind insofern als frei zu bezeichnen, als „[d]ie Proband/-innen […] zunächst in einem leitfadengestützten Interview zur Sprachverwendung im Alltag und zu den eigenen sprachlichen Einstellungen befragt und später in unterschiedlichen Kommunikationssituationen beobachtet [wurden]" (ebd.). An dieser Stelle sei auch erwähnt, dass vor den Interviews und der Beobachtung bzw. der Aufnahme der Interaktionen zwischen Erwachsenen bzw. „[v]or Beginn der Studie […] eine Fragebogenerhebung durchgeführt [wurde], die sich an die gesamte Gemeindebevölkerung (ab dem Schulalter) richtete" (ebd.: 110). Auch bei diesen Sprech-/Gesprächsdaten handelt es sich um elizitierte Daten bzw. kaum um möglichst nicht-elizitierte, zum einen, weil nicht auszuschließen ist, dass die Interviews, aber vielleicht auch die Fragebögen die Sprechweise der Erwachsenen gegenüber den Kindern beeinflussten, zum anderen insbesondere, weil die Interaktionen zwischen Erwachsenen und Kindern arrangiert sind (vgl. ebd.: 109, 122 f.) – „die Erwachsenen [sprachen] in einer freien Spielsituation (Stationenbetrieb in der Schule) mit verschiedenen Gruppen von Kindern" (ebd.: 122).

Kasberger / Gaisbauer (2020: 118–121) verfolgen bei ihrer Untersuchung der Interaktionen zwischen Erwachsenen und Kindern ein qualitativ-empirisches Forschungsprogramm; es werden zwei erwachsene Proband:innen im Hinblick auf den Dialekt-/Standard-Input, den sie Kindern zur Verfügung stellen, untersucht. Die entsprechenden elizitierten Sprech-/Gesprächsdaten werden auch mit tatsächlich möglichst nicht-elizitierten Sprech-/Gesprächsdaten verglichen. Allerdings stammen diese nicht-elizitierten Daten nicht aus Interaktionen mit Kindern, sondern aus Gesprächen mit anderen Erwachsenen, bei deren Aufnahme keiner der Forschenden anwesend war (vgl. ebd.: 120).

Generell stellt sich die Frage, ob bzw. inwieweit diese beiden Sprachgebrauchsdatensätze und -typen vergleichbar sind, aber der Versuch, sie zu vergleichen (s. hierzu ebd.), soll nicht zum Vorwurf gemacht werden. Im Gegenteil, es ist interessant zu untersuchen, wie aussagekräftig elizitierte Sprech-/Gesprächsdaten im Vergleich zu nicht-elizitierten sind, und ob bzw. inwieweit sich die Ergebnisse ergänzen oder widersprechen. Hierfür liegen allerdings derzeit noch zu wenige Arbeiten vor, die sich auf nicht-elizitierte Daten stützen. Auf drei dieser Arbeiten wurde bereits hingewiesen, nämlich auf Dannerer (2018), Dannerer / Vergeiner (2019) und Vergeiner (2021) zum universitären Sprachgebrauch; in diesen Studien werden zumindest auch qualitative Analysen durchgeführt. Aber auch auf die qualitativ angelegten Arbeiten von Blaschitz et al. (2020), Dannerer et al. (2021) und Hager (2021; 2023) zum schulischen Sprachgebrauch muss im Zusammenhang mit der Verwendung von möglichst nicht-elizitierten Gesprächsdaten hingewiesen werden. Dieser Datentyp spielt in diesen Arbeiten sogar die primäre, wenn nicht sogar die einzige Rolle.

Was allerdings bei Kasberger / Gaisbauer (2020) auffällt, ist, dass ihre Ergebnisse zum tatsächlichen variationsspezifischen Deutschgebrauch in Österreich mit DaZ-Bezug auf „Dialektalitätsmessung" (ebd.: 119) und damit auf Konventionen hinsichtlich der phonetischen Einordnung von Variationsausschnitten beruhen. Dieser Hinweis ist nicht unbedingt als Monitum zu verstehen, schließlich ist diese Ergebnisfindung im areallinguistischen Diskurs (z. B. im sprachlich-regionalen oder dialektologischen) im deutschsprachigen (Forschungs-)Raum seit Jahren üblich und daher auch anschlussfähig. Auch Kaiser (2020: 45) führt Dialektalitätsmessung durch und wie bei Kasberger / Gaisbauer (2020) ist es einerseits bedauerlich, dass bei Kaiser (2020) nur phonetische Aspekte eine Rolle spielen, andererseits aber erfreulich, dass einem, nämlich dem phonetischen Aspekt, besondere Aufmerksamkeit geschenkt wurde, was auch für die Arbeit von Kaiser (2022) gilt, in der, verglichen mit Kaiser (2019; 2020) und Kasberger / Gaisbauer (2020), m. E. am deutlichsten eine gesprächslinguistische Ausrichtung z. B. im Sinne von Deppermann (2008) zu erkennen ist.

Kasberger / Gaisbauer (2020: 123) kommen in ihrer im ländlichen Raum durchgeführten Studie zu dem Ergebnis, „dass in der Kommunikation mit DaZ-sprechenden Kindern deutlich weniger dialektale bzw. dialektnahe Formen

1.4 Überblick zum Forschungsstand, Forschungslücke, Forschungsfragen

(55,3 %) verwendet wurden als im Gespräch mit DaE-sprechenden Kindern (72,4 %)", und Kaiser (2019; 80 f.; 2020: 55; 2022: 56) zu dem Ergebnis, dass (v. a. in der Stadt lebende) Kinder, die nicht (nur) mit dem Deutschen aufwachsen, dazu tendieren, standardsprachlich bzw. standardnah zu sprechen. Diese Ergebnisse können auf verschiedene Weise kombiniert und interpretiert werden; eine davon ist die Feststellung, dass die Variationsbreite, mit der Kinder konfrontiert werden und die sie nutzen, groß ist.

Es gibt auch Arbeiten, dazu gehören z. B. jene von Ender / Kaiser (2009; 2014), Perner (2020; 2023), Perner / Brodnik (2021), Ender (2022), Perner / Dirim (2023), Wirtz / Pfenninger (2023) und Wirtz / Fischlhammer (2024), zum variationsspezifischen Deutschgebrauch mit DaZ-Bezug, deren Zusammenhang mit Bildungseinrichtungen weniger eng oder gar nicht vorhanden ist und die sich daher vorwiegend, aber nicht ausschließlich, auf Sprachgebrauchsaspekte bezüglich der ungesteuerten Aneignung und Vermittlung des Deutschen (als Zweitsprache) beziehen. Diese Arbeiten gehen über die phonetische Beschreibungsebene hinaus und haben mit Ausnahme von Ender (2022) zumindest auch einen Österreichbezug. Die Gewährspersonen dieser Studien sind (jugendliche) Erwachsene.

Die Arbeiten von Wirtz / Pfenninger (2023), Perner / Dirim (2023), Wirtz / Fischlhammer (2024) generieren Daten in sehr experimentellen Erhebungsverfahren und daher kann in diesen Arbeiten keinesfalls von nicht-elizitierten Daten die Rede sein.[5] Wirtz / Pfenninger (2023) befassen sich mit der (statistischen) Vorhersehbarkeit von variationsspezifischen Sprachgebrauch, d. h. sie verfolgen ein Interesse, das mit einer qualitativ-abduktiv angelegten Untersuchung wie der vorliegenden kaum in Einklang zu bringen ist. Wirtz / Fischlhammer (2024) versuchen, einen Zusammenhang zwischen der Aufenthaltsdauer und der Aneignung variationsspezifischen Sprachgebrauchs herzustellen, und Perner / Dirim (2023) zwischen der Aufenthaltsdauer und dem Hörverstehen von variationsspezifischen Sprachgebrauch – beide Arbeiten fokussieren dabei den Sprachgebrauch im (mittel-)bairischen Sprachraum Österreichs. Diese Themen spielen im Rahmen der vorliegenden Untersuchung keine unmittelbare Rolle.

Ender / Kaiser (2014) stützen sich auf Daten aus „eine[r] Online-Umfrage zur Sprachverwendung in bestimmten Situationen" (ebd.: 133), an der 30 Personen aus Vorarlberg, einem Gebiet in dem das Alemannisch vital ist (vgl. ebd.: 133 f.), und 82 Personen „aus dem restlichen Österreich" (ebd.: 134), womit im Wesentlichen die Gebiete Österreichs gemeint sind, in denen das Bairische vital

---

[5] Für nähere Details vgl. Wirtz / Pfenninger (2023: 5 f.), Perner / Dirim (2023: 73 f.) und Wirtz / Fischlhammer (2024: 190).

ist (vgl. ebd.: ab 133) – im Folgenden auch als Bairisch- ggf. Mittelbairisch-Österreich bezeichnet –, teilnahmen. Ender / Kaiser (2014) beschäftigen sich also mit vermeintlichem kommunikativen Handeln, d. h. es wurden zwar die Einstellungen bzw. Beliefs im Hinblick auf den variationsspezifischen Deutschgebrauch in Österreich mit DaZ-Bezug in den Blick genommen, aber der tatsächliche Sprachgebrauch nicht. Ähnliches gilt für die Studie von Ender / Kaiser (2009), in der nicht nur befragungsbasierte Daten von Gewährspersonen aus Österreich, sondern auch aus der Schweiz berücksichtigt werden (vgl. ebd.: 276). Ender / Kaiser (2009: 284–287; 2014: 134 ff.) behandeln allerdings einen Aspekt, der im Rahmen der vorliegenden Untersuchung hervorgehoben werden kann, nämlich jenen des vermeintlich kommunikativen Handelns im Arbeitsleben von L1S in Gesprächen mit L2S.

Die Habilitation von Ender (2022) mit dem Titel „Dialekt-Standard-Variation im ungesteuerten Zweitspracherwerb des Deutschen. Eine soziolinguistische Analyse zum Erwerb von Variation bei erwachsenen Lernenden" hat ein sehr umfassendes Forschungsprogramm und untersucht u. a. den variationsspezifischen Deutschgebrauch von in der Schweiz lebenden L2S (vgl. ebd.: 3 ff.). Die Daten wurden aus strukturierten Interviews, Tests bzw. einer Übersetzungsaufgabe und einer Entscheidungsaufgabe gewonnen (vgl. ebd.: 76–84). Ender (ebd.: 76) trianguliert „Gesprächsdaten der Zweitsprachbenutzenden" – eigentlich Sprech-/Gesprächsdaten, die aus den strukturierten Interviews stammen – die Übersetzungs- und die Entscheidungsaufgabe. Die beiden Testaufgaben „[sollen] als zusätzliche Evidenz zu den aus dem Gesprächsmaterial gewonnen Erkenntnissen dienen […]" (ebd.). Die Entscheidungsaufgabe diente auch dazu, Spracheinstellungen bzw. Beliefs der L2S zu erheben (vgl. ebd.: 81 ff.).

In den Interviews werden u. a. „Sprachgebrauch im Alltag" und „Wahrnehmung der Unterschiede zwischen Dialekt und Standard" behandelt (vgl. ebd.: 77). Ender (2022: 78) beschreibt die Situation, in der die L2S interviewt wurden, als „Gesprächssituation mit Universitätsmitarbeiterinnen" und damit als eine Situation, die „für die befragten Personen nicht alltäglich [ist]" und in der „ihr Sprachverhalten […] sich nicht zwangsläufig auf andere, alltägliche Gesprächssituationen übertragen l[ä]ss[t]". Darüber hinaus wurde – wie Ender (ebd.) weiter beschreibt – durch die Gestaltung eines entsprechenden Arrangements versucht, „die Konversation nicht zu formell wirk[en]" zu lassen, „und mit einem alltäglichen Gespräch mit Fremden vergleichbar" zu machen. „Zudem waren die Themen so gewählt, dass sich die Befragten relativ persönlich angesprochen und zum Erzählen motiviert fühlen sollten" (ebd.). Dementsprechend handelt es sich bei den Interview- bzw. Sprech-/Gesprächsdaten keinesfalls um möglichst nicht-elizitierte Daten bzw. „um Rede, die zur Gänze mit freier alltäglicher

1.4 Überblick zum Forschungsstand, Forschungslücke, Forschungsfragen

Kommunikation verglichen werden kann" (ebd.). Dasselbe gilt für die Sprech-/Gesprächsdaten, die durch das Lösen der Übersetzungsaufgabe oder auch der Entscheidungsaufgabe gewonnen wurden (vgl. 79–84). Prinzipiell unterscheidet Ender (ebd.: z. B. 4) zwischen „freie[m] und elizitierte[m] Sprachgebrauch" ihrer Gewährspersonen; freier Sprachgebrauch bezieht sich auf die Interviewdaten (vgl. ebd.: 4, 77). Wie Ender (ebd.: z. B. 3 f., 77 ff., 94) aber selbst andeutet, sind alle ihre Sprech-/Gesprächsdaten, also auch die aus den Interviews, keineswegs möglichst nicht-elizitiert.

Sicherlich lassen die quantitativen und qualitativen Analysen in Enders (2022, ab 92) Schweiz spezifischer Arbeit auf eine große Variationsbandbreite schließen, mit der L2S umgehen müssen. Viele Ergebnisse anderer oben genannter Studien mit Österreichbezug lassen sich ähnlich zusammenfassen. Eine gute Übersicht dazu, wie viel Dialekt-/Standard-Variation L2S in (Mittel-)Bairisch-Österreich nach eigener Auskunft ausgesetzt sind, ist in Wirtz / Pfenninger (2023: 7) zu finden. Das Ergebnis, dass es L2S, seien es Kinder oder (jugendliche) Erwachsene, in Gesprächen mit L1S mit einer großen Variationsbreite zu tun bekommen, unabhängig davon, ob die entsprechenden Daten elizitiert sind oder möglichst nicht-elizitiert, wird auch von einigen der oben genannten Studien geteilt. Dabei kann es sich um ein Nebenergebnis handeln, wenn der Output von L2S fokussiert wurde, aber auch um ein Hauptergebnis, wenn der Input, den L2S von L1S erhalten, fokussiert wurde. Die gesprächslinguistische Beschreibung dieser großen Variationsbreite und damit verbundene Hypothesen zum Sprachgebrauch von L1S gegenüber L2S stehen bisher weitgehend aus. Dies gilt insbesondere im Hinblick auf die Verwendung von möglichst nicht-elizitierten Daten und im Hinblick auf Aspekte des Sprachgebrauchs in Interaktionen zwischen (jugendlichen) Erwachsenen im Zusammenhang mit der ungesteuerten Aneignung und Vermittlung von DaZ. In anderen Worten: Untersuchungen zum variationsspezifischen Sprachgebrauch von erwachsenen L1S gegenüber erwachsenen L2S, die auf möglichst nicht-elizitierten Gesprächsdaten beruhen und zumindest keinen engen Bezug zu Bildungsinstitutionen haben, sind bis 2023 kaum vorhanden.

In diese Forschungslücke stoßen bereits Perner / Brodnik (2021) und Perner (2020; 2023). Diese Arbeiten konzentrieren sich unter Verwendung des Modells des *Dialekt-/Standard-Kontinuums* (DSK) im Anschluss an Auer (1986; 1990) auf den variationsspezifischen Sprachgebrauch von L1S in L1S-L2S-Gesprächskonstellationen am Arbeitsplatz in (Mittel-)Bairisch-Österreich. Die vorliegende Studie stößt umfangreicher in dieselbe Forschungslücke und greift folgende Desiderata auf:

1. Die Erfassung eines spezifischen interaktional und situational modifizierten DSK-Inputs.
2. Die Klärung der Rolle von dialektnahem und standardnahem Deutschgebrauch von L1S in Gesprächen mit L2S.
3. Die Form und die Funktion der Variation des Deutschen im Umgang mit Deutschlernenden am Beispiel von Lehrlingen.
4. Die Reflexion der drei genannten Aspekte aus (berufs-)pädagogischer Perspektive.

Im Konkreten wird in der vorliegenden Studie den folgenden Fragen nachgegangen:

1. Von welchem interaktional und situational modifizierten DSK-Input sind Lehrlinge, die sich in der Aneignung des Deutschen als Zweitsprache befinden, im Kommunikationsraum Betrieb in Oberösterreich umgeben?
2. Mit welchem interaktional und situational modifizierten DSK-Input müssen solche Lehrlinge in der innerbetrieblichen Kommunikation umgehen?

Auf eine allgemeine Ebene gehievt handelt die vorliegende Untersuchung davon, wie mit L2S im (Aus-)Bildungskontext gesprochen wird.

Zusammenfassend lässt sich feststellen, dass es bisher kaum Arbeiten zum tatsächlichen variationsspezifischen Deutschgebrauch in Österreich und damit auch in (Mittel-)Bairisch-Österreich mit DaZ-Bezug gibt, die

1. gesprächslinguistisch angelegt sind und sich auf möglichst nicht-elizitierte Daten stützen,
2. sich der abduktiven Hypothesenbildung zuwenden,
3. nicht nur maßgeblich phonetische Variationsaspekte im Blick haben,
4. L1S-L2S-Gesprächskonstellationen fokussieren, in denen die Gesprächspartner:innen jugendlich bzw. erwachsen sind,
5. den Sprachgebrauch von L1S gegenüber L2S fokussieren,
6. die (Aus-)Bildung von L2S außerhalb von schulischen Bildungsinstitutionen thematisieren
7. bzw. die Lehrlingsausbildung in Betrieben,
8. und die vorangegangenen Aspekte vereinen.

1.5 Zum Zusammenfließen (gesprächs-)linguistischer Beschreibungsebenen im Kontext von Deutsch als Zweitsprache

Wie bereits eingangs erwähnt (s. in Abschnitt 1.1), liegt der Fokus speziell im Praxisfeld DaZ häufig auf der Aneignung und Vermittlung von Standarddeutsch/-varietäten bzw. der damit verbundenen Bildungs- und Fachsprache Deutsch. Insbesondere mit Blick auf die in der Linguistik, aber auch in der Pädagogik / Andragogik vielbeachtete normspektrale Darstellung des Deutschen als plurinationale bzw. plurizentrische Sprache stellt sich die Frage, inwiefern die Thematisierung der Variation des Deutschen in einem solchen Aneignungs-/Vermittlungskontext über den Bezug auf die Heterogenität innerhalb des Standarddeutschen und damit einhergehender soziopragmatischer Funktionalität hinausgehen soll. Letztere bezieht sich im Variationsparadigma sprachlicher Plurizentrizität plurinationaler Lesart auf kaum etwas mehr als auf die Herstellung und Aufrechterhaltung nationaler Identität und Zugehörigkeit (vgl. Glauninger 2015: z. B. 34–41). Dies wird in Bezug auf (Standard-)Deutsch in Österreich recht schnell verständlich, wenn man sich vergegenwärtigt, dass der plurinational-plurizentrische Diskurs dazu auf der Emanzipierung vom (Standard-)Deutschen in Deutschland beruht.[6] Die Betonung eines eigenständigen ‚österreichischen' (Standard-)Deutsch, das übrigens dem (Mittel-)Bairischen näher ist als einem anderen deutschen Dialekt,[7] kann z. B. mit Ebner (2008: 11) als eines der (sprach- und gesellschaftspolitischen) Mittel betrachtet werden, sich als Zweite Republik Österreich von Deutschland vor und nach 1945 zu distanzieren. Unter dieser Perspektive erschien auch das Österreichische Wörterbuch (ÖWB) 1951 erstmals (ebd.), ein Nachschlagewerk, das „den in Österreich gebräuchlichen Wortschatz" (ÖWB 2018: 5)[8] enthalte. Die Verknüpfung von Sprachgebrauch, Identität und Zugehörigkeit an sich kann in den verschiedensten Lebensbereichen beobachtet werden und ist seit Jahrzehnten Gegenstand zahlreicher soziolinguistischer Studien, darunter z. B. auch die in Abschnitt 1.4 erwähnten kindergartenspezifischen Arbeiten von Kaiser (2020: 57–60; 2022) und die hochschulspezifischen von Dannerer (2018: 184), Dannerer / Vergeiner (2019: 504) und Vergeiner (2021: 226–236).

---

[6] Vgl. hierzu z. B. Muhr / Schrodt / Wiesinger (1995: grosso modo).

[7] Im Hinblick auf Lexik vgl. z. B. Scheuringer (2005: insbesondere 1197 ff.) und hinsichtlich phonetisch-phonologischer Aspekte vgl. z. B. Moosmüller (1987; 2007: 16 f.) oder Wiesinger (2009).

[8] Anmerkung: ÖWB (2018) = Pabst (2018).

Keiner anderen linguistischen Beschreibungsebene wird im Rahmen eines (plurinational-plurizentrisch perspektivierten) Identitäts- bzw. Zugehörigkeitsmanagements wohl eine größere Aufmerksamkeit zuteil als der lexikalischen, allein das ÖWB ist ein seit Jahrzehnten immer wiederkehrender Beleg dafür.[9] Auf die Attitüde von an österreichischen Schulen tätigen Lehrkräften (vermeintlich) ‚bundesdeutsche' Bezeichnungen zu (vermeintlich) ‚österreichisch-deutschen' zu korrigieren, wird immer wieder und in jüngerer Vergangenheit etwa in der Studie von de Cillia / Ransmayr (2019: z. B. 167 f.) aufmerksam gemacht. In Arbeiten wie diesen zeigt sich deutlich, dass für Lehrer:innen an österreichischen Schulen die Koexistenz oder die Wahrnehmung von Kopräsenz standarddeutscher Varianten weniger ein Anlass zu einer Diskussion über die Heterogenität oder Alternativität im Standarddeutschen als zur Positionierung pro dessen ist, was als Teil der ‚österreichischen Standardvarietät' gehalten wird. Korrekturverhalten[10], das durch die Substitution von ‚bundesdeutschen' Standardvarianten durch ‚österreichisch-deutsche' bestimmt ist, kann als ein Ausdruck einer solchen Position interpretiert werden. In der jüngeren Geschichte schafft es lexikalische Standardvariation des Deutschen im Zusammenhang mit dem Beitritt Österreichs zur Europäischen Union (EU) im Jahre 1995 auf die (sprach-)politische Agenda der Brüsseler Behörden und in Folge auch in ein entsprechendes EU-Rechtsdokument namens „Protokoll Nr. 10" (www 2). Mit diesem wurde die Rechtsgültigkeit lexikalischer Alternativität im Bereich der Nahrungsmittelbezeichnungen sichergestellt, so sind etwa die Substantive „Erdäpfel" und „Kohlsprossen" genauso EU-rechtskonform wie die Substantive „Kartoffeln" und „Rosenkohl". Auch hier handelt es sich um eine Form sprachlicher Korrektur, denn vor dem EU-Beitritt Österreichs war ausschließlich ‚bundesdeutsche' (Nahrungsmittel-)Lexik EU-rechtlich gedeckt. Insgesamt wurden mit dem Inkrafttreten des Protokolls Nr. 10 etwas mehr als 20 ‚österreichische' Nahrungsmittelbezeichnungen mit ihren ‚bundesdeutschen' Entsprechungen in der EU formaljuristisch gleichgestellt. Selbstverständlich kann über die Hintergründe, die Beschränkung auf Nahrungsmittelterminologie und den geringen Umfang dieser sprachpolitischen

---

[9] Ein über den österreichischen Sprachraum hinausgehender Beleg dafür, dass auf Grundlage der lexikalischen Beschreibungsebene Identitäts- bzw. Zugehörigkeitsmanagement betrieben wird, ist das „Variantenwörterbuch des Deutschen" von Ammon / Bickel / Lenz (2016). In diesem Wörterbuch ist (lexikalische) Variation stets als in einem bestimmten deutschsprachigen Gebiet übliche und zu erwartende Ausdrucksweise gekennzeichnet (vgl. hierzu z. B. ebd.: XVIII–LXXVII).

[10] Details zum gesprächslinguistisch perspektivierten Begriff der *Korrektur* sind v. a. in Abschnitt 4.2 zu finden.

1.5 Zum Zusammenfließen (gesprächs-)linguistischer ...

Korrektur diskutiert werden[11] und sicherlich hat die rechtliche Gleichstellung von (Standard-)Varianten in diesem Fall v. a. politische und möglicherweise auch wirtschaftliche Gründe, ist also eher aus der Sicht damaliger politischer Entscheidungsträger:innen als aus einem soziolinguistischen Blickwinkel heraus eine pragmatische Lösung. Allerdings erfüllt die Betonung ‚österreichischer' Nahrungsmittelbezeichnungen in Unterrichtskontexten sehr wohl auch die soziopragmatische Funktion, nationale Identität bzw. Zugehörigkeit herzustellen oder aufrechtzuerhalten. Ein Beispiel dafür geben Dirim / Eder / Springsits (2013). Sie berichten von einem Vorfall im Unterricht an einem Wiener Gymnasium, bei dem die von einem Schüler mit deutschem ‚Migrationshintergrund' stammende Wortmeldung „‚Kartoffeln'" von der Lehrerin mit dem Gesprächsbeitrag „Das heißt bei uns nicht ‚Kartoffeln'. Das heißt ‚Erdäpfel'." (ebd.: 127 [H. i. O.]) korrigiert wird. Ob diese Äußerung der Lehrerin u. a. im Zusammenhang mit deutschsprachlicher Bildung eines bereits Deutschsprechenden angemessen bzw. sinnvoll ist, ist fraglich, dass die Koexistenz von Standardvarianten in diesem Beispiel national funktionalisiert wird, hingegen kaum. Zweifellos gibt es auch in anderen Bereichen als jenem der Nahrungsmittelterminologie lexikalische Alternativität im Standarddeutschen, deren Thematisierung das Potenzial hat, Identität oder Zugehörigkeit zu managen, und betrifft diese Alternativität nicht nur Substantive. Außerdem können Beobachtungen, dass lexikalische Variation im Standarddeutschen als Aufhänger dafür dient, Identitäts- oder Zugehörigkeitsmanagement zu betreiben, gewiss auch außerhalb von schulischen Zusammenhängen gemacht werden. Die vorliegende, DaZ-spezifisch gesprächslinguistisch angelegte Studie in zwei betrieblichen Kommunikationsräumen (Ober-)Österreichs steht in genau einem solchen Zusammenhang und ist dabei dennoch auch im Kontext von (Aus-)Bildung angesiedelt. Sie zeigt, dass lexikalische Alternativität, womit Variation im Hinblick auf den Wortschatz gemeint ist, keine solche dominante Rolle spielt, wie gemäß dem diskursiv hochbeanspruchten Variations-Paradigma der Plurizentrizität des Deutschen in plurinationaler Lesart angenommen werden könnte. Nur einmal konnte beobachtet werden, dass lexikalische Alternativität im Zusammenhang mit einer sprachnormspektralen Korrektur und eine nationenbezogene Thematisierung von Standardvariation zusammenfallen. Im entsprechenden Beispiel (= T4_K) überarbeitet der immer schon in (Ober-)Österreich ansässige Gesprächspartner eines Deutschlernenden seinen eigenen Gesprächsbeitrag KOIsprossen (Z. 023) 'Kohlsprossen, Rosenkohl' zu n_DEITSCHlond song_s rOsenkohl dazua (Z. 027). Neben dem

---

[11] Für nähere Details und eine kritische Auseinandersetzung mit dem Protokoll Nr. 10 vgl. z. B. Pohl (1997: 81–84).

national-funktionalen Aspekt kann in diesem Zweizeiler ein weiteres Indiz für soziopragmatische Relevanz entdeckt werden. Dieses steht im Kontext einer sprachlichen Lehr-/Lern-Situation und könnte vor dem Hintergrund derselben als Wortschatz- oder Synonymarbeit bezeichnet werden, im Zuge welcher auch sicherlich nach bestem Wissen und Gewissen Hintergrundinformationen zum Verbreitungsgebiet lexikalischer Variation gegeben werden. In diesem Ausschnitt aus einem Gespräch mit einem Deutschlernenden kommt also auch ein edukationalfunktionaler Aspekt zum Tragen. Ob dieser soziopragmatische Aspekt oder der national-funktionale in diesem einer Korrektur entsprechenden Gesprächsausschnitt im Vordergrund steht, sei offengehalten – ob eine solche Beurteilung notwendig ist, ebenso. Darauf, dass diese Korrektur offenbar in einem Lehr-/Lern-Kontext erfolgt, sei hingegen ausdrücklich hingewiesen. Das stärkste Argument dafür liefert der Entstehungszusammenhang der KOIsprossen-rOsenkohl-Korrektur, wie der oben präsentierte Gesprächsausschnitt vor dem Hintergrund lexikalischer Alternativität bezeichnet werden kann. Die Ein-Wort-Äußerung KOIsprossen, mit der ja das vorliegende Korrekturbeispiel beginnt, ist nämlich offensichtlich die etwas verzögerte Reaktion auf des Deutschlernenden Aussage <<pp> ah das KENN ich nicht> (T4_K: Z. 017). Bemerkenswert ist, dass der in (Ober-)Österreich Deutschlernende die Bezeichnung 'Rosenkohl' wiedererkennt, er meint ja geNAU. (.) ROsenkohl hab ich; (-) des DES in der schUle gelörnt (Z. 029–Z. 033), was sein Gesprächspartner umgehend schmunzelnd bejaht (Z. 034). Offenbar muss an österreichischen Schulen „die Verwendung spezifisch österreichischer Ausdrücke der deutschen Sprache", wie es im Protokoll Nr. 10 (www 2) heißt und unter derselben Prämisse im ÖWB (2018) mehr als 800 Seiten gefüllt sind, nicht unbedingt dominieren, was mit Glauninger (2015: 12 f., 37 f.) im Hinblick auf den (standard-)deutschen Sprachgebrauch in Österreich an sich nicht überraschend ist, denn schon seit Langem wird in Österreich (Standard-)Deutsch u. a. von Autor:innen oder Sprecher:innen rezipiert, die ihren Lebensmittelpunkt nicht (immer schon) in Österreich haben bzw. hatten. Dass sich der Sprachgebrauch in Medien und von Immigrant:innen aus der Bundesrepublik Deutschland längst – vielleicht immer schon – im (standard-)deutschen Sprachgebrauch in Österreich niedergeschlagen hat, scheint im 21. Jahrhundert für viele Sprecher:innen in Österreich weniger als je zuvor eine Erwähnung wert zu sein – je jünger sie sind, desto weniger wohl. Die Darstellung des Deutschen als plurinationale und/oder plurizentrische Sprache könnte als anachronistisch bezeichnet werden, Glauninger (z. B. 2015) sieht das ähnlich. Ob der Gesprächspartner des Deutschlernenden – beide in ihren Zwanzigern – es für möglich hält, dass seinem Gegenüber die Bezeichnung 'Rosenkohl' geläufiger ist als 'Kohlsprossen', kann nicht mit Sicherheit festgestellt werden, dass die Korrektur von KOIsprossen zu rOsenkohl dem Wissensstand des in (Ober-)Österreich Deutschlernenden entgegenkommt, ist hingegen manifest. Darüber, warum der Deutschlernende die Bezeichnung KOIsprossen nicht aufgreift, kann per se nur spekuliert werden. Vielleicht hätte sein Gesprächspartner dafür erkennbar machen müssen, dass KOIsprossen eine *l*-vokalisierte Variante von 'Kohlsprossen' ist. Eine Antwort auf die Frage, ob der Deutschlernende einer dieser beiden ‚österreichischen' Formen zumindest schon einmal zuvor begegnet ist, kann durch die Analyse der Episode, in der die KOIsprossen-rOsenkohl-Korrektur auftritt, nicht gegeben werden. Nichtsdestoweniger dient die besagte Korrektur als Beispiel dafür, dass im Rahmen einer deskriptiven Auseinandersetzung mit dem mündlichen Sprachgebrauch mehr als eine linguistische Beschreibungsebene relevant werden kann, wenn nicht sogar muss. Soziopragmatische Aspekte diesmal außen vor gelassen, könnte eine variationslinguistische Analyse der KOIsprossen-rOsenkohl-Korrektur wie folgt lauten: Das Auftreten der zwei verschiedenen Varianten zur Bezeichnung einer Kohlsorte verweist im vorliegenden Fall nicht nur auf lexikalische Alternativität im Standarddeutschen, sondern infolge des *l*-Gebrauchs im Lexem *Kohl*, welches Bestandteil beider Bezeichnungen ist, auch auf phonetisch-phonologische Dialekt-/Standard-Variation beziehentlich des Sprachgebrauchs in (Mittel-)Bairisch-Österreich. Außerdem zeigt sich, dass in der Sinneinheit, durch welche vorangehendes KOIsprossen erst zum Korrigendum wird, bis auf die Substitution selbst – also das Wort rOsenkohl – kein anderes Element als ‚pur' standardsprachlich bezeichnet werden kann. In n_DEITSCHlond song_ s rOsenkohl dazua sind einerseits Reduktionsformen zu erkennen, die auch vor dem Hintergrund der Schnellsprechregeln des (Standard-)Deutschen betrachtet werden könnten, gemeint ist die Repräsentation von 'in' durch n_ und die Suffigierung oder Klitisierung des Personalpronomens 'sie' in song_s. Andererseits manifestiert sich in dieser Sinneinheit aber auch Variation, die als für die (mittel-)bairische Lautstruktur typisch gelten kann, nämlich die Verdumpfung von *a* (lond, song), die Entrundung von *eu* (DEITSCH) und die Diphthongierung von *u* ohne nachfolgendem *r* (dazua).[12] Diese Sinneinheit ist ein Beispiel dafür, dass die Überarbeitung eines Elements im Gespräch mit einem Deutschlernenden nicht bedeuten muss, dass alle anderen Elemente, die im Zuge dieser Überarbeitung zum Tragen kommen, dem Konzept folgen, mithilfe welchem das als Korrigendum Identifizierte modifiziert wird. Kurzum und auf das vorliegende

---

[12] Für dialektologisch oder sprachlich-regional perspektivierte Details dazu vgl. z. B. Lenz (2019).

Beispiel bezogen: Die Aufhebung (mittel-)bairischer Vokalrealisierung zugunsten standardkonformer, die mit der Substitution (= Korrektur, vgl. hierzu a. Abschnitt 4.2) von KOIsprossen durch rOsenkohl einhergeht, spiegelt sich in den Gesprächselementen, die den Korrekturprozess begleiten, nicht wider.

Die Auffassung, dass eine *l*-vokalisierte Variante von 'Rosenkohl', also *Rosenkoi*, von in (Mittel-)Bairisch-(Ober-)Österreich aufgewachsenen Sprecher:innen nicht zu erwarten ist, kann geteilt werden. Ein Grund dafür könnte sein, dass der Gebrauch dieses Wortes aus der Perspektive solcher Sprecher:innen tatsächlich nicht gängig genug erscheint, um es phonetisch-phonologisch ins (Mittel-)Bairische zu integrieren.[13] Im Kontext von Deutschaneignung und/ oder -vermittlung muss die Diskussion von Variation des Deutschen allerdings über ein solches sich auf Adäquatheit beziehende Verständnis von Dialekt-/ Standard-Variation hinausgehen, denn zum einen verfügen Deutschlernende nicht unbedingt über dasselbe Mindset im Hinblick auf Deutschgebrauch wie Sprecher:innen, die mit Deutsch aufgewachsen sind, und zum anderen geht aus Untersuchungen immer wieder hervor, dass in Gesprächen mit Deutschlerneden auch (Dialekt-/Standard-)Variation zum Tagen kommt, die aus einer arealinguistischen Perspektive (z. B. einer sprachlich-regionalen oder dialektologischen) überraschend sein mag oder gar nicht nachzuvollziehen ist (vgl. hierzu a. die Abschnitte 3.4 und 3.5). Außerdem ist nicht davon auszugehen, dass Deutschlernende erkennen können, dass *Kohl* und *Koi* dasselbe Lexem repräsentieren und sich *nur* durch den *l*-Gebrauch unterscheiden, der die vokalische[14] Gestalt impliziert – hier *o* bei konsonantischem *l*-Gebrauch und *oi* bei *l*-Vokalisierung. Freilich gilt dies in besonderem Maße für Anfänger:innen, jedoch kann dies auch fortgeschrittene(re) Deutschlerner:innen betreffen. Je mehr letztere sich dessen bewusst sind, dass im Deutschen Vokalqualität und -quantität ausreichen kann, um zumindest zwei Wörter voneinander zu unterscheiden, desto weniger kann auch von ihnen erwartet werden, dass sich ihnen *Kohl* [ko:l] und *Koi* [kɔɪ(:)] als dasselbe Lexem erschließt. Kurzum und salopp: Anfänger:innen wissen vielleicht

---

[13] Selbstverständlich ist kaum vorauszusehen, ob, geschweige denn wann, ein ursprünglich nicht-deutsches oder für das Bairische nicht typische Wort vom Sprecher:innen-Kollektiv in Österreich oder Deutschland mehr oder weniger ‚eingebairischt' wird. Im Anschluss an Auer / Barden / Großkopf (2000) kann im Hinblick auf einen solchen möglichen Prozess von „long-term linguistic accommodation" die Rede sein und freilich kann ex ante zu diesem Akkommodationstyp nichts festgelegt werden. Sprachliche Akkommodation wird in Abschnitt 3.5 näher behandelt, dies allerdings nicht im Sinne von long-term linguistic accommodation.

[14] Vokalisch bezieht sich in der vorliegenden Untersuchung auch auf Diphthonge.

1.5 Zum Zusammenfließen (gesprächs-)linguistischer ...

noch zu wenig und Fortgeschrittene womöglich zu viel, um *Kohl* und *Koi* angemessen einzuordnen. Als ein Beispiel für die Distinktivität von Vokalen sei *Affen* [afən] vs. *Ofen* [oːfən] vs. *offen* [ɔfən] genannt. Allerdings, und dies gilt für viele Linguist:innen als eines der typischsten oder auffälligsten Charakteristika vieler Nonstandardvarietäten des Oberdeutschen und folglich auch des Bairischen (in Österreich),[15] kann standardsprachliches *a* auch durch [o] oder [ɔ] repräsentiert sein (= *a*-Verdumpfung). So gilt Lenz (2019: 324) folgend z. B. der oben genannte Beleg DEITSCHlond im Hinblick auf die Hebung des *a* sowohl als [daɪtʃlont] wie auch als [-lɔnt] in Bairisch-Österreich als regulär.[16] Personen, die z. B. in (Bairisch-)Österreich Deutsch lernen, bekommen es also nicht nur damit zu tun, dass im Deutschen Vokale bedeutungsunterscheidende Funktion erfüllen können (u. a. [a], [o(ː)] und [ɔ]), sondern auch damit, dass in dieser Sprache Vokale, die eine bedeutungsunterscheidende Funktion haben können (z. B. wiederum [a], [o(ː)] und [ɔ]), diese im Rahmen von Dialekt-/Standard-Variation nicht unbedingt erfüllen (z. B. *Land* vs. *Lond*) und dass vokalische Variation nicht immer ein Hinweis auf eine Bedeutungsunterscheidung ist (z. B. *Kohl* vs. *Koi*). Variation im Hinblick auf *a* wird in Kapitel 5 ausführlich behandelt.

Dass mit lexikalischer Alternativität auch die phonetisch-phonologische Beschreibungsebene ins Spiel kommt, wird in der vorliegenden Untersuchung, die sich auf den Sprachgebrauch von Gesprächspartnern Deutschlernender konzentriert, immer wieder deutlich; dass es sich dabei nicht immer nur um normspektrale Variation handelt, versteht sich fast von selbst. Doch wie bereits oben erwähnt, spielt das Überarbeitungspotenzial im Bereich des Wortschatzes keine so große Rolle, wie man womöglich glauben möchte. Unmittelbare lexikalische Alternativität – d. h. aus Überarbeitungen hervorgehende lexikalische Alternativität – im (zumindest eher) normspektralen Bereich betrifft *schwieriger* vs. *schwerer* (s. T5_DS: Z. 156–Z. 160), *werden* vs. *sein* (s. T10_DS: Z. 008–Z. 009), *zeigen* vs. *erklären* (s. T8_K: Z. 023–Z. 025) und mehr oder weniger *reden* vs. *sprechen* (s. T6_K: Z. 067 & Z. 080), und Belege für unmittelbare lexikalische Alternativität, in der vor dem Hintergrund von Standardsprachlichkeit auch Phonetisch-Phonologisches Aufmerksamkeit erregt, lauten ebenso im Versus-Design dargestellt KOIsprossen vs. rOsenkohl (s. T4_K: Z. 023–Z. 027), NICHT vs. net (s. T5_K: Z. 031–Z. 033), eventuell HEISST vs. is

---

[15] Für ausführlichere Informationen zum *a*-Gebrauch in oberdeutschen Sprachgebieten vgl. z. B. Zehetner (1985: 54, 75 ff.), Auer (1986: 106), Scheuringer (2002), Christen (2019: 251, 254, 257), Koch (2019: 283 f., 290, 306) und Lenz (2019: 324 f., 347).

[16] Lenz (2019: 324:) selbst nennt diesbezüglich u. a. das Beispiel [floʃn̩] / [floʃn̩] 'Flasche'.

(T8_K: Z. 013–Z. 019), schraub_s ö vs. MACH_s fEst (T12_DS: Z. 051–Z. 053) und geSCHNITten↑En vs. GSCHNEna bzw. geSCHNITtenen vs. an GSCHNEna (s. T9_DS: Z. 129–Z. 146). Möchte man eine solche Liste rigoros unter dem Aspekt (Mittel-)Bairisch vs. Standarddeutsch (in Österreich) betreiben, würde sie sich um einige der jeweils zuzuordnenden Voll- und Suffixformen von Personalpronomen und zum Teil auch von Artikeln erweitern[17], auch alle Fälle, in denen entsprechende Vokalmodifikation (zwei Beispiele unter vielen sind aMOI vs. einmal und host vs. hast, s. T6_DS: Z. 080–Z. 082 und T2_DS: Z. 041–Z. 043) sowie entsprechende Modifikationen im konsonantischen Bereich (die finale *ch*-Tilgung in Wörtern wie etwa *gleich* wäre ein Kandidat dafür) auftreten, wären womöglich auf ihr. Außerdem würde sich auch lexikalische Alternativität auf einer solchen Liste befinden, die in keinem Zusammenhang mit einer konversationellen Überarbeitung eines Gesprächselements steht, ein Beispiel aus der vorliegenden Untersuchung dafür ist han (s. T2_K: Z. 043, aber auch T5_K: Z. 043) vs. sind[18] (s. z. B. T8_K: Z. 029); und mehr noch, es würde sich z. B. auch die Frage stellen, ob Modifikationen wie etwa häst/hä_st/_/da du 'hättest (du) dir' zu hättest duir – vermutlich 'hättest du dir' – ein Hinweis darauf sind, dass im Rahmen sowohl lexikalisch als auch phonetisch-phonologisch perspektivierter Alternativität – betrifft hier z. B. das (zumindest auch) dem bairischen Sprachgebrauch entsprechende *häst*[19] vs. die standardkonforme Variante *hättest* aus einer möglichen Sicht von Deutschlernenden darauf (s. u.) – auch morphosyntaktisch perspektivierte zu berücksichtigen ist, was sich ohnehin in Anbetracht der zwei bereits genannten Beispiele schraub_s ö vs. MACH_s fEst und geSCHNITtenen vs. an GSCHNEna andeutet. Denn die lexikalische Überarbeitung von *anschrauben* zu *festmachen* und jene von *Geschnittenen* zu *Gschnena* sind schließlich ohne Rücksichtnahme auf die damit verbundenen morphosyntaktischen Begleitumstände (= einerseits die Enklise des Objekts sowie die Ausbildung der Partikelverbklammer, andererseits der Einsatz und Gebrauch des Synkategorems unbestimmter Artikel) kaum darstellbar.

Tatsächlich lässt sich anhand des Beispiels häst/hä_st/_/da du vs. hättest duir (s. T10_K: Z. 087 & Z. 092) recht gut darstellen, dass im Rahmen einer Modifikation von Gesprächselementen und einer entsprechenden

---

[17] Ein guter Überblick zu den betreffenden Formen ist in Zehetner (1985: 111, 114, 125) zu finden.

[18] Für nähere Details zu den (archaischen) Formen des Verbs *sein* im Bairischen vgl. z. B. Zehetner (1985: 98).

[19] Einer der Belege, der diese Ansicht stützt, ist z. B. in Strobel / Weiß (2017: 73) zu finden, Konjunktivformen mit *ad* (bzw. *at*), wie z. B. *hättad* oder *hättadst* gelten als für das Bairische typischer als *häst* (vgl. Lenz 2019: 332).

1.5 Zum Zusammenfließen (gesprächs-)linguistischer ...

Analyse lexikalische, phonetisch-phonologische und morphosyntaktische Aspekte zusammenfließen (können). Darauf, dass *häst* vs. *hättest* als bairisch geprägt vs. standardsprachlich gedeutet werden kann, wurde oben bereits aufmerksam gemacht, darauf, dass bei der Diskussion der besagten Konjunktivsegmente auch die Perspektive von Interesse ist, die womöglich Deutschlernende auf sie haben, ebenso. Aus der Sicht von Deutschlernenden geht es bei den zwei verschiedenen Konjunktivvarianten von 'haben' möglicherweise um zwei verschiedene Lexeme, die recht ähnlich sind. Tatsächlich oder besser aus der Sicht von Linguist:innen jedoch handelt es sich bei häst und hättest um zwei phonetisch-phonologische Varianten einer Wortform bzw. eines Lexems. Genauso wie z. B. bei *Kohl* vs. *Koi* geht auch bei *häst* vs. *hättest* lexikalische Alternativität mit phonetisch-phonologischer einher. Bei Ersterem bezieht sich phonetisch-phonologische Alternativität auf die Repräsentation von *l* und bei Letzterem spielt die Tilgung von Lauten inmitten eines Wortes eine Rolle. Aus den beiden eine bzw. die gleiche Entscheidungsfrage einleitenden Konstruktionen häst/hä_st/_/da du und hättest duir gehen allerdings noch weitere zwei lautliche Auffälligkeiten in Form von Reduktionen hervor. Hierbei handelt es sich zum einen um die (zumindest nicht auszuschließende) Klitisierung (oder Suffigierung) von 'du' in der ersten Konstruktion, die mit der Verbendung *-st* zusammenfällt (= hä_st) und beziehentlich bairisch geprägten Sprachgebrauchs allemal als regulär bezeichnet werden kann (vgl. z. B. Zehetner 1985: 125). Zum anderen scheint aber auch ein weiteres Personalpronomen mit einem vorangehenden Wort zu verschmelzen, nämlich *dir* mit *du* in der zweiten Konstruktion (= duir). Diese Verschmelzung könnte als irreguläre Klitisierung oder Suffigierung bezeichnet werden – aus sprachlich-regionaler oder dialektologischer Sicht wohl allemal, denn aus dieser ist duir unerwartet. Das nahezu eine Sekunde andauernde Absetzen zwischen hättest duir AUCH sowas, wie der erste Teil der Äußerung vollendet lautet (= T10_K: Z. 092), und der Vervollständigung dieser Entscheidungsfrage (= vOrSTEL↑lEn können zu ARbei↑tEn: Z. 094) kann als ein Hinweis darauf gedeutet werden, dass dem Sprecher – es ist übrigens derselbe Gesprächspartner desselben Deutschlernenden wie oben in der Kohlsortenbezeichnungsepisode T4_K – selbst die Form duir außergewöhnlich erscheint; eine Überarbeitung dieser Form zu *du dir* wäre ein noch eindeutigeres Signal dafür, doch dieses prosodische Segmentieren geschieht nicht. Bemerkenswert ist auch, dass *dir* in beiden Konstruktionen als eine Variante interpretiert werden kann, die im Regelfall nicht betont wird – einmal Zehetner (1985: 125) folgend als bairische Suffixform (= da) und einmal als außergewöhnliches Klitikon an das Personalpronomen *du*. Womöglich ist das Beibehalten der Nicht-Akzentuierung des Konjunktivsegments für das Zustandekommen der Form duir ausschlaggebend. Betrachtet man die beiden Entscheidungsfragen, die einem Deutschlernenden gestellt werden und denselben Inhalt haben, im Ganzen, erscheint diese Vermutung durchaus plausibel. Denn aus dem Betonungsmuster[20] in häst/hä_st/_/da du so DOCHdecker vorstön kinna? [...] DACHdEcker. (-) hättest duir AUCH sowas- (--) vOrSTEL↑lEn können zu ARbei↑tEn? (T10_K: Z. 087 & Z. 090–Z. 094) geht hervor, dass häst/hä_st/_/da du und hättest duir kaum von Bedeutung zu sein scheinen und diese Konstruktionen hier eher bloß als grammatischer Begleitumstand zu verstehen sind, jemandes Urteil über einen Beruf einzuholen, den der Befragte (nämlich ein deutschlernender Kochlehrling) nicht ausübt bzw. nicht gewählt hat. Eine solche Interpretation der zwei *hättest-du-dir*-Segmente erklärt, warum (neben *hättest*) *dir* aber auch *du* in beiden unbetont ist, und erlaubt es, bei *häst* und *duir* Klitisierungen anzunehmen, schließlich zeichnen sich Klitika dadurch aus, nicht akzentuiert zu werden (vgl. z. B. Gerlach / Grijzenhout 2000: 1–8).

Die Diskussion von Klitisierungen muss sich allerdings nicht auf (phonetisch-) phonologische Reduktionsaspekte beschränken, die sich im Grunde immer um Schnellsprechregeln drehen, mittels welcher aus zumindest zwei Wörtern eine neue prosodische Einheit (= prosodisches Wort oder prosodische Phrase) entsteht (vgl. ebd.: z. B. 1–15). Im Gegenteil, Klitisierungen beziehen sich immer auch auf morphosyntaktische Aspekte (vgl. ebd.: grosso modo), weshalb solche Reduktionsformen auch als Suffixformen bezeichnet werden können, was in der vorliegenden Arbeit, wie sicherlich bereits festgestellt werden konnte, auch geschieht. So kann z. B. *häst* als prosodische Einheit gelten aber auch als ein Element beschrieben werden, das als Folge einer morphologischen Verschmelzung zwei syntaktische Positionen belegt, einerseits die Position des konjugierten Verbs und andererseits jene des Subjekts. Geht man davon aus, dass in der Konstruktion *häst da du* das Element *häst* das Subjekt *du* beinhaltet, kann aufgrund der Repräsentation von *du* als Vollvariante ein weiterer morphosyntaktischer Aspekt thematisiert werden, nämlich eine Doubling-Konstruktion in Bezug auf die Realisierung des Subjekts. Doch selbst wenn *häst* nicht als das Ergebnis einer Klitisierung interpretiert wird, sondern einfach als eine Konjunktivvariante von *haben*, sticht in der Konstruktion *häst da du* ein grammatischer bzw. morphosyntaktischer Aspekt hervor, der sich durch den Vergleich mit *hättest du dir* (hier in Form von hättest duir) gut verdeutlichen lässt. Gemeint ist die Serialisierung, die in *häst da du* bzw. *hättest dir du* nicht der standardsprachlichen Norm

---

[20] Großbuchstaben weisen dem gewählten Transkriptionsverfahren entsprechend (s. Abschnitt 2.4) auf Betonungen hin (vgl. hierzu a. Selting et al. 2009: 377 f.).

1.5 Zum Zusammenfließen (gesprächs-)linguistischer ...

entspricht, um dies zu sein, haben nämlich das konjugierte Verb und das Subjekt, so wie es in *hättest du dir* der Fall ist und sich in hättest duir erahnen lässt, aneinander zu grenzen.[21] Dieses Näheverhältnis zwischen konjugiertem Verb und Subjekt kommt im (Standard-)Deutschen häufig zum Tragen und gehört sicherlich zu den ersten grammatischen Regeln, denen Deutschlernende im Unterricht oder in Kursen begegnen. Dass es jedoch im gesprochenen Deutsch dazu kommen kann, dass grammatische (Schul- oder Kursbuch-)Regeln des (Standard-) Deutschen verletzt werden und dabei dennoch auch als regulär gelten können, wird in solchen Aneignungskontexten wohl kaum explizit gemacht. Dies bedeutet nicht, dass solche Regelverletzungen im Sprachgebrauch von Unterrichtenden nicht festgestellt werden könnten. Ein morphosyntaktischer Verstoß gegen die Standardkonformität einer unterrichtenden Person ist z. B. in Blaschitz et al. (2020) zu finden und könnte ((mittel-)bairisches) Relativpronomen-Doubling[22] genannt werden; eine Lehrerin eines oberösterreichischen Gymnasiums verwendet im Unterricht, an dem auch vor Kurzem nach Österreich gekommene Deutschlernende teilnehmen, „der wås" (ebd.: 10) anstelle von standardkonformem *der* oder *welcher*. Eine Thematisierung von *der wås* vs. *der / welcher* findet in keinerlei Art und Weise statt (vgl. ebd.: 10 ff.). Die Lehrerin ist wohl weniger auf sprachbezogene als auf fachliche Inhaltsvermittlung konzentriert (vgl. ebd.). Dass Gesprächspartner:innen von Deutschlernenden, die einen anderen Beruf als den des Lehrers bzw. der Lehrerin oder des Deutschkursleiters bzw. der Deutschkursleiterin ergriffen haben, Dialekt-/Standard-Variation nicht (explizit) thematisieren (können), überrascht kaum, dass auch sie im Arbeitsalltag in Gesprächen häufig Fachliches und weniger Sprachliches fokussieren ebenso wenig. Die Überarbeitung von häst/hä_st/_/da du zu hättest duir ist jedoch einer der Belege dafür, dass in Gesprächen am Arbeitsplatz mit Deutschlernenden Dialekt-/Standard-Variation durchaus Thema ist – wenn auch nur implizit, was im genannten Relativpronomen-Doubling-Beispiel, das sich auf den schulischen Unterricht bezieht, nun nicht der Fall ist.

Allerdings gibt es sehr wohl auch Belege dafür, dass Lehrer:innen in Gesprächen mit Deutschlernenden im Hinblick auf Dialekt-/Standard-Variation sensibel sind, weitere Belege für das Gegenteil jedoch auch (vgl. z. B. Blaschitz et al. 2020: 10 ff.; Dannerer et al. 2021: 53–68). Nur die Morphosyntax betreffende Dialekt-/Standard-Variation-Sensibilität ist im Sprachgebrauch von L1S in Gesprächen mit L2S offenbar zumindest selten zu beobachten. Ein Grund dafür

---

[21] Um Missverständnisse zu vermeiden, sei ausdrücklich darauf hingewiesen, dass häst/hä_ st/_/da du (hier) als genauso regulär gilt wie *hättest du dir*.
[22] Für weitere Beschreibungen dieses Doubling-Phänomens vgl. z. B. Lenz (2019: 335 f.).

kann sein, dass nicht-standardkonforme Morphosyntax im gesprochenen Deutschen regulär sein kann. Die Verbzweitstellung, wie z. B. in wei is do NOCH Einer (T13_DS: Z. 122) – standardsprachlich: *weil da noch einer ist –*, ist z. B. Dannerer et al. (2021: 47) folgend ein gutes Beispiel dafür, denn „[w]eil-Sätze mit Verbzweitstellung treten offenbar im gesamten deutschen Sprachraum auf" (ebd.). Übrigens: Die Konstruktion wei is do NOCH Einer stammt von einem anderen Gesprächspartner eines anderen Deutschlernenden, wird keiner Überarbeitung unterzogen und fällt vor dem Hintergrund von Standardsprachlichkeit als Kontrastfolie nicht nur durch Serialisierung, sondern auch durch *l*-Tilgung (wei), *t*-Tilgung (is) und *a*-Verdumpfung (do) auf.

Alle bisher präsentierten Gesprächsdaten sind gute Beispiele dafür, dass „ein plurinational oder sonst wie[23] interpretiertes Plurizentrizitäts-Paradigma" (Glauninger 2015: 41) im Kontext von Deutschaneignung bzw. -vermittlung im Hinblick auf sein soziolinguistisches Theorieangebot zu kurz greift und in gesprächs- wie auch variationslinguistischer Hinsicht unzulänglich ist. Dies ist eine Position die auch Glauninger (ebd.: ab 41) vertritt, und zwar in allgemeiner Hinsicht. Glauningers (z. B. 2015) Argumentation verläuft vor dem Hintergrund soziokonstruktivistischer Theorieangebote und beruht im Wesentlichen darauf, dass Sprechen in vielerlei Art und Weise dynamisch ist.[24] Einer dieser Dynamizitäts-Aspekte ist die Organisation sozialer Interaktion. Dieser ist auch in der vorliegenden Untersuchung zentral, wie aus den bereits stattgefundenen Analysen von Gesprächsdaten sicherlich bereits hervorgeht. Zumindest zeigen diese, dass kommunikative Ressourcen, die L1S in (Ober-)Österreich in Gesprächen mit L2S nutzen, über den national-funktionalen Aspekt und lexikalische Standardsprachlichkeit sowie lexikalische Alternativität meistens sehr weit hinausgehen – und zwar im schulischen wie auch außerschulischen Kontext. Folglich ist unter einer variations-/gesprächslinguistischen Analyseperspektive auf das Deutsche und im Zusammenhang mit dessen Aneignung und Vermittlung, ob durch Unterricht gesteuert oder nicht, sprachliche Plurizentrizität (v. a. plurinationaler Lesart) „als Mainstream-Paradigma zur Perspektivierung der Heterogenität des Standarddeutschen" (Glauninger 2015: 11) zu hinterfragen. Dass das Plurizentrizitäts-Paradigma die besten Möglichkeiten bietet, Fragen zum Sprachgebrauch von Deutschsprechenden auf den Grund zu gehen, darf bezweifelt

---

[23] Glauninger (2015: 41) meint hier mit „oder sonst wie" offensichtlich das „Verständnis von einem *österreichischen Deutsch* philologisch-dialektologischen/areallinguistischen oder auch korrelativ-soziolinguistischen Zuschnitts" (ebd. [H. i. O.]).
[24] Für nähere Details vgl. z. B. a. Glauninger (2012; 2014; 2017; 2018).

werden – und zwar in allen Deutschverwendungs- und Deutschaneignungs- bzw. Deutschvermittlungskontexten.

1.6 Zum interaktional und situational modifizierten Dialekt-/Standard-Kontinuums-Input im Kommunikationsraum Betrieb in Oberösterreich

Die vorliegende Studie konzentriert sich auf deutschbezogene und damit einhergehend fach- bzw. berufsbezogene Vermittlungsvorgänge in nicht unterrichtsgeleiteten Aneignungssituationen, was bedeutet, dass das alltägliche Gespräch als Gelegenheit zur DaZ-Aneignung im Mittelpunkt steht. Dabei geht es darum, den spezifischen *interaktional und situational modifizierten Input* zu erfassen, den Menschen, die dabei sind, sich DaZ anzueignen (bzw. L2S), von Gesprächspartner:innen erhalten, die mit Deutsch aufgewachsen sind (bzw. L1S). Es wird das Desiderat nach der Ausleuchtung der Rolle von standardisiertem, standardnahem, dialektalem und dialektnahem Deutsch im Kontext mit (Aus-)Bildung verknüpfter DaZ-Vermittlung und -Aneignung aufgegriffen, wofür ich mir (wie auch bereits in Perner 2020; 2023 und Perner / Brodnik 2021) am Beispiel Kommunikationsraum Betrieb das Sprachgebrauchsmodell des Dialekt-/Standard-Kontinuums (DSK) zunutze mache, das insbesondere dann auf Auer (1986; 1990)[25] zurückzuführen ist, wenn – wie hier – sozio- und gesprächslinguistische Fragestellungen zur Variation des Deutschen aufeinandertreffen. So wie bei Auer (1986) wird auch in dieser Untersuchung der Sprachgebrauch von L1S in Gesprächen in den Blick genommen, die mit dem (Mittel-)Bairischen vertraut sind, allerdings – und anders als bei Auer (1986; 1990) – ist dabei nicht die L1S-L1S-Gesprächskonstellation, sondern die L1S-L2S-Gesprächskonstellation von Interesse.

Das DSK-Modell beruht darauf, dass der mündliche Sprachgebrauch meist weder eindeutig als dialektal noch eindeutig als standardsprachlich interpretiert werden kann (vgl. Auer 1986: 97; 1990: 179 ff., 252 f.), sich allerdings in Form von Bewegungen oder Verschiebungen – im Folgenden auch als Moves bezeichnet – im „*Variationsraum*" (Auer 1990: 179 [H. i. O.]) von Dialekt bis Standardsprache darstellen lässt (ebd.: 179 ff.), der hier der potenziellen Variationsbreite von L1S entspricht, mit der es L2S als Deutschinput zu tun bekommen können. Diese Mobilität kann sich auf jeden (mikro-)linguistischen Teilbereich auf der Ebene des Interaktionsverlaufs, einzelner Äußerungen oder noch

---

[25] Auer (1986: z. B. 106; 1990: z. B. 225) verwendet u. a. den Begriff „Standard/Dialekt-Kontinuum".

kleinerer (Äußerungs-)Segmente beziehen und je nach (mikro-)linguistischem Teilbereich auf einer oder mehreren dieser Ebenen näher zum Dialektpol oder näher zum Standardpol aufgetragen werden. Quasi selbstverständlich ist die Verortung von Elementen und Segmenten im DSK oder im *Variationsraum von Dialekt bis Standardsprache* theorieabhängig und/oder nicht selten Interpretations- oder Ansichtssache, so kann z. B. ein und dasselbe Lexem in bestimmten bairischen Regionen als dialektal und in anderen als standardsprachlich gelten – ein Beispiel dafür ist das Wort tOpfen (T8_K: Z. 019), das im ÖWB (2018: 714), soweit man der Sammlung darin im Hinblick auf standardkonform vs. nicht-standardkonform überhaupt zu folgen vermag, als standardsprachlich geführt wird, während ihm Scheuringer (2005: 1198 [H. i. O.]) nach „in Bayern die volle Anerkennung seiner Hochsprachlichkeit fehlt und das Wort *Quark* ,über' sich hat." Fragen dazu, wie bestimmte Gesprächselemente lexikalisch, phonetisch-phonologisch oder morphosyntaktisch im DSK zu interpretieren sind, stellen sich in der vorliegenden Untersuchung immer wieder, z. B. im Folgenden in Bezug auf die *l*-Repräsentation – denn „wie will man wirklich Sprachebenen, die fließend ineinander übergehen, oder Systeme, die durch ein Regelsystem miteinander verbunden sind, voneinander trennen und entscheiden, wo welches System beginnt und wo welches aufhört?" (Moosmüller 1987: 32) – die „Teilung eines Kontinuums in diskrete Varietäten" ist mit Moosmüller (z. B. ebd.) wie auch mit Auer (1990: z. B. 179) keine zufriedenstellende Lösung (s. hierzu a. Kapitel 3), für andere, darunter u. a. die auf Sprech-/Gesprächsdaten aus Mittelbairisch-Österreich basierenden Arbeiten von Kaiser (2019; 2020; 2022) und Kasberger / Gaisbauer (2020), eine mögliche. Außerdem werden Versuche ein Kontinuum wie etwa das DSK graphisch darzustellen, in der vorliegenden Untersuchung nach reiflicher Überlegung unterlassen, denn solche, ob nun mit Varietäten oder auch nicht damit in Verbindung gebracht, vermitteln eher ein irreführendes und/oder lückenhaftes Bild des potenziellen DSK-Sprachgebrauchs, als dass sie ihn gut, vollständig und übersichtlich repräsentieren könnten. DSK-Darstellungsversuche werden auch von Moosmüller (1987) und Auer (1986; 1990) nicht unternommen – ihre Darstellungen implizieren das DSK und machen es nicht zum expliziten Gegenstand – und z. B. Löffler (2005: ab 11) stellt seine und andere Visualisierungen zur Diskussion. Hingegen versuch(t)en andere (z. B. Koch / Oesterreicher 1986; 2008 oder Efing 2014: ab 419) ein Bild bzw. eine Graphik von sprachlichen Kontinua zu etablieren, bei dessen Beschreibung sie ihre Darstellung ständig relativieren (müssen). Ein solches Relativieren, das gerne auch als ‚Zurückrudern' verstanden werden darf, bleibt auch in der vorliegenden Untersuchung nicht aus – es ist einem abduktiven Ansatz immanent –, eine graphische Darstellung des DSK aus genannten Gründen schon.

1.6 Zum interaktional und situational modifizierten ...

Nähe- und Distanzverhältnisse zu einem Pol im DSK resultieren u. a. auch daraus, dass schon allein Standardsprache und Dialekt nicht als in sich homogen betrachtet werden können, sondern ebenfalls ein Kontinuum bilden (vgl. Auer 1990: 252). Anhand von Variation im lautlichen Bereich ist dies besonders gut nachzuvollziehen (vgl. ebd.). So können z. B. *l*-Realisierungsvarianten in einem Wort wie *selber* im DSK an verschiedenen Positionen verortet werden. Konsonantisches *l* in *selber* ist dabei wohl am wenigsten kontrovers mit dem Standardpol in Verbindung zu bringen, v. a. deshalb, weil eine solche *l*-Realisierung auch der schriftsprachlichen Norm entspricht. Wohl führt auch jene Ansicht kaum zu Kontroversen, dass die *l*-vokalisierten 'selber'-Varianten *söba* und *söwa* dem Mittelbairischen und nicht der Standardsprache nahe sind, denn die *l*-Vokalisierung gilt u. a. mit Zehetner (1985: z. B. 55 f.) und Lenz (2019: z. B. 330) für den Sprachgebrauch in mittelbairischen Regionen als typisch, in nordbairischen – anders als mittelbairische Regionen werden sie nur in Deutschland verortet, und südbairischen – anders als mittelbairische Regionen werden sie nur in Österreich verortet – nicht (vgl. z. B. Koch 2019: 283, 287 ff.; Lenz 2019: 319, 324). Bei Sprachgebrauch in diesen Regionen ist zwar zu erwarten, dass die Vokalqualität von der standardsprachlichen Variante abweicht, aber nicht, dass konsonantisches *l* entfällt (vgl. Zehetner 1985: 66; Vollmann et al. 2015: 19). Als Beispiel dafür kann die 'selber'-Variante *sölber* genannt werden. Allerdings gibt es Belege dafür, dass erstens die für das Mittelbairische typische *l*-Vokalisierung auch im Sprachgebrauch in südbairischen Regionen vorkommt (vgl. Vollmann et al. 2015: 19) und zweitens in Wörtern mit *l*-Vokalisierungspotenzial im Sprachgebrauch in mittelbairischen Regionen konsonantisches *l* trotz Abweichung vom standardsprachlichen Vokal beibehalten wird – z. B. in Wien (vgl. Kaiser 2006: 285, 292), aber nicht nur dort (vgl. Vergeiner 2021: 232, 302, 420 ff.), ein Gebiet, für das Wiesinger (1992: 297) im Hinblick auf die dort gebräuchlichen mittelbairischen Varianten eine „Strahlkraft" nach Westen bzw. eine Prägung des mittelbairischen Sprachgebrauchs bis über Oberösterreich hinaus postuliert. Diese sozio-/linguistische Strahlkraft auf Oberösterreich ist mit Wiesinger (1992: 297; 2004: 27 ff., 54) allein schon historisch bedingt; eine historisch bedingt wirksame Strahlkraft kleinräumigeren Formats geht z. B. auch von München auf Oberösterreich aus (vgl. z. B. Zehetner 1985: 60 ff.; Scheuringer 1985; 1990).

Den obigen Ausführungen folgend kann eine Modifikation von *söba* oder *söwa* zu *selber* allemal als eine in Richtung Standardpol (→) und umgekehrt als eine in Richtung Dialektpol (←) gewertet werden. Die entsprechenden Figuren lassen sich als vokalisiertes *l* → konsonantisches *l* (*l-Vok.* → *l*) und vokalisiertes *l* ← konsonantisches *l* (*l-Vok.* ← *l*) darstellen. Wie jedoch die in T2_DS auftretende Modifikation von SELber (Z. 041) zu SÖLber (Z. 043) als

DSK-Verschiebung zu notieren ist bzw. ob diese Modifikation für eine Bewegung in Richtung Dialektpol (←) oder eher für eine im standardnahen Bereich des DSK (↓) spricht, kann kontrovers diskutiert werden. Während dem dialektologischen Paradigma folgend eine Variante, in der der Vokal von der standardsprachlichen Entsprechung abweicht und das konsonantische *l* erhalten bleibt, in nord- und südbairischen Spielarten, aber auch in mittelbairischen ‚Wiener Prägung' als regulär gilt, somit ein eindeutiger Hinweis auf dialektnahen oder nicht-standardkonformen Sprachgebrauch ist und dementsprechend der SELber-SÖLber-Fall als Move ← gewertet werden kann, fällt sie im Kontext von mittelbairischem Sprachgebrauch, der sich nicht oder zumindest weniger durch ‚Wiener Prägung' auszeichnet, und standardkonformem Sprachgebrauch eher als außergewöhnliche Variante auf.[26] Unter der Annahme, dass das Mittelbairische weniger durch den Erhalt des konsonantischen *l* als durch dessen Auflösung gekennzeichnet ist, kann die Form SÖLber als Bewegung im standardnahen Bereich des DSK (↓) gewertet werden, wenn sie als Modifizierung von SELber interpretiert wird. In Fällen, in denen sich *sölber* auf eine Modifikation einer *l*-vokalisierten Variante wie z. B. *söber* beziehen würde, könnte vor dem Hintergrund derselben Annahme von einer Bewegung im dialektnahen Bereich des DSK (↓) die Rede sein, denn schließlich könnte *l*-Vokalisierung in *sölber* aufgrund der Vokalqualität als angedeutet geblieben verstanden werden. Doch sowohl im hypothetischen *söber-sölber*-Fall, dessen Abbildung auf der sprachlich-interaktionalen Oberfläche keineswegs auszuschließen ist, als auch im tatsächlich auftretenden SELber-SÖLber-Fall ist die 'selber'-Variante mit konsonantischem *l* und an *l*-Vokalisierung erinnernde Vokalqualität weder eindeutig am Dialekt- noch am Standardpol aufzutragen, weshalb die Darstellung als Move in die eine (z. B. →) oder andere (z. B. ←) Richtung (auch) Sinn ergibt. Somit lässt sich die Modifikation von SELber zu SÖLber als *l*-Vok. ←*l* darstellen. Um zu verdeutlichen, dass es sich bei SÖLber um die Interpretation einer außergewöhnlichen Variante des Mittelbairischen handeln kann, wird *l*-Vok.* (← *l*) kodiert. In der vorliegenden Untersuchung verweist auch der Asterisk nach *a* – also *a** – auf die Einordnung eines phonetisch-phonologischen Phänomens, die im Kontext von Sprachgebrauch und Verschiebungen zwischen den beiden Polen im DSK Fragen aufwirft. Ein Beispiel dafür ist *a* in *dass*, das deshalb als *a** dargestellt wird, weil die Vokalqualität bei Orientierung am einen Pol nicht anders als bei Zuwendung zum anderen ist (vgl. z. B. Koch 2019: 310).

---

[26] Für nähere Details zur Verbreitung von *l*-Varianten im bairischen Sprachraum vgl. z. B. Zehetner (1985: 55 f., 66), Lenz (2019: 327, 330, 344), aber auch Vergeiner (2021:302, 415–423).

1.6 Zum interaktional und situational modifizierten ...

Die Modifikation von SELber zu SÖLber wird in den Kapiteln 3 und 5 vor dem Hintergrund einer untersuchungsgegenstandsbezogen umfassenderen Phänomenlage nochmals aufgegriffen. An dieser Stelle sollte nur darauf aufmerksam gemacht werden, dass Dialekt (z. B. Bairisch) selbst ein Kontinuum bildet und im Rahmen einer Analyse (z. B. einer sprachlich-regionalen bzw. dialektologischen) verschiedene Perspektiven zum Tragen kommen können.

Als Beispiel dafür, dass auch (die gesprochene) Standardsprache ein Kontinuum bildet, sei die in Abschnitt 1.5 geführte Diskussion zu normspektraler Variation in Form von lexikalischer Alternativität in Erinnerung gerufen oder erneut auf *Kohlsprossen* vs. *Rosenkohl* oder *Topfen* vs. *Quark* aufmerksam gemacht, kann aber auch Variation im Hinblick auf die Repräsentation von vokalischen Lautwerten in Silben oder anderen Segmenten[27] herangezogen werden, in denen keine Betonung erwartet wird, d. h. in unbetonten Positionen, wie sie „Reduktionsilben" (Maas 2012: 104) oder Präfixe (vgl. z. B. ebd.: 58) darstellen. Solche Fälle betreffen häufig den Vokal *e* (vgl. ebd. 30 f., 58, 104, 380).

In Reduktionsilben (*-e(n)*) gilt die Repräsentation von *e* sowohl als ungespannter und reduzierter *e*-Laut (also [ɛ] und [ə]) als auch als silbische (z. B. vor *n* > [n̩]) (vgl. Kleiner / Knöbl 2015: 63 ff., 72)[28] oder getilgte Variante als standardkonform (vgl. Berend 2005: 150 ff.; Wiesinger 2010: 363). In Fällen, in denen ein *e*-Laut in einer solchen Silbe realisiert wird, beschreiben Kleiner / Knöbl (2015: 72) diesen im Hinblick auf die „Standardaussprache in großen Teilen Süddeutschlands, in Österreich und der Schweiz" als „zwischen [e] und [ɛ], oft mehr bei [ɛ] liegende" *e*-Repräsentation (also [З]). Bezüglich der Standardaussprache der Präfixe *be-* und *ge-* u. a. in den oben genannten Gebieten verorten Kleiner / Knöbl (ebd.) den *e*-Laut „im Bereich von [e]", dem gespannten *e*-Laut, und kaum als reduziert bzw. [ə] realisiert. Mit Berend (2005: 150, 157 ff.) ist die standardkonforme Repräsentation von *e* in unbetonten Positionen auch dann gegeben, wenn dieser Vokal getilgt wird, insbesondere, aber nicht nur, im Süden des deutschsprachigen Raums und damit auch in (mittel-)bairischen Regionen. Auch in Anlehnung an Wiesinger (2010: 363) ist festzustellen, dass die *e*-Tilgung im Sprachgebrauch in (mittel-)bairischen Regionen als standardkonform gelten kann. Schließlich kann die Hypothese aufgestellt werden, dass bei (mittel-)bairisch geprägtem Gebrauch der Standardsprache die Realisierung eines *e*-Lautes in unbetonten Positionen nicht erwartet werden kann. Übrigens:

---

[27] Z. B. auf *-ten* in „HAL↑tEn" (Perner 2020: 55, s. hierzu a. 57 f.).
[28] In Wiesinger (2009: 236 f., 245 ff.) sind detailliertere Beschreibungen in Bezug auf die oben genannte *e*-Variation zu finden, sie widersprechen den Darstellungen von Kleiner / Knöbl (2015) prinzipiell nicht.

Die Annahme, dass in unbetonten Positionen bei Standardaussprache im Deutschen generell ein *e*-Laut realisiert wird, kann ohnehin nicht bestätigt werden (vgl. z. B. Maas 2012: 30 f.).

Es könnte nun von sechs lautlichen Varianten gesprochen werden, die sich alle auf das Graphem <e> beziehen, in Anlehnung an Trubetzkoy (1958: 30 ff.) aber auch von *e*-Variation, die durch die Opposition von Realisierung und Nicht-Realisierung eines *e*-Lautes und damit einhergehend durch einen Gegensatz zwischen „merkmaltragend" (ebd.: 67), merkmalhaft bzw. markiert und „merkmallos" (ebd.) bzw. unmarkiert gekennzeichnet ist. Je ‚natürlicher' bzw. weniger auffällig ein (sprech-)sprachliches Phänomen interpretiert wird, desto weniger wird es als merkmaltragend/markiert und desto eher als merkmallos/unmarkiert betrachtet, wie sich das Konzept der Markiertheit mit Trubetzkoy (1958: z. B. 67 ff.) (phonetisch-)phonologisch perspektiviert, aber auch im Hinblick auf die lexikalische und morphosyntaktische Beschreibungsebene beschreiben lässt (vgl. z. B. Glück / Rödel 2016: 416 f.). Markierte Elemente oder Segmente haben immer eine erweiterte, spezifischere Funktionalität als ihre unmarkierten Gegenstücke, und diese Funktionalität ist in Gesprächen immer auch sozial bedingt (vgl. Trubetzkoy 1958: 20–24, 67 ff.), was in der vorliegenden Untersuchung das Verhalten von L1S, die in Mittelbairisch-Österreich mit Deutsch aufgewachsen sind, im Gespräch mit L2S betrifft.

Wird eine gesprächslinguistische Perspektive eingenommen und davon ausgegangen, dass in unbetonten Positionen bei (mittel-)bairisch geprägtem Gebrauch der Standardsprache *e*-Tilgung zu erwarten ist, so sind im Sinne von Trubetzkoy (1958) die Varianten mit *e*-Laut die markierten, weil sie eine erweiterte bzw. spezifische Funktionalität besitzen, d. h. nicht bloß sprechsprachliche Standardkonformität, sondern eine durch die schriftsprachliche Norm bestimmte Standardsprachlichkeit, nämlich *e*-Laut für <e>, anzeigen. Dies bedeutet, dass die *e*-Repräsentation in besagten Positionen mit *e*-Laut quasi eindeutig standardsprachlich ist, jedenfalls schriftlich, aber auch mündlich. Im Hinblick auf den mündlichen Sprachgebrauch und die *e*-Repräsentation in unbetonten Positionen kann eine stärkere Differenzierung vorgenommen werden – und zwar je gespannter der *e*-Laut realisiert wird bzw. je mehr er in Richtung [e] tendiert, desto näher ist er am Standardpol – denn er ist dann eher markiert – und je reduzierter *e* repräsentiert ist, desto weniger nah ist er am Standardpol, was dem, dass alle sechs genannten *e*-Varianten trotzdem als standardkonform verstanden werden können, nicht widerspricht. Schließlich können, wie bereits erwähnt, in unbetonten Positionen auch Varianten ohne *e*-Laut (vgl. Berend 2005: 150 ff.; Kleiner / Knöbl 2015: 63 ff.) und [ə], [ɛ] und [ɜ] ohnehin als standardkonform (vgl. Kleiner / Knöbl 2015: 72) gelten, was bedeuten würde, dass es gar keine *e*-Repräsentation in unbetonten Positionen gibt, die nicht zumindest in der Nähe des Standardpols liegen würde. Selbstverständlich gelten die oben formulierten Je-mehr-desto-standardsprachlicher-Thesen nur dann, wenn der Standardpol mit der schriftlichen Norm in Verbindung gebracht wird, was in der vorliegenden Untersuchung auch der Fall ist (vgl. z. B. Kapitel 3) – schließlich braucht es irgendeinen zumindest halbwegs unkontroversen Fixpunkt, an den man sich bei DSK-Analysen orientieren kann. Eine Erklärung dafür, warum eine hohe [e]-Tendenz als standardsprachlicher angesehen werden kann als eine niedrige oder keine, ist, dass von Sprecher:innen bei Blick auf den oder in Richtung Standardpol eine hohe [e]-Tendenz mit dem Graphem <e> assoziiert wird und eine niedrige oder keine nicht bzw. weniger. Dass eine Realisierung mit ziemlich eindeutigem [e] in unbetonten Positionen als ‚übertrieben' bzw. orthoepische Hyperkorrektur, aber auch unplausibel verstanden werden kann, wird zu Kenntnis genommen, dass jedoch die *e*-Interpretation in unbetonten Positionen als [e]-Tendenz in der vorliegenden Untersuchung dann naheliegt, wenn *e* akzentuiert oder sonst wie hervorgehoben wird, sei ausdrücklich herausgestellt.

Letztlich ist im gesprochenen Standarddeutschen z. B. 'ich habe / wir haben gelassen' mit *e*-Qualität genauso regulär wie ohne. Eine entsprechende Modifizierung im DSK würde sich – trotz oder wegen des relativen Abstands der Varianten zueinander – somit als Verschiebung im standardnahen Bereich des DSK interpretieren lassen (↓). Da jedoch im Hinblick auf *e* reduzierte Varianten u. a. auch im (Mittel-)Bairischen regulär sind – Zehetner (1985: 45, 55) hebt in diesem Zusammenhang hervor, dass bei bairisch geprägten Sprachgebrauch *e*-Tilgung besonders häufig auftritt –, stellt sich die Frage, weshalb ein Move von einer der markierten *e*-Varianten bzw. [ɛ], [ɜ] oder gar [e] nach [ə], [n̩] oder *e*-Losigkeit nicht auch mit einer Bewegung in Richtung Dialektpol (←) und ein Move von [ə], [n̩] oder *e*-Losigkeit nach [ɛ], [ɜ] oder gar [e] nicht auch mit einer Bewegung in Richtung Standardpol (→) in Verbindung gebracht werden sollte. Fälle, in denen eine *e*-Überarbeitung bzw. ein *e*-Move ← kodiert werden könnte, sind in der vorliegenden Untersuchung nicht aufgefallen, was nicht bedeutet, dass es so etwas nicht geben kann, und auch nicht heißt, dass auf Basis derselben generell keine *e*-Variation in unbetonten Positionen beobachtet werden kann. Hingegen tritt z. B. mit der Überarbeitung von MORgen zu MOR↑gEn (s. T6_K: Z. 074 & Z. 077) ein Fall auf, der als Move [ə] oder [n̩] → [ɜ] bzw. [e]-Tendenz festgehalten werden könnte, und mit der Überarbeitung von GSENG zu gEsehen (s. T5_: Z. 023 & Z 028) ein Fall, der in Bezug auf das Präfix als Move *e*-Losigkeit → [e](-Tendenz) festgehalten werden könnte, und diese gehen mit einem auffälligen Akzentuierungs- oder Hervorhebungsverhalten einher. Die Modifikation bezüglich der Reduktionssilbe im GSENG-gEsehen-Fall kann als Move *e*-Losigkeit → [ə] oder [n̩] kodiert werden; anders als beim MORgen-MOR↑gEn-Fall fällt die *-en*-Realisierung nicht durch außergewöhnliches Hervorhebungsverhalten auf. Suprasegmentale Auffälligkeiten werden an anderen Stellen der vorliegenden Arbeit noch ausführlicher diskutiert und auch mit dem Begriff der Überakzentuierung erfasst (s. ab Abschnitt 3.4).

Die *e*-Repräsentation im Hinblick auf die Nicht-/Realisierung von *e*-Lauten spielt hier als interaktional und situational modifizierter DSK-Input zwar kaum mehr eine Rolle – hervorgehobene *e* in unbetonter Position allerdings schon –, trägt aber dennoch zur Veranschaulichung dessen bei, wie schwierig sich Einordnungen unter einer DSK-Perspektive gestalten können. Einordnungen in einem Kontinuum bzw. in etwas „lückenlos Zusammenhängende[m]" (www 3) können ohnehin nur als konstruiert gelten[29], was selbstverständlich nicht bedeutet, bei der Untersuchung des Sprachgebrauchs im Variationsraum von Dialekt bis Standardsprache (auch DSK) unsystematisch vorgehen zu müssen und es nicht auch zumindest einen anderen Weg gäbe als den gewählten, eine solche Untersuchung durchzuführen.

Ein Behelfsmittel, sich im DSK zu orientieren, stellen DSK-Emergenz-Figuren dar. DSK-Emergenz als Ständiges-im-Entstehen-begriffen-Sein der sprachlich-interaktionalen Oberfläche im Variationsraum von Dialekt bis Standardsprache wird im Folgenden immer wieder aufgegriffen. Die Dynamik, die den DSK-Emergenz-Figuren innewohnt, wurde bereits thematisiert und als Move ←, Move → und Move ↓ illustriert. Der Vollständigkeit halber sei erwähnt, dass der Move ↓ am ehesten Stabilität ausweist, und der Move ↑ bedeutet, dass etwas, vornehmlich im Rahmen einer Überarbeitung, hinzustößt – z. B. ein Wort oder ein Segment. Ein anderes Behelfsmittel zur Orientierung im DSK sind die Begriffe dialektnah und standardnah, deren Bedeutung nun geklärt wird.

Die Verwendung der Bezeichnungen dialektnah und standardnah (oder standardkonform) ist einerseits den sich bei der Segmentierung des DSK ergebenden Schwierigkeiten geschuldet. Je mehr die Organisation sozialer Interaktion und damit zusammenhängend linguistische Beschreibungsebenen als sich-im-Fluss-befindend verstanden werden, desto deutlicher kommen diese zum Vorschein. Andererseits jedoch sei mit den Bezeichnungen dialektnah und standardnah auch der Oszillation bzw. Volatilität zwischen den beiden Polen im DSK aus gesprächslinguistischer Sicht Ausdruck verliehen, was tatsächlich auch den

---

[29] Vgl. hierzu u. a. Auer (1986; 1990: grosso modo), Moosmüller (1987: z. B. 31 ff.) und Glauninger (z. B. 2014: 23 ff.).

1.6 Zum interaktional und situational modifizierten ...

Begriff DSK-Emergenz bereits gut umreißt. Wie bereits andernorts (Perner / Brodnik 2021: 188) im Anschluss an Auer (1986: z. B. 97 f.) darauf hingewiesen, erscheint es in Anbetracht des DSK-Modells häufig als unpassend, artifiziell oder gar irreführend,

> Variation [...] als dialektal oder standardsprachlich zu bezeichnen [...], denn die kontinuierlichen, sukzessiven Übergänge im Bereich von Dialekt bis Standard implizieren ja nicht, dass man in Gesprächen zwischen den Polen hin und her pendelt, sondern, dass man in Gesprächen v. a. im Möglichkeitsraum [bzw. im Variationsraum, K. R. P.] zwischen diesen Polen gleitet (Perner / Brodnik 2021: 188).

Den entsprechenden Variationstyp bezeichnet Auer (1986: 97) als „Code-Shifting". Genauso wie andere Variationstypen bzw. Formen von Sprachalternation ist auch Code-Shifting auf situationale und interaktionale Faktoren (kurz: Soziopragmatik) zurückzuführen (vgl. ebd.: z. B. 97–113).[30] In der vorliegenden Arbeit werden solche Faktoren auch im Kontext (Flucht-)Migration und Deutschaneignung relevant gesetzt. Die L1S-Bespielung des Variationsraums von Dialekt bis Standardsprache in L1S-L2S-Gesprächskonstellationen ist zentraler Teil des Untersuchungsgegenstands dieses Forschungsprojekts.

Dabei wird die Kategorie der Umgangssprache im Anschluss an Auer (1986: 98) kaum als hilfreich erachtet, um sich dem spezifischen interaktional und situational modifizierten DSK-Input deskriptiv zu nähern. Dies gilt insbesondere dann, wenn sie mit der L1S-Nutzung des Variationsraums zwischen Dialektpol und Standardpol gleichgesetzt wird (vgl. ebd.). Eine ähnliche Ansicht vertreten z. B. auch Stevenson et al. (2018: 47 f.), sie geben zu bedenken, dass die Annahme einer Varietät Umgangssprache zwischen den beiden Extremen Dialekt und Standardsprache die Komplexität im Variationsraum von Dialekt bis Standardsprache allzu sehr vereinfacht (vgl. ebd.). Der interaktional und situational modifizierte DSK-Input stellt – so die Ausgangsannahme dieses Projekts – für L2S (hier = Inputempfänger:innen), aber auch für L1S (hier =

---

[30] Mit Auer (1986: 119) ist allerdings ein Unterschied zwischen dem Variationstyp „Code-Fluktuation" und anderen, wie z. B. Code-Shifting oder Code-Switching, zu machen. Code-Fluktuation ist bei Auer (ebd.) als „Bestandteil der Äußerungen beliebiger Sprecher und ein zentrales Merkmal aller natürlichen Sprachen" zu verstehen und somit in Interaktionsverläufen nicht funktional (ebd.) bzw. zumindest nicht so funktional wie etwa Code-Shifting oder Code-Switching (vgl. ebd.: 118 ff.). Diese Unterscheidung kann in der vorliegenden Untersuchung nicht berücksichtigt werden; dass (Deutsch-)Sprechen bedeutet, mit der Variation (des Deutschen) umzugehen, wird in ihr mehr oder weniger vorausgesetzt und außerdem auch immer wieder angesprochen. Der Begriff Fluktuation, wenn er denn fällt, ist in dieser Arbeit nicht auf Auers (ebd. 119 f.) Begriff Code-Fluktuation zurückzuführen.

Inputgeber:innen), eine besondere Herausforderung dar. Eine weitere Ausgangsannahme ist, dass sich Code-Shifting in L1S-L1S-Gesprächskonstellationen und in L1S-L2S-Gesprächskonstellationen unterscheidet, doch diese Annahme kann hier nicht hinreichend verifiziert werden, dies würde über das Forschungsprojektziel hinausschießen (s. hierzu a. Abschnitt 2.3.3). Außerdem: Sollte es keinen entsprechenden Gesprächskonstellationsunterschied geben, wäre das grundsätzlichste Ergebnis der vorliegenden Untersuchung kaum anders, als es ist. Es lautet, dass mit Deutschlernenden überhaupt nicht nur standardkonform bzw. standardsprachlich gesprochen wird, was nun nicht unbedingt als ein Vorgreifen auf andere Ergebnisse dieses Forschungsprojekts zu verstehen ist, denn dies zeigt sich schon in den bisher angeführten Beispielen. Wie und ob dieses Basisergebnis überraschend ist, sei dahingestellt, darauf, dass nicht-standardkonformer oder dialektnaher Sprachgebrauch in DaZ-Kontexten (zu) wenig, manchmal zu (nach-)lässig thematisiert und teilweise gar tabuisiert wird, sei hingegen erneut ausdrücklich hingewiesen. Ein Grund dafür ist die Überbewertung von konzeptioneller Schriftlichkeit, die aus konventionellen Gründen zurecht mit Bildungserfolg in Zusammenhang zu bringen ist. Dass sich jedoch Nichtstandardkonformität nicht auch schriftlich niederschlagen würde, kann keinesfalls behauptet werden. So wird, um nur ein Beispiel unter vielen zu nennen, in einer österreichischen Bäckerei für einen Wecken oder ein Weckerl mit Sonnenblumenkernen mit den Worten „des losst mi stroin!" 'das lässt mich strahlen' geworben.[31] Dass dieser Slogan ohne (mittel-)bairische Grundkenntnisse nicht zu verstehen ist, muss (an dieser Stelle im Argumentationsverlauf) wohl kaum näher ausgeführt werden.

Das vorliegende Projekt leistet einen Beitrag dazu, erste Grundlagen zur (ungesteuerten) DaZ-Vermittlung und -Aneignung in Österreich unter der Annahme des DSK-Modells zu liefern. Wie weiter oben bereits erwähnt, geschieht dies am Beispiel Kommunikationsraum Betrieb, dem bisher im Zusammenhang mit (Aus-)Bildung, Deutschvermittlung und -aneignung weniger Aufmerksamkeit geschenkt wurde als dem Kommunikationsraum (berufsbezogener) Unterricht, in dem maßgeblich Variation im standardnahen Bereich des DSK thematisiert wird. Wenngleich es bereits seit einigen Jahren ein Bewusstsein dafür gibt, dass im Kommunikationsraum Betrieb (z. B. in Deutschland) nicht nur standardkonforme Variation von Bedeutung sein kann (vgl. z. B. Efing 2014: 416 f.), liegt der Fokus im Bereich der mit Deutschvermittlung und -aneignung verknüpften beruflichen Ausbildung wie in anderen Bildungskontexten auch auf der standardkonformen Bildungs- und Fachsprache (vgl. z. B. Efing 2014; Terrasi-Haufe / Börsel 2017). Dabei ist der Kommunikationsraum Betrieb zu oft allenfalls

---

[31] Eigene Beobachtung von K. R. P.

bloß eine Vorlage für den Kommunikationsraum berufsbezogener Unterricht. Warum diese Vorlage kaum die Thematisierung von Regularitäten des gesprochen Deutschen diesseits standardsprachlicher Ansprüche nach sich zieht und der Kommunikationsraum Betrieb selbst kaum als ein Ort, an dem Deutsch vermittelt und erworben wird, explizit behandelt wird, ist sicherlich eine berechtigte Frage. Sie stellt sich insbesondere dann, wenn wie hier das Thema L1S-Variation des Deutschen mit der Lehrlingsausbildung von L2S in Österreich verknüpft wird, die im Regelfall genauso wie jene von L1S durch einen hohen betrieblichen Ausbildungsanteil gekennzeichnet ist – dieser beträgt in etwa 75 %, die verbleibenden 25 % sind meistens durch berufsschulische Ausbildung abgedeckt.[32]

Lehrlinge stehen vor der Herausforderung, mit verschiedenen Akteur:innen (Berufsschullehrer:innen, Betriebsleiter:innen, Kolleg:innen, Kund:innen etc.) zu interagieren. Dabei bekommen sie es mit standardisiertem, standardnahem, dialektalem und dialektnahem (wenn man so will, auch umgangssprachlichem) Deutsch bzw. mit entsprechenden Variationsausschnitten des Deutschen zu tun; sie müssen sich mit ihrem eigenen Im-DSK-Involviertsein auseinandersetzen. Wie bereits erwähnt, ist davon auszugehen, dass dies für Lehrlinge, die sich DaZ aneignen und für die solche Variationsausschnitte als Input dienen, eine besondere Aufgabe darstellt. Allerdings ist bisher noch weitgehend ungeklärt, wodurch ein solcher DSK-Input gekennzeichnet sein kann. Um sich dieser Frage zu nähern, wird die Fokussierung auf den Kommunikationsraum Betrieb in Oberösterreich als für vielversprechend erachtet, worauf im Folgenden noch etwas näher eingegangen wird.

Oberösterreich zählt bereits in den Jahren vor dem Jahr 2015, in welchem Österreich einen historischen Rekord an Zuwanderung verzeichnet[33], zu jenen Bundesländern, in denen sich überdurchschnittlich viele Jugendliche mit Migrations- oder Fluchtgeschichte in der Lehrlingsausbildung befinden (vgl. Biffl / Skrivanek 2015: 11). Spätestens ab 2017 hat das Bundesland Oberösterreich die meisten Lehrlinge mit Fluchtgeschichte in Österreich (vgl. Szigetvari 2017: o. S.). Per Juli 2018 – das heißt, nur wenige Monate vor dem Zeitpunkt der im Rahmen des vorliegenden Projekts durchgeführten Datenerhebung – befinden sich

---

[32] Für nähere Details zu den Programmen, die im Rahmen einer Ausbildung in einem Lehrberuf in Österreich zur Verfügung stehen, vgl. z. B. Biffl / Skrivanek (2015: 99, 102) und Dornmayr / Nowak (2016: 76, 81). Die dort gegebenen Informationen sind zum Zeitpunkt der Datenerhebung im Rahmen des vorliegenden Projekts im Jahre 2018 weitgehend aktuell und waren es allemal zum Zeitpunkt des Ausbildungsbeginns der hier relevanten deutschlernenden Lehrlinge.

[33] Vgl. hierzu z. B. BMI (2015; 2020).

dort laut dem Arbeitsmarktservice (vgl. www 4) 359 Jugendliche bzw. jugendliche Erwachsene mit Fluchtgeschichte in der Lehrlingsausbildung, das ist mehr als ein Drittel aller Lehrlinge mit Fluchtgeschichte in Österreich.

Geflüchtete Jugendliche, die in Oberösterreich eine Lehre machen, bewegen sich grosso modo in Kommunikationsräumen innerhalb eines Gebiets, in dem der (mittel-)bairische Sprachgebrauch erstens sehr vital und zweitens von großer Variation gekennzeichnet ist (vgl. z. B. Wiesinger 2004). In Anlehnung an Zehetner (1985: 182 f.) könnte von „Dialekttreue" (ebd.: 183) in der oberösterreichischen Öffentlichkeit gesprochen werden, quasi selbstredend kann eine solche auch im privaten Bereich beobachtet werden. Ob nun diachron[34] oder synchron[35] betrachtet, stellen (mittel-)bairische Features (zumindest im lautlichen Bereich) potenzielle Bestandteile des ‚gehobenen' Sprachgebrauchs dar. Aus sprachlich-regionaler bzw. dialektologischer Sicht stoßen in Oberösterreich West-, Ost- und Südmittelbairisch aufeinander (vgl. z. B. Wiesinger 2004: 17–27).[36] Dies bedeutet allerdings nicht, dass in Oberösterreich ein Sprachgebrauch weiter vom (west-, ost- und/oder südmittel-)bairischen Dialektpol entfernt bzw. in den standardnahen Bereich des DSK hineingehend auszuschließen ist. Gründe dafür stellen, Medienkonsum, Digitalisierung und Mobilität bzw. ganz allgemein der gesellschaftliche Wandel dar. Die Tatsache, dass sich mit Stand Dezember 2017 in Oberösterreich schon seit einem längeren Zeitraum viele Betriebe dazu entscheiden, Lehrlinge mit Deutsch als L2 aufzunehmen,[37] und die hier kurz umrissene sprachliche Situation in Oberösterreich, machen dieses Bundesland zu einem sehr attraktiven Untersuchungsgebiet für eine Grundlagenforschung zur (ungesteuerten) DaZ-Aneignung bzw. -Vermittlung in der Lehrlingsausbildung im Kommunikationsraum Betrieb.

Bis Ende der 2010er Jahre wurde in (Ober-)Österreich noch keine Forschung im Zusammenhang mit der ungesteuerten Aneignung/der ungesteuerten Vermittlung von DaZ in der betrieblichen Lehrausbildung nach dem DSK-Modell durchgeführt. Gemeinhin ist die Lehrlingsausbildung im Kontext DaZ in (Ober-)Österreich, ob nun im innerbetrieblichen oder berufsschulischen Ausbildungsbereich, bisher wenig berücksichtigt worden. Eine Beschäftigung mit diesem Themenkomplex geht kaum über die generelle Forderung nach speziellen Förder-

---

[34] Für Details vgl. z. B. König / Elspaß / Möller (2019: 109 f.).

[35] Für Details vgl. z. B. Kleiner / Knöbl (2015: 63–73).

[36] Zur Binnengliedbarkeit des bairischen Dialektraums mit Fokus auf Oberösterreich vgl. z. B. Wiesinger (2004: ab 17), zu jener des österreichischen Sprachraums z. B. Lenz (2019: 318–321).

[37] Für nähere Informationen s. Biffl / Skrivanek (2015: 11–15) und Szigetvari (2017).

und Unterstützungsangeboten für L2S in der Pflicht- und Berufsschule hinaus (vgl. z. B. Biffl / Skrivanek 2015: 78, 111 f.).

Der Kommunikationsraum Betrieb wird im vorliegenden Projekt anhand zweier Betriebe im ruralen Oberösterreich eindeutig jenseits des diatopisch konstatierten südmittelbairischen Einflussbereichs untersucht. Es handelt sich um einen Gastronomiebetrieb im Mühlviertel nahe der österreichisch-tschechischen Grenze und in etwa 40 Kilometer Entfernung zur Staatsgrenze mit Deutschland (Bayern) und um einen Dachdecker-Spengler-Betrieb, der ebenso im Mühlviertel und ca. 200 Kilometer südöstlich vom besagten Standort des Gastronomiebetriebs entfernt liegt. Das Mühlviertel stellt eine der vier (historisch) großräumig angelegten Regionen Oberösterreichs dar.[38] Es befindet sich im Nordosten des Bundeslandes bzw. nördlich des Donauverlaufs und grenzt an das Bundesland Niederösterreich. Der Vollständigkeit halber sei erwähnt, dass aufgrund der geographischen Lage der Betriebe aus dialektologischer Sicht (z. B. von Wiesinger 2004) davon auszugehen ist, dass in beiden Betrieben der ostmittelbairische Sprachgebrauch dominiert, wobei im Gastronomiebetrieb westmittelbairischer Sprachgebrauch nicht ausgeschlossen werden kann und der ostmittelbairische Sprachgebrauch ‚Wiener Prägung' im Dachdecker-Spengler-Betrieb eher zu erwarten ist als im Gastronomiebetrieb.

---

[38] Oberösterreich kann in die Regionen Hausruckviertel, Innviertel, Traunviertel und Mühlviertel eingeteilt werden, was aus sprachwissenschaftlicher Sicht nicht unbedingt zielführend sein muss (vgl. z. B. Wiesinger 2004: 16 f.).

Methodisches, Methodologisches 2

Wie bereits im vorangegangenen Kapitel dargestellt, wird im vorliegenden gesprächslinguistischen Grundlagenforschungsprojekt der variationsspezifische L1S-Sprachgebrauch als DSK-Input für L2S am Beispiel des Kommunikationsraums Betrieb in Oberösterreich (Mühlviertel) diskutiert. Das vorliegende Kapitel 2 enthält Auskünfte über gesprächslinguistische Zugänge bzw. Forschungsprogramme, die Art der hier verwendeten Daten und Aspekte der Datenerhebung, -verarbeitung sowie -auswertung. Abschnitt 2.1 enthält Informationen zu Forschungsprogrammen im Rahmen des gesprächslinguistischen Paradigmas und führt vor diesem Hintergrund in das hier relevante Analyseprinzip ein. Außerdem wird dort auch eine Bestimmung des Begriffs Gesprächslinguistik vorgenommen. In – oder besser ab – Abschnitt 2.2 sind Angaben zur Art der Daten und deren Erhebung zu finden. Abschnitt 2.3 und 2.4 enthalten Informationen über die Datenverarbeitung. In Abschnitt 2.3 wird die Verfahrensweise beschrieben, mithilfe der ein geeignetes Datensample ermittelt werden konnte. Da ein wesentlicher Aspekt der Festlegung des Samples die Auswahl von L1S-L2S-Gesprächskonstellationen im Hinblick auf die L1S ist, werden die in dieser Untersuchung relevanten Gewährspersonen auch dort charakterisiert. Bei dieser Gelegenheit werden in diesem Abschnitt auch erste Analysen des Deutschgebrauchs der ausgewählten L1S durchgeführt. Abschnitt 2.4 enthält Hinweise zum verwendeten Softwaretool und v. a. Informationen über die Transkription der Daten.

© Der/die Autor(en), exklusiv lizenziert an Springer-Verlag GmbH, DE, ein Teil von Springer Nature 2024
K. R. Perner, *Dialekt-/Standard-Input im beruflichen Kontext in Oberösterreich*, https://doi.org/10.1007/978-3-662-69788-7_2

2.1 Gesprächslinguistische Zugänge und das Prinzip Im-Kontext-von-Sequenzialität

Die Konversationsanalyse, die ethnomethodologische Konversationsanalyse, die Gesprächsanalyse, die (verbale) Interaktionsanalyse und die Interaktionale Linguistik bezeichnen Forschungsprogramme bzw. zum Teil auch historisch aufeinander bezogene Strömungen innerhalb des gesprächslinguistischen Paradigmas. Details hierzu, die sich v. a. auf den deutschsprachigen (Forschungs-)Raum konzentrieren, sind z. B. in Selting / Couper-Kuhlen (2001: 257–260) zusammengefasst. Selting / Couper-Kuhlen (2001: 257 [H. i. O.]) entwerfen außerdem das „Forschungsprogramm ‚Interaktionale Linguistik'", einen gesprächslinguistischen Zugang, bei dem sprachliche Strukturen mit den von der (ethnomethodologischen) Konversationsanalyse beschriebenen Aufgaben im Gespräch in Beziehung gesetzt werden, z. B. mit Sprecher:innen- und Code-Wechsel, Reparaturen und anderen Mitteln der Verständigungsoptimierung sowie der Organisation von Themen und Aktivitäten (vgl. ebd.: 263). In gesprächslinguistischen Arbeiten findet der Begriff der (verbalen) Interaktionsanalyse m. E. am seltensten Verwendung. Einen breiten Überblick über die Geschichte der (ethnomethodologischen) Konversationsanalyse, der sich maßgeblich auf den angloamerikanischen (Forschungs-)Raum bezieht, bietet z. B. Birkner (2020a: 5–13); sehr ausführlich über die Entwicklung gesprächslinguistischer Ansätze informiert Auer (1999), aber auch Deppermann (2008), der die Bezeichnung Gesprächsanalyse den anderen oben genannten Bezeichnungen aus pragmatischen Gründen vorzieht. Deppermanns (2008) viel beachtete Werk „Gespräche analysieren" ist das method(olog)ische Handbuch, an dem sich das Forschungsdesign der vorliegenden Studie am stärksten orientiert. Dass die oben aufgezählten Forschungsprogramme mehr oder weniger auf ein und denselben methodischen Werkzeugkoffer zugreifen, geht v. a. aus den Hinweisen zur Datenerhebung, -aufbereitung und -auswertung in Deppermann (2008) hervor.

Das Forschungsprogramm der Konversationsanalyse wird vornehmlich auf Harvey Sacks' Untersuchungen von Telefongesprächen in den 1960er Jahren zurückgeführt (s. z. B. Birkner 2020a: 5) und unter ethnomethodologischer Konversationsanalyse wird jenes Forschungsprogramm verstanden, das aus der Zusammenarbeit zwischen Sacks und dem Initiator der Ethnomethodologie, Harold Garfinkel, hervorging (s. z. B. ebd. 7 f.) – die beiden lernten einander bereits in den späten 1950ern kennen (vgl. Auer 1999: 136). Im Forschungsprogramm der ethnomethodologischen Konversationsanalyse verbindet sich das Interesse (z. B. von Sacks) an gesprächsorganisatorischen Abläufen

2.1 Gesprächslinguistische Zugänge und das Prinzip ...

mit jenem (z. B. von Garfinkel) an sozio- und lokal-situativer, gesellschaftlicher wie auch (sozio-)kultureller Kontextbezogenheit (= (Sozio-)Indexikalität) diverser Gesprächselemente und -segmente, aber auch anderer Interaktionsphänomene, wie etwa Äußerungsabbrüche oder Pausen (vgl. z. B. ebd.: 127–147). Kurzum: Die (ethnomethodologische) Konversationsanalyse widmet sich der Soziopragmatik des mündlichen Sprachgebrauchs. Im Kontext von Migration und Mehrsprachigkeit – aber auch Deutschgebrauch – zählt die von Dirim / Auer (2004) durchgeführte Untersuchung von türkisch-deutsch bilingualen Sprecher:innen in Deutschland zu den viel beachteten Arbeiten, in denen eine konversationsanalytische Ausrichtung zu erkennen ist, und sie trägt im Sinne von Selting / Couper-Kuhlen (2001) auch Merkmale der Interaktionalen Linguistik, was Dirim / Auer (2004: 35) z. B. dadurch zum Ausdruck bringen, dass die Gesprächsdaten „einerseits linguistisch-grammatisch analysiert [wurden], andererseits konversationsanalytisch". Doch bevor auf das Forschungsprogramm der Interaktionalen Linguistik näher eingegangen wird, gilt es, die Begriffe Interaktionsanalyse und Gesprächsanalyse einzuordnen, die in Arbeiten mit gesprächslinguistischem Schwerpunkt auch auftreten und dementsprechend mit dem Begriff (ethnomethodologische) Konversationsanalyse zu konkurrieren scheinen.

Deppermann (2008: 10 [H. i. O.) zieht den „allgemeineren Terminus ‚Gesprächsanalyse'" jenem der Konversationsanalyse vor, weil er „über die in der Konversationsanalyse gängigen Fragestellungen und Prozeduren hinausgeh[t]", indem er z. B. „auch ‚inhaltlichere' Interessen, die Integration ethnographischer Daten, die Rolle von Variation und Kontextwissen im Forschungsprozeß oder Fragen der Generalisierung und Gültigkeit von Untersuchungen behand[elt]". Dieses Argument zugunsten der Verwendung des Begriffs Gesprächsanalyse und folglich zuungunsten des Terminus Konversationsanalyse kann auch im Hinblick auf das vorliegende Forschungsprojekt ins Feld geführt werden. Denn schließlich ist es so angelegt, (1) dass neben gesprächsorganisatorischen Fragen auch inhaltsbezogene Aspekte fokussiert werden (s. u. und Abschnitt 2.3.2, aber z. B. a. Abschnitt 4.2). Letzteres bezieht sich einerseits auf die Kriterien zur Bildung von situationsbezogenen Kollektionsausschnitten, die ohne Berücksichtigung von diversen Inhalten gar nicht möglich wäre, und anderseits die erwägenswerte, aber oft schwierige Unterscheidung zwischen fach- bzw. berufsbezogener und sprachbezogener Inhaltsvermittlung (s. hierzu a. Abschnitt 2.3.2). (2) Außerdem ist in diesem Forschungsprojekt aufgrund der Anbindung an die sogenannte Teilnehmende Beobachtung auch der Bezug zur Ethnographie gegeben (s. Abschnitt 2.2.2) und (3) spielt die Variation des Deutschen in ihm eine bedeutende Rolle, was sich nicht auf ein bestimmtes Kapitel oder einen bestimmten Abschnitt in der vorliegenden Arbeit begrenzen lässt.

Nun kann nicht behauptet werden, dass Deppermann in seinen Arbeiten immer nur den Begriff Gesprächsanalyse verwendet, um (s-)eine gesprächslinguistische Perspektive auf ein Thema zu kennzeichnen – so bezieht sich z. B. Deppermann (2014: z. B. 19 ff.) auch auf die Termini Konversationsanalyse und Interaktionale Linguistik, um seine method(olog)ische Herangehensweise zu begründen; er passt seinen Untersuchungsschwerpunkt einem bestimmten Verständnis eines bestimmen gesprächslinguistischen Zugangs oder Ansatzes (oder umgekehrt) an. Es handelt sich wohl um eine jener Anpassungen, die er genauso wie viele andere Autor:innen von method(olog)ischen Handbüchern auch in Deppermann (2008) einfordert. Der Hinweis darauf, dass method(olog)ische Vorschläge als Richtschnur zu verstehen sind und entsprechend den Zielen, Anforderungen, Erwartungen, Merkmalen und Einschränkungen beziehentlich des eigenen Forschungsprojekts anzupassen sind, gehört wohl zum Standardrepertoire solcher Handbücher und wird sicherlich von vielen dankbar angenommen, so auch im Fall der vorliegenden Untersuchung. Doch nun noch kurz zum letzten einen gesprächslinguistischen Zugang ausweisenden Begriff, der noch diskutiert werden soll, bevor jener der Interaktionalen Linguistik etwas ausführlicher ins Treffen geführt wird – und zwar der Terminus Interaktionsanalyse. Dieser wird im (Forschungs-)Zusammenhang mit Deutsch als Fremdsprache (DaF) und/oder DaZ z. B. von Deppermann / Cindark (2018) und Schwab / Schramm (2016) verwendet. Beide Publikationen führen den Interaktionsanalyse-Begriff u. a. auf Arbeiten von Erving Goffman zurück, der etwa ab Mitte 1950er Jahre bis in die 1980er Jahre hinein zum Thema Kommunikation und Interaktion publizierte; für nähere Details zu Goffmans Wirken empfiehlt sich Auer (1999: 148–163). Gemeinsam mit den bereits erwähnten Harvey Sacks und Harold Garfinkel, aber auch mit Emanuel Schegloff, auf den der Begriff der Sequenzialität zurückgeht (vgl. Birkner 2020b: 237 f.), der bereits von Bedeutung war (s. Abschnitt 1.2) und etwas weiter unten wieder von Bedeutung sein wird, zählt er zu den einflussreichsten Persönlichkeiten im gesprächslinguistischen Paradigma. Sowohl in Deppermann / Cindark (2018) als auch in Schwab / Schramm (2016) scheint Interaktionsanalyse als Überbegriff für die Untersuchung von zwischenmenschlicher Kommunikation herangezogen zu werden. Da in beiden Arbeiten neben der Soziopragmatik des An-die-sprachlich-interaktionale-Oberfläche-Tretenden auch kinetische Aspekte (= Körpersprache, Gestik, Mimik und andere Bewegungsabläufe) berücksichtigt werden, ist dies auch schlüssig und allemal auch im Sinne von Goffman (vgl. Auer 1999: 148–163). Eine solche Verbindung ist auch in der vorliegenden Untersuchung zu erkennen (s. Abschnitt 2.4), weshalb sie als interaktionsanalytische Arbeit bezeichnet werden könnte. Da hier jedoch der Fokus auf

2.1 Gesprächslinguistische Zugänge und das Prinzip …

die sozialbedingte Ab- und Ausbildung der sprachlich-interaktionalen Oberfläche (≈ DSK-Emergenz) gelegt wird und kinetische Aspekte nicht so ausführlich berücksichtigt werden, wie man es sich wünschen könnte, wird von der Verwendung des Interaktionsanalyse-Terminus abgesehen – womöglich deckt sich eine solche Sicht auf die Bezeichnungspraxis nicht mit jener von z. B. Deppermann / Cindark (2018) und Schwab / Schramm (2016).

Die Interaktionale Linguistik unterscheidet sich von der (ethnomethodologischen) Konversationsanalyse durch ihre engere Rückbindung an die linguistischen Beschreibungsebenen und damit verbundenen Konzepte und Modelle (vgl. ebd.: z. B. 260–266). Das Interesse an Gesprächsorganisation teilen beide Paradigmen miteinander (vgl. ebd.). Selting / Couper-Kuhlen (2001: 260) umreißen das Forschungsprogramm der Interaktionalen Linguistik „als Interface von Linguistik im engeren Sinne und Konversations- bzw. Interaktionsanalyse". In anderen Worten und auch im Sinne von Selting / Couper-Kuhlen (2001): Im Forschungsprogramm Interaktionale Linguistik werden bei der Bearbeitung soziolinguistischer Fragestellungen zur Gesprächsorganisation der Semantik, Lexik, Phonetik, Phonologie, Suprasegmentalität und Morphosyntax mehr Aufmerksamkeit geschenkt als bei der (ethnomethodologischen) Konversationsanalyse und der Interaktionsanalyse – dasselbe kann auch im Hinblick auf die Gesprächsanalyse geltend gemacht werden (vgl. Deppermann 2008: 54–78). Allerdings ist verschiedenen Arbeiten (z. B. Auer 1986; Auer 1990; fallweise Auer 1999; Auer / Dirim 2004; Deppermann / Cindark 2018) und auch Selting / Couper-Kuhlen (ebd.: 257–260, 264–280) selbst zu entnehmen, dass ein solcher Blick auf die Untersuchung von Gesprächen zum einen schon länger existiert und zum anderen auch unter dem Etikett Konversations- oder Interaktionsanalyse subsumiert wird, was Teil der Begründung dafür ist, warum in der vorliegenden Arbeit der Bezeichnung Gesprächslinguistik (als Hyperonym) der Vorzug gegeben wird. Dennoch ist es Selting / Couper-Kuhlen (2001) zu verdanken, dass eine linguistisch enger ausgelegte (ethnomethodologisch) konversationsanalytische – und wenn man so will, auch gesprächs- oder interaktionsanalytische – Arbeitsweise griffig benannt werden kann und auch der explizite Hinweis darauf, dass bei der Untersuchung von gesprächsorganisatorischer Formulierungsdynamik nicht nur maßgeblich die Form und/oder die Funktion von Gesprächselementen oder -segmenten, sondern die Form-Funktions-Verknüpfung solcher Elemente und Segmente im Blick behalten werden muss. Wenn in einschlägiger Literatur von den anderen hier thematisierten Forschungsprogrammen die Rede ist, dann kommt Letzteres in der Regel nicht so deutlich ‚zu Papier' wie im Zusammenhang mit der Interaktionalen Linguistik. Müsste eines der miteinander verwandten Forschungsprogramme (ethnomethodologische) Konversationsanalyse (nach Birkner

2020a: 5–13), Gesprächsanalyse (nach Deppermann 2008), Interaktionsanalyse (im Anschluss an Deppermann / Cindark 2018; Schwab / Schramm 2016) und Interaktionale Linguistik (nach Selting / Couper-Kuhlen 2001) gewählt werden, um die vorliegende Grundlagenforschung zu kennzeichnen, fiele die Entscheidung zugunsten letzterem, denn dieses Forschungsprogramm kommt dem hier verfolgten Vorgehen am nächsten. Schließlich werden maßgeblich Modifikationen und Stabilisierungen auf der sprachlich-interaktionalen Oberfläche fokussiert und ist das dafür gewählte sequenzielle Auswertungsverfahren im Forschungsprogramm Interaktionale Linguistik vorgesehen. Dieses bereits in Abschnitt 1.2 vor dem Hintergrund der Semiotik diskutierte Auswertungsverfahren ist gesprächslinguistisch-historisch betrachtet im Forschungsprogramm Interaktionale Linguistik, aber auch im gesprächsanalytischen bzw. interaktionsanalytischen Forschungsprogramm von der (ethnomethodologischen) Konversationsanalyse geprägt oder zumindest inspiriert.

Wie dargelegt, weisen die genannten Forschungsprogramme einige Ähnlichkeiten auf, sodass eine klare Abgrenzung zwischen ihnen oft schwierig ist. Aus diesem Grund, aber auch um sich von den dennoch (teilweise sehr) engen Begriffsverständnissen der genannten Forschungsprogramme lösen zu können, werden diese Forschungsprogramme vornehmlich unter dem Begriff der Gesprächslinguistik subsumiert. Der Gesprächsanalyse-Begriff wird in der vorliegenden Untersuchung v. a. dann eingesetzt, wenn ein oder mehrere Aufgliederungs- oder Zerlegungsaspekte im Hinblick auf sprachliche Interaktion betont werden, und der Interaktions-Begriff ist, so wie soeben auch angezeigt, vorrangig vor dem Hintergrund von Sprechsprachlichkeit zu verstehen. Doch prinzipiell wird hier der Gesprächslinguistik-Begriff herangezogen, um die terminologische Situation zu glätten. Sie lässt sich weder historisch noch method(olog)isch betrachtet gut aufdröseln. Gesprächslinguistische Zugänge sind – zumindest den Darstellungen oben folgend – ab den 1950er Jahren im angloamerikanischen (Forschungs-)Raum festzustellen; Auer (1999: z. B. 7–17) verortet den Anfang eines gesprächslinguistischen Ansatzes dort noch etwas früher und bringt auch noch Forschende aus dem deutschsprachigen (Forschungs-)Raum ins Spiel (vgl. ebd.: z. B. 115–126). Spätestens ab den 1970er Jahren gibt es eine Reihe von gesprächslinguistischen Zugängen nebeneinander (vgl. ebd.: 127–163), die bis heute aufgegriffen und dabei häufig in ein Verhältnis zueinander gebracht werden. Dementsprechend variantenreich ist die Herstellung der historischen Bezüge im gesprächslinguistischen Paradigma. Schließlich wurden gesprächslinguistische Perspektiven ab Mitte des 20. Jahrhunderts aus dem angloamerikanischen (Forschungs-)Raum, wie z. B. jene von Garfinkel, Goffman, Sacks oder Schegloff (alphabetische Reihenfolge) auch in anderen (Forschungs-)

2.1 Gesprächslinguistische Zugänge und das Prinzip ...

Räumen rezipiert und weiterentwickelt, z. B. im deutschsprachigen. Eine dieser Weiterentwicklungen stellt das Forschungsprogramm Interaktionale Linguistik dar, das sich in method(ologi)scher Hinsicht nicht grundlegend von den anderen besagten Forschungsprogrammen unterscheidet – es ist eher die Schwerpunktlegung, die als verschieden aufgefasst werden kann. Die genannten Ansätze teilen das Interesse, soziopragmatische Aktivitäten in der Face-to-face-Kommunikation zu untersuchen und basieren auf demselben Grundlagenliteraturkanon.

Ein weiterer Grund für die vorliegende Verwendung des Gesprächslinguistik-Begriffs ist, dass in dieser Arbeit auch psychologische bzw. psycholinguistische Aspekte eine Rolle spielen (s. Abschnitte 3.5 und 4.2.3), die mit den besagten Forschungsparadigmen nicht regelmäßig in Verbindung gebracht werden. Dass der Gesprächslinguistik-Terminus für ein anderes Forschungsprogramm als bereits reserviert gelten kann, soll nicht verschwiegen werden und ist z. B. Brinker et al. (2000: XVII) zu entnehmen. An dieser Stelle sei darauf hingewiesen, dass Brinker et al. (ebd.) den Begriff Gesprächslinguistik zumindest in ähnlicher Weise verwenden wie die vorliegende Abhandlung und die Bezeichnungen *gesprächslinguistischer Zugang* und *gesprächslinguistische Perspektive* oder Ausdrücke wie *dem gesprächslinguistischen Paradigma folgen* im Kontext dieser Untersuchung wohl am unverfänglichsten erscheinen, um einerseits die geringen und eigentlich nur auf Schwerpunktsetzungen zurückzuführenden Unterschiede der thematisierten Forschungsprogramme transparent zu halten und andererseits Überschneidungen und Gemeinsamkeiten mit diesen aufzugreifen. Letzteres betrifft insbesondere das Auswertungsverfahren, dessen Grundsatz Deppermann (2008: 54 [H. i. O.]) mit dem Begriff „*Sequenzialitätsprinzip*" auf den Punkt bringt.

Sequenzialität bezeichnet das gesprächsorganisatorische Phänomen der Aufeinanderbezogenheit von Gesprächsbeiträgen – gleich, ob nun mit dem Gesprächsbeitrags-Begriff ein Turn oder eine Turnkonstruktionseinheit (TKE) gemeint ist (vgl. z. B. Birkner 2020b: 236 ff.).[1] Im Kontext von Sequenzialität zu analysieren, bedeutet allemal der gesprächslinguistisch-paradigmatischen

---

[1] Im Hinblick auf die Verwendung des Begriffs Gesprächsbeitrag und der Termini Turn und TKE in der vorliegenden Untersuchung sei auf Folgendes hingewiesen: Mit einem Turn ist hier ein Gesprächsbeitrag gemeint, der sich durch eine Serie aufeinander folgender und aufeinander bezogener kleinerer Gesprächsbeiträge (häufig als Sinneinheiten interpretierbar) auszeichnen kann, und letztere werden hier als TKE bezeichnet. Im Anschluss an Auer (2020: 112) kann man einen Turn „als den Zeitraum definieren, während dessen ein Gesprächsteilnehmer das Rederecht hat" oder in Anspruch nimmt, und z. B. Selting et al. (2009: 370) folgend sind einzelne TKE in einem solchen Zeitraum anhand intonationsphrasenfinaler Tonhöhenbewegungsphänomene zu erkennen. Wenn in vorliegender Untersuchung von einem Gesprächsbeitrag die Rede ist, bezieht er sich auf einen Zeitraum, in dem

Grundannahme zu folgen, dass ein Gesprächsbeitrag, insofern er denn nicht die erste TKE in einer Episode darstellt, auf den vorangegangen verweist (vgl. z. B. ebd.: 237 f.), was die grundsätzliche Vorgehensweise bei der Analyse von Gesprächen impliziert, Gesprächs- oder Interaktionsverläufe Zeile für Zeile zu analysieren und nicht z. B. Zeile 2 vor Zeile 1. Allerdings ist es u. a. Auer (2010; 2015) folgend fragwürdig, Gespräche ausschließlich in Richtung vorwärts zu analysieren, denn die Organisation sozialer Interaktion – ob nun mit Variation in Verbindung gebracht oder nicht – ist nicht an bloß eine zeitliche Richtung gebunden. Schließlich blicken Gesprächspartner:innen nicht nur von der interaktionalen Gegenwart aus auf interaktional Vergangenes zurück, um ihre Bezüge zu gestalten, sondern schauen sie genau dafür auch voraus, was neben der interaktionalen Gegenwart auch die Planung der interaktionalen Zukunft betrifft. In diesem Zusammenhang sind die verschiedensten gesprächslinguistischen Konzepte (z. B. „projection and latency" (Auer 2015: 27) und opportunistische (Gesprächs-)Planung, s. Abschnitt 4.2.3) oder Leitsätze (z. B. „order at all points" (Sacks 1984: 22), s. z. B. a. Abschnitt 2.3.2) zu sehen und auch das, was im Anschluss an Auer (2010; 2015) unter Emergenz in Interaktionsverläufen zu verstehen ist. Letzteres bzw. der Interaktionsverlaufscharakter des Ständig-im-Entstehen-begriffen-Seins wurde bereits in Abschnitt 1.6 eingeführt, wird im weiteren Argumentationsverlauf immer wieder aufgegriffen (Stichwort: DSK-Emergenz) und bedeutet, dass bei Analysen im Kontext von Sequenzialität nicht nur die Vorwärtsrichtung zu berücksichtigen ist, sondern vielmehr eine Vorwärts-Rückwärts-Oszillation oder -Volatilität. Nun muss interaktionale Vorwärts-Rückwärts-Oszillation/-Volatilität nicht unbedingt nur einen einzigen Interaktionsverlauf, eine einzige Episode betreffen, sondern kann sie sich auch auf vorangehende (unter bestimmten Umständen womöglich auch auf zukünftige) Episoden beziehen, womit Analysen im Kontext von Sequenzialität wiederum weiter zu fassen sind als die bloße Berücksichtigung einer Vorwärtsrichtung.

Im Kontext von Sequenzialität zu analysieren, ist hier als ein Versuch zu verstehen, den Sprachgebrauch der Gewährspersonen zu untersuchen und dabei so weit wie möglich jenen sprachlich-interaktionalen Optionen Rechnung zu tragen, die ihnen zu einem bestimmten Zeitpunkt im Interaktionsverlauf und vor dem Hintergrund einer soziopragmatischen Rahmung auch hätten offenstehen müssen oder können. Alle Zu-, Vor- und Rückgriffe auf irgendwelche Äußerungen bzw. kleinere oder größere Einheiten (= Variationsausschnitte) in

---

jemand das Rederecht ergreift, es können aber sowohl ein Turn als auch eine oder mehrere TKE gemeint sein. Die Begriffe Turn und TKE werden wie oben dargestellt verwendet.

2.1 Gesprächslinguistische Zugänge und das Prinzip ...

Bezug auf die Gewährspersonen zu irgendwelchen Interaktionsverlaufszeitpunkten, die im vorliegenden Text zu finden sind, orientieren sich zumindest an dieser Konzeption. Bei der Analyse von Gesprächen darum bemüht zu sein, sich auf einer Höhe mit den Gesprächspartner:innen zu bewegen, wenn es um die Diskussion des (sprachlichen) Handlungsspielraums geht, der Gesprächsteilnehmer:innen womöglich zu einem Interaktionsverlaufszeitpunkt zur Verfügung steht, charakterisiert auch das Sequenzialitätsprinzip (vgl. Deppermann 2008: 54), allerdings bezieht es sich eher auf einzelne Interaktionsverläufe (vgl. ebd.: 54–78). Da in der vorliegenden Untersuchung auch Querverbindungen zwischen mehreren Interaktionsverläufen zwischen denselben Gesprächspartnern hergestellt werden, wird das Auswertungsverfahren hier als *Im-Kontext-von-Sequenzialität* stehend bezeichnet. Selbstverständlich können Querverbindungen zwischen Interaktionsverläufen aus dem einen betrieblichen Kommunikationsraum (z. B. dem Dachdecker-Spengler-Betrieb, auch Fall 1) mit jenen aus dem anderen (z. B. dem Gastronomiebetrieb, auch Fall 2) nicht in diesem Zusammenhang gesehen werden. Doch solche Vergleiche können häufig auch nur deshalb angestellt werden, weil die verglichenen Gesprächselemente oder -segmente Ergebnisse der Analyse im Kontext von Sequenzialität sind. Ein gutes, leicht verständliches Beispiel dafür ist unmittelbare lexikalische Alternativität (s. Abschnitt 1.5), deren Auftreten als solche auch nur dann in verschiedenen (betrieblichen) Kommunikationsräumen miteinander verglichen werden kann, wenn zwei verschiedene Lexeme sequenziell organisiert sind. Die sich auf einen einzigen Interaktionsverlauf beziehenden „Analysegesichtspunkte" des Sequenzialitätsprinzips nach Deppermann (2008: 54) werden berücksichtigt – allen voran jener der „Äußerungsgestaltung und Formulierungsdynamik" (ebd.: 56 bzw. vgl. 56–61), womit auch Analyseaspekte im Hinblick auf Timing (vgl. 61 f.), Kontextbezogenheit (vgl. ebd.: 55 f.; 62–67) und Erwartung vs. Präsenz / Absenz, wie sie zuweilen auch in Deppermann (ebd.: 68–78) dargestellt werden, ins Blickfeld rücken. Die Datenauswertung zielt darauf ab, Abbildungen auf der sprachlich-interaktionalen Oberfläche im Zusammenhang mit sprachlich-interaktionaler Optionalität darzustellen, ohne dabei soziopragmatische Hintergründe zu vernachlässigen – im Gegenteil, ihnen wird viel Beachtung geschenkt. Fragen(komplexe), die sich aufgrund einer solchen Zielsetzung ergeben, begleiten die vorliegende Untersuchung ständig.

2.2 Datenerhebung

Nach der vorangegangenen Diskussion (einiger relevanter) Forschungsprogramme im gesprächslinguistischen Spektrum und der damit verbundenen Einordnung dieser Arbeit, die insbesondere auf den Gemeinsamkeiten beruht, die diese Forschungsprogramme im Hinblick auf das Auswertungsverfahren teilen, sollen nun einige Hintergrundinformationen zur Art der Daten und deren Erhebung gegeben werden.

2.2.1 Datenbasis

Die Datenbasis der vorliegenden Studie stellen Ende 2018 in der ländlichen Gegend des Mühlviertels (Oberösterreich) audiovisuell festgehaltene ‚natürliche' Interaktionen bzw. möglichst nicht-elizitierte Gespräche mit zwei sich Deutsch aneignenden Lehrlingen zweier Betriebe dar. Die Aufnahmen entstanden im Rahmen eines jeweils mehrtägigen Forschungsbesuchs. Zum einen wurde ein Lehrling eines Dachdecker-Spengler-Betriebs (im Folgenden auch LDS) drei aufeinanderfolgende Arbeitstage zu etwa je acht Stunden, zum anderen ein Koch-Lehrling (im Folgenden auch LK) eines Hotellerie- und Gastronomiebetriebs zwei aufeinanderfolgende Arbeitstage im Gesamtausmaß von ungefähr 16 h begleitet. Summa summarum ergeben diese Aufnahmen nahezu 200 Gigabytes an Daten; insgesamt sind deutlich mehr als zwei Drittel der oben genannten Besuchsstundenanzahl auf digitalem (Video-)Band. Sie enthalten hauptsächlich Interaktionen zwischen den Lehrlingen und anderen Betriebsangehörigen. Da LDS auch Kundenkontakt hatte, entstanden auch Aufnahmen von Interaktionen zwischen ihm und der Kundschaft. Zur Datenbasis gehören nur möglichst nicht-elizitierte Interaktionsverläufe, an denen sich Personen beteiligten, die auch ihr schriftliches Einverständnis zur Forschungsteilnahme gaben bzw. eine informierte Einwilligungserklärung unterzeichneten, die den datenschutzrechtlichen Bestimmungen der seit Mai 2018 EU-weit geltenden Datenschutz-Grundverordnung (DSGVO) entsprach.[2]

---

[2] Aufgrund des Erhebungszeitpunkts Ende 2018 konnten nur Quellen mit Hinweisen zur Konzeption einer informierten Einwilligungserklärung gemäß DSGVO berücksichtigt werden, die bis Mitte 2018 bzw. kurz nach Inkrafttretens besagter Verordnung zur Verfügung gestanden waren. Zur Erstellung der informierten Einwilligungserklärung wurden in Schaar (2017) und Dresing / Pehl (2018) angestellte Überlegungen und angebotene Formulierungsvorschläge zur gesetzeskonformen Gestaltung dieses Dokuments adaptiert. Außerdem orientiert sich der Entwurf der informierten Einwilligungserklärung an den von Miethe

2.2 Datenerhebung

Neben audiovisuellen Daten wurden auch personenbezogene Daten erhoben. Die Erhebung dieser Daten fand in Form von einer mündlichen Kurzbefragung statt. Erfasst wurden Alter, Geschlecht, Sprachkenntnisse, höchste abgeschlossene Schulbildung, Beruf und biographische Spezifika zur Verweildauer an verschiedenen Aufenthaltsorten. Die Erhebung der personenbezogenen Daten sowie die Einholung der informierten Einwilligungserklärung der Lehrlinge fand in einem etwa einstündigen Gespräch im Vorfeld der Datenerhebung statt und wurde durch den Einsatz von Bildmaterial unterstützt.[3] Die personenbezogenen Daten und die informierte Einwilligungserklärung aller anderen am Forschungsprojekt Teilnehmenden wurden spätestens unmittelbar vor Beginn der jeweiligen Aufzeichnungen eingeholt. Die Ausführlichkeit der mündlichen Erläuterungen zum Forschungsprojekt und zur Datenerhebung richtete sich nach Wunsch, Bedarf und den Zeitressourcen der Teilnehmenden. Im Regelfall war das Interesse an mündlichen Ausführungen sehr hoch.

2.2.2 Organisatorische Aspekte

Die Fokussierung auf Interaktionen mit sich Deutsch aneignenden Lehrlingen involvierte eine Reihe von organisatorischen (teils ethnographischen) Herausforderungen, auf die z. B. auch Deppermann (2008: 22–26) im Zusammenhang mit

---

(2010: 929–934) entwickelten forschungsethnischen Leitlinien, welche den datenschutzrechtlichen Bestimmungen der DSGVO entsprechen. Demzufolge enthält die informierte Einwilligungserklärung Informationen zum Forschungsprojekt, zum Ablauf der Datenerhebung, zur anonymisierten bzw. pseudonymisierten Verarbeitung der erhobenen Daten sowie einen Hinweis auf die freiwillige Teilnahme und auf das Recht, bis zur Veröffentlichung von Publikationen die erteilte Zusage widerrufen zu können. Der Unterfertigung der informierten Einwilligungserklärung durch die Gewährspersonen folgte die Aushändigung einer Kopie dieses Dokuments an dieselben, damit auch zu einem späteren Zeitpunkt nachvollzogen werden kann, wozu zugestimmt wurde. Selbstverständlich sind in diesem Dokument Kontaktadressen ausgewiesen, an die man sich bei diversen Fragen oder im Falle eines Widerrufs der Teilnahme am Forschungsprojekt wenden kann.

[3] Welche Sprachen die Lehrlinge sprechen, konnte bereits im Vorfeld eruiert werden. U. a. handelte es sich hierbei um Farsi und Arabisch. Die informierte Einwilligungserklärung wurde von Somayeh Samizadeh ins Farsi und von Noor al Khoury ins Arabische übersetzt. Es konnte niemand gefunden werden, der oder die Übersetzungen in die Erstsprachen (Paschtu und Kurdisch) der Lehrlinge hätte leisten können. Die Übersetzungsleistung beinhaltete neben der schriftlichen Übersetzung auch eine mündliche, die digital aufgenommen wurde. Diese Dateien konnten den Lehrlingen einige Wochen vor dem Forschungsbesuch zur Verfügung gestellt werden.

der Durchführung von Feldforschungsprojekten wie etwa dem vorliegenden aufmerksam macht. Auf eine Kurzform gebracht, handelt es sich hierbei um die Bewältigung der Organisation eines Feldzugangs, der zielgruppenorientierten Vermittlung des Forschungsinteresses (s. Abschnitt 2.2.1) und der Beziehungsarbeit mit den Beforschten sowie die Reflexion der eigenen Rolle als Feldforscher:in (vgl. Deppermann 2008: z. B. 22–26).

Allem voran galt es, einen geeigneten Feldzugang zu generieren. Dies bedeutete zumindest Teile der Belegschaft von Betrieben, die einen sich Deutsch aneignenden Lehrling beschäftigt hatten, für eine Forschungspartnerschaft zu gewinnen. Basierend auf einer Recherche, die aus der Sichtung einiger Medienbeiträge aus den Jahren 2017 und 2018 wie auch einschlägiger Internetseiten mit Stand Mitte 2018 zum Thema Abschiebung von Lehrlingen mit Fluchthintergrund in Oberösterreich bestanden hatte, konnten an die 100 oberösterreichische Betriebe, etwa die Hälfte davon aus der Region Mühlviertel, ausgeforscht werden, mit denen eine Forschungspartnerschaft infrage kam. Insgesamt wurden acht Mühlviertler Betriebe verschiedener Branchen und Größen kontaktiert. Die Kontaktpersonen der beiden größten dieser Betriebe signalisierten, kein Interesse an einer Zusammenarbeit zu haben. Mit den Kontaktpersonen der anderen sechs Betriebe konnten Telefontermine vereinbart werden. In den Telefonaten konnte geklärt werden, ob der jeweilige Betrieb aus der Sicht der Kontaktperson und des Forschenden für eine Forschungspartnerschaft geeignet erscheint und ob dessen Belegschaft – selbstverständlich einschließlich des deutschlernenden Lehrlings – dazu bereit ist, am Forschungsprojekt teilzunehmen. Schließlich konnten die Kontaktpersonen zweier Betriebe die freiwillige Teilnahme der jeweiligen Belegschaft am Forschungsprojekt versichern. Im Anschluss an diese Zusagen wurde in Gesprächen mit den Kontaktpersonen versucht herauszufinden, welche Situationen im betriebsorganisatorischen Ablauf besonders vielversprechend erscheinen, um möglichst viele Gesprächsdaten von guter Aufnahmequalität zu generieren. Diese Gespräche sind v. a. als einer der vielen Bausteine der Beziehungsarbeit zu werten. Welche betriebsorganisatorischen Abläufe mehr oder weniger Potenzial hätten, gewünschte Gesprächsdaten zu gewinnen, blieb im spekulativen Bereich – Gesprächsbedarfe und Gesprächsverläufe sind ja kaum vorauszusehen. Außerdem war es für die Kontaktpersonen schwierig abzuschätzen, welche Arbeiten während des Forschungsbesuchs tatsächlich anstehen. Dennoch boten die Ergebnisse dieser Gespräche einige Anhaltspunkte bzw. eine Orientierungshilfe bei der Planung sowie der Durchführung der Datenerhebung. Während des Forschungsbesuchs wurde in Gesprächen mit anderen Betriebsangehörigen ebenso versucht, günstige Gelegenheiten für die Aufnahmen zu identifizieren.

2.2 Datenerhebung

Wie sich der jeweilige Arbeitstag und bestimmte Tätigkeitsverrichtungen tatsächlich entwickeln würden, konnte allerdings auch von diesen Auskunftspersonen nicht vollends vorausgesagt und eingeschätzt werden. Auch diese Gespräche sind v. a. als Teil der Beziehungsarbeit zu sehen.

Die Herstellung und die Aufrechterhaltung des Feldzugangs war mit einem hohen. (sozio-)organisatorischen Aufwand verbunden und reichte bis in die Zeit des Forschungsbesuchs. Ereignisse wie etwa Fragen zum Forschungsprojekt während der Datenerhebung, Schauplatzwechsel oder das Auftreten neuer Feldakteur:innen erforderten immer wieder Beziehungsarbeit bzw. erneute Vertrauensmaßnahmen sowie die Bewältigung des der DSGVO geschuldeten administrativen Aufwands.

Feldstudien implizieren die Erhebungsmethode Teilnehmende Beobachtung (vgl. z. B. Deppermann 2008: 23, 87). Hierbei nehmen Forschende über einen längeren Zeitraum hinweg an Alltagsausschnitten der Gewährspersonen teil (vgl. ebd.: 87). Im vorliegenden Forschungsprojekt bedeutete dies, den Arbeitsalltag der Gewährspersonen als fachunkundiger und (vielleicht außergewöhnlich) neugieriger Gast zu begleiten. Diese Neugier galt u. a. jenen Wissensbeständen der Gewährspersonen, die Deppermann (2008: 87 [H. i. O.]) *„Ethnographisches Wissen"* nennt. Darunter fallen Interaktionsverläufen zugrundeliegende Hintergrundinformationen, ohne deren Kenntnis interaktionales Handeln v. a. in der Phase der Datenauswertung nicht angemessen interpretiert werden kann (ebd.). Solche meist fach- bzw. berufsbezogenen Informationen wurden in Arbeitspausen oder am Ende des jeweiligen Arbeitstages erfragt und teils audiovisuell und teils in Form von Feldnotizen festgehalten. Auf sie wird in der vorliegenden Untersuchung immer wieder zurückgegriffen.

Im Zusammenhang mit der Teilnehmenden Beobachtung macht Deppermann (2008: 25) auf das Spannungsverhältnis aufmerksam, das durch den Anspruch entsteht, ‚natürliche' oder möglichst nicht-elizitierte Interaktionen bzw. Gespräche in hoher Aufnahmequalität einzufangen, denn „[j]e besser die Aufnahmequalität und je umfassender die registrierten Daten sein sollen, desto größer wird der Aufnahmeaufwand und desto präsenter und daher störender werden die Bedingungen der Aufnahme für die Untersuchten". Um die Aufnahmesituation den Gewährspersonen möglichst angenehm zu machen und sie bei ihrer Tätigkeitsverrichtung tunlichst wenig zu irritieren bzw. daran zu erinnern, dass sie untersucht werden, wurde auf die Verwendung von am Körper bzw. an der Kleidung zu befestigenden Aufnahmegeräten verzichtet. Weitere Gründe, die für den Verzicht auf solche Geräte sprachen, waren die Befürchtung, dass durch den Einsatz derselben die Bereitschaft, am Forschungsprojekt teilzunehmen, schwinden könnte, sowie Überlegungen zur eingeschränkten Bewegungsfreiheit der

Gewährspersonen und zu dem damit verbundenen Sicherheitsrisiko für Leib, Leben und Gerätschaft. Außerdem ist davon ausgegangen worden, dass das Zutreffen der Prognose von Deppermann (2008: 25), dass „die Aufmerksamkeit für die Tatsache, aufgenommen zu werden, bereits nach einigen Minuten rapide abnimmt" weniger wahrscheinlich ist, wenn die Gewährspersonen selbst mehrere Stunden mit der Aufnahmegerätschaft zu tun haben. Die Gesprächsdaten, die in der vorliegenden Untersuchung herangezogen werden, entstanden jeweils frühestens 30 min nach Aufnahmebeginn (= T1_DS bzw. T1_K).

Im Feld erwies sich der Einsatz einer sog. Handycam (inklusive Zubehör) als gut geeignet, um auf die zum Teil recht dynamischen Entwicklungen an den Schauplätzen reagieren zu können und den Anforderungen an das zu erhebende Datenmaterial zu entsprechen.[4] Erstens konnte diese Kamera rasch positioniert und leicht mitgeführt werden und zweitens waren mit ihr Aufnahmen von guter Tonqualität möglich, da das integrierte Mikrophon in der Lage war, Umgebungsgeräusche (z. B. Insekten- und leichte Windgeräusche sowie Maschinengeräusche und Gespräche außerhalb der Kameraeinstellungen) zu einem zufriedenstellenden Ausmaß zu minimieren.

2.2.3 Anmerkungen zur Rolle des Forschenden und zur Situation

Labov (1980: 184–207) diskutiert verschiedene Aspekte, die im Zuge von Feldstudien zu beachten und zu reflektieren sind. Einer davon, der bisher noch nicht angesprochen wurde und in einschlägiger Literatur stets als zu berücksichtigen eingemahnt wird, betrifft die Einbindung von Forschenden in den Datenerhebungsprozess, z. B. bei der Teilnehmenden Beobachtung.

Zum einen thematisiert Labov (ebd.: 203) die Möglichkeiten und die Grenzen von Forschenden mit Insider- und mit Outsiderstatus. Labov (ebd.) geht davon aus, dass sich Gewährspersonen, deren Vertrauen von Forschenden mit Outsiderstatus gewonnen werden konnte, während der Datenerhebung offener und authentischer geben als Gewährspersonen, die von Forschenden mit Insiderstatus und damit von einer (häufig bereits bekannten) Person mit einer bestimmten sozialen Position in der betreffenden Bezugsgruppe untersucht werden. Forschende mit Insiderstatus genießen gegenüber Forschenden mit Outsiderstatus allerdings den Vorteil, während der Datenerhebung und der Datenauswertung

---

[4] An dieser Stelle sei Christian Huber (ÖAW) ein herzlicher Dank für die Beratung und Unterstützung im Hinblick auf die Auswahl von geeignetem Aufnahmegerät ausgesprochen.

2.2 Datenerhebung

bereichsbezogener fokussieren zu können (ebd.). Dem Labov'schen Idealtyp eines Forschenden, der die Vorteile eines Insiders und eines Outsiders vereint, konnte in der vorliegenden Untersuchung insofern entsprochen werden, als dass der Forschende über ähnliche Sprachkenntnisse (= Insiderstatus), aber nicht über fachliche und arbeitsorganisatorische Kenntnisse (= Outsiderstatus) wie die Bezugsgruppe verfügte. Festzustellen war, dass sich dieser Hybridstatus eines Forschenden im Feld als gesprächsanregend und infolge auch beziehungsfördernd erwies. Salopp und einer Redewendung entsprechend formuliert: *Über's Reden kumman d'Leit zom*[5]. Es kann davon ausgegangen werden, dass die Beziehung zu den Gewährspersonen der ‚Zentralschlüssel' für die Herstellung, Aufrechterhaltung und Ausweitung des Feldzugangs war – nichts anderes wäre mit Deppermann (2008: z. B. 22), der sich immer wieder auch an Labov (z. B. 1980) orientiert, zu erwarten gewesen.

Zum anderen macht Labov (ebd.: 200) darauf aufmerksam, dass Erhebungssituationen, in denen Forschende und technische Aufnahmegeräte omnipräsent sind, immer eine invasive Einflussnahme auf die ‚Natürlichkeit' der zu erhebenden ‚natürlichen' Interaktionen bedeuten würde. ‚Natürliche' Daten könnten nur dann gesammelt werden, wenn die Beforschten nicht beobachtet würden (ebd.). Diese v. a. problemorientierte Thematisierung im Hinblick auf die Erhebung und Auswertung von Gesprächsdaten ist Teil des sprachwissenschaftlichen Traditionsbewusstseins geworden (vgl. z. B. Gerwinski / Linz 2018) und wird in einschlägiger Literatur als das auf Labov (z. B. 1980: 200) zurückzuführende „Beobachterparadoxon" geführt. Labov (1980: 189–192) selbst scheint das Beobachterparadoxon v. a. mit dem Elizitieren von (Nicht-)Variation (im Hinblick auf was auch immer) in Verbindung zu bringen, wie es z. B. in Interviewsituationen der Fall sein kann. Dennoch ist es üblich, auch in einem Gesprächsforschungsprojekt wie dem vorliegenden, in dem Interviewsituationen keine Rolle spielen, zum Beobachterparadoxon Stellung zu beziehen (vgl. z. B. Deppermann 2008: 24 ff.; Gerwinski / Linz 2018), was im Folgenden unter Rückgriff auf die sozialwissenschaftliche Perspektive von Hanke (2001: 88) geschieht. Hanke (ebd. [H. i. O.]) spricht im Zusammenhang mit dem Beobachterparadoxon und dem Hauptkriterium für die „Beurteilung der ‚Natürlichkeit' von Gesprächen, nämlich" der Frage, ob das Gespräch in dieser Art und Weise auch ohne Aufzeichnung oder Beobachtung stattgefunden hätte, von einem „szientistische[n] Ideal unbeeinflußter Daten", das

---

[5] Die wortwörtliche Übersetzung ins Standarddeutsche lautet 'Über das Reden kommen die Leute zusammen'. Diese Redewendung bedeutet, dass Gespräche das Potenzial haben, eine gute Beziehung zu anderen Menschen herzustellen, zu fördern oder zu verbessern.

verkennt […], daß sozialwissenschaftliche Empirie vom erhebenden Wissenschaftler immer mit konstituiert und nicht schlichtweg vorgefunden wird (‚Der Beobachter findet sich im Beobachteten'); es verkennt die Möglichkeit einer standpunktfreien Beobachterperspektive und die Tatsache, daß es keine ‚natürliche' Sprache in einem absoluten Sinne gibt, da diese immer situationsbezogen ist (ebd.).

Der erkenntnistheoretischen Perspektive von Hanke (ebd.) zufolge gibt es keine Situationen, in denen keine ‚natürlichen' Interaktionen stattfinden und untersucht werden können. Eine alternative Schlussfolgerung ist, dass es keine Situationen gibt, in denen per se ‚natürliche' Interaktionen gefunden und ausgewertet werden können.

2.3 Das Datensample

In diesem Abschnitt wird die Verfahrensweise beschrieben, mithilfe der ein geeignetes Datensample ermittelt werden konnte. Zusammengefasst besteht das vorliegende Datensample aus 26 Episoden mit jeweils mindestens einer konversationellen Reparatur(sequenz), in denen insgesamt drei L1S-L2S-Gesprächskonstellationen auftreten.

2.3.1 Datenreduktion

Nach dem die Aufnahmen im Feld abgeschlossen waren, galt es, die erhobenen Daten zu sichten bzw. zu sondieren und sich schließlich für einen bestimmten Datenausschnitt zu entscheiden, der im Rahmen der vorliegenden Arbeit untersucht wird. Eine der vielen Möglichkeiten, die sich anbot, um eine solche Entscheidung zu treffen, ist das Kriterium Häufigkeit, an welchem sich die Auswahl geeigneter Datenausschnitte in einem ersten Schritt auch ausrichtete. Mit diesem Schritt wurden alle Gespräche in jenen L1S-L2S-Gesprächskonstellationen, die auf den Aufnahmen am häufigsten vertreten sind, als Teil des Datensamples in Betracht gezogen. Bei den mit Deutsch aufgewachsenen Gewährspersonen, die mit den deutschlernenden Lehrlingen die meisten Gespräche führten, handelt es sich um ADS_1, einem der Ausbilder von LDS, und AK_1 und AK_2, zwei der Ausbilder von LK. Gemäß dieser Feststellung erfolgte die Aufnahme von Personen in das vorliegende Datensample. Insgesamt nahmen etwa 30 Studienteilnehmer:innen am Forschungsprojekt teil.

2.3 Das Datensample

Im nächsten Schritt wurde das Auswahlkriterium Tonqualität herangezogen. Das bedeutet, dass mit diesem Schritt jene Gespräche oder Gesprächsausschnitte zwischen LDS und ADS_1 sowie LK und AK_1 oder AK_2 herausgefiltert wurden, die ggf. trotz Umgebungsgeräuschen ausreichend verständlich sind.

Der dritte und letzte Schritt der Datenreduktion und der damit einhergehenden Bildung des Datensamples war von einem etwa dreijährigen Top-down-bottom-up-Prozess begleitet. Auf eine Kurzform gebracht, denn alle Überlegungen, die im Rahmen dieses Prozesses angestellt wurden, können und müssen hier auch nicht angeführt werden, wurde der Hinweis, dass im Hinblick auf die Selektion von geeigneten Gesprächsausschnitten „[d]er Auswahlprozeß [...] *keine einmalige Prozedur* sein [muß]" (Deppermann 2008: 37 [H. i. O.]) sehr ernst genommen. Das Ergebnis dieses Prozesses, der das vorliegende Datensample charakterisiert, wird im folgenden Abschnitt dargestellt.

2.3.2 Kollektion(sausschnitte)

In Fällen, in denen das Forschungsinteresse davon geprägt ist, „die erschöpfende Erfassung aller Vorkommen eines Phänomens" in Betracht zu ziehen, was sich hier auf L1S-Variation des Deutschen in Gesprächen mit L2S bezieht, empfiehlt es sich mit Deppermann (2008: 37) eine sogenannte Kollektion anzulegen; je eher die sprachlich-interaktionale Oberfläche fokussiert wird, desto als erfolgsversprechender kann sich laut Deppermann (ebd.) eine solche Entscheidung erweisen. Der Begriff der Kollektion kann (hier) synonymisch zum Datensample-Begriff gelesen werden, wenn die Kriterien für die Auswahl der Gewährspersonen außen vor gelassen werden (vgl. ebd.).

Der Ausgangspunkt einer Kollektion ist ein „*prototypischer Fall*" (ebd. [H. i. O.]) – und zwar in induktiver oder möglichst abduktiv reflektierter Hinsicht (vgl. ebd.: 37 f.). Prototypizität als Basis für die Erstellung der vorliegenden Kollektion spielt hier einerseits im Hinblick auf die (sozio-)situative Rahmung im Kommunikationsraum Betrieb – andere soziopragmatische Aspekte sind in dieser Arbeit eher als Teil der Analyseperspektive (s. ab Kapitel 4) zu verstehen – und andererseits im Hinblick auf konversationelle Reparatur(sequenz)en eine Rolle. Letzteres wird später thematisiert. Ersteres basiert auf der Sicht von Fiehler (1993) auf Kooperation im Kommunikationsraum Betrieb, der wie folgt charakterisiert werden kann. Der Kommunikationsraum Betrieb ist insbesondere aus ökonomischen Gründen auf kooperative Gesprächspartner:innen angewiesen. Gleichzeitig ist er aber ein Ort, an dem Gesprächspartner:innen (auch) aus sozialen Gründen kooperieren. Der Kommunikationsraum Betrieb ist ein u. a. ökonomisch angetriebenes soziales (Interaktions-)System, in dem die sprachlich-interaktionalen Aktivitäten der an Interaktionen Beteiligten aufeinander bezogen und voneinander abhängig sind.

Von Kooperation im Kommunikationsraum Betrieb ist mit Fiehler (ebd.: 345) dann zu sprechen, wenn „eine gemeinsame identische Zielsetzung vor[liegt]", die sich nicht auf die an Interaktionen Beteiligten, sondern auf „ein gemeinsames Drittes ‚außerhalb' der Beteiligten bezieht" (ebd. [H. i. O.]). Dieses Dritte steht in beruflichen Situationen wohl meistens und allemal in der vorliegenden Untersuchung in einem Zusammenhang mit Tätigkeitsverrichtungen – sei es im unmittelbaren oder mittelbaren Sinne – und die teleologische Betrachtungsweise des sprachlichen Bezugs darauf kann als die Sicherung eines gemeinsamen kontextbezogenen Wissens- oder Informations(be)stands (s. impliziter Common Ground nach Simon Garrod und Martin Pickering in Abschnitt 4.2.3) beschrieben werden, der sich durch die Vermittlung von Inhalten manifestiert. Im Zusammenhang mit der vorliegenden Untersuchung wirft dies grundsätzliche Fragen dazu auf, ob und/oder inwiefern fach- bzw. berufsbezogene Inhalte von sprachbezogenen Inhalten separiert werden können, denn schließlich lernen LDS und LK über Gespräche mit ihren Ausbildern einen Beruf und Deutsch, wahrscheinlich in einigen Fällen sogar beides gleichzeitig. Ist der Sicherungsprozess von (sprachlichen) Anpassungen v. a. im Sinne von konvergierenden Verhaltensweisen gekennzeichnet, kann von (sprachlicher) Akkommodation (s. Abschnitt 3.5) die Rede sein.

Im Anschluss an Fiehler (1993: z. B. 350 f.) ist im Kommunikationsraum Betrieb in besonderem Maße zwischen *kooperationsbezogener* und *kooperationsbegleitender Interaktion*[6] zu unterscheiden, von Interaktionen mit deutlich privatem Charakter geht Fiehler (1993) in einem solchen Kommunikationsraum nicht aus. Tatsächlich wurde bei der Sichtung der erhobenen Daten festgestellt, dass in den Gesprächen zwischen den Ausbildern und ihrem jeweiligen Lehrling kaum Privates angesprochen wurde. Kooperationsbezogene Interaktion zerfällt in

---

[6] Fiehler (1993: 351) verwendet den Begriff „Kommunikation" anstatt jenen der Interaktion.

2.3 Das Datensample

der vorliegenden Untersuchung Fiehler (ebd.: 350) folgend in die zwei Progressivkonstruktionen „Normalprogression" und „Problemprogression", was wie folgt zu verstehen ist: Entstehen bei der Ausführung von Tätigkeiten keine größeren unerwarteten Schwierigkeiten bzw. ist davon auszugehen, dass Herausforderungen in den Rahmen der beruflichen Alltagsroutine fallen, handelt es sich um eine *kooperationsbezogene Interaktion mit Normalprogression* (vgl. ebd.). Stellt sich jedoch heraus, dass unerwartete bzw. nicht unbedingt zur beruflichen Alltagsroutine zu zählende Schwierigkeiten zu bewältigen sind oder die Auseinandersetzung mit (potenziellen) Fehlern oder Gefahren erforderlich ist, handelt es sich um eine *kooperationsbezogene Interaktion mit Problemprogression* (vgl. ebd.).

Kooperationsbezogene Interaktion mit Normal- oder Problemprogression ist als Interaktion zu verstehen, der professionelle Beweggründe zugrunde liegen. Der Kommunikationsraum Betrieb wird aber nicht nur aus solchen Beweggründen genützt – ergo müssen nicht alle Gesprächsbeiträge, die im Rahmen einer durch Wirtschaftlichkeits- und Effizienzprinzipien bestimmten Kooperation auftreten, auf jene referieren (vgl. ebd.: 351). Interaktion, die eher darauf bezogen ist, zwischenmenschliche Beziehungen zu pflegen als Produktionsprozesse zufriedenstellend zu gestalten, wird in der vorliegenden Untersuchung in Anlehnung an Fiehler (1993: 351) als *kooperationsbegleitende Interaktion* bezeichnet. Sie erfolgt nach Fiehler (ebd.) vorwiegend dann, wenn kooperationsbezogene Interaktion als für nicht notwendig erachtet wird und davon ausgegangen werden kann, dass die Qualität der Verrichtung von Tätigkeiten nicht leidet. So wie es Fiehler (1993: 350 f.) angibt, ist auch in der vorliegenden Untersuchung festzustellen, dass kooperationsbegleitende Interaktion und das (vorübergehende) Einstellen einer Tätigkeit meistens zusammenfallen und es für kooperationsbezogene Interaktion typisch ist, bei fortlaufendem Produktionsprozess – prototypisch während einer Tätigkeitsverrichtung – stattzufinden.

Die Interpretation von Interaktion als *kooperationsbezogen-normalprogressiv*, *kooperationsbezogen-problemprogressiv* und/oder *kooperationsbegleitend* ist nicht unproblematisch. Erstens ist es für Outsider oftmals schwierig, zu beurteilen, ob etwas noch in den Rahmen von beruflicher Alltagsroutine fällt oder doch nicht mehr. Im Zweifelsfall wird in der vorliegenden Untersuchung eine Normalprogression angenommen. Zweitens kann eine Episode zunächst durch Normalprogression gekennzeichnet sein und eine Problembehandlung erst im späteren Episodenverlauf als progressives Interaktionsverlaufssegment auftauchen.

Selbstverständlich kann sich eine Problemprogression in einer Episode auch auflösen und so in ein und derselben Episode ein Übergang in ein normalprogressives Interaktionsverlaufssegment festgestellt werden. In der vorliegenden Arbeit können beide Fälle gefunden werden. Drittens muss auch kooperationsbegleitende Interaktion nicht eine ganze Episode ausfüllen, ihr kann kooperationsbezogene Interaktion vorangehen oder folgen. Auch solche Fälle treten in dieser Untersuchung auf. Spätestens an dieser Stelle stellt sich die Frage, wie (die Begriffe) Interaktion und Episode zueinanderstehen. Luhmann (1991: 553) wendet sich dieser Frage zu, indem er den Zeitaspekt in seiner allumfassendsten Form ins Spiel bringt und meint:

> Interaktionen sind Episoden des Gesellschaftsvollzugs. Sie sind nur möglich auf Grund der Gewißheit, daß gesellschaftliche Kommunikation schon vor dem Beginn der Episode abgelaufen ist, so daß man Ablagerungen vorangegangener Kommunikation voraussetzen kann; und sie sind nur möglich, weil man weiß, daß [...] gesellschaftliche Kommunikation auch nach Beendigung der Episode noch möglich sein wird (ebd.).

Ein solches konstruktivistisches Verständnis von Interaktionen und Episoden kommt dem in Abschnitt 2.1 vorgestellten Datenauswertungs- oder Analyseprinzip Im-Kontext-von-Sequenzialität und dem von Harvey Sacks aufgestellten Leitsatz „order at all points" entgegen, der besagt, dass „kein Element von vornherein als zufällig oder unwichtig auszuschließen" (Deppermann 2008: 40) ist. Ähnlich wie Deppermann (ebd.), allerdings etwas pointierter beschreiben Kleemann / Krähnke / Matuschek (2013: 40) diesen Leitsatz als die Einbindung dessen, „dass jede sprachliche Aktivität sinnhaft Bezug auf die vorgängige(n) Äußerung(en) nimmt und dass sie sprachliche Anschlussaktivitäten eröffnet".

In der vorliegenden Untersuchung ist ähnlich wie bei Luhmann (1991: 553) unter einer Episode ein Zwischenspiel zwischenmenschlicher Kommunikation an sich zu verstehen und sie ist somit eine zeitlich eingeschränkte Einheit des Thematisierens von etwas (Drittem). Kooperationsbezogene und kooperationsbegleitende Interaktionen können Segmente einer Episode sein bzw. deren Interaktionsverlauf darstellen. Dieser Sichtweise wurde bereits mit der Verwendung des Begriffs des Interaktionsverlaufssegments Rechnung getragen. Die von Individuen verinnerlichte(n) (Gesellschafts-)Konvention(en) zum Miteinandersprechen, die Luhmann (ebd.) offensichtlich damit anspricht, wenn er meint, dass Interaktionen oder Episoden sich auf einen „Gesellschaftsvollzug" beziehen, wird(werden) ab Abschnitt 4.1.2 vor dem Hintergrund des Begriffs der Indexikalität in Bezug auf L1S-Sprachgebrauch im Gespräch mit L2S behandelt.

2.3 Das Datensample

Die oben angeführten Schwierigkeiten im Hinblick auf die Unterscheidung von kooperationsbezogenen und kooperationsbegleitenden Interaktionsverlaufssegmenten führen zum zweiten Prototypizitätsaspekt, der bei der Erstellung der vorliegenden Kollektion relevant ist. Er bezieht sich auf das, worauf bereits durch Begriffe wie Korrektur und Überarbeitung Bezug genommen wurde, nämlich konversationelle Reparatur(sequenz)en, die in der vorliegenden Untersuchung auch als *episodenzentral* bezeichnet werden und worauf Unterscheidungen im Hinblick auf *kooperationsbezogen* und *kooperationsbegleitend* tatsächlich beruhen; dazu folgen etwas weiter unten nähere Auskünfte.

Konversationelle Reparatur(sequenz)en werden in Abschnitt 4.2 eingehend diskutiert. An dieser Stelle sei hauptsächlich darauf aufmerksam gemacht, dass ihre Prototypizität u. a. mit (unmittelbar lexikalischer, semantischer, phonetisch-phonologischer, suprasegmentaler oder morphosyntaktischer) Alternativität im Interaktionsverlauf in Verbindung zu bringen ist, die von einem Gesprächspartner (hier LDS oder LK) bzw. einer Gesprächspartnerin eingefordert wird (betrifft *Reparatursequenzen mit explizit-dialogischem Aushandlungsprozess* bzw. RSmedA, s. Tabelle 2.4, 2.5, 2.9 & 2.10 im vorliegenden Abschnitt, aber auch Abschnitt 4.2.1) oder auf der Eigeninitiative eines Sprechers (hier ADS_1, AK_1 und AK_2) oder einer Sprecherin basiert (betrifft *Reparatursequenzen ohne explizit-dialogischen Aushandlungsprozess* bzw. RSoedA, s. Tabelle 2.1, 2.2, 2.3, 2.6, 2.7 & 2.8, im vorliegenden Abschnitt, aber auch Abschnitt 4.2.1). Dass in Untersuchungen, in denen Modifikation und Stabilisierung auf der sprachlich-interaktionalen Oberfläche bedeutend sind, konversationelle Reparatur(sequenz)en von Interesse sind, ist sicherlich naheliegend. In dieser Arbeit galt das Vorkommen solcher als Bedingung, eine Episode in das Datensample aufzunehmen. Auf den Interpretationsspielraum, der der Identifizierung konversationeller Reparatur(sequenz)en zugrunde liegt, wird etwas weiter unten und immer wieder auch in Abschnitt 4.2. Bezug genommen. Selbstverständlich spielen im Zusammenhang mit konversationellen Reparatur(sequenz)en neben dem Aspekt der (unmittelbaren) Alternativität auch diverse soziopragmatische Aspekte eine Rolle, wovon die meisten in Abschnitt 4.2 ausführlich diskutiert werden. Im vorliegenden Abschnitt wird Soziopragmatik nur vor dem Hintergrund berufsweltbezogener Situationen thematisiert, und dies im Hinblick auf Machbarkeitsüberlegungen zur auf Fiehler (1993: 350 f.) basierenden Unterscheidung zwischen kooperationsbezogener Interaktion mit Normalprogression, kooperationsbezogener Interaktion mit Problemprogression und kooperationsbegleitender Interaktion. Im Folgenden werden solche Überlegungen und eine Abwägung im Hinblick auf die Prototypizität von konversationellen Reparatur(sequenz)en zusammengeführt.

Auf die Prototypizität oder das Idealbild der drei besagten Interaktionsverlaufssegmentstypen und damit verbundene Schwierigkeiten, Episoden entsprechend zu gliedern, wurde oben im Zusammenhang mit der vorliegenden Untersuchung bereits eingegangen. Nichtsdestotrotz treten vor dem Hintergrund eines induktiven bzw. möglichst abduktiv reflektierten Blicks auf die hier relevanten Gesprächsdaten (= Datenbasis und tatsächliches Datensample) Fälle auf, die als prototypisch interpretiert werden können, womit im Sinne von Deppermann (2008: 37 f.) berücksichtigt ist, dass am Anfang der Erstellung einer Kollektion Überlegungen im Hinblick auf gesprächsdatenbezogene Prototypizität anzustellen sind. Tatsächlich sind solche bereits hinreichend vorhanden, wenn Fiehlers (1993: 346 f.) Hinweise auf den idealtypischen Konstruktionscharakter seiner eigenen Einordnungsversuche ernstgenommen werden, die schließlich auch einem induktiven bzw. möglichst abduktiv reflektierten Blick auf Gesprächsdaten im Kommunikationsraum Betrieb zu verdanken sind. Zumindest einigermaßen gute Beispiele in der vorliegenden Untersuchung für mehr oder weniger prototypische Fälle im Hinblick auf Fiehlers (ebd.: 346–351) Idealkonstruktion sind die Episoden T6_DS und T1_K beziehentlich kooperationsbezogener Interaktion mit Normalprogression, T16_DS und T6_K hinsichtlich kooperationsbezogener Interaktion mit Problemprogression und T9_DS und T10_K in Bezug auf kooperationsbegleitende Interaktion. Je weniger der Blick auf Episoden und mehr auf deren (Interaktionsverlaufs-)Segmente ausgerichtet ist, desto mehr und besser können Fälle als prototypisch bezeichnet werden. Als Beispiel dafür, dass eine Episode sich aus einer Kombination besagter Interaktionsverlaufssegmente zusammensetzen kann, sei die Episode T2_K genannt, die bis vor Z. 055 allemal Interaktion beinhaltet, die im Gastronomiebereich zwischen einem Ausbildenden und einem Auszubildenden erwartet bzw. zur beruflichen Alltagsroutine gezählt werden kann, weshalb es plausibel ist, sie bis dorthin als normalprogressiv zu bezeichnen, und in der mit Z. 055 eine Situation eintritt, die eine nicht unbedingt zu erwartende Auseinandersetzung mit einem Fehler

2.3 Das Datensample

oder Irrtum erfordert, der zu einem Problem führen könnte, womit das Einsetzen eines problemprogressiven Segments thematisierungswürdig wird. Begreift man T1_DS bis T3_DS als eine episodische Einheit, was aufgrund ihrer zeitlichen Nähe zueinander gemacht werden könnte, wovon jedoch aufgrund der verschiedenen Themen, die in diesen Episoden zum Tragen kommen, abgesehen wurde, könnte ebenso beobachtet werden, dass sich normalprogressive und problemprogressive Interaktionsverlaufssegmente ‚die Hand im Kreis' reichen. Außerdem können auch manche Verläufe in Episoden so interpretiert werden, dass eine kooperationsbegleitende Interaktion einer kooperationsbezogenen folgt (oder umgekehrt), so kann z. B. in T9_DS der Gesprächsbeitrag und den geSCHNITten↑En (Z. 129) als kooperationsbezogene Aufforderung verstanden werden, einen geschnittenen Ziegel zu reichen, und der daran anschließende Gesprächsausschnitt (= Z. 130–Z. 166), in dem es um sprachliche Variation im Hinblick auf 'einen geschnittenen Ziegel' geht, als kooperationsbegleitend. Es ist wohl generell von einem Normalprogression-Problemprogression-Kontinuum auszugehen.

Nun ist Prototypizität im Hinblick auf konversationelle Reparatur(sequenz)en auch problematisch, denn unter den Begriff der konversationellen Reparatur fallen alle möglichen Formen des Wiederaufgreifens von bereits Geäußertem (s. Abschnitt 4.2). Prototypische Fälle konversationeller Reparatur(sequenz)en fallen in der vorliegenden Untersuchung u. a. mit unmittelbarer Alternativität zusammen – solche Fälle treten hier oft auf –, und je weniger unmittelbar Alternativität auf der sprachlich-interaktionalen Oberfläche ist, desto weniger prototypisch ist sie oder wird sie wohl als eine solche Sequenz in Betracht gezogen. Als Beispiel dafür, dass das, was überarbeitet wird (= Reparandum) und das, was die Überarbeitung darstellt (= Reparans), weit auseinander liegen können, kann wieder T2_K herangezogen werden. Allein der Hinweis darauf, dass in dieser Episode ein Reparandum in Z. 039 und ein Reparans in Z. 055 verortet wird, genügt, um zu erkennen, dass es sich hier kaum um unmittelbare Alternativität handeln kann. Allerdings – und das ist der springende Punkt – geht aus braden TOPF (Z. 039) vs. BREIteren (Z. 055) sehr wohl Aufeinanderbezogenheit hervor, die als lexikalische Alternativität bezeichnet und selbstverständlich nur vor dem Hintergrund eines ganzheitlicheren, aber auch sequenziellen Blicks auf T2_K festgestellt werden kann.

Es ist also auch im Hinblick auf konversationelle Reparatur(sequenz)en von Prototypizität ausgegangen worden, um eine Kollektion zu erstellen – ganz so, wie in Deppermann (2008: 37 f.) gefordert. Weitere Aspekte der Prototypizität von konversationellen Reparatur(sequenz)en werden in Abschnitt 4.2.1 u. a. im Anschluss an Schegloff / Jefferson / Sacks (1977) – das ist jene Arbeit, auf die der Reparatur-Begriff vornehmlich zurückgeführt wird – behandelt. Deppermann (ebd., 37 f., 52) sowie auch Fiehler (1993: z. B. 346–351) oder Schegloff / Jefferson / Sacks (1977: z. B. 361–364, 380 f.) sind sich durchaus dessen bewusst, dass Idealtypizität changiert zwischen einem Pol, der, wenn überhaupt, nur von an Interaktionen Beteiligten berücksichtigt werden kann, und einem Pol, auf den von an Interaktionen (sprachwissenschaftlich) Interessierten bestanden werden kann, um eigene Typenbildung absolut zu setzen. Eine zumindest ähnliche Sicht auf die Dinge wird hier auch im Hinblick auf Dialekt und Standardsprache vertreten, sie wird in Kapitel 3 ausführlicher beschrieben.

Doch nun tatsächlich zum Ineinandergreifen der beiden auf Überlegungen zur Prototypizität basierenden Aspekte, die das vorliegende Datensample vollends charakterisieren, nämlich zur Beschreibung der vorliegenden Kollektion und dessen, was Kollektionsausschnitte genannt wird. Die erstellte Kollektion ist eine Sammlung von Episoden, in denen zumindest jeweils eine konversationelle Reparatur(sequenz) identifiziert werden konnte, die mit dem Erkennen einer (unmittelbaren) Alternativität auf einer der linguistischen Beschreibungsebenen in Verbindung gebracht wurde. Das heißt, dass jede Episode entweder einer konversationellen Reparatur(sequenz) entspricht oder durch eine solche gehighlightet ist. Letzterem ist es v. a. geschuldet, dass konversationelle Reparatur(sequenz)en hier auch als episodenzentrale Gesprächsausschnitte bezeichnet werden. Die Kollektion entspricht den Transkripten der Episoden, die im elektronischen Zusatzmaterial zu finden sind.

Der Begriff des Kollektionsausschnitts ist v. a. in Kapitel 5 relevant und bezieht sich auf eine Sammlung von konversationellen Reparatur(sequenz)en, die als kooperationsbezogen-normalprogressiv, kooperationsbezogen-problemprogressiv oder kooperationsbegleitend gekennzeichnet werden können, und Gesprächsausschnitte, die als Vor- oder Nachlauf einer konversationellen Reparatur(sequenz) interpretiert wurden. Weitere (zum Teil kritische) Überlegungen zur Vorlauf-Reparatur(sequenz)-Nachlauf-Konzeption sind in Abschnitt 4.2. (v. a. in Abschnitt 4.2.4) zu finden, doch grundlegend handelt es sich hierbei

2.3 Das Datensample

um Gesprächsausschnitte, die eine Episode erst vervollständigen, weshalb sie in Bezug auf konversationelle Reparatur(sequenz)en alias episodenzentrale Gesprächsausschnitte als episodeneinleitend oder episodenfinal zu verstehen sind. Der Interaktionsverlaufssegmentstyp eines episodenzentralen Gesprächsausschnitts einer Episode und jener eines dazugehörigen episodeneinleitenden oder episodenfinalen Gesprächsausschnitts sind nicht immer, aber meistens identisch. Außerdem ist nicht auszuschließen, dass der Vorlauf oder Nachlauf der einen konversationellen Reparatur(sequenz) auch der Vorlauf oder Nachlauf einer anderen ist oder selbst einer konversationellen Reparatur(sequenz) entspricht. Es gibt auch Fälle, in denen sich konversationelle Reparatur(sequenz)en Gesprächsbeiträge teilen, da sie aufeinander bezogen sind.

Die folgenden Tabellen 2.1 bis 2.10 geben einen Überblick über die konversationellen Reparatur(sequenz)en bzw. episodenzentralen Gesprächsausschnitte vom Typ RSoedA und RSmedA.

Tabelle 2.1 Kooperationsbezogen-normalprogressive episodenzentrale Gesprächsausschnitte vom Typ RSoedA in Fall 1

Episoden-Code	Reparatursequenz-Code	Gesprächsausschnitt		
T3_DS	RSoedA_DS_3	055	ADS_1:	des LOSS_ma;=
		056		=das LASS_ma im Auto.
T5_DS	RSoedA_DS_5	159	LDS:	SCHWIErer.=
		160	ADS_1:	=SCHWERer?
		161		(.)
		162	LDS:	mhm.
T6_DS	RSoedA_DS_6	080	ADS_1:	!WART_ST! aMOI.
		081		(1.4)
		082	ADS_1:	jetz wirst du einmal WARten mÜssen.
T7_DS	RSoedA_DS_7	013	ADS_1:	dass DAS nicht mehr Unten geht.
		014		(-)
		015	ADS_1:	nach UNten.
		016		(.)
		017	ADS_1:	jo?
		018		(.)
		019	LDS:	mhm <<p> ja>.
		020		(-)
		021	ADS_1:	verSTEHST du mich?
		022		(.)
		023	LDS:	ja.
T11_DS	RSoedA_DS_14	013	ADS_1:	i glaub dass_ma do dann ANdere-
		014		(---)
		015	ADS_1:	gleich eine ANdere schelle mAchen.=
		016		=ah des is Eher SONST;
T13_DS	RSoedA_DS_16	109	LDS:	=EINmal.=
		110	ADS_1:	=Einmal noch SIcher.
T13_DS	RSoedA_DS_17	110	ADS_1:	=Einmal noch SIcher.
		111		(---)
		112	ADS_1:	ah mach ZWEImal.=
		113		=wei is eGAL wenn_s a bissl wEiter-

Tabelle 2.2 Kooperationsbezogen-problemprogressive episodenzentrale Gesprächsausschnitte vom Typ RSoedA in Fall 1

Episoden-Code	Reparatursequenz-Code	Gesprächsausschnitt	
T1_DS	RSoedA_DS_1	029 ADS_1: 030	kommt wieder dieser MANN mit dieser-= =wEisst du mit diese wEisse HELM.
T2_DS	RSoedA_DS_2	041 042 043	=host du SELber? (.) hast du deinen koffer SÖLber?=
T4_DS	RSoedA_DS_4	029 ADS_1: 030 031 LDS: 032 033 ADS_1: 034 035 LDS:	HAST du mich? (-) mhm. (-) verSTAN:dEn? (.) <<f> ja>.
T8_DS	RSoedA_DS_8	045 ADS_1:	=do kommt eine schni schneenAse glaub_i NET.
T8_DS	RSoedA_DS_9	047 LDS: 048 ADS_1:	[NOCH nicht.] [und JETZT] kommt noch !NICHT! die schneenase.
T12_DS	RSoedA_DS_15	051 ADS_1: 052 053 ADS_1:	<<creaky> i schraub_s amol a bissl Ö>. h° (1.2) ich MACH_s mAl a bissl fEst.
T14_DS	RSoedA_DS_18	007 ADS_1: 008	na: i HOB.= =das HAB ich:-
T14_DS	RSoedA_DS_19	012 LDS: 013 014 ADS_1:	verGESsen. (.) VERgEssen und verschwitzt.
T15_DS	RSoedA_DS_20	016 LDS: 017 018 ADS_1:	WAAGENseit passt net. (-) <<creaky pp> a gEh bi_st a BRUNzer>.
T15_DS	RSoedA_DS_21	018 ADS_1: 019 020 ADS_1: 021 022 LDS: 023 024 LDS: 025 026 ADS_1:	<<creaky pp> a gEh bi_st a BRUNzer>. (1.4) Ach sunscht passt ALles:. (.) mhm. (-) EINmal. (.) <<len> BRAUCH_ST keine !ANGST! hAben>.
T15_DS	RSoedA_DS_22	026 ADS_1: 027 028 ADS_1: 029 030 LDS: 031 032 ADS_1:	<<len> BRAUCH_ST keine !ANGST! hAben>. (---) WEISST du? (.) <<creaky> ja>. (1.4) das ist BESser wenn du kEine angst hast.

2.3 Das Datensample

Tabelle 2.3 Kooperationsbegleitende episodenzentrale Gesprächsausschnitte vom Typ RSoedA in Fall 1

Episoden-Code	Reparatursequenz-Code	Gesprächsausschnitt
T9_DS	RSoedA_DS_10	131 ADS_1: GSCHNEna das is in(_n) (.) in(_n)- 132 (--) 133 ADS_1: wenn ich SAg¡E a GESCH a GSCHNEnA. 134 (-) 135 LDS: aha, 136 (.) 137 ADS_1: WEISST du.= 138 =dAs is diaLEKT.
T9_DS	RSoedA_DS_11	133 ADS_1: wenn ich SAg¡E a GESCH a GSCHNEnA.
T9_DS	RSoedA_DS_12	142 ADS_1: geSCHNITtenen; 143 (-) 144 ADS_1: sag ICH- 145 (-) 146 ADS_1: an GSCHNEna. 147 (.) 148 LDS: <<pp> GSCHNEda>.=ha ha.
T10_DS	RSoedA_DS_13	010 ADS_1: ja da DES DES wird-= 011 =DAS is schwieriger für di.= 012 =[goi?] 013 LDS: [mhm.]

Tabelle 2.4 Kooperationsbezogen-problemprogressiver episodenzentraler Gesprächsausschnitt vom Typ RSmedA in Fall 1

Episoden-Code	Reparatursequenz-Code	Gesprächsausschnitt
T16_DS	RSmedA_DS_3	066 ADS_1: SAUFT sowiesO; 067 (---) 068 LDS: ha ha. 069 (1.7) 070 LDS: WAS sagst du? 071 (2.5) 072 ADS_1: na des is DO-= 073 =WEIL was ist;= 074 =die letzte LATte; 075 (--) 076 ADS_1: die is so HOCH; 077 (1.5) 078 ADS_1: <<cresc> do muss ma ANders mAchen>. 079 (1.5) 080 ADS_1: sunst geht das GAR nicht;

Tabelle 2.5 Kooperationsbegleitende episodenzentrale Gesprächsausschnitte vom Typ RSmedA in Fall 1

Episoden-Code	Reparatursequenz-Code	Gesprächsausschnitt		
T9_DS	RSmedA_DS_1	140	LDS:	geSCHNITtene?
		141		(-)
		142	ADS_1:	geSCHNITtenen;
T9_DS	RSmedA_DS_2	156	LDS:	GSCHNEda;=oder?
		157		(.)
		158	ADS_1:	GSCHNE↑nA.
		159		(.)
		160	LDS:	<<p> GSCHNEna>.
		161		(1.8)
		162	LDS:	GSCHNEna bIsschen schwierigkeit.

Tabelle 2.6 Kooperationsbezogen-normalprogressive episodenzentrale Gesprächsausschnitte vom Typ RSoedA in Fall 2

Episoden-Code	Reparatursequenz-Code	Gesprächsausschnitt		
T1_K	RSoedA_K_1	025	AK_1:	gIb gIbst du GLEICH-
T2_K	RSoedA_K_2	038	AK_1:	so an TOPF.=
		039		=<<all> woas_st eh so an braden TOPF>.
		040		(.)
		041	LK:	ja.
T3_K	RSoedA_K_4	052	AK_1:	KONN_ST von unt;=
		053		=vA unt KAnIster-
T7_K	RSoedA_K_11	053	AK_2:	konrad weiss WAS;
		054		(---)
		055	AK_2:	<<all> wos_ma MOchen damit>.
T8_K	RSoedA_K_12	013	AK_2:	des HEISST;
		014		(.)
		015	AK_2:	einmal GELbe;
		016		(.)
		017	LK:	ja.
		018		(.)
		019	AK_2:	<<all> oiso des is> tOpfen zItrone maRILle.
		020		(.)
		021	LK:	ja.
T8_K	RSoedA_K_13	023	AK_2:	ZEIG ich dir heute auch.=ah-
		024		(.)
		025	AK_2:	erKLÄR ich dir heute <<all> auch wie das gEht>.

2.3 Das Datensample

Tabelle 2.7 Kooperationsbezogen-problemprogressive episodenzentrale Gesprächsausschnitte vom Typ RSoedA in Fall 2

Episoden-Code	Reparatursequenz-Code	Gesprächsausschnitt	
T2_K	RSoedA_K_3	039 AK_1: 040 041 LK: 042 043 AK_1: 044 045 LK: 046 047 AK_1: 048 049 LK: 050 051 LK: 052 053 AK_1: 054 055 AK_1:	<<all> woas_st eh so an braden TOPF>. (.) ja. (.) eh do wia_s do HINT han. (.) ja. (-) STÖ_ST_n amoi do hEr. (-) jo. (51.0) (xxx xxx xxx xxx) SCHNEIden? (-) jo hoiBIERen tuat_s_es. (5.4) a so da brAuch_ma an BREIteren.
T6_K	RSoedA_K_9	067 AK_2: 068 069 AK_2:	<<all> vielleicht reds eich ihr donn mOrgen non nuamoi ZOM mit_n>- (--) mit_n TOM.
T6_K	RSoedA_K_10	074 AK_2: 075 LK: 076 077 AK_2: 078 LK:	[MORgen.] [morgen] JA. (.) MOR¡gEn.= =ja.

Tabelle 2.8 Kooperationsbegleitende episodenzentrale Gesprächsausschnitte vom Typ RSoedA in Fall 2

Episoden-Code	Reparatursequenz-Code	Gesprächsausschnitt	
T4_K	RSoedA_K_5	015 LK: [...] 023 AK_1:	<<pp> ah (.) das KENN ich nicht>. KOIsprossen.
T4_K	RSoedA_K_6	023 AK_1: 024 025 LK: 026 027 AK_1: 028 029 LK: 030 031 LK: 032 033 LK: 034 AK_1:	KOIsprossen. (1.6) a:a. (--) n_DEITSCHlond song_s rOsenkohl dazua. (.) ja geNAU. (.) ROsenkohl hab ich; (-) des DES in der schUle gelörnt. <<schmunzelnd> jo:>.
T5_K	RSoedA_K_7	031 AK_1: 032 LK: 033 AK_1: 034 LK:	=ich hab mich NICHT [ba]- [nur] KLEIN.= =<<all> i hob_s [net amoi mitkria]gt wia de GFÜMT hom>. [a SO::-]
T5_K	RSoedA_K_8	038 AK_1: 039 040 AK_1:	<<all> WEI durts hot(_)a>; (.) <<all> hot_s jo gHOASsen>-
T10_K	RSoedA_K_14	104 LK: 105 AK_1: 106 LK:	ja: auf DECK.= =DACH ja.= =jo.

Tabelle 2.9 Kooperationsbezogen-problemprogressiver episodenzentraler Gesprächsausschnitt vom Typ RSmedA in Fall 2

Episoden-Code	Reparatursequenz-Code	Gesprächsausschnitt
T9_K	RSmedA_K_1	048 AK_1: einfoch amoi in brEsel WÖzen. 049 (3.6) 050 LK: soll ich DA [drauf]? 051 AK_1: [((hustet))] 052 (17.5) 053 LK: O:der, 054 (2.6) 055 LK: KANN man irgendwos,= 056 =äh BISsal- 057 (-) 058 LK: ÖLfäss oder oder Einfach; 059 (-) 060 LK: EINstellt,= 061 AK_1: =na WEIL- 062 (.) 063 AK_1: <<all> du nimmst nur:> BRÖ↑sEl-= 064 =einfoch in brÖsel WÄLzen; 065 (-) 066 LK: mhm.

Tabelle 2.10 Kooperationsbegleitender episodenzentraler Gesprächsausschnitt vom Typ RSmedA in Fall 2

Episoden-Code	Reparatursequenz-Code	Gesprächsausschnitt
T10_K	RSmedA_K_2	087 AK_1: häst/hä_st/_/da du so DOCHdecker vorstön kinna? 088 (--) 089 LK: bitte WAS?= 090 AK_1: =DACHdEcker. 091 (-) 092 AK_1: hättest duir AUCH sowas- 093 (--) 094 AK_1: vOrSTEL↑lEn können zu ARbei↑tEn?

Dass keine konversationelle Reparatur(sequenz) vom Typ RSmedA als kooperationsbezogen mit Normalprogression identifiziert werden konnte, muss nicht unbedingt damit zusammenhängen, dass erst ein dialogischer Aushandlungsprozess eintritt, wenn es Probleme oder Gefahren gibt bzw. sie zu entstehen drohen. Das Auftreten von RSmedA hat offensichtlich schlicht damit zu tun, dass den Lehrlingen ein Inhalt – ob auf Sprache oder das Fach bzw. den Beruf bezogen, ist nicht unbedingt eindeutig festzustellen – unklar ist und sie deshalb nachfragen (vgl. hierzu a. Abschnitt 4.2.3). Das Nachfragen an sich kann allerdings damit zusammenhängen, dass die Lehrlinge erkennen, dass ihr Ausbilder vor besonderen Herausforderungen steht, womöglich signalisiert das Nachfragen auch Interesse an denselben. Dass RSmedA nicht nur mit einer Problematik einhergehen, geht auch daraus hervor, dass solche auch im kooperationsbegleitenden sozio-situativen Kontext auftauchen. Konversationelle Reparatur(sequenz)en vom Typ RSoedA treten bei jedem Interaktionsverlaufssegmentstyp auf.

2.3.3 Die Gewährspersonen

Dieser Abschnitt enthält personenbezogene Daten der Ausbilder ADS_1, AK_1 und AK_2 und der Lehrlinge LDS und LK sowie allgemeine Beobachtungen zum Deutschgebrauch dieser fünf Gewährspersonen. Um den Deutschgebrauch der Ausbilder zu thematisieren, werden einerseits Ausschnitte von Gesprächen exemplarisch herangezogen, in denen sie in Hörweite der Lehrlinge mit anderen in Oberösterreich aufgewachsenen Arbeitskollegen sprechen, und wird andererseits das vorliegende Datensample berücksichtigt. Obwohl in der vorliegenden Untersuchung der Deutschgebrauch der Ausbilder im Vordergrund steht, der als Input für die deutschlernenden Lehrlinge interpretiert wird, wird auch in Form eines kurzen Überblicks auf den Deutschgebrauch der Lehrlinge eingegangen. Dieser Überblick basiert auf dem vorliegenden Datensample.

Zum Zeitpunkt der Erhebung waren beide Lehrlinge seit etwas mehr als drei Jahren in Österreich, Mitte 20 Jahre alt und unmittelbar vor dem Übertritt in das dritte Lehrjahr. LDS besuchte ein Jahr lang eine Koranschule. Die höchste abgeschlossene Schulbildung von LK entspricht nach eigenen Angaben einem Mittelschulabschluss. LDS war aus Afghanistan und LK aus Syrien nach Österreich gekommen. Als Erstsprache gab LDS Paschtu und als weitere Sprachen Farsi/Dari und Deutsch an. LK nannte als Erstsprache Kurdisch und als weitere ihm zur Verfügung stehende Sprachen Arabisch und Deutsch. Im Deutschgebrauch beider Lehrlinge ist vornehmlich standardnahe Variation, jedoch vereinzelt auch eine Zuwendung zum Dialektpol zu erkennen. Zusammenfassend lässt sich festhalten, dass LK sich häufiger dem Dialektpol zuwendet als LDS, was sowohl die lexikalische als auch die phonetisch-phonologische Beschreibungsebene betrifft. Nähere Details zum Deutschgebrauch der beiden Lehrlinge sind Abschnitt 3.5 zu entnehmen. Eine das Interaktionsverhalten der Lehrlinge betreffende Auffälligkeit im vorliegenden Datensample ist, dass sie ihre Gesprächsbeiträge vielfach sehr knapp und oft gar einsilbig gestalten.

ADS_1 ist zum Zeitpunkt der Erhebung 50 Jahre alt. Er verbrachte sein gesamtes bisheriges Leben hauptsächlich in dem Dorf, in dem er als Dachdecker und Spengler arbeitet – er und seine Eltern sind sogar in diesem Ort geboren. Sein höchster Schulabschluss ist der Berufsschulabschluss. ADS_1 gibt an, neben Deutsch auch ein bisschen Englisch zu sprechen.

Das folgende Transkript T0_DS zeigt einen Ausschnitt eines Gesprächs zwischen ADS_1 und einem anderen Ausbilder, der in der vorliegenden Untersuchung ansonsten keine Rolle spielt und als ADS_X bezeichnet wird. ADS_X ist in dem gleichen Alter, in demselben Ort geboren und aufgewachsen wie auch in der gleichen betrieblichen Position wie ADS_1. Worum es in diesem Gesprächsausschnitt im Konkreten geht, der frühmorgens auf dem Betriebsgelände beiläufig aufgenommen wurde, ist nicht festzustellen und wird auch nicht als wesentlich erachtet, um einen Eindruck zum Deutschgebrauch von ADS_1 im Gespräch mit in Oberösterreich aufgewachsenen Arbeitskolleg:innen zu vermitteln.

T0_DS: EIN GESPRÄCH ZWISCHEN ADS_1 UND ADS_X.

T0_DS = Ausschnitt (00:11.0–00:27.0, Sprecher: ADS_1, ADS_X) aus Quellaufnahme DS_00004 (Gesamtlänge: 09:56.0, Datum: 10.09.2018, Quellaufnahmebeginn: 07:34 Uhr, Ort: Betriebsgelände).

((ADS_1 und ADS_X unterhalten sich auf dem offenen Betriebsgelände über etwas, was offensichtlich ihre Arbeit betrifft.))

```
001 ADS_1:    und DONN hot_a mi õgruafen-=
001           und dann hat er mich angerufen
002           =i WOASS net uma zEhni oder wonn-
002           ich weiß nicht um zehn oder wann
003           (.)
004 ADS_1:    dass de: OFFan a do gleng han.
004           dass die offen/offenen auch da gelegen sind
005           (-)
006 ADS_1:    i hob des oafoch dazua POCKT bei (xxx xxx).
006           ich habe das einfach dazu gepackt bei (xxx xxx)
007           (.)
008 ADS_X:    jo jo WOASS_i eh.=
008           ja ja weiß ich eh
009 ADS_1:    =ho_i de oafoch AUFgschni:den;=
009           habe ich die einfach aufgeschnitten
010           =und ho DE glei gnumma für de fIrma.
010           und habe die gleich genommen für die firma
011           (-)
012 ADS_X:    jo jo i WOASS eh (xxx xxx xxx xxx).=
012           ja ja ich weiß eh (xxx xxx xxx xxx)
013 ADS_1:    =der hot do vier unterWEGS-
013           der hat da vier unterwegs
014           (.)
015 ADS_1:    WORT a weng rafi-=
015           wart ein wenig rafi
016           =ich HELF dir gleich;
```

Auch ohne bei der Phänomenlage auf der sprachlich-interaktionalen Oberfläche ins Detail zu gehen, lässt sich anhand von T0_DS mit Sicherheit feststellen,

2.3 Das Datensample

dass ADS_1 ein routinierter Sprecher des (Mittel-)Bairischen ist. Im Konkreten ist diese Routine besonders gut vor dem Hintergrund dessen zu erkennen, was hier als *lautliche Variation* bezeichnet wird. Dieser Begriff umfasst grundsätzlich alle phonetisch-phonologischen, aber auch suprasegmentalen Aspekte sowie (morpho-)syntaktische Gesichtspunkte im Hinblick auf diverse vollausgeprägte und reduzierte Formen. In seiner extremen Auslegung betrifft er alles auf der sprachlich-interaktionalen Oberfläche – also auch lexikalische und semantische Aspekte. Dieser Begriff ist in dieser Hinsicht als ein Hilfsmittel dafür zu verstehen, das Zusammenfließen der linguistischen Beschreibungsebenen auf der sprachlich-interaktionalen Oberfläche zu benennen. *Lautliche Variation* wird in Kapitel 4 (insbesondere in Abschnitt 4.2.2) in einem semiotischen Diskussionszusammenhang aufgegriffen.

Auf eine Kurzform gebracht, ist in puncto Sprachgebrauch von AK_1 in T0_DS zu konstatieren, dass erstens dort, wo sich die (mittel-)bairische Lautstruktur (betrifft hier Vokale und Konsonanten und Suffixformen bzw. Klitisierungen) von einer standardkonformen oder standardnahen abheben kann, auch die (mittel-)bairische Lautstruktur zum Tragen kommt, und zweitens in suprasegmentaler Hinsicht nichts Außergewöhnliches auftritt, wie aus dem unauffälligen Hervorhebungsverhalten (= nicht mehr als zwei Akzente je TKE und keine auffällige Tonhöhenbewegungen) und der flüssigen und sicheren Sprechweise hervorgeht. Geht man mit Gebhard (2012: 111 f.) davon aus, dass Deutschsprecher:innen durchschnittlich etwa vier bis fünf Silben je Sekunde realisieren,[7] ist ADS_1 Silbengebrauch pro Sekunde in T0_DS als überdurchschnittlich zu bewerten. Das beste Beispiel dafür ist gleich zu Beginn von T0_DS zu finden. Sein Gesprächsbeitrag und DONN hot_a mi ögruafen (Z. 001) dauert ziemlich genau eine Sekunde und in dieser realisiert er acht Silben. Ein so hohes Gesprächstempo ist im Gespräch mit seinem Lehrling allerdings nicht die Regel und dennoch kann es sein, dass ähnliches erreicht wird. Zwischen Z. 001 und Z. 015 ist kaum etwas zu erkennen, was für eine Bewegung in Richtung Standardpol sprechen könnte, denn jene Elemente (oder Segmente), die als standardsprachlich identifiziert werden könnten, sind auch im (Mittel-)Bairischen regulär. Bemerkenswert ist, dass sich ADS_1 erst kurz nachdem er sich an seinen deutschlernenden Lehrling namens Rafi[8] richtet (WOART a weng rafi: Z. 015), sich dem Standardpol zuwendet. Der entsprechende Gesprächsbeitrag lautet ich HELF dir gleich (Z. 016), ist ungefähr eine Sekunde lang und

---

[7] Die Feststellung dieses Durchschnittswerts basiert auf Untersuchungen von Nachrichtensprecher:innen im deutschen Rundfunk (vgl. Gebhard 2012: 111).

[8] Der Name ist anonymisiert.

enthält vier Silben. Dieses Silbenanzahl-pro-Sekunde-Verhältnis deutet auf die Geschwindigkeit hin, in der sich ADS_1 mit LDS relativ oft unterhält. Doch eine eingehende Untersuchung des Gesprächstempos zwischen ADS_1 und LDS sowie zwischen AK_1 oder AK_2 und LK liegt mit der vorliegenden Arbeit nicht vor.[9] Beobachtungen dazu basieren auf der Analyse einzelner TKE im Datensample und sind auch von ohrensuprasegmentalen Eindrücken geprägt.

AK_1 ist zum Zeitpunkt des Forschungsbesuchs 28 Jahre alt. Er ist in einer Kleinstadt im Mühlviertel geboren und lebt etwa 15 Kilometer von seinem Arbeitsplatz entfernt. Sein Wohnort ist zum Zeitpunkt der Aufnahmen zugleich sein bisher einziges Zentrum seines persönlichen Lebens. Er hat die Berufsschule abgeschlossen und gibt an, neben Deutsch auch etwas Englisch zu sprechen. Seine Berufsbezeichnung ist Chef de Partie. AK_2 ist zum Erhebungszeitpunkt 37 Jahre alt und lebt seit einigen Jahren in der Nähe seines Arbeitsplatzes. Er ist in der Landeshauptstadt Linz geboren und aufgewachsen. AK_2 bekleidet die Position des Chef de Cuisine und ist außerdem Miteigentümer des besuchten Gastronomiebetriebs. Er spricht neben Deutsch auch Englisch.

Aus der in T0_K dargestellten Episode, in der AK_2 im Beisein von LK im Gespräch mit AK_1 klärt, wie ein Törtchen zuzubereiten ist, geht die Routine, über die die beiden Ausbilder im (Mittel-)Bairischen verfügen, besonders gut hervor. Auch dieser Gesprächsausschnitt ist im Hinblick auf Hervorhebungsmuster unauffällig (s. o.) und von flüssiger und zügiger Sprechweise geprägt. Das Gesprächstempo von AK_1 und AK_2 in T0_K ist mit jenem von ADS_1 in T0_DS vergleichbar. In Gesprächen mit LK ist das Gesprächstempo von AK_1 und AK_2 häufig ähnlich hoch und selten unter der von Gebhard (2012: 111 f.) festgestellten Durchschnittsgeschwindigkeit für das Deutsche – z. B. wird LK in T0_K (Z. 049) mit fünf Silben pro Sekunde angesprochen. Doch wie bereits erwähnt, wurde in der vorliegenden Arbeit das Gesprächstempo der Ausbilder in Gesprächen mit ihren Lehrlingen nicht eingehend untersucht (s. o.).

T0_K: EIN GESPRÄCH ZWISCHEN AK_1 UND AK_2.

T0_K = Ausschnitt (01:11.0–01:50.0, Sprecher: AK_1, AK_2, LK) aus Quellaufnahme K_00024 (Gesamtlänge: 17:13.0, Datum: 15.10.2018, Quellaufnahmebeginn: 12:06 Uhr, Ort: Küche).

((AK_2 erklärt die Zubereitung einer Speise und spricht dabei hauptsächlich mit AK_1.))

---

[9] Eine ausführlichere Auseinandersetzung im Hinblick auf das Gesprächstempo von L1S in L1S-L2S-Gesprächskonstellationen ist in Perner (2023) zu finden.

2.3 Das Datensample

```
001 AK_2:      i moa ihr miassts des SO mochen.
001            ich meine ihr müsst das so machen
002            (---)
003 AK_1:      A so dass_s OAnzeln;=
003            ach so dass es/sie einzeln
004 AK_2:      =geNAU so.=
005 AK_1:      =okay PASst.
006 AK_2:      wei donn konn_st_as EINzeln nEhma-
006            weil dann kannst du es/sie einzeln nehmen
               hat Stift im Mund
007            (-)
008 AK_1:      mhm.
009            (.)
010 AK_2:      wonn_s donn so weit IS,
010            wenn es dann so weit ist
               hat Stift im Mund
011            (---)
012 AK_2:      woas_st eh konn_st_as õPINseln;=
012            weißt eh kannst es/sie anpinseln
               hat Stift im Mund
013            =und donn konn_st_as eifoch KIPpen.
013            und dann kannst es/sie einfach kippen
               hat Stift im Mund
014            (-)
015 AK_1:      aha.=
016 AK_2:      woas_st eh WONN_s-=
016            weißt eh wenn es
017            sunst muas_st_as WIEder owaneEhma;=
017            sonst musst(du) es/sie wieder herunternehmen
018            =und donn is des aufleng fia_n=fia_n=fia_n
               ORSCH.=
018            und dann ist das auflegen für den für den für den arsch
019 AK_1:      =A so jo:.
020            (.)
021 AK_2:      jo.=
022 AK_1:      =Oiso;
023            (.)
024 AK_1:      wird_s einfoch MORgen.
025            (.)
026 AK_1:      mit brauner BUTter oder bUtter [und soiz-    ]
027 AK_2:                                     [s_wird DÄMPFT.]=
028 AK_1:      =jo.=
029 AK_2:      =donn gibt_s a eigene SHERRYmarinad;
029            dann gibt es eine eigene sherrymarinade
030            (-)
031 AK_1:      [Okay.]
032 AK_2:      [brau ]ne BUTter;
033            (.)
034 AK_2:      !SALZ!;
```

```
035                    (.)
036 AK_2:              SHERRYmarina[de;   ]=
037 AK_1:                          [Okay.]
038 AK_2:              =und donn KIPP_ma_s so auf de bEchamel drauf.
038                    und dann kippen wir es so auf die bechamel drauf
039                    (-)
040 AK_1:              ah Okay.=
041 AK_2:              =jo,
042                    (1.75)
043 AK_2:              und so konn_ma_s donn sche NEHma.
043                    und so kann man es/sie dann schön nehmen
044                    (.)
045 AK_2:              konn_st eh so nehMAnonda;=
045                    kannst eh so nebeneinander
046                    =des passt eh SUper.=
047 AK_1:              =mhm.
048                    (--)
049 AK_1:              genau
050                    (.)
051 AK_1:              MOCH_s so.=
052 AK_2:              =kenn_st di AUS bAsir?
053                    (.)
054 LK:                jo.
055                    (.)
056 AK_2:              perfFEKT.
```

Mit wenigen Ausnahmen gilt auch in T0_K, dass dort, wo (mittel-)bairische Lautstruktur zu erwarten ist, sie auch auftaucht. Lediglich an zwei Stellen ist in T0_K eine Zuwendung zum Standardpol zu erkennen. Bei der einen scheint AK_2 das von AK_1 zuvor verwendete Adjektiv OAnzeln zu recyclen und formuliert die standardkonforme Adjektivvariante EINzeln (s. Z. 003–Z. 006), alle anderen Gesprächselemente, die in der TKE mit EINzeln fallen, können kaum als standardsprachlich bezeichnet werden (s. Z. 006). Erwähnenswert ist, dass LK in T0_K phonetisch-phonologischer Alternativität im Hinblick auf das besagte Adjektiv begegnet, die von L2S womöglich in lexikalischer Hinsicht interpretiert wird. Dieser Fall lässt sich mit dem häst-hättest-Fall vergleichen (s. Abschnitt 1.5).

Bei der anderen Stelle, bei der eine Orientierung am Standardpol zu erkennen ist, handelt es sich um eine von AK_2 an AK_1 gerichtete Zusammenfassung von Arbeitsschritten, sie lautet braune BUTter (.) !SALZ! (.) SHERRYmarinade (Z. 032–Z. 036). Hervorgehoben sei, dass sich die Ausbilder AK_1 und AK_2 an jener Stelle, an der sie sich an Basir[10] bzw. LK richten,

---

[10] Der Name ist anonymisiert.

2.3 Das Datensample

nicht wie ADS_1 (T0_DS: Z. 016) in einer ähnlichen Situation in Richtung Standardpol bewegen. Die besagten Stellen sind genau (.) MOCH_s so (AK_1 in Z. 049–Z. 051) und kenn_st di AUS bAsir (AK_2 in Z. 052).

Ohne ins Detail zu gehen, ist festzustellen, dass einige (mittel-)bairischen Phänomene sowohl im Interaktionsverlauf zwischen AK_1 und AK_2 (T0_K) als auch im Interaktionsverlauf zwischen ADS_1 und ADS_X (T0_DS) zu beobachten sind, manche nur in einem der beiden. Betrachtet man diese beiden Interaktionsverläufe in einer Zusammenschau, so ist auf der sprachlich-interaktionalen Oberfläche ein ziemlich breites Spektrum des (Mittel-)Bairischen abgebildet, wozu z. B. eingehende Beschreibungen in Zehetner (1985), Koch (2019) oder Lenz (2019) vorliegen. Es würde die Intention des vorliegenden Abschnitts, einen Einblick in den Sprachgebrauch der Ausbilder bei L1S-L1S-Gesprächskonstellation zu geben, zu sehr verwischen und v. a. das Forschungsziel vorliegender Untersuchung verfehlen, sich Phänomenen des (Mittel-)Bairischen, die in den beiden Gesprächsausschnitten zwischen in Oberösterreich aufgewachsenen Arbeitskollegen zu finden sind, zu widmen. Solche Darstellungen würden mit Sicherheit auch den Rahmen der vorliegenden Arbeit sprengen, schließlich füllen Beschreibungen (von Variationsausschnitten) des (Mittel-)Bairischen lange Fachtexte sowie ganze Monographien und Sammelbände. Außerdem bespielen die Ausbilder in Gesprächen mit ihrem jeweiligen deutschlernenden Lehrling einen weit größeren Bereich im Variationsraum von Dialekt bis Standardsprache als aus T0_DS und T0_K hervorgeht, wie die Auswertung des vorliegenden Datensamples von Beginn an zeigte. Jene (mittel-)bairischen Phänomene, die in dieser Arbeit genannt werden, sind selbstverständlich an passgenauer Stelle soweit wie nötig beschrieben.

Die Gesprächsausschnitte in T0_DS und T0_K sind weder als Untersuchungsgegenstand noch als Kontrastfolie zum Untersuchungsgegenstand zu verstehen (und werden daher auch als „T0" bezeichnet). Sie sollen lediglich einen Eindruck davon vermitteln, wie die Gesprächsgewohnheiten der Ausbilder ADS_1, AK_1 und AK_2 im Gespräch mit nicht-deutschlernenden Arbeitskollegen im Kommunikationsraum Betrieb tendenziell sind. Zusammenfassend können sie als sich hauptsächlich am Dialektpol orientierend charakterisiert werden. Gespräche, die die drei Ausbilder mit anderen in (Ober-)Österreich aufgewachsenen Kolleg:innen – gleich, ob diese in der betrieblichen Hierarchie weiter oben oder unten als sie selbst stehen – oder offensichtlich in (Ober-)Österreich sprachlich sozialisierten Betriebsfremden (z. B. Kund:innen und Mitarbeiter:innen anderer Betriebe) führen, sind ebenso durch (sehr) dialektnahen Deutschgebrauch gekennzeichnet. Zum Sprachgebrauch der Ausbilder in Gesprächen mit ihrem jeweiligen deutschlernenden Lehrling ist im Allgemeinen festzuhalten, dass sich AK_2 und

v. a. ADS_1 häufiger und eher in Richtung Standardpol bewegen als AK_1. Ein kurzer Blick auf das Datensample (s. elektronisches Zusatzmaterial) genügt an Interaktionen sprachwissenschaftlich Interessierten wohl, um zu erkennen, dass AK_1 sich im Gespräch mit LK meistens sehr nah am Dialektpol aufhält. Der Hauptgrund dafür, warum Gespräche, in denen sich ADS_1, AK_1 oder AK_2 mit anderen Betriebsangehörigen mit Deutsch bzw. (Mittel-)Bairisch als L1 in kein kontrastierendes Verhältnis zu Gesprächen zwischen den genannten Ausbildern und ihrem jeweiligen deutschlernenden Lehrlingen gesetzt werden, ist der Standpunkt, dass eine solche Kontrastierung kaum einen Beitrag dazu leisten kann, den sprachlichen Input zu beschreiben, dem die deutschlernenden Lehrlinge im Kommunikationsraum Betrieb begegnen.

2.4 Datenaufbereitung

Die Transkription der vorliegenden Gesprächsdaten erfolgte ohrenphonetisch, unter Verwendung des Transkriptionstools Partitur-Editor, wobei es sich um eines der Tools aus dem EXMARaLDA-Softwarepaket von Thomas Schmidt handelt (vgl. www 4), und orientiert sich am von Selting et al. (2009) entworfenen „Gesprächsanalytischen Transkriptionssystem 2" (GAT 2). Äußerungen, bei denen davon auszugehen war, dass es aufgrund der Nähe zum Dialektpol zu Rezeptionsschwierigkeiten kommen kann, wurden Wort-für-Wort ins Standarddeutsche übertragen (vgl. dazu z. B. The Leipzig Glossing Rules 2015: 1 f.). GAT 2 wurde entwickelt, um die Markierung diverser Phänomene der gesprochenen (deutschen) Sprache gut lesbar zu dokumentieren und die Notation von Gesprächsdaten forschungsprojektübergreifend vergleichbar zu machen (Selting et al. 2009: 354–357). Zu den wichtigsten Prinzipien von GAT 2 gehören die Vermeidung der Glättung von Gesprächsbeiträgen, die hinreichende Darstellung jener Phänomene, die für die jeweilige Untersuchung relevant sind und die Hervorbringung von Ikonizität (vgl. Selting et al. 2009). Grundsätzlich handelt es sich bei einer Transkription nach GAT 2 um eine literarische Umschrift (ebd.: 360). Das heißt, dass man sich bei der Verschriftlichung von Gesprächsdaten an der Standardorthographie orientiert, ohne dabei morphosyntaktische Nivellierungen nach dem Vorbild der Normvorgaben zur geschriebenen Sprache vorzunehmen oder lautliche Besonderheiten in den Gesprächsbeiträgen zu übergehen (vgl. ebd.: ab 359). Teilweise wurden auch kinetische Aspekte transkribiert. Alle Namen sind anonymisiert.

Jedes Transkript wurde mit einem Transkriptionskopf versehen, für dessen Design Selting et al. (2009: 357) und Deppermann (2008: 33) als Vorlage

2.4 Datenaufbereitung

dienten. Der Transkriptionskopf gibt Auskunft darüber, zu welchem Zeitpunkt, an welchem Schauplatz und unter Beteiligung von welchen Gesprächsteilnehmer:innen der transkribierte Gesprächsausschnitt stattfand. Außerdem kann von ihm abgelesen werden, an welcher Stelle welcher Quellaufnahme sich der jeweilige Gesprächsausschnitt befindet. Die jeweilige Transkriptsigle ist zu Beginn des Transkriptionskopfes ausgewiesen; „T" steht für Transkript, was immer einer Episode entspricht und nicht bedeutet, dass man eine solche manchmal nicht auch als zwei oder mehrere Episoden hätte interpretieren können. Die auf „T" folgende Zahl verweist auf eine chronologische Nummerierung, das Kürzel „DS" steht für den Fall Dachdecker-Spengler (hier auch Fall 1) und „K" für die Berufsbezeichnung des Kochs (oder der Köchin) bzw. für den Fall Gastronomie (hier auch Fall 2). Jedes Transkript bzw. jede Episode wurde betitelt. In den gedoppelten runden Klammern ist eine Situationsbeschreibung zu finden.

Am Ende dieses Abschnitts sei noch darauf hingewiesen, dass auf Grundlage der Kollektion(sausschnitte) verschiedene DSK-Emergenz-Tabellen erstellt wurden, wovon zwei hier in Kapitel 5 dargestellt sind, nähere Details dazu sind ebendort zu finden. Solche Tabellen dienten als Hilfsmittel dafür, den Überblick über die beträchtliche Menge an Gesprächsdaten und v. a. der darin sich manifestierenden Verschiebungen, Bewegungen oder Moves im Variationsraum von Dialekt bis Standardsprache zu bewahren.

3 Variationsraum von Dialekt bis Standardsprache

Im vorliegenden Kapitel werden zum einen Begriffe rund um die Variation des Deutschen im medial mündlichen Bereich vertieft und erweitert, zum anderen neue Begriffe zu diesem Themenkomplex eingeführt. Dabei stehen allgemeiner linguistische (s. v. a. Abschnitte 3.1 und 3.2), areallinguistische wie auch kommunikationsraumbezogene (s. Abschnitte 3.2, 3.3 und 3.4), migrationsspezifische (s. Abschnitte 3.3, 3.4 und 3.5) sowie sich auf Kontakt zwischen L1S und L2S beziehende Perspektiven (s. v. a. Abschnitt 3.5) im Mittelpunkt.

3.1 Variation, Varietät und Variante

Die beiden „Extremvarietäten Grunddialekt und rein[e] Standardnorm" (Auer 1986: 98) bzw. Standardsprache spannen ein Kontinuum (das DSK) des mündlichen Sprachgebrauchs auf, für das bereits in Abschnitt 1.6 im Anschluss an Auer (1990: 179) die Metapher des *Variationsraums von Dialekt bis Standardsprache* herangezogen wurde. Diese Metapher spiegelt hier die Mobilität und Flexibilität wider, die L1S im Gespräch mit L2S anlassbezogen entfalten, was in der vorliegenden Untersuchung als der *interaktional und situational modifizierte DSK-Input* interpretiert wird. Im Auer'schen Variationsraum, in dem sich ein solcher Input manifestiert, „[sind] die variablen Eigenschaften miteinander assoziierte Punkteschwärme [...] – im einfachsten Fall einer Variable mit zwei Ausprägungen zwei Punkte, die zu einer Strecke verbunden werden können" (Auer 1990: 179). Mit dem sich auf Bewegungen und Verschiebungen im DSK beziehenden Variationsraum meint Auer (1990)

© Der/die Autor(en), exklusiv lizenziert an Springer-Verlag GmbH, DE, ein Teil von Springer Nature 2024
K. R. Perner, *Dialekt-/Standard-Input im beruflichen Kontext in Oberösterreich*, https://doi.org/10.1007/978-3-662-69788-7_3

natürlich nicht den *Varietäten*raum [...][1], in dem durch externe Parameter schon die Koordinaten des Raums vorgegeben sind und die soziolinguistische Fragestellung darauf reduziert wird, ob bestimmte Realisierungen sprachlicher Variablen überzufällig in die einzelnen ‚Kästchen' des Raums fallen. Ein solcher Ansatz setzt ja schon voraus, daß die gewählten externen Parameter die Struktur des Variationsraums bestimmen; er setzt außerdem voraus, daß überhaupt klar abtrennbare ‚Varietäten' existieren. Der hier gemeinte Variationsraum ist ein rein sprachlicher, in sich zunächst unstrukturierter und selbst nach außen nur unscharf abgegrenzter (ebd.: Fußnote 179 [H. i. O.]).

Obwohl sich prinzipiell je Individuum ein eigener Variationsraum konstruieren lässt, ist mit Auer (ebd.: 180) davon auszugehen, dass „[sich] [i]n einer Sprechgemeinschaft [...] die Variationsräume der Individuen [...] nicht grundlegend [unterscheiden]; vielmehr ist sie gerade durch die Annäherung der Variationsräume der Sprecher gekennzeichnet".

Variation ist alles, was mit Sprache gemacht werden kann. Sie ist (hier) die auf der sprachlich-interaktionalen Oberfläche sichtbare Nutzung eines (potenziell) von Dialekt bis Standardsprache reichenden Repertoires (= Bespielung des Variationsraum von Dialekt bis Standardsprache) von L1S des Deutschen in (Ober-) Österreich. In der vorliegenden Untersuchung ist die Interpretation von Variation aus soziolinguistischer Sicht – d. h als soziopragmatisch bedingte Ausdrucksweise – und unter gesprächslinguistischer Analyseperspektive entscheidend. Dementsprechend bezieht sich *Variation(sraum)* auf die situationsabhängige Organisation der sozialen Interaktion zwischen Gesprächspartner:innen, wobei hier die L1S-L2S-Gesprächskonstellation im Mittelpunkt steht. Dieses Verständnis von Variation überschreitet die Schwelle der lautlichen und grammatischen sowie extralinguistischen Bestimmung von aufeinander bezogenen Sets, die aus spezifischen sprachlichen Elementen bestehen, was z. B. als *Varietäten* interpretiert werden kann, und Elementen, aus denen spezifische sprachliche Sets bestehen, was z. B. als *Varianten* interpretiert werden kann.[2] Variante meint in der vorliegenden Untersuchung nicht unbedingt ein legitimiertes Element einer bestimmten Varietät, sondern bezieht sich vielmehr darauf, dass es zumindest

---

[1] Auer (1990: 179 [H. i. O.]) bezieht sich bei dem Ausdruck „*Varietäten*raum" auf eine Arbeit von Wolfgang Klein aus 1974. Die auf diesen Ausdruck folgende Auslassung ist diesem Bezug geschuldet. Die Vorstellung, dass Varietäten den Raum von Dialekt bis Standardsprache strukturieren, findet sich in einschlägiger Literatur häufig. Z. B. sprechen sich Barbour / Stevenson (1998: 23 f.) für die Annahme eines „Varietäten-Kontinuum-Modell[s]" (ebd.: 24) aus.

[2] Vgl. hierzu z. B. Bußmann (1990: 826 f.).

3.1 Variation, Varietät und Variante

eine weitere Möglichkeit gibt, ein bestimmtes Element eines Gesprächsbeitrags zu realisieren. In der vorliegenden Untersuchung ist Variation vor dem Hintergrund zu sehen, aus sozialen Gründen im Interaktionsverlauf Variablen (neu) zu besetzen, um annehmen zu können, einander in einer Sache ausreichend zu verstehen (vgl. hierzu a. Abschnitt 4.2). Sowohl dies als auch die Annahme, dass die Beurteilung des dialektalen und/oder standardsprachlichen Charakters eines vorliegenden Variationsausschnitts je nach Analyseperspektive und je nach in Betracht gezogener Analyseeinheit (z. B. Episode, Turn und TKE) variieren kann, soll zunächst anhand eines kurzen Beispiels veranschaulicht werden, in dem der Ausdruck 'das lassen wir' in zwei Versionen vorliegt. Dieses Beispiel kann als eine Episode verstanden werden, die aus einem einzigen Turn besteht, der sich in zwei TKE gliedern lässt.

Beispiel 1 (= Ausschnitt aus T3_DS)

```
055 ADS_1:        des LOSS_ma;=
056               =das LASS_ma im Auto.
```

Einer der beiden hier diskutieren Zugänge, sich dem Sprachgebrauch des Ausbilders (ADS_1) im Beisein seines deutschlernenden Dachdecker-Spengler-Lehrlings (LDS) deskriptiv zu nähern, wäre ein varietätenlinguistischer. Unter einer varietätenlinguistischen Perspektive würde es sich bei diesem Beispiel um einen Gesprächsausschnitt handeln, in dem zumindest Fragmente zweier Varietäten hervorstechen – man könnte also davon ausgehen, dass sich in diesem kurzen Gesprächsausschnitt ein ‚Varietätenmix' manifestiert. Betrachten wir nun aus varietätenlinguistischer Sicht den Ausdruck in Z. 055 und in Z. 056 voneinander isoliert, was bereits an dieser Stelle als fragwürdig gekennzeichnet sei, da Z. 055 und Z. 056 nicht voneinander losgelöst, sondern als ein Turn zu verstehen sind, zwischen dessen TKE kaum ein Absetzen festzustellen ist. Der Ausdruck in Z. 055 spräche eindeutig für die Verwendung einer dialektalen Varietät des Deutschen. Er enthält Merkmale des (Mittel-)Bairischen – das Demonstrativpronomen (bzw. der Artikel) lautet des[3] 'das', /a/ (im Folgenden auch a, s. hierzu a. Abschnitt 3.2) ist im Verb 'lassen' verdumpft[4] und _ma 'wir' entspricht einer Klitisierung (mittel-)bairischer Ausprägung[5]. Beim Ausdruck in Z. 056 fällt auf, dass

---

[3] Vgl. hierzu z. B. Koch (2019: 300).
[4] Für nähere Details zur a-Verdumpfung vgl. z. B. Scheuringer (2002) und Lenz (2019: 324 f.) sowie Kapitel 5.
[5] Vgl. hierzu z. B. Zehetner (1985: 125).

nicht-standkonformer *a*-Gebrauch aufgehoben und die klitisierte *wir*-Variante beibehalten wurde, in Z. 055 heißt es des LOSS_ma und in Z. 056 das LASS_ ma im Auto. Dass die Lokalergänzung im Auto in Z. 056, die in Z. 055 nicht realisiert wird, standardkonform ist und bei Orientierung am Dialektpol nicht anders lauten würde, soll nicht unerwähnt bleiben.

Es kann sich nun die Frage stellen, ob oder inwiefern in Z. 056 eine standardsprachliche Varietät repräsentiert ist. Einerseits kann behauptet werden, dass der besagte Ausdruck die Kriterien einer standardsprachlichen Varietät des Deutschen nicht zur Gänze erfüllt, er also keine standardsprachliche Varietät repräsentiert, da das Personalpronomen *wir* nicht als Vollform, sondern als klitisierte Variante (mittel-)bairischer Ausprägung vorliegt. Unter einer solchen Analyseperspektive würde vielleicht auf die Kategorie Umgangssprache zurückgegriffen werden, die sich in weitere wie z. B. „standardnahe Umgangssprache und dialektnahe Umgangssprache [...] untergliedern" (Barbour / Stevenson 1998: 150) lässt.[6] Anderseits kann aber auch behauptet werden, dass sich in diesem Ausdruck sehr wohl eine standardsprachliche Varietät widerspiegelt, denn die Tendenz, *wir* zu klitisieren, kann zu den Regularitäten des medial mündlichen standardsprachlichen Sprachgebrauchs (in mehreren Regionen) im deutschen Sprachraum gezählt werden (vgl. www 6). Somit kann in Anlehnung an Berend (2005: 143 ff.) die Klitisierung von *wir* als ein Phänomen eines oder mehrerer „,regionale[r] Gebrauchsstandards'" (ebd.: 143 [H. i. O.]) gelten. An dieser Stelle könnte allerdings eine Auseinandersetzung damit stattfinden, ob und inwiefern die Realisierungsabsenz der Flexionsendung -*en* in Z. 055 und Z. 056, die nach standardsprachlichem Maßstab für die Verbbildung in der 1. Person Plural wie z. B. in 'das lassen wir' obligatorisch ist, varietätenlinguistisch zu beurteilen ist. Gemeint ist die Frage danach, ob die Realisierungsabsenz von -*en* in Kombination mit klitisiertem Personalpronomen *wir* als (gebrauchs-)standardkonform

---

[6] Dass sich der Sprachgebrauch im Übergangsbereich zwischen Dialekt und Standardsprache unter eine durch ein hohes Ausmaß an struktureller Homogenität gekennzeichnete Kategorie (standardnahe oder dialektnahe) Umgangssprache subsumieren ließe, wird in variations-, sozio- und gesprächslinguistischen Zusammenhängen häufig skeptisch betrachtet (vgl. z. B. Zehetner 1985: 19; Auer 1986: 98 f.; Löffler 2005: 18–24; Stevenson et al. 2018: 47 f.; Lenz 2019: 351 im Anschluss an eine Arbeit von Hannes Scheutz aus 1999). „[Ü]berzeugende Belege für den Varietätenstatus der Umgangssprache" vermisst bereits Auer (1986: 99) Mitte der 1980er und Lenz (2019: 351) folgend bleiben sie auch mehr als 30 Jahre später noch aus. In Spracheinstellungsprojekten kann sich die Kategorie Umgangssprache allerdings als zentral erweisen, so z. B. bei Ender / Kaiser (2009), die in einer Onlineumfrage feststellen, dass von 82 Befragten aus dem bairisch(-österreichisch)en Sprachraum (ebd.: 277) 42 % der Ansicht sind, „im Gespräch mit fremdsprachigen Arbeitskollegen ‚häufig' oder ‚fast immer' Umgangssprache zu wählen" (ebd.: 287 [H. i. O.]).

3.1 Variation, Varietät und Variante

bzw. als „Varietäten- und Sprachgebrauchsmuster" (Berend 2005: 143) des Standarddeutschen gilt – und wenn ja, was dies für dasselbe Phänomen in Z. 055 bedeutet.

Mit dem Variationsraum von Dialekt bis Standardsprache bzw. unter Annahme des DSK-Modells stellen sich keine Fragen danach, ob oder inwiefern eine bestimmte Varietät des Deutschen getroffen ist (vgl. oben bzw. Auer 1990: 179 ff.). Es steht das Ständig-im-Entstehen-begriffen-Sein der situationsabhängigen Organisation der sozialen Interaktion im Mittelpunkt, was hier im Anschluss an Auer (2010) DSK-Emergenz genannt wird und einen weiteren Zugang darstellt, sich dem Sprachgebrauch von L1S gegenüber L2S deskriptiv zu nähern. Unter dieser Analyseperspektive wird im Folgenden Beispiel 1 noch eingehender diskutiert. Die Diskussion weiterer Beispiele orientiert sich an derselben Analyseperspektive.

Es ist davon auszugehen, dass L1S-Modifikationen wie z. B. in Z. 055–Z. 056 das Resultat dessen sind, situationsadäquat handeln zu wollen, was u. a. damit zu tun hat, den Gesprächspartner oder die Gesprächspartnerin als deutschlernende Person oder L2S wahrzunehmen. In Beispiel 1 scheint es ADS_1 als notwendig zu erachten, bestimmte Variablen, namentlich jene des *a*-Gebrauchs, neu zu belegen (des LOSS → das LASS) und die in Z. 055 unbelegte Lokalergänzungsvariable im zweiten Anlauf (≈ Reparatur) noch zu besetzen (= im Auto: Z. 056). Im Hinblick auf die Realisierung der 1. Person Plural verändert ADS_1 im (hier einseitigen) Gespräch mit LDS allerdings nichts.

Der in Z. 055–Z. 056 von ADS_1 an LDS übermittelte oder vermittelte Inhalt, dass etwas im Auto bleiben solle, ist durch Nähe sowohl zum Dialektpol als auch zum Standardpol gekennzeichnet. Der Ausdruck des LOSS_ma (Z. 055) spricht zwar für eine Hinwendung zum Dialektpol, ist aber durch unmittelbar daran anschließendes das LASS_ma im Auto (Z. 056) auch mit standardnaher Variation in Verbindung zu bringen, es handelt sich um einen zweigeteilten Ausdruck bzw. um einen aus zwei TKE bestehenden Turn, der ohne Weiteres aufgrund seiner Entsprechung als zeitlich eingeschränkte Einheit des Thematisierens von etwas (Drittem) auch als eine eigenständige Episode interpretiert werden kann (s. T3_DS). Dass _ma als dialekt-/standard-diffuse *wir*-Variante gelten kann (s. o.), ist ein weiteres Argument dafür, dass der Variationsausschnitt Z. 055–Z. 056 mit der Ansteuerung des Dialektpols und des Standardpols einhergeht. Das Enklitikon _ma könnte als eine *wir*-Variante im Übergangsbereich von Dialekt und Standardsprache verstanden werden, auf das bei Orientierung sowohl am Dialektpol als auch am Standardpol zurückgegriffen werden kann. Bei einem solchen Rückgriff entspricht die Realisierungsabsenz der Flexionsendung -en in bestimmten Fällen den Regularitäten des gesprochenen Deutschen.[7]

Insbesondere im Vergleich mit Z. 055 ist der Schluss zulässig, dass es sich in Z. 056 wegen des standardkonformen *a*-Gebrauchs und der (zumindest auch) standardkonformen Realisierung der Lokalergänzung um einen Ausdruck handelt, der dem Standardpol näher steht als dem Dialektpol; prototypischstandardsprachlich ist er aufgrund der Repräsentation der 1. Person Plural nicht. Der Ausdruck in Z. 055 kann als sich (sehr nahe) am Dialektpol befindend wahrgenommen werden. Interpretationsspielraum besteht in Z. 055 jedoch genauso wie in Z. 056 in Bezug auf die Realisierung der 1. Person Plural. An dieser Stelle sei auch darauf aufmerksam gemacht, dass *a*-Realisierungen mit einem Lautwert in Richtung *o* gehend im Süden des bundesdeutschen Sprachraums durchaus auch als (gebrauchs-)standardkonform gelten können, für (Ober-)Österreich wird dies allerdings nicht angenommen (vgl. Scheuringer 2002; s. a. Abschnitte 5.1 und 5.2) und die Modifikation des *a*-Gebrauchs des (ober-)österreichischen L1S ADS_1 in Beispiel 1 könnte als Untermauerung der Annahme wahrgenommen werden, dass Z. 055 dialektnah und Z. 056 standardnah ist. Außerdem könnte auch diskutiert werden, ob des 'das' in (Ober-)Österreich als (gebrauchs-)standardkonform zu interpretieren ist.

Im Hinblick auf Fragen zur dialektalen und standardsprachlichen Charakteristik von Gesprächsbeiträgen ergibt Z. 055 und Z. 056 als eine Analyseeinheit bzw. als ein Variationsausschnitt zusammengefasst ein etwas anderes Bild als Z. 055 und Z. 056 als je eine Analyseeinheit bzw. je ein Variationsausschnitt behandelt. DSK-Emergenz bezieht sich im Variationsausschnitt Z. 055–Z. 056 in einem weiteren Umfang auf die potenzielle Gelegenheit der kontinuierlichen Verschiebungen im Variationsraum von Dialekt bis Standardsprache als die Synopse der Variationsausschnitte Z. 055 und Z. 056. Mit der Analyseeinheit Episode oder Turn (z. B. Z. 055–Z. 056) wird die Organisation sozialer Interaktion über einzelne TKE, Sinneinheiten oder Ausdrücke (z. B. Z. 055 und Z. 056) hinausgehend

---

[7] ADS_1 scheint bei solchen Fällen generell dazu zu neigen, diese Endung nicht zu realisieren. Weitere Beispiele dafür sind in T3_DS (Z. 070), T7_DS (Z. 003), T11_DS (Z. 009, Z. 020 & Z. 024) und T13_DS (Z. 126, Z. 128 & Z. 129) zu finden. Auch ein Ausbilder (AK_1) des deutschlernenden Kochlehrlings (LK) scheint im Hinblick auf die Realisierung der 1. Person Plural dieselbe Tendenz zu haben, das entsprechende Beispiel ist brAuch_ma (T2_K: Z. 055). Auer (1986: 109) folgend kann in solchen Fällen wohl von einer Kookkurrenzbeziehung zwischen der Nichtrealisierung der Flexionsendung -en und klitisierter *wir*-Variante ausgegangen werden. Fälle, in denen ein Assimilationsprozess und der Klitisierungsprozess von *wir* gleichzeitig zum Tragen kommen, sind im Datensample nicht zu finden. Ein Beispiel wäre *gem‿ma* 'geben wir'.

3.1 Variation, Varietät und Variante

in den Blick genommen. Dies bedeutet allerdings nicht, dass DSK-Emergenz nicht auch in Segmenten von Bedeutung sein kann, die kleiner als eine Episode oder als ein Turn sind, was anhand von Beispiel 1 auch TKE-bezogen illustriert wurde. DSK-Emergenz kann sogar in noch kleineren Segmenten als für bemerkenswert erachtet werden, worauf in Perner / Brodnik (2021: 197 ff.) aufmerksam gemacht wird. Z. B. kann das Adverb *selber* in der von ADS_1 an LDS gerichteten Äußerung hast du deinen koffer SÖLber? (T2_DS bzw. Beispiel 2: Z. 043) als ein Segment diskutiert werden, inmitten dessen sich die Oszillation bzw. Volatilität zwischen Dialekt- und Standardpol zeigt. „Es scheint, dass ADS_1 auf halbem Wege von *söber* auf *selber* und somit von einer Variante mit /l/-Vokalisierung, die für das Mittelbairische als typisch gilt (Zehetner 1985: 56), auf eine standardkonformere Variante mit konsonantischem Lautwert für /l/ umsteigt" (Perner / Brodnik 2021: 198).

Beispiel 2 (= T2_DS; s. a. Perner / Brodnik 2021: 197)

```
040  ADS_1:    i glaub du host GOR nix im Auto.=
041            =host du SELber?
042            (.)
043  ADS_1:    hast du deinen koffer SÖLber?=
044  LDS:      =mhm.
```

Der Ausdruck hast du deinen koffer SÖLber? (Z. 043) weist bis zu dem dem Adverb *selber* entsprechenden Variationsausschnitt eine standardsprachliche Charakteristik auf, die in Beispiel 2 bereits nach host in host du SELber (Z. 041) zu erkennen ist. Die Tendenz in Richtung Standardpol zeichnet sich also in Z. 041 ab und wird bis vor SÖL in Z. 043 beibehalten. Bemerkenswert ist, dass sie sich irgendwo inmitten von SÖL bzw. SÖLber wieder zeigt, wenn davon ausgegangen wird, dass der *l*-Gebrauch in SÖLber auf eine Ansteuerung des Standardpols hindeutet. Die prototypische mittelbairische Variante wäre *l*-vokalisiert also *söber* oder *söwer*, ein *l*-Gebrauch wie z. B. in SÖLber ist bei bairisch(-österreichisch)em Sprachgebrauch allerdings nicht auszuschließen (vgl. z. B. Zehetner 1985: 55 f.; Vollmann et al. 2015: 19; Lenz 2019: 326 f.). SÖLber als eine Variante von *selber* lässt sich zwar als bairisch gekennzeichnet darstellen, ist jedoch unter Berücksichtigung des Äußerungsflusses auch im Zusammenhang mit der Ansteuerung des Standardpols zu sehen, wie im Folgenden expliziert wird.

Ein möglicher Erklärungsansatz für das Zustandekommen des Wortes SÖLber in Z. 043 ist, dass ADS_1 mit SÖ sich dem Dialektpol zuwendet und mit konsonantischem anstatt vokalischem *l*-Gebrauch versucht, die *selber*-Realisierung, die in der vorangegangenen TKE (Z. 041) das Kriterium

Standardkonformität erfüllt (SELber), durch Melioration noch in den standardnahen Bereich des DSK zu ‚retten' bzw. erneut am Standardpol orientiert zu realisieren. Ein anderer Erklärungsansatz ist, dass die DSK-Bewegungen von vor bis inmitten von SÖLber mit automatisiertem Sprachgebrauch zu tun haben: Mit host (Z. 041) und SÖ (Z. 043) bzw. dem Ansetzen der *l*-Vokalisierung werden Gewohnheiten angezeigt, in einem weitgehend sprachlich homogenen Kommunikationsraum zu handeln, mit an host anschließendem du SELber (Z. 041), der Realisierung des Adverbs *selber* als SÖLber (und nicht als *söba/söwa* oder *selber*) und dem SÖLber vorangehendem hast du deinen koffer Gewohnheiten, den Sprachgebrauch aufgrund einer bestimmten Situation zu modifizieren. Genauso wie in Beispiel 1 ist auch in Beispiel 2 eine solche Situation u. a. durch eine L1S-L2S-Gesprächskonstellation gekennzeichnet. Modifikationen, bei denen davon ausgegangen wird, dass sie einer solchen Gesprächskonstellation geschuldet sind, werden in Perner / Brodnik (2021) u. a. im Anschluss an Roche (1998; 2005) als xenolektales Variationsphänomen bezeichnet, SÖLber kann als ein solches interpretiert werden (vgl. Perner / Brodnik 2021: 197 ff.) und die Auslassung des Objekts ebenso. Der Vollständigkeit halber sei erwähnt, dass sich ADS_1 in dem in Beispiel 2 ausgewiesenen Gesprächsausschnitt erst ab der zweiten TKE (Z. 041) im DSK auffällig zu bewegen scheint. Von Z. 040 bis in Z. 041 hineingehend bleibt ADS_1 im dialektnahen Bereich des DSK, was z. B. mit Blick auf den *a*-Gebrauch in diesen beiden TKE festgestellt werden kann (= host GOR: Z. 040, host: Z. 041).

Ohne an dieser Stelle auf weitere Beispiele (aus dem vorliegenden Datensample) einzugehen, sei festgehalten, dass die Erfassung von DSK-Emergenz von der einen Analyseeinheit auf die andere ausstrahlt. Eine Analyseeinheit stellt einen in Betracht gezogenen Variationsausschnittsumfang dar. Die Analyseeinheiten Episode, Turn und TKE können zwar voneinander getrennt betrachtet, jedoch im Hinblick auf sozio- und gesprächslinguistische Untersuchungen zum Sprachgebrauch im DSK nicht voneinander unabhängig behandelt werden. Außerdem können auch größere Analyseeinheiten als jene der Episode (z. B. eine Zusammenschau mehrerer Episoden) und kleinere als jene der TKE (z. B. ein Wort oder eine lautliche Realisierung) sich als berücksichtigenswert erweisen. Es gilt, Interaktionsverläufe, Äußerungs- oder Gesprächsflüsse im Auge zu behalten, und geht darum, einzelne Elemente oder Segmente (bzw. Variationsausschnitte) nicht nur allein für sich stehend zu betrachten. Daraus ergibt sich die Forderung, die aufeinander bezogene Rückbindung der Analyseeinheiten (bzw. Variationsausschnittsumfänge) zu fokussieren. Dementsprechend ist es kaum möglich, auf der sprachlich-interaktionalen Oberfläche Abgebildetes schlichtweg als dialektal und/ oder standardsprachlich zu bezeichnen. Allerdings besteht die Möglichkeit, auf der sprachlich-interaktionalen Oberfläche Merkmale zu erkennen, die dafür sprechen, jeweilige Variationsausschnitte in Dialektnähe und/oder Standardnähe zu rücken. Zur Erinnerung: Die Verwendung der Begriffe dialektnah, standardnah und DSK-Emergenz bezieht sich auf das Gleiten im Variationsraum von Dialekt bis Standardsprache (vgl. Abschnitt 1.6).

Die Diskussion der Beispiele 1 und 2 gibt einen ersten Einblick darin, was alles berücksichtigt werden kann, wenn der Variationsraum von Dialekt bis Standardsprache alias das DSK in Bezug auf L1S-L2S-Gesprächskonstellationen thematisiert wird. Was Dialekt und Standardsprache in der vorliegenden Untersuchung bedeutet, wurde bisher noch nicht explizit behandelt. Dies geschieht im nächsten Abschnitt. In diesem Abschnitt wurden Modifikation und Stabilisierung auf der sprachlich-interaktionalen Oberfläche vonseiten eines L1S (ADS_1) im Gespräch mit einem L2S (LDS) diskutiert – und zwar einerseits hinsichtlich der L1S-L2S-Gesprächskonstellation als besonderes situationales Merkmal und andererseits mit Blick auf die Phänomenlage in solchen Gesprächskonstellationen. Diese beiden Aspekte werden den Argumentationsverlauf weiterhin begleiten.

3.2 Zu Dialekt und Standardsprache

Im Hinblick auf Regularitäten des gesprochenen Deutschen können alle sprachwissenschaftlichen Bemühungen, dialektale Variationsausschnitte von standardsprachlichen zu unterscheiden (oder vice versa), höchstens deskriptive Annäherungsversuche sein. Löffler (2005: z. B. 7, 17 f., 25) folgend handelt es sich bei solchen Annäherungsversuchen um Vorschläge, die womöglich in einem bestimmten Forschungskontext plausibler als in einem anderen scheinen und dementsprechend (ggf. modifiziert) aufgegriffen oder (mehr oder weniger) vernachlässigt werden können/dürfen. Bei der Aufarbeitung einer gesprächslinguistischen Datengrundlage, der darauf beruhenden Bildung eines Datensamples und insbesondere bei Versuchen der Verknüpfung von Gesprächsdaten mit nicht-/dialektalen bzw. nicht-/standardsprachlichen Variablen ist man im Anschluss an Löfflers (ebd.: 25) Fazit über variationslinguistische Aufarbeitungsversuche

> dem ‚Datensalat' der Sprachwirklichkeit aus[ge]setzt[t]. Dort trifft man ein grenzenloses, nicht abgrenzbares Durcheinander an, einen großen Brei, in den man mit keinem Messer klare Schnitte einbringen oder mit terminologischen Förmchen Figuren ausstechen könnte. Sobald man ansetzt, fließt sofort alles wieder ineinander. So kommt es, dass jeder an seinem Schreibtisch den Brei etwas anders durchschneidet (ebd. [H. i. O.]),

was mit Löffler (ebd.: 17 f., 25) erst dann als problematisch gilt, wenn erwartet wird, dass eigene Abgrenzungsversuche im Variationsraum von Dialekt bis Standardsprache als allgemein gültig anzuerkennen und auf andere Forschungsprojekte bedingungslos zu übertragen wären. Löfflers (2005: ab 17) Perspektive auf variationslinguistische Forschungsarbeit, die sich den Regularitäten des gesprochen Deutschen zuwendet, wohnt ein Pragmatismus inne, auf dessen Grunde steht, dass Definitionen von Dialekten und Definitionen von Standardsprachen einander bedingen und je nach Untersuchungsgegenstand variieren können. Es kann nur Dialekt oder Standardsprache behandelt werden, wenn das jeweils andere auch zumindest implizit mitbehandelt wird.

Auf die Frage, wodurch sich Dialekt und Standardsprache (ggf. Standardvarietät) auszeichnen, gibt es eine Reihe von Antwortmöglichkeiten, wovon im Folgenden eine Auswahl in Bezug auf das Deutsche gebracht wird. (1) Bestimmte deutsche Dialekte, darunter das Bairische, können als historische Basis für die Entwicklung des Schriftdeutschen (≈ Standarddeutsch bzw. dessen Anfänge) aufgefasst werden.[8] (2) Deutsche Dialekte können als Teil eines (regionalen) Repertoires für die Organisation sozialer Interaktion behandelt werden; dieses Repertoire steht spätestens ab Beginn des 20 Jahrhunderts auch im Einfluss verschiedener standardsprachlicher Faktoren.[9] (3) Den deutschen Dialekten wird eine geringe (regional-)kommunikative Reichweite und Standardsprache(n) an sich – und so auch dem Standarddeutschen – eine weite(re) zugesprochen.[10]

Die soeben genannten Punkte stellen in der Fachöffentlichkeit auf breiten Konsens stoßende Definitionsausschnitte zum Verhältnis zwischen Dialekt und Standardsprache im Hinblick auf das Deutsche dar. Mit einer solchen Perspektive lassen sich Dialekt und Standardsprache als „die beiden äußeren Pole einer Sprachskala" (Löffler 2005: 18) in sowohl diachroner als auch synchroner Hinsicht begreifen (vgl. dazu a. Schmidt / Herrgen 2011).

Der Begriff Dialekt impliziert im Deutschen vermutlich immer den Bezug auf ein bestimmtes geographisches Gebiet, sei es im Zusammenhang mit der deutschen Sprachgeschichte, dem Sprachgebrauch oder einer Kontrastierung hinsichtlich standardsprachlicher und nonstandardsprachlicher Merkmale. Im angloamerikanischen (Forschungs-)Raum gibt es ein anderes Verständnis von Dialekt und damit einhergehend auch von Standardsprache, das ich mir zunutze machen

---

[8] Vgl. hierzu z. B. König / Elspaß / Möller (2019: 90–101).

[9] Vgl. hierzu z. B. Herrgen / Schmidt (2019: grosso modo) und im Zusammenhang mit Sprachgebrauch in Österreich speziell Lenz (2019).

[10] Vgl. hierzu z. B. Glück / Rödel (2016: 145, 669) und im Zusammenhang mit dem deutschen Sprachraum z. B. Ammon (2005: 29).

3.2 Zu Dialekt und Standardsprache

möchte, um graduelle Entitäten im DSK zu diskutieren. Sowohl Standard und Nonstandard als auch alles, was dazwischen liegt, können diesem Verständnis nach ein Dialekt bzw. *Dialect* sein. Folglich entspricht *Dialect* einerseits (irgend-) einer Varietät und andererseits einer Variationsbreite, die, insofern als notwendig erachtet, als varietätenübergreifend oder -überschwappend verstanden werden kann. Unter *Dialect* fällt alles von *Dialekt-Dialect* (hier auch Dialektpol) bis *Standard-Dialect* (hier auch Standardpol).[11]

In der vorliegenden Untersuchung zum mündlichen Sprachgebrauch von L1S in L1S-L2S-Gesprächskonstellationen ist der Dialektpol das virtuelle Gegenstück des virtuellen Pols Standardsprache. Der Pol Standardsprache entspricht den Normen der deutschen Schriftsprache und der deutschen Orthoepie, wie sie in (z. B. vom Dudenverlag veröffentlichten)[12] Nachschlagewerken zur deutschen Sprache zu finden sind. Solche Normen sind auch im Sprachgebrauch diverser Print- und Nonprintmedien zu erkennen, allerdings ist insbesondere in Nonprintmedien (z. B. im (ober-)österreichischen Rundfunk und Fernsehen) ebenso ein weniger standardkonformer Gebrauch des Deutschen zu beobachten.[13] Die Vorstellung vom Pol Standardsprache ist sicherlich durch die (Re-)Konstruktion eines Schriftbilds und einer Bildungstradition geprägt. Ganz ähnlich sieht dies auch Stubkjær (1997[14]: 204) und stellt in diesem Zusammenhang die Frage danach, „[w]as [...] in einem Österreichischen Deutsch [nun zu erwarten ist], das als ein Kontinuum zwischen Dialekten und Standardsprache charakterisierbar ist" (ebd.).

Der Pol Standardsprache ist deshalb als virtuell (im Sinne von idealisiert) zu bezeichnen, weil er (z. B. Löffler 2005: 21–25 folgend) bei oralem Sprachgebrauch kaum erreicht wird. Im standardnahen Bereich des DSK befinden sich

---

[11] Vgl. hierzu z. B. Löffler (2005: 11, 17 f.), den Gebrauch des Wortes „dialect" z. B. in Gass / Selinker (2008: 27 f., 79, 214, 419 f.), sie beschäftigen sich damit, auf welche Art und Weise eine Zweitsprache erworben wird (ebd.: XV), und Stevenson et al. (2018: 158 [H. i. O.]), wo die Begriffe „*Dialekt*" und „*dialect*" den diesbezüglich obenstehenden Ausführungen entsprechend voneinander abgegrenzt werden. Ohne auf den *Dialect*-Begriff aus dem angloamerikanischen Raum zurückzugreifen, vertritt Zehetner (1985: 17 ff.) einen ähnlichen Zugang, um graduelle Übergänge zwischen Bairisch als Basisdialekt und deutscher Standardsprache zu diskutieren.

[12] Vgl. z. B. Ebner (2008) oder Kleiner / Knöbl (2015), aber auch Wörterbücher von Duden.

[13] Entsprechende Beispiele dafür aus drei Fernsehsendungen des Österreichischen Rundfunks (ORF) bringt z. B. Kaiser (2006: 284 f., 288 f., 292 f.). Zum standardkonformen und weniger standardkonformen Deutschgebrauch von ORF-Sprecher:innen vgl. z. B. a. de Cillia / Ransmayr (2019: 44).

[14] Stubkjær (1997) befasst sich am Beispiel Österreich mit der Realisierung von Vokalen in Präsensverbformen.

Varianten des Gebrauchsstandards, darunter sind u. a. hier (regionale) Regularitäten des gesprochenen Standarddeutschen zu verstehen, die nicht kodifiziert sein müssen (vgl. Berend 2005; Elspaß / Dürscheid 2017: 89–93). Intendierter Standard (vgl. z. B. Lameli 2006) ist als Orientierung am Standardpol zu verstehen. Der Dialektpol (*Dialekt-Dialect*) kann als Basisdialekt verstanden werden („Grunddialekt" bei Auer 1986: 97). Basisdialekt ist ein Begriff der traditionellen Dialektologie und verweist auf eine archaische Sprachform, so auch in Bezug auf das Bairische (vgl. Zehetner 1985: 18 ff.). Daran, einen „Idealinformant[en] für grundständigen Dialekt" finden zu können, zweifelt bereits Zehetner (1985: 19). Sollte es jedoch einen solchen Menschen geben, dann würde man beobachten, dass, „[...] sobald er sich mit einem Fremden unterhält, [er, K. R. P.] in der Skala seiner Mundartlichkeit nach oben, d. h. in Annäherung an die Umgangs- oder sogar Hochsprache [bzw. Standardsprache, K. R. P.], variieren [wird]" (ebd.). Neben dem Ausdruck des „grundständigen Dialekt[s]" (ebd.) nennt Zehetner (1985) weitere Synonyme für (den bairischen) Basisdialekt wie z. B. „Dorfdialekt" (ebd.: 19), „reiner Ortsdialekt" (ebd.: 159) und „Lokalmundart" (ebd.); bei Basisdialekt handelt es sich also auch um eine sehr kleinräumig angelegte Sprachform (vgl. ebd.: 19). Der Hauptgrund dafür, Basisdialekt als zweiten virtuellen Pol im DSK zu bezeichnen, ist auch Zehetner (1985: 19 f.) bewusst und lautet auf das (frühe) 21. Jahrhundert übertragen wie folgt: Es ist davon auszugehen, dass aufgrund des gesellschaftlichen Wandels, hoher Mobilität, des durch moderne Techniken ermöglichten 24/7-Konsums von Medien und des Zugangs zu einem bisher nie dagewesenen Spektrum an Kommunikationsmöglichkeiten der Sprachgebrauch von sogenannten Dialektsprecher:innen von standardsprachlicher Variation mitbestimmt wird. Auch die Bedeutung von Basisdialekt als „Bauernmundart", womit Zehetner (1985: 19) kommunikative Verhältnisse einerseits im familiären und andererseits im betriebsinternen Bereich ins Spiel bringt, ist (zumindest heute) gering; mit Stand von 2020 arbeiten in Österreich weniger als 4 % der Erwerbstätigen in der Landwirtschaft (www 7).

So wie für Stevenson et al. (2018: 48) gilt auch in der vorliegenden Untersuchung Folgendes: „[B]oth local dialects and the standard variety are subject to variation, so these terms merely serve as aids to identify a particular speech sample as leaning more towards one end-point or the other on the continuum". Dieser Maxime folgend stellt sich die Frage, wie denn Interaktionsverläufe in standardsprachliche bzw. standardnahe und dialektale bzw. dialektnahe Bereiche segmentiert werden können. Auer (2010) argumentiert, dass die Verwendung des auf strukturalistische Bestrebungen zurückgehenden Begriffs des Segmentierens im Zusammenhang mit der Diskussion von Interaktionsverläufen ungünstig

3.2 Zu Dialekt und Standardsprache

ist. „Die strukturalistische Operation des Segmentierens ist [...] keine angemessene Methodik für die Untersuchung mündlicher Sprache" (ebd.: 2), denn dafür fließen die linguistischen Beschreibungsebenen (Phonetik, Phonologie, Suprasegmentalität, Morphologie, Syntax, Lexik, Semantik und Pragmatik) und gesprächslinguistische Analyseeinheiten (z. B. Turns bzw. TKE sowie sprachliche Handlungen bzw. Sprechakte) zu sehr ineinander (vgl. ebd.: ab 2). Beim Segmentieren von Interaktionsverläufen, was Auer (ebd.: 11) auch als zu reflektierenden „Gestus des allmächtigen Linguisten am Schreibtisch, der das fertige Produkt [bzw. das Transkript, K. R. P.] sprachlichen Handelns bearbeitet", bezeichnet, droht der Blick auf das Ständig-im-Entstehen-begriffen-Sein der situationsabhängigen Organisation der sozialen Interaktion (u. a. „on-line Emergenz" bei Auer ebd.: 1) im Variationsraum von Dialekt bis Standardsprache (= DSK-Emergenz) verloren zu gehen. Dies ist im Anschluss an Auer (ebd.: 2) ein Grund dafür, die „Idee des Gestaltschlusses" jener des Segmentierens vorzuziehen. Mit der Gestaltschlussidee wird dem Rechnung getragen, dass an Interaktionen Beteiligte im Vergleich zu an Interaktionen sprachwissenschaftlich Interessierten nicht die Möglichkeit haben, in einem Transkript zwischen einem „Früher und Später", einem „Oben und Unten" oder einem „Rechts und Links" hin und her zu springen (ebd.: 11). Gesprächspartner:innen begeben sich on-line und sofort auf die Suche nach Schlüssigkeit, die durch verschiedene sprachliche Signale[15] als für (nicht) erreicht empfunden werden kann, und an Interaktionen sprachwissenschaftlich Interessierte machen dies off-line, im Nachhinein, in Ruhe und von bestimmten Perspektiven sowie schriftlichen Rekonstruktionen (bzw. Transkripten) geleitet (vgl. Auer ebd.: ab 3). Die Voraussetzung dafür, dass an Interaktionen teilgenommen werden kann, ist die unmittelbare Beurteilung dessen, ob sich das Wahrgenommene „zu einer abgeschlossenen Einheit zusammenfügt oder als offene Gestalt noch einer Fortführung bedarf. Einmal getroffene Entscheidungen können revidiert werden" (ebd.: 3) und sich zu einer konversationellen Reparatur(sequenz) entwickeln (vgl. ebd.: 3–8). Damit umzugehen, dass sich das, „was vielleicht zuerst als vollständig und abgeschlossen erschien, oft im nächsten Augenblick als Bruchstück einer größeren Gestalt" (ebd.: 11) herausstellt, ist keine Besonderheit bei der Organisation sozialer Interaktion (vgl. z. B. ebd.: 11–17). Folglich ist mit Auer (2010) dafür zu plädieren, bei der Untersuchung von Interaktionsverläufen „der *on-line*-Prozessierung der Gesprochenen Sprache" (ebd.: 11 [H. i. O.]) so weit wie möglich genauso viel Aufmerksamkeit zu schenken, wie es an Interaktionen Beteiligte tun (müssen). Darauf bezieht sich auch der Begriff der DSK-Emergenz.

---

[15] Selbstverständlich spielen hierbei auch außersprachliche Signale eine Rolle.

Wie bereits aus vorangehenden Stellen des Argumentationsverlaufs hervorgegangen sein sollte, kennzeichnet der Begriff DSK-Emergenz hier auf der sprachlich-interaktionalen Oberfläche abgebildete Aktivitäten, die auf eine Dialekt-/Standard-Flexibilität von L1S in L1S-L2S-Gesprächskonstellationen im Fluss von Gesprächsbeiträgen (= Turn und TKE) und von überzuordnenden Analyseeinheiten (= Episode bzw. ein Komplex an Gesprächsbeiträgen) bzw. unterzuordnenden (z. B. auf Wort- oder Lautebene) hinweisen. DSK-Emergenz-Figuren stehen in einem engen Zusammenhang mit Code-Shifting, der Auer'schen Gestaltschlussidee und anderen Theorieangeboten, die die Organisation sozialer Interaktion ausdrücklich als dynamisch ausweisen (s. hierzu v. a. Kapitel 1–4). Sie geben (einzelne) Informationen darüber, wie der Variationsraum von Dialekt bis Standardsprache interaktional bespielt wird, wobei es sich (1) um Verschiebungen in Richtung Standardpol (= →) und (2) in Richtung Dialektpol (= ←) sowie (3) (vorübergehende) Stabilisierung im dialektnahen oder standardnahen Bereich des DSK handelt, was eine Modifizierung oder die Präsenz einer anderen Variante nicht ausschließt (= ↓), und außerdem (4) auch berücksichtigt wird, ob im Interaktionsverlauf ein neues Element oder Segment hinzustößt (= ↑). Kurzum: DSK-Emergenz-Figuren geben Auskünfte über das gesprächselement- oder gesprächssegmentsbezogene Modifizierungs- und Stabilisierungsgeschehen auf der sprachlich-interaktionalen Oberfläche. Der einzige Anhalts-, Ausgangs-, Fix- oder Orientierungspunkt kann bei der Übersetzung von Gesprochenem in DSK-Emergenz-Figuren nur die Standardsprache sein, denn nur diese Form des Deutschen ist zumindest nahezu klar definiert, womit die Kodifizierung des Deutschen gemeint ist – man könnte auch von autorisierten Sprech- und v. a. Schreibnormen sprechen.

Im Hinblick auf die Realisierung von /a/ des L1S ADS_1 lässt sich eine solche Figur in Beispiel 1 (von Z. 055 nach Z. 056) und Beispiel 2 (von Z. 040, Z. 041 nach Z. 043) als [a̶]→ [a] darstellen. In Beispiel 3 (bzw. in der Episode T7_K), in dem der L2S-Kochlehrling LK seinen L1S-Ausbilder AK_2 danach fragt, ob er den Konvektomaten AUFmachen (Z. 049) darf, in dem sich gegarte Teigtaschen oder Ähnliches befinden, zeigt sich in der Antwort von AK_2 anfangs die Figur [a̶] ← [a] (von kannst: Z. 051; WAS: Z. 053 nach wos_ma MOchen: Z. 055). Sie wird in Z. 055 (damit) zu [a̶]←[a] + [a̶]→ [a] ausgebaut. In Beispiel 1, 2 und 3 sind u. a. die *a*-Realisierungen[16] ein Hinweis auf DSK-Emergenz.

---

[16] Das Phonem /a/ und der Laut [a] werden in der vorliegenden Arbeit auch immer wieder als *a* dargestellt. Eine solche Darstellungsweise gilt auch für andere Phoneme und Laute. Dies ist maßgeblich dem Umstand geschuldet, dass die phonologische und die phonetische

3.2 Zu Dialekt und Standardsprache

Beispiel 3 (= T7_K)

```
049  LK:      das darf ich AUFmachen?
050           (.)
051  AK_2:    kannst du RAUSnEhmEn.
052           (.)
053  AK_2:    konrad weiss WAS;
054           (---)
055  AK_2:    <<all> wos_ma MOchen damit>.
```

Der Lautwert *a* oder *o* (auch *e* bei des 'das', s. z. B. Beispiel 1) für /a/ heißt selbstverständlich nicht, dass alle anderen Elemente einer Analyseeinheit auch für eine Ansteuerung des einen oder andern Pols sprechen müssen. In Beispiel 1 und 3 steht die klitisierte *wir*-Variante (mittel-)bairischer Ausprägung (_ma) sowohl im Zusammenhang mit standardkonformem *a*-Gebrauch (s. das LASS_ma in Beispiel 1: Z. 056 und damit in Beispiel 3: Z. 055) als auch mit nicht-standardkonformem *a*-Gebrauch (s. des LOSS_ma in Beispiel 1: Z. 055 und wos_ma MOchen Beispiel 3: Z. 055). Der Gebrauch von enklitischem *wir* wurde oben bereits als dialekt-/standard-diffus bezeichnet, weil er in verschiedensten Situationen von (mittel-)bairischen Sprecher:innen genauso wie von anderen Sprecher:innen im deutschen Sprachraum erwartbar ist (vgl. z. B. www 6). Dass _ma z. B. im Duden nicht kodifiziert ist und als (mittel-)bairische Ausprägung der Klitisierung von *wir* gelten kann, sind Gründe dafür, die Verwendung dieses Enklitikons nicht am Standardpol zu verorten. Jedoch kann sie, wie in Abschnitt 3.1 ausgeführt, im Fall von Beispiel 1 Dialektnähe wie auch Standardnähe implizieren. In Beispiel 3 lehnt sich _ma nicht an ein Verb, sondern an eine Konjunktion an, was als typisches Merkmal der bairischen Dialekte gilt (vgl. z. B. Rein 1983: 1153) – allemal insofern es nicht das Personalpronomen *es* betrifft –, (zumindest zunächst) typisch Bairisches wird allerdings mit *a*-Lautwert für /a/ aufgehoben, es heißt wos_ma MOchen damit und nicht *[...] domit*[17].

Der _ma-Gebrauch könnte aufgrund von (datensamplebezogener) Konstanz als DSK-Emergenz-Nullum betrachtet werden, denn in Beispiel 1 wird die *wir*-Realisierung nicht modifiziert und in Beispiel 3 ist auf dem ersten Blick auch kein solcher Modifizierungsprozess zu beobachten. Die *wir*-Realisierung ist in Beispiel

---

Beschreibungsebene in gesprächslinguistischen Arbeiten oft kaum zu trennen sind; in Arbeiten, in denen aufgrund des Untersuchungsgegenstands zwischen diesen beiden Beschreibungsebenen sauber zu trennen ist, ist dies selbstredend anders.

[17] Der damit-Fall wird in Abschnitt 5.2 eingehender diskutiert. An dieser Stelle sei erwähnt, dass bei (mittel-)bairisch geprägtem Sprachgebrauch *a* in *damit* sowohl verdumpft als auch nicht verdumpft auftreten kann.

1 allerdings genauso ein Ergebnis der Bewegung im DSK wie die Verschiebung im Hinblick auf die *a*-Realisierung, und in Beispiel 3 ist sie ein Ergebnis von dem, was irgendwo von WAS (---) (Z. 053–Z. 054) bis wos_ma (Z. 055) oder dazwischen passiert. Die etwa eine Sekunde andauernde Pause zwischen WAS und wos_ma zeigt womöglich einen Kookkurrenzkonflikt[18] im Kontext von *was wir*, *was_ma*, *wos wir* und *wos_ma* an. Hierbei handelt es sich um ein DSK-Emergenz-Signal im Gespräch mit LK, das im Gespräch mit LDS so nicht zu beobachten ist. ADS_1 verwendet _ma nach einer Konjunktion, ohne dabei mit sich zu hadern, was nicht heißt, dass sich keine anderen Verschiebungen im DSK manifestieren (s. dass[19]_ma im Kontext von T11_DS: Z. 013–Z. 018 & T13_DS: Z. 128–Z. 136). Die Tatsache, dass (zumindest von ADS_1) neben der klitisierten *wir*-Form auch die *wir*-Vollform verwendet wird (s. T4_DS: Z. 021; T7_DS: Z. 009), ist wohl das auschlaggebendste Argument dafür, die Klitisierung von *wir* nicht grundsätzlich als DSK-Emergenz-Nullum verstehen zu können. Außerdem kommt im vorliegenden Datensample Vollform-Suffixform-Variation in Form von unmittelbarer Alternativität grundsätzlich vor. Dies betrifft z. B. *ich*, *du* und *er*. Während also in Bezug auf *wir* und die reduzierte Variante davon DSK-Emergenz-Figuren nur dann zum Einsatz kommen können, wenn die Analyseeinheit (sehr) groß anberaumt ist, sind die Moves → und ← sowie (vorübergehend) stabilitätsausweisendes ↓ im Hinblick auf andere Personalpronomen auch unmittelbaren Charakters.

Ein eingängiges Beispiel dafür, dass ein bestimmter *a*-Gebrauch nicht bedeuten muss, dass alle anderen Elemente in einer fokussierten Analyseeinheit auch jeweiligem *a*-Gebrauch entsprechend in Richtung Dialekt- oder Standardpol ausgelegt sein müssen, ist in Beispiel 2 zu finden: In Z. 043 ist trotz der Verwendung von standardkonformem *a* (= hast) die *l*-Realisierung auffällig nicht standardkonform (= söLber) und in Z. 041 ist es genau umgekehrt (= host, SELber). Aus Beispiel 4 geht noch etwas eindeutiger hervor, dass standardkonformer *a*-Gebrauch nicht bedeuten muss, dass eine fokussierte Analyseeinheit zur Gänze standardkonform ist. Dieses Beispiel ist ein Auszug einer Planungsphase für die Montage eines Abflussrohrs an der Außenwand eines Heustadels aus Holz.

---

[18] In der vorliegenden Untersuchung wird nicht zwischen Kookkurrenz und Kollokation unterschieden, sondern – so wie es nach Glück / Rödel (2016: 343, 370) auch möglich ist – Kookkurrenz als Überbegriff und Kollokation als Unterbegriff verstanden. Der Kollokationsbegriff bezieht sich auf „erwartbares Miteinandervorkommen" (ebd.: 343) bzw. „das gemeinsame Vorkommen sprachl[icher] Einheiten" (ebd.: 370) im Allgemeinen. Auer (1986: z. B. 107) verwendet den Kollokationsbegriff zumindest ähnlich – wenn nicht gar genauso.

[19] Der Lautwert in Richtung [a] für /a/ in der Konjunktion *dass* ist im (Mittel-)Bairischen regulär (vgl. Koch 2019: 310).

Beispiel 4 (= Ausschnitt aus T11_DS)

```
020 ADS_1:    <<all> wei  dann  mach_ma  dann  DA  irgendwo
              (eini/eine) wo das holz is(t)>;
```

In Beispiel 4 zeigt sich die Orientierung am Standardpol durch den *a*-Gebrauch und der Abstand zu jenem durch *l*-Tilgung in wei, die Verwendung von _ma für *wir*, das womöglich auftretende (mittel-)bairische Richtungsadverb eini 'hinein'[20] und eventuell durch die Tilgung von *t* in is(t), die allerdings so wie auch ein am Verb enklitisiertes *wir* als gebrauchsstandardkonforme Option im Deutschen verstanden werden kann (vgl. Berend 2005: 149). Neben den sich auf das Verhältnis zwischen standardkonformem *a*-Gebrauch und die Verwendung von nicht-standardkonformen Sprachgebrauchselementen beziehenden Verschiebungen im DSK ist ein weiterer Hinweis auf DSK-Emergenz zu beobachten. Gemeint ist die Figur, die sich im Hinblick auf *l* ergibt, sie lässt sich als $\not{L} \rightarrow l$ darstellen (betrifft wei und holz). Zwar konzentrieren sich *l*-bezogene DSK-Emergenz-Figuren in der vorliegenden Untersuchung auf das Auftreten von *l* als vokalische und konsonantische Variante, aber dass *l*-Variation bzw. die Auflösung und die Erhaltung des konsonantischen *l* Teil des Inputs ist, dem L2S in Gesprächen mit L1S begegnen, geht auch aus dieser Darstellung hervor.

3.3 Sprachgebrauchsmodelle im Kontext von Deutschaneignung und (Aus-)Bildung

Nachdem in den beiden vorangegangenen Abschnitten verschiedene Perspektiven auf Variation im Kontext von (Mittel-)Bairisch und Standardsprache vorgestellt wurden und dabei festgehalten wurde, dass Variation sich (im Zusammenhang mit dieser Untersuchung) nicht mit einer Dialekt-Standardsprache-Kategorisierung erfassen lässt, wird im vorliegenden Abschnitt Variation vor dem Hintergrund von areallinguistischen Sprachgebrauchsmodellen diskutiert. Eine migrationsspezifische Perspektive darauf ist in Abschnitt 3.4 zu finden.

Für die Sprecher:innengemeinschaft(en) der Deutschschweiz wird häufig von einem funktional sorgfältig sortiertem Nebeneinander zweier Deutschvarietäten – nämlich der Verwendung von Schweizer Standarddeutsch in Bildungskontexten oder in anderen formellen Kontexten und die Verwendung von Schwyzerdütsch in informellen Kontexten im Alltag – ausgegangen (vgl. z. B. Riehl

---

[20] Zur Bildung der Richtungsadverbien im (Mittel-)Bairischen vgl. z. B. Zehetner (1985: 134–137).

2014: 16).[21] Eine solche Annahme entspricht dem Mitte des 20. Jahrhunderts von Charles Ferguson entwickelten Sprachgebrauchsmodell der Diglossie (vgl. ebd. 16 f.). Diglossische Verhältnisse wurden und werden auch für den L1S-Sprachgebrauch in anderen Gebieten des deutschen Sprachraums beschrieben, so auch für jenen in mittelbairischen Regionen Deutschlands (vgl. Kehrein 2019: 125–133) und Österreichs (vgl. ebd.: 125 ff.). Im Hinblick auf mündlichen Sprachgebrauch vs. schriftlichen Sprachgebrauch ist ein diglossisches Verständnis zwischen dialektalem und standardsprachlichem L1S-Sprachgebrauch in (Mittel-) Bairisch-Österreich am ehesten nachzuvollziehen. Dies gilt insbesondere dann, wenn man ähnlich wie Riehl (2014: 16 [H. i. O.]) Diglossie als „‚Arbeitsteilung'" zweier oder mehrerer Sprachen bzw. Varietäten im Rahmen der Organisation sozialer Interaktion versteht. Dennoch ist ein solches diglossisches Verhältnis auch anzuzweifeln, denn zum einen, und darauf wurde im vorliegenden Kapitel schon an verschiedenen Stellen hingewiesen, kann mündlicher Sprachgebrauch (v. a. in großen Analyseeinheiten) kaum als entweder pur dialektal oder pur standardsprachlich erfasst werden, zum anderen wird in schriftlicher Kommunikation z. B. über Mobilfunk und in Social Media nicht immer nur standardkonform formuliert (vgl. Stevenson et al. 2018: 94 f.), was auch in Österreich Deutschlernende im (frühen) Erwachsenenalter zu thematisieren vermögen (vgl. z. B. Dannerer et al. 2021: 30). Mit Stevenson et al. (2018: 95) lässt sich ein solcher Sprachgebrauch als Bewegung in einem Kontinuum verstehen, „where we adhere to the standard norms of writing and orthography at one extreme and completely ignore them at the other" (ebd.).

Einen auf „eine relativ stabile Trennung" (Kehrein 2019: 126) von Dialekt und Standardsprache zurückzuführenden quasi-diglossischen Sprachgebrauch, wie ihn Kehrein (ebd.: z. B. 126, 132 f., 147) u. a. für den L1S-Sprachgebrauch in mittelbairischen Regionen (v. a. in Deutschland, aber auch in Österreich) evidenzbasiert zu erkennen vermag, bestätigt vorliegende Untersuchung zum L1S-Sprachgebrauch in einem mittelbairischen Gebiet Oberösterreichs wohl kaum. Es fehlen die methodologischen Vorzeichen dafür, ein diglossisches Verhältnis thematisieren zu können; nicht der L1S-Sprachgebrauch in einer formellen und informellen L1S-L1S-Gesprächskonstellation wird gegenübergestellt, wie es z. B. Weiss (1982: 376 f.) in seiner kleinräumig angelegten Untersuchung in Mittelbairisch-Oberösterreich macht, sondern der L1S-Sprachgebrauch in einer

---

[21] Für allgemeine Kritik zu dieser Sichtweise vgl. z. B. Riehl (2014: 17 ff.) oder Kehrein (2019: 129), für auf den Sprachgebrauch im Unterricht bezogene vgl. z. B. Berthele (2010: 42).

durch die L1S-L2S-Gesprächskonstellation mitbestimmte Situation wird fokussiert. Diese Fokussierung erfolgt hier am Beispiel der Kommunikation im Rahmen der innerbetrieblichen Lehrlingsausbildung, die sich so wie die Kommunikation zwischen Lehrenden und Lernenden in anderen Bildungskontexten u. a. im Zusammenhang mit DaZ sicherlich oft auch nicht als pur formell oder pur informell darstellen lässt (s. hierzu a. weiter u.). Zumindest der mittelbairisch geprägte Sprachgebrauch in Oberösterreich könnte in Anlehnung an Weiss (1982: 392) durchaus mithilfe eines Formalität-Informalität-Kontinuums beschrieben werden. Efing (2014) vertritt im Zusammenhang mit Deutschaneignung und beruflicher (Aus-)Bildung ein vergleichbares Kontinuum-Modell, ohne dabei regionale Einschränkungen (und zwar in Bezug auf Deutschland) vorzunehmen (s. hierzu a. Abschnitt 3.4).

Die vorliegenden Daten zum Sprachgebrauch von L1S-Ausbildern im Gespräch mit ihrem jeweiligen L2S-Lehling sprechen für die Annahme eines DSK-Modells im Sinne von Auer (1986: z. B. 119 ff.), denn anstatt klaren Brüchen zwischen dialektaler und standardsprachlicher Sprech- oder Ausdrucksweise (= Code-Switching), die einen Hinweis auf ein diglossisches Verhalten von Sprechenden liefern würden, fallen in beträchtlichem Ausmaß die graduellen Bewegungen in Richtung Standard- und Dialektpol auf (= Code-Shifting). Aus den hier diskutierten Gesprächsausschnitten (= Variationsausschnitte verschiedenen Umfangs in Relation gesetzt) geht kaum hervor, dass die L1S-Ausbilder im Gespräch mit den deutschlernenden Auszubildenden auf dem einen oder anderen Pol verharren oder von dem einen Extrem (Basisdialekt) ins andere Extrem (Standardsprache) abrupt wechseln bzw. switchen würden, was Kehrein (2019: 129) folgend in einer vergleichbaren Gesprächskonstellation im Hinblick auf den L1S-Sprachgebrauch in der Deutschschweiz nicht auszuschließen ist, denn „[e]in Wechsel zum Schweizerhochdeutschen erfolgt praktisch ausschließlich im Gespräch mit Allochthonen", wie Kehrein (ebd.) die entsprechende Situation in der Helvetischen Republik zusammenfassend schildert.

In Bezug auf das Mittelbairische (v. a. in Österreich) ist auch für Kehrein (2019: 126, 137) ein Im-DSK-Involviertsein denkbar. Allerdings bevorzugt Kehrein (ebd.: z. B. 125–128) ein anderes Kontinuum-Modell, um den L1S-Sprachgebrauch u. a. in mittelbairischen Regionen zu erfassen, nämlich ein sprachlich-regionales. In diesem Modell wird die quasi-diglossische Sichtweise z. B. auf den Sprachgebrauch im mittelbairischen Sprachraum aufgeweicht (s. o.), indem davon ausgegangen wird, dass sich (Elemente von) Varietäten von Dialekt bis Standardsprache überlagern (vgl. ebd.: z. B. 132 f.).[22] Es wird ein auf soziopragmatisch-sprachlich-regionalen Konventionen beruhender *Varietätenraum* zwischen zwei *Vollvarietäten* angenommen. Folglich konkurriert dieses sprachlich-regionale Kontinuum-Modell mit dem Auer'schen Variationsraummodell, das sich dadurch auszeichnet, Variation bzw. die Organisation sozialer Interaktion jenseits von Varietäten(gebrauch) zu denken.[23] Das Ineinanderlaufen von Variationsaspekten ist im sprachlich-regionalen Kontinuum-Modell von Kehrein (ebd.) an varietätenbezogene Einfassungen gebunden, im Variationsraum von Dialekt bis Standardsprache (hier alias DSK) ist dies nicht der Fall.

In Anlehnung an Lenz (2019: 351 ff.) ist die Modellierung des L1S-Sprachgebrauchs in (Mittel-)Bairisch-Österreich als DSK zumindest akzeptabel. Allerdings stehen für Lenz (ebd.: 350) noch überzeugende Belege dafür aus – hierbei scheint v. a. Quantität im Vordergrund zu stehen. Auf bisherige Evidenz stützend kommt Lenz (ebd.: 352 [H. i. O.]) zu dem Schluss, „dass die vertikale Struktur des bairisch-österreichischen Sprachraums wohl nicht mittels eines Kontinuumsmodells *oder* eines Varietätenmodells adäquat erfasst werden kann". Lenz (ebd.) plädiert für ein „Kompromissmodell", nämlich für „ein synoptisches Modell der Sprachrealität", in dem zum einen auf der Vertikalen bzw. der soziosituativen Ebene ein Kontinuum angenommen wird und zum anderen dennoch emisch wie auch etisch L1S-Varietäten evident werden können. Wodurch sich solche L1S-Varietäten auszeichnen würden, ist Lenz (ebd.: 350 ff.) folgend noch eingehend zu klären. Eine ausführliche Beschreibung von L1S-Sprachgebrauch bzw. ggf. von L1S-Varietäten im Hinblick auf L1S-L2S-Gesprächskonstellationen

---

[22] Kehrein (2019: z. B. 126) spricht in diesem Zusammenhang u. a. auch von „Sprechlagen" (vgl. dazu auch Schmidt / Herrgen 2011: 52 f.). Außerdem hält Kehrein (2019: 132 f.) fest, dass der L1S-Sprachgebrauch in mittelbairischen Regionen Deutschlands durch die Verwendung entweder sehr dialektnaher Varietäten oder sehr standardnaher Varietäten und kaum etwas dazwischen (z. B. regiolektale Varietäten) gekennzeichnet sei und somit eine Sonderstellung im Sprachgebrauchsgefüge im deutschen Sprachraums darstelle. Dennoch zeichne sich offenbar seit geraumer Zeit eine Aufhebung der quasi-diglossischen Sprachsituation in diesen Regionen und ein „Ausbau des Regiolekts zu einer Varietät der Alltagskommunikation" (ebd.: 133) ab. Der Frage danach, ob eine ähnliche Situation in Mittelbairisch-Österreich anzutreffen ist, ist Kehrein (ebd.: 132, 137) zufolge noch eingehender nachzugehen. Kehrein (ebd.: 126 ff., 132 f., 137) scheint die Annahme zu präferieren, dass der L1S-Sprachgebrauch in Mittelbairisch-Deutschland jenem in Mittelbairisch-Österreich sehr ähnlich ist. Kehrein (2019: z. B. 126–137) wirft Fragen auf, die nur dann bedeutend sind, wenn von einem Varietätenraum ausgegangen wird.

[23] Vgl. dazu auch Abschnitt 3.1 bzw. Auers (1990: 179) Kritik am Varietätenraum und die damit verbundene Präferenz des Variationsraummodells.

3.3 Sprachgebrauchsmodelle im Kontext von Deutschaneignung ...

steht ebenso für (Mittel-)Bairisch-Österreich und zumindest für einen Großteil anderer Regionen im deutschen Sprachraum noch aus, wenngleich es auch bereits Arbeiten gibt, die sich mit diesem Thema befassen.[24] Bevor man eine solche Beschreibung jedoch leisten kann, sollte im Anschluss an z. B. Auer (1990: 179) in entsprechender Grundlagenforschung der Blick nicht durch die Annahme der Verwendung eines bestimmten Sets an Varianten (hier Varietäten) eingeengt werden, eine varietätenbezogene Einfassung kann ehestens ein zweiter Schritt sein. Das Auer'sche Variationsraummodell bildet eine gute Basis dafür, sich so wenig voreingenommen wie möglich Fragen zum Sprachgebrauch im Kontext von DaZ (und (Aus-)Bildung) zu widmen. Wie bereits deutlich gemacht sein sollte, bezieht sich hier der Variationsraum auf das DSK im Deutschen. Es hat sich allerdings bereits herausgestellt, dass der L1S-Sprachgebrauch im bairischen Sprachraum in Gesprächen mit L2S am Arbeitsplatz auch Elemente einer anderen Einzelsprache (wie z. B. Englisch) beinhalten kann (vgl. Cindark / Hünlich 2017: 9 für Deutschland; Perner / Brodnik 2021: 185, 194 für Österreich) – also nicht völlig mit (irgend-)einer Deutschvarietät abgeglichen werden kann, was kaum überraschend ist, wenn man wie Busch (2013: 7) davon ausgeht, dass Mehrsprachigkeit ein „Alltagsphänomen" ist und soziale Interaktion durch „Heteroglossie" (ebd.: 10) bzw. „die vielschichtige und facettenreiche Differenzierung,

---

[24] Dass bairische Varianten seitens L1S in Gesprächen mit L2S am Arbeitsplatz in Süddeutschland zum Tragen kommen können, geht aus Cindark / Hünlich (2017 z. B. 8 ff.) hervor. Cindark / Hünlich (ebd.: 10) greifen das Phänomen der Klitisierung der Personalpronomen „[i]n den bayrischen Dialekten" heraus, allerdings wird die Verwendung einer Reihe von anderen bairischen Spezifika von L1S in einer solchen Gesprächskonstellation auch deutlich – genauso wie die Nichtverwendung (eventuell auch die Vermeidung) ebensolcher (vgl. ebd.: 8 f.). Ähnliches zeigt sich auch in den Beiträgen von Perner (2020) und Perner / Brodnik (2021) zum L1S-Sprachgebrauch im Gespräch mit L2S in Mittelbairisch-Österreich, auf die an anderen Stellen der vorliegenden Arbeit immer wieder und auch genauer eingegangen wird. Cindark / Bauer (2017) präsentieren Gesprächsausschnitte zwischen einem Ausbilder mit Deutsch als L1 und mehreren L2S, die im Rahmen eines Gastronomiepraktikums im Rhein-Neckar-Gebiet, genauer in der Stadt Heidelberg, erhoben wurden (vgl. ebd.: 7), und stellen fest, dass der besagte L1S „nahezu durchgängig standardnah gesprochen [hat] und [...] an keiner Stelle z. B. in eine dialektale Sprechweise gewechselt [ist]" (ebd.: 28). Dialekt-Standard-Variation im Kommunikationsraum Unterricht wird anhand verschiedener Beispiele aus dem deutschen Sprachraum z. B. in Dannerer et al. (2021) diskutiert, Blaschitz et al. (2020) nehmen den Unterricht an einem Gymnasium in Mittelbairisch-Oberösterreich in den Blick, an dem auch geflüchtete Quereinsteiger:innen teilnehmen. Auf beide Texte wird in der vorliegenden Arbeit an anderen Stellen etwas näher eingegangen.

die lebendiger Sprache innewohnt" (ebd.), bestimmt ist.[25] Belege wie der Rückgriff auf sprachliche Elemente außerhalb des deutschen Variationsspektrums in L1S-L2S-Gesprächskonstellationen sind ein weiteres Argument dafür, das Variationsraummodell zu nützen, das in einem solchen Fall über deutsche Dialekte, deutsche Standardvarietäten und alles dazwischen hinausgeht.

U. a. in edukationalen Zusammenhängen zählt de Cillia (z. B. 2014: 12 ff.) zu den stärksten Befürworter:innen eines DSK-Modells in (Mittel-)Bairisch-Österreich (vgl. dazu auch de Cillia / Ransmayr 2019: 20–24, 47–51, 129, 150, 206–212, 228 f.; de Cillia et al. 2020: 23 f., 112 f., 289 f.).[26] Mit de Cillia (2014: 13 f.) „[stellt] [e]ine realitätsnahe Modellierung und genaue empirische Beschreibung des Sprachgebrauchs in Österreich, die die gesamte Variationsbreite des Sprachverhaltens im Dialekt-/Standard-Kontinuum erfasst und variationslinguistisch begründet, [...] ein wichtiges Desiderat dar" (vgl. dazu auch Kehrein 2019: z. B. 132, 137), das hier auch in soziolinguistischem Lichte im Zusammenhang mit DaZ aufgegriffen wird. Ein (Dialekt-/Standard-)Kontinuum-Modell für den Sprachgebrauch in zumindest bestimmten Regionen des oberdeutschen Sprachraums anzunehmen, ist nicht neu (vgl. z. B. Zehetner 1985: 19; Auer 1986; Auer 1990: 179 ff.; Barbour / Stevenson 1998: 151 f.; Christen 1998: 292 ff.; Christen

---

[25] Heteroglossie bezieht sich auf „die ganze Bandbreite sprachlicher und kommunikativer Ressourcen [...], die sich teilweise einem Sprachsystem, teilweise einem anderen zuordnen ließen, teilweise auch mehreren oder keinem" (Busch 2013: 10), und lässt sich folglich auch als ein sprachliches Metakontinuum darstellen. Darauf, dass die implizite wie auch explizite Thematisierung sprachlicher Kontinua in der pädagogischen, aber auch andragogischen Praxis insbesondere im Zusammenhang mit Deutschaneignung einen Beitrag zum ((Aus-)Bildungs-)Erfolg leisten kann, macht Busch (2013) immer wieder aufmerksam. Es handelt sich hierbei um einen der roten Fäden in ihrer Monographie namens „Mehrsprachigkeit" (ebd.). In der vorliegenden Untersuchung kommt Heteroglossie dadurch zum Ausdruck, dass nicht nur Wörter und Wendungen verwendet werden, die als deutsche Wörter oder Wendungen gelten.

[26] Allerdings scheint de Cillia (2014) eher das Varietätenraummodell als das Variationsraummodell zu bevorzugen.

3.3 Sprachgebrauchsmodelle im Kontext von Deutschaneignung ...

2019;[27] Ammon 2003: 166 ff.[28]; Löffler 2005: 21 f.[29]; Wiesinger 2010[30]: 363; Ender / Kaiser 2014: 144[31]; Kehrein 2019: 128, 132 f., 137)[32], das Inbetrachtziehen eines (quasi-)diglossischen Modells für den Sprachgebrauch in diesem Sprachraum ebenso wenig (vgl. z. B. Weiss 1982[33]: 376, 378; Ender / Kaiser

---

[27] Christen (1998: z. B. 292 ff.) erkennt im Sprachgebrauch ihrer Schweizer Gewährspersonen Eigenschaften, die für die Annahme eines DSK-Modells sprechen können (vgl. auch ebd.: 255–290). Löffler (2005: 23) zufolge zeigt die Untersuchung von Christen (1998) jedoch weniger Bewegungen im Variationsraum von Dialekt bis Standardsprache als Bewegungen von Dialekt bis Umgangssprache (oder umgekehrt); ein Wechsel von Schweizer deutscher Umgangssprache in die Schweizer deutsche Standardsprache wäre laut Löffler (ebd.: 22) durch einen klaren Bruch bzw. durch Code-Switching gekennzeichnet. Ob es sich bei dem Sprachgebrauch in der Deutschschweiz um ein Kontinuum-Modell handelt, dass dem Variationsraum von Dialekt bis Standardsprache entspricht, stellt Christen (2019) zur Diskussion (vgl. dazu u. a. ebd.: 273 ff.).

[28] Ammon (2003: 166 ff.) thematisiert das DSK am Beispiel eines Schwäbisch-Standard-Kontinuums (s. hierzu a. diesen Abschnitt).

[29] Löffler (2005: 21 f.) thematisiert verschiedene Kontinuum-Modelle, darunter auch DSK-Modelle, für den (ober-)deutschen Sprachraum. Löfflers (2005) Perspektiven sind v. a. in Kapitel 3 immer wieder von Interesse.

[30] Das Wiesinger'sche DSK-Modell für den L1S-Sprachgebrauch in (Mittelbairisch-)Österreich geht von einem vierstufigen Varietätenraum aus; die erste Stufe stellt den ortsgebundenen „Basisdialekt der alten eingesessenen bäuerlichen Bevölkerung" (Wiesinger 2010: 363) dar, die zweite den vom Sprachgebrauch in Städten (z. B. Wien) geprägten „regionalen Verkehrsdialekt der mittleren und jüngeren Generation" (ebd.). Die dritte Stufe entspricht einer standardnahen Umgangssprache und die vierte dem Pol Standardsprache am nächsten (s. hierzu a. diesen Abschnitt).

[31] Ender / Kaiser (2014: 144 [H. i. O.]) folgend kann nicht nur für den Sprachgebrauch in Bairisch-Österreich, sondern auch für jenen in Alemannisch-Österreich (≈ das Bundesland Vorarlberg) „durchaus ein ‚sprachliches Kontinuum' zwischen Standard und Dialekt" konstatiert werden.

[32] Stevenson et al. (2018: 48) bringen ein obersächsisches DSK-Beispiel. Sie machen damit darauf aufmerksam, dass die Annahme eines DSK-Modells auch außerhalb des oberdeutschen Sprachraums berechtigt ist. Perspektiven von Stevenson et al. (2018) sind in Kapitel 3 immer wieder von Bedeutung.

[33] Weiss (1982: 378) begründet seine Wahl zugunsten eines Diglossie-Modells für den Sprachgebrauch in Mittelbairisch-Oberösterreich mit einem „entsprechende[n] Bewußtsein in der Sprachgemeinschaft", das er u. a. aus einer Befragung von Gewährspersonen ableitet (ebd. 378 f.). Neben Interviews zum Sprachgebrauch hat Weiss (ebd.: 376 f.) auch den Sprachgebrauch in formellen und informellen Situationen erhoben. Im Rahmen der Auswertung der entsprechenden Gesprächsaufnahmen erkennt Weiss (ebd.: 391) durchaus „Variation zwischen Dialekt und Standardsprache". Der Diskrepanz zwischen Spracheinstellungen und tatsächlichem Sprachgebrauch ist sich Weiss (1982) stets bewusst (s. hierzu a. diesen Abschnitt).

2014: 144[34]; Kehrein 2019[35]: 126–129, 132 f.). Letztendlich ist im Anschluss an einschlägige Literatur festzuhalten, dass der L1S-Sprachgebrauch im oberdeutschen Sprachraum mithilfe von verschiedenen Modellen beschrieben werden kann und sich die Plausibilität der Annahme eines DSK-Modells für die Beschreibung des L1S-Sprachgebrauchs in (mittel-)bairischen Kommunikationsräumen (Österreichs) erschließen lässt.

In der vorliegenden Untersuchung wird nicht das DSK in Mittelbairisch-Österreich, sondern das DSK in (Aus-)Bildungskontexten am Beispiel des Kommunikationsraums Betrieb in Mittelbairisch-Oberösterreich in L1S-L2S-Gesprächskonstellationen diskutiert. In Bezug auf den Kommunikationsraum Unterricht findet eine entsprechende Diskussion z. B. in Blaschitz et al. (2020) und Dannerer et al. (2021: z. B. 55–59) statt und mit Perner (2020; 2023), Perner / Brodnik (2021) und ferner auch Dannerer et al. (2021: 82 f.) liegen erste Einblicke zur Dialekt-/Standard-Variation von L1S im Gespräch mit L2S am Arbeitsplatz in Österreich (Oberösterreich und Wien) vor. Im Widerspruch zu Ammons (2003: 166 ff.) Konzeptionalisierung im Hinblick auf das Im-DSK-Involviertsein stehend zeigt sich, dass Personen mit einem Hochschulabschluss (z. B. eine Biologielehrerin an einem oberösterreichischen Gymnasium) in formellen Situationen (z. B. im Biologieunterricht) durchaus dazu neigen können, sich sehr stark am Dialektpol zu orientieren (vgl. Blaschitz et al. 2020: 10–14; Dannerer et al. 2021: 55–59), und dass Personen mit einer nicht über den Berufsschulabschluss hinausgehenden Schulbildung (z. B. Gesell:innen bzw. Ausbilder:innen) nicht unbedingt Hemmungen haben müssen, sich in Richtung Standardpol oder im standardnahen Bereich des DSK zu bewegen (vgl. z. B. Perner 2020; 2023 oder hier Beispiel 1, 2 und 4). Dass es selbstverständlich auch zu solchen Hemmungen kommen kann, geht aus Beispiel 3 hervor, in dem AK_2 nach standardkonformen weiss WAS (Z. 053) etwa eine Sekunde absetzt (Z. 054) und dann auf weniger standardkonformen Sprachgebrauch umschwenkt (wos_ma MOchen damit: Z. 055). Dies kann einerseits mit einer Unsicherheit zu tun haben, wie oben bereits gemutmaßt wurde (Stichwort: Kookkurrenzkonflikt). Andererseits kann ein solches Phänomen aber auch einfach auf das hohe Prestige zurückzuführen sein, das (mittel-)bairischem Sprachgebrauch (bzw.

---

[34] Ender / Kaiser (2014: 144) weisen darauf hin, dass der Sprachgebrauch in Bairisch-Österreich auch durch diglossisches Verhalten erklärt werden könnte.

[35] Kehrein (2019) nennt Argumente aus einschlägiger älterer oder neuerer Literatur, die für, aber auch gegen ein diglossisches Sprachgebrauchsmodell in der Deutschschweiz (ebd.: 129) und in anderen deutschsprachigen Regionen, darunter auch mittelbairische (vgl. ebd.: 126 ff., 132 f.), sprechen (s. hierzu a. diesen Abschnitt).

entsprechender (lautlicher) Variation) überindividuell und -situativ zuteil werden kann (vgl. z. B. Zehetner 1985: 173–188; Barbour / Stevenson 1998: 155, 204 f.; Moosmüller 2007: 15 f.; 244; Ender / Kaiser 2009: 288 f.; Riehl 2014: 147, 151 f.; Kehrein 2019: 133; Koch 2019: 303–312). Im Gespräch mit dem L2S-Kochlehrling sind solche DSK-Bewegungen jedoch nicht durchgängig zu beobachten.

Obwohl Ammon (2003: 167) darauf verweist, dass „[d]ie Variation in der Region[36] des Dialekt-Standard-Kontinuums […] sozial und situativ bedingt [ist]", scheint für ihn die Neigung zum Sprechen von Dialekt oder Standardsprache mehr mit „Sozialschichten" (ebd.) als mit Situationsbezogenheit zu tun zu haben (vgl. ebd. 167 f.; in eine ähnlich Kerbe schlägt auch Wiesinger z. B. 2010: 363 f.); nach Ammon (2003: 167) tendieren in sowohl formellen als auch informellen Situationen die „unteren Sozialschichten" (Ammon ebd. folgend z. B. Arbeiter:innen bzw. Handwerker:innen) in Richtung Dialektpol und die „höheren Sozialschichten" (Ammon ebd. folgend z. B. Lehrer:innen) in Richtung Standardpol. Tendenzen in Richtung den einen oder den anderen Pol sorgen sicherlich dafür, dass „man alle fast erdenklichen Übergänge zwischen ausgeprägtem Dialekt und Standarddeutsch" (ebd.: 166) wahrnehmen kann, solche jedoch maßgeblich mit der Zugehörigkeit zu einer ‚sozialen Schicht' zu begründen, ist fragwürdig[37].

Ammon (ebd.: 167) bringt ein kurzes Beispiel, mit dem er die „Abstufungsvielfalt" im DSK anzeigt (Dialekt ist in diesem Beispiel „Schwäbisch", ebd.). Die dem Standardpol am nächsten stehende Spielart dieses Beispiels lautet „*Das habe ich gmacht*" und die davon am weitesten entfernte „*Des hao e gmacht*"

---

[36] Ammon (2003: 166 ff.) bezieht sich bei seiner Argumentation zwar auf seine Beobachtungen im schwäbischen Sprachraum, scheint aber den Ausdruck „[d]ie Region des Dialekt-Standard-Kontinuums" (ebd.: 166) viel großräumiger anzulegen (vgl. ebd. 166 ff.). Mit diesem Ausdruck werden wohl alle Regionen zusammengefasst, für deren Beschreibung im Hinblick auf L1S-Sprachgebrauch ein DSK-Modell herangezogen werden kann.

[37] Beispiele dafür, dass Personen (des öffentlichen Lebens) mit hoher Schulbildung auch dialektales bzw. dialektnahes Deutsch gebrauchen, werden in Dannerer et al. (2021: 19 f., 29 f.) gegeben. Meinen Beobachtungen nach, deren Ausführungen den Rahmen einer Anmerkung in einer Fußnote sprengen würden, müssen sich ein standardsprachlicher oder standardnaher Deutschgebrauch und eine geringere Schulbildung (z. B. ohne Hochschulabschluss) nicht ausschließen; man denke z. B. an die Kontakte mit Menschen, die im Einzelhandel arbeiten. Selbstverständlich ist nicht davon auszugehen, dass alle, die in einem bestimmten Gebiet aufwachsen, auch in dem ‚Dialekt' sozialisiert werden, der für dieses als typisch gelten mag. Erwähnt sei an dieser Stelle auch, dass die Furcht vor sozialer Stigmatisierung zum Verzicht auf dialektalen bzw. dialektnahen Sprachgebrauch führen kann; Riehl (2014: 17) sieht das zumindest ähnlich.

(ebd. [H. i. O.]). Zwischen diesen beiden Äußerungsformen erkennt Ammon (ebd.) sechs Zwischenstufen, die sich jeweils durch eine bestimmte Kombination der Realisierung von *das, habe, ich* und *gemacht* auszeichnen. Außerdem gibt Ammon (ebd.) drei solcher Kombinationen an, die inakzeptabel seien. Sie lauten „**Des hao ich gemacht*", „**Das habe i gmacht*" und „**Das han e gemacht*" (ebd. [H. i. O.]). Ammon (ebd.) möchte mit der Nennung dieser drei fragwürdigen Ausdrücke auf DSK-Restriktionen hinweisen. Leider geht aus Ammon (2003) nicht hervor, woher die Daten in seinem Beispiel stammen; es ist nicht klar, ob sie auf einer oder mehreren Befragungen, auf einer oder mehreren Sprach- bzw. Gesprächsaufnahmen, auf einem Zusammenspiel aus beidem oder schlicht auf einer Mischung aus subjektiver Wahrnehmung und Introspektion beruhen. Letzteres ist anzunehmen, Ammon (2003: 166) gibt sich durch autobiographische Angaben auch entsprechend als im DSK involvierte Person zu erkennen. Davon, dass Ammon (2003: 166 ff.) den Sprachgebrauch von L1S im Gespräch mit L2S im Blick hat, kann nicht ausgegangen werden. Ähnliches gilt für den Beitrag von Wiesinger in „Deutsch als Fremd- und Zweitsprache. Ein internationales Handbuch" (Krumm et al. 2010), in dem er seine bereits in früheren Texten veröffentlichte Sicht auf den L1S-Sprachgebrauch in (Mittelbairisch-)Österreich im Zusammenhang mit Deutschaneignung und (Aus-)Bildung repetiert, ohne dabei L1S-L2S-Kommunikation zu berücksichtigen (vgl. Wiesinger 2010).

Wiesinger (2010: 363) bringt ein Beispiel, das mit jenem von Ammon (2003: 167) vergleichbar ist; er nennt Spielarten des Mustersatzes „Heute Abend kommt mein Bruder nach Hause", um einen Eindruck von der Abstufungsvielfalt im DSK in Mittelbairisch-Österreich zu vermitteln. Offenkundig beruhen die Generierung und die Interpretation der entsprechenden Daten ebenso auf einem oder mehreren L1S-Kontexten und damit einhergehend auf einem Mix aus Wahrnehmung und Introspektion, welcher ohnehin unvermeidbar ist, um (mit welchem Forschungsdesign auch immer) (sprach-)wissenschaftlich handlungsfähig sein zu können, was (z. B. Glauninger 2014: 26 folgend) allerdings nicht heißt, von der konstruktivistischen Sorgfaltspflicht entbunden zu sein, etwaige Ansprüche auf die objektive (Sprach-)Realität infrage zu stellen. Zwischen basisdialektalem „*Heint af d'Nåcht kimmt mei^n Bruider hoam*" und gebrauchsstandardkonformem „*Heut Abnd kommt mein Bruder nach Haus*" erkennt Wiesinger (2010: 363 [H. i. O.]) nur zwei weitere Zwischenstufen, nämlich den „regionalen Verkehrsdialekt" („*Heit auf d' Nåcht kummt mei^n Bruader ham*") und die/eine standardnahe Umgangssprache („*Heut Åbnd kommt mei Bruder z'Haus*"). Im Unterschied zu Ammon (2003: 166 ff.) generiert bzw. konstruiert Wiesinger (2010: 363) Varietäten. Das damit verbundene methodologische ‚Einkaste(r)ln', das keineswegs der Fokussierung von DaZ (auch DaF) geschuldet sein muss, kann ein Grund dafür

3.3 Sprachgebrauchsmodelle im Kontext von Deutschaneignung ...

sein, dass Wiesinger (2010: 363) weniger Zwischenstufen als Ammon (2003: 167) anbieten kann und keine DSK-Restriktionen wie Ammon (ebd.) angibt. Ammon (ebd.: 166 ff.) scheint sich eher am Variationsraummodell und Wiesinger (2010: z. B. 363) eher am Varietätenraummodell zu orientieren. Beide nehmen eine L1S-Perspektive ein; Wiesinger (2010) tut dies jedoch im ausdrücklichen Zusammenhang mit der Aneignung des Deutschen in (Aus-)Bildungskontexten.

Zurecht betont Wiesinger (ebd.: 369), dass die Vermittlung von „Deutsch als Einheitssprache" jeglicher Grundlage entbehrt. Wiesingers (2009: z. B. 252; 2010: z. B. 363–369) Vorstellungen davon, welches Deutsch im Zusammenhang mit einem Aufenthalt in Österreich zu lernen ist, beziehen sich allerdings nicht auf das ganze Spektrum des Deutschen, das Deutschlernenden zur Verfügung stehen bzw. gestellt werden kann; seine Empfehlungen beschränken sich auf die Variation des Deutschen (hauptsächlich in Österreich) im (äußerst) standardnahen Bereich des DSK und sind u. a. den Kriterien überregionale Akzeptanz und Aussicht auf (Aus-)Bildungserfolg geschuldet. Weniger überregionale Variation, wozu auch „‚regionales Hochdeutsch' der Laien" (Wiesinger 2009: 252 [H. i. O.]) zählen kann, sind für Wiesinger (2009; 2010) im Kontext von (Aus-)Bildung und Deutschaneignung kaum von Bedeutung. Sein Bekenntnis dazu, dass Variation v. a. im Hinblick auf das gesprochene Deutsche von einer Reihe von soziolinguistischen Faktoren abhängt (vgl. Wiesinger 2009: 231–234, 2010: 363 f.), löst er in puncto Verknüpfung von (Aus-)Bildung und Deutschaneignung (oder umgekehrt) nicht ein.

Wiesinger (2010) folgend ist im Rahmen von Deutschvermittlung z. B. einer Thematisierung von *Heute Abend kommt mein Bruder nach Hause* und *Heut Åbnd kommt mei Bruder z'Haus* viel mehr Aufmerksamkeit zu schenken als jener von *Heint af d'Nåcht kimmt mei^n Bruider hoam* und *Heit auf d' Nåcht kummt mei^n Bruader ham*. Andere Realisierungskombinationen der Elemente 'heute', 'Abend', 'kommt', 'mein', 'Bruder' und 'nach Hause' werden mit einer solchen Sichtweise gar nicht in Betracht gezogen. Dass die Vermittlung diverser (edukationaler) Inhalte in Deutschaneignungs-Kontexten nicht immer nur im standardnahen Bereich des DSK stattfindet, rückt bei Wiesinger (2009; 2010) in den Hintergrund. Er hält dies vermutlich für gar nicht möglich. Die Annahme, dass standardkonforme Variation in (Aus-)Bildungskontexten dominant ist, ist generell weitverbreitet. Dieses Phänomen kann auch nicht von der Hand gewiesen werden. Der L1S-Sprachgebrauch im Rahmen der innerbetrieblichen Ausbildung der beiden in Oberösterreich deutschlernenden Lehrlinge zeichnet sich allerdings nicht durch ein derartig kleines bzw. eingeschränktes Variationsspektrum aus.

An dieser Stelle sei auch darauf hingewiesen, dass die Behauptung, dass ‚untere Sozialschichten' zu dialektnäherem Sprechen und ‚höhere Sozialschichten' zu standardnäherem Sprechen neigen, sich kaum auf den migrationsbedingten Gebrauch des Deutschen umlegen lässt. Folgt man den sog. Fact Sheets des Österreichischen Integrationsfonds (ÖIF) gehören viele Migrant:innen und zahlreiche Menschen, die in diesen statistischen Veröffentlichungen als „Personen mit Migrationshintergrund" (ÖIF: o. J.: 2) geführt werden, zu den sozial schwachen Mitliedern der österreichischen Gesellschaft (vgl. z. B: ÖIF: o. J.). Sie sind z. B. weniger oft erwerbstätig als jene Personengruppe, die in diesen Fact Sheets u. a. mit dem Begriff der „autochthonen Österreicher/innen" (ebd.) bezeichnet wird.[38] Dem Eindruck, dass in den 37 Fact Sheets des ÖIF (Stand 2022) generell eine soziale Hierarchisierung zwischen den genannten zwei Personengruppen hergestellt und aufrechterhalten wird, kann man sich kaum entziehen. Dass in diesen Veröffentlichungen Personen mit Migrationsgeschichte als sozial niedriger gestellt dargestellt werden als jene ohne, kann allemal festgestellt werden. Statistische Modellierungen, die dieser Beobachtung widersprechen würden, sind in diesen Fact Sheets kaum (wenn denn überhaupt) zu erkennen. Nun lässt sich jedoch nicht behaupten, dass Migrant:innen und Menschen mit sog. Migrationshintergrund eher dazu neigen, dialektnäheres Deutsch zu verwenden – seien sie nun erwerbstätig oder nicht. Vor dem Hintergrund dessen, dass in diversen Deutschfördermaßnahmen der Standardpol fokussiert wird, ist dies auch kaum zu erwarten. Selbstverständlich lässt sich auch nicht pauschalisieren, dass besagte Personen nur standardkonformes Deutsch sprechen; Beobachtungen, dass Personen, die erst nach dem dritten bzw. vierten Lebensjahr oder noch (viel) später im deutschen Sprachraum Deutsch gelernt haben (= eine mögliche und weitverbreitete Definition von DaZ), nicht nur standardkonformes Deutsch (in Variation) verwenden, wurden mit Sicherheit von vielen aufmerksamen Hörer:innen gemacht. Entsprechende Belege sind auch in einigen der in Abschnitt 1.4 genannten Arbeiten zu finden.

Inspiriert von den oben genannten DSK-Restriktionsbeispielen und der Frage, ob L1S in L1S-L2S-Gesprächskonstellationen Variationsausschnitte an die sprachlich-interaktionale Oberfläche befördern, die einer L1S-Intuition widersprechen, habe ich im Zeitraum von 2019 bis 2021 sporadisch (z. B. im Rahmen von Lehrveranstaltungen, Vorträgen oder Gesprächen im Freundeskreis) eine mündliche formlose Befragung durchgeführt. Es ging dabei darum, festzustellen, ob oder inwieweit die mir auffällig erscheinende Äußerung von ADS_1 gegenüber LDS do muss ma ANders mAchen (T16_DS: Z. 078) von Sprecher:innen

---

[38] Dass es für Personen ohne österreichische Staatsbürgerschaft schwer ist, ein Arbeitsverhältnis zu begründen, hat selbstverständlich (auch) politische Gründe, wovon in Perner / Prikoszovits (2020: 137 f.) einige genannt werden.

3.3 Sprachgebrauchsmodelle im Kontext von Deutschaneignung ...

mit guten Kenntnissen im (Mittel-)Bairischen intuitiv als für „in Ordnung" beurteilt wird. Insgesamt konnten mehr als 100 Gewährspersonen befragt werden, die angaben, das genannte Sprachkompetenzkriterium zu erfüllen.

Für nahezu alle Gewährspersonen ist do muss ma ANders mAchen intuitiv „schlecht". Die Bewertung von *do muass ma onders mochen* und *da muss man anders machen* fällt ähnlich aus; do muss ma ANders mAchen, *do muass ma onders mochen* oder *da muss man anders machen* um irgendein Akkusativobjekt ergänzt, sorgt für eine wesentlich höhere Akzeptanz, was aufgrund der Valenz des Verbs *machen* auch erwartet werden kann. Folglich ist es wenig überraschend, dass *des muass ma onders mochen* und *das muss man anders machen* unkontrovers sind, denn in diesen beiden Beispielsätzen mit dem Verb *machen* ist mit *des* bzw. *das* ein Akkusativobjekt realisiert. Anders als *do muass ma onders mochen* stößt *do muass ma onders tuan (tun)* bei ausnahmslos allen Gewährspersonen auf sehr hohe Akzeptanz, *da muss man anders tun* wird zwar weniger akzeptiert, jedoch wesentlich eher als *do muass ma onders mochen*. Spielarten von *das muss man anders tun* werden keineswegs rigoros abgelehnt. In diesem Beispiel ist *tun* synonymisch zu *machen* und folglich als ein Vollverb und kein Auxiliar zu verstehen. Es könnte also erwartet werden, dass *tun* genauso wie *machen* ein Akkusativobjekt verlangt. Den Intuitionsurteilen der Gewährspersonen zufolge ist ein Akkusativobjekt bei der Verwendung des Vollverbs *tun* jedoch offensichtlich nicht immer zwingend, zumindest auf das vorliegende Beispiel trifft dies zu.[39] Es scheint ein (intuitiver) Kookkurrenzkonflikt bei *da / do + machen / mochen* zu bestehen, der sich erst durch die Ergänzung um ein Akkusativobjekt auflöst, während *da + tun* und v. a. *do + tuan* ohne Akkusativobjekt als für legitim erachtet werden (können). Einem solchen Intuitionsurteil geht do muss ma ANders mAchen zuwider. Dennoch fällt genau diese Formulierung vonseiten eines L1S-Ausbilders im Gespräch mit einem deutschlernenden Geflüchteten im Rahmen seiner innerbetrieblichen Lehrlingsausbildung. Die Auslassung (irgend-) eines Akkusativobjekts in do muss ma ANders mAchen könnte als xenolektale Variation (vgl. z. B. Roche 1998: 120) im DSK betrachtet werden, sie könnte aber auch einfach als ein Hinweis auf DSK-Emergenz gedeutet werden, als Bespielung des Variationsraums von Dialekt bis Standardsprache, die sich durch die Kollision von automatisiertem und DSK-bezogenem Sprachgebrauch

---

[39] Dass *tun* im Sinne von *machen* sehr wohl in einer L1S-L2S-Gesprächskonstellation gemeinsam mit einem Akkusativobjekt verwendet wird, zeigt sich in einer Äußerungen von AK_1 gegenüber LK, nämlich TUA_st_as 'tust du es' (T1_K: Z. 020). Das Verb *tun* verwendet AK_1 aber auch im Sinne von 'es reicht', das entsprechende Beispiel lautet jo hoiBIEREn tuat_s_es (T2_K: Z. 053).

mit dem Gewahrsein einer L1S-L2S-Gesprächskonstellation auszeichnet. Widersprüche zwischen L1S-Intuitionsurteilen und tatsächlich von L1S Geäußertem sind ein Zeichen dafür, dass soziopragmatische Faktoren den Interaktionsverlauf mehr beeinflussen als man im Hinblick auf Regularitäten des gesprochenen Deutschen annehmen könnte.

3.4 Kommunikationsraum und Register

Soziopragmatisch perspektivierte Regionalität scheint das Kriterium zu sein, auf das man sich heute am ehesten einigen kann, um dialektale und standardsprachliche Variation(sausschnitte) sowie alles dazwischen (also dialektnahe / -nähere oder standardnahe / -nähere Variation) im Zusammenhang mit dem mündlichen Sprachgebrauch von L1S zu diskutieren (vgl. dazu z. B. Herrgen / Schmidt 2019). Dementsprechend könnten anstatt der Begriffe Dialekt oder Standardsprache auch Bezeichnungen verwendet werden, die auf regional klein- oder großräumig anzulegende Register verweisen.[40] Solche Bezeichnungen sind einem variationslinguistischen Paradigmenwechsel geschuldet, nämlich der Ablöse der herkömmlichen Dialektologie, die die Binnengliedbarkeit des deutschen Sprachraums großzügig anberaumt und soziolinguistische Aspekte kaum miteinbezieht, durch einen Ansatz, der dem Variationsraum von Dialekt bis Standardsprache mit einer sprachlich-regionalen Differenzierung begegnet und dabei sozialen Aspekten gegenüber aufgeschlossen ist (vgl. Girnth 2019: z. B. 1 ff.; Schmidt et al: 2019: 28 f.). Schmidt et al. (2019: 29) sprechen bei dem zuletzt genannten Ansatz von einer „raumbezogenen Variationslinguistik/Regionalsprachenforschung […], die die Dynamik des Gesamtspektrums der regionalen Varietäten systematisch untersucht und dabei die Produktionsdaten und deren Perzeption gleichermaßen im Blick hat".

Der Halliday'sche Registerbegriff ist per definotem dazu geeignet, den Sprachgebrauch von L1S in Kommunikationsräumen zu diskutieren; er greift u. a. situationsgebundene Inhalts- und Zweckbezogenheit, das Beziehungsverhältnis zwischen Gesprächspartner:innen und die Orientierung an konzeptioneller Mündlichkeit/Schriftlichkeit auf (vgl. Halliday 2004: 27 f.). Im Allgemeinen werden unter Register typische L1S-Sprachgebrauchsmuster in einem bestimmten Kommunikationsraum verstanden (vgl. ebd.). Ein solcher Kommunikationsraum kann durch ein (sprach-)geographisches/regionales/lokales und (sprach-)

---

[40] Vgl. dazu z. B. die Einleitung in Herrgen / Schmidt (2019).

3.4 Kommunikationsraum und Register

nationales Gebiet (vgl. Herrgen / Schmidt 2019) oder durch eine bestimmte Institution (vgl. Halliday 2004: 28), wie z. B. die Institution Betrieb (vgl. z. B. Efing 2014), repräsentiert sein. Der Kommunikationsraum Betrieb wird in Bezug auf L1S-L2S-Gesprächskonstellation und den berufsbezogenen Registerbegriff von Efing (2014) etwas später diskutiert. Vorerst stellt sich die Frage, ob, wie und inwiefern Sprachgebrauch und folglich auch Register im Kontext von Migration regional zu fassen sind.

Ein Merkmal von Migration ist die Überschreitung von groß- oder kleinräumigen Grenzen, deren Bestimmung auf extralinguistische Kriterien zurückzuführen ist (z. B. *Westen* vs. *Nicht-Westen*, Kontinente, Nationen, politische und historische Regionen, politische Bezirke, Städte / Dörfer usw.). Allerdings können sich Grenzen auch auf Basis linguistischer Daten ergeben. Z. B. können Daten zum L1S-Sprachgebrauch im deutschen Sprachraum herangezogen werden, um (sprachliche) Areale wie auch deren Kern- und Übergangsgebiete (= Regionen im Sinne von Herrgen / Schmidt 2019) voneinander abzugrenzen, was sich im Zusammenhang mit dem Faktor Migration jedoch als problematisch erweist. Beispielsweise kann sich der Sprachgebrauch von Binnenmigrant:innen mit Deutsch als L1 innerhalb des deutschen Sprachraums in bestimmten Bereichen von jenem abheben, der (mit oder ohne sprachwissenschaftliche Expertise) für die Region als typisch gilt, in der sie seit einem gewissen Zeitraum leben und/oder arbeiten. Dies bedeutet, dass in Regionen, in denen unter soziopragmatischen Vorzeichen bestimmte sprachlich-regionale L1-Muster des Deutschen konstatiert wurden (vgl. z. B. Herrgen / Schmidt 2019), auch L1-Variation auftritt, die diesen Mustern nicht entspricht. Allerdings ist ein solcher Befund nicht nur dem gesellschaftlichen Phänomen der Binnenmigration geschuldet; jegliche Form von Mobilität, wozu neben allen anderen Formen der Migration (z. B. Fluchtmigration) auch Medienkonsum und Digitalisierung zählen, nimmt auf den (mündlichen) Sprachgebrauch (von L1S) Einfluss. Ein solcher Zugang zur Variation des Deutschen ist auch ein Grund dafür, warum in modernen Untersuchungen zum mündlichen Sprachgebrauch einem Basisdialekt, der aus diachroner Sicht durchaus relevant sein kann, eine rudimentäre und einer normierten Standardsprache (manche würden wohl an dieser Stelle den Begriff der Standardvarietät bevorzugen) insbesondere in Alltagsgesprächen eine virtuelle Rolle beigemessen werden kann (vgl. Löffler 2005: z. B. 11–21) und anstatt von Dialekten oder Standardsprachen höchstens davon gesprochen werden kann, dass die Vorstellung davon oder dem Dazwischen angesteuert werden kann, womit mit Auer (1986: 98) das DSK erneut umrissen sei.

Darauf, dass in L1S-L2S-Gesprächskonstellationen und folglich auch im Kontext von Migration von L1S im Zuge der Vermittlung von Inhalten wenigstens in bestimmten sprachlichen Bereichen automatisierte Sprachgebrauchsmuster, die u. a. regionale Register kennzeichnen, zumindest vorübergehend aufgegeben werden oder aufgehoben sind, macht z. B. auch Roche (1998; 2005) aufmerksam. Ältere Hinweise darauf sind z. B. in Hinnenkamp (1982), aber auch bereits in noch etwas früheren einschlägigen Arbeiten zu finden (vgl. ebd.: 171 f.) und jüngere z. B. in Perner (2020) und v. a. in Perner / Brodnik (2021). Auch in den in Deppermann / Cindark (2018) ausgewiesenen Gesprächsdaten zwischen Ausbildenden mit Deutsch als L1 und nach Deutschland geflüchteten Personen lässt sich eine Abweichung der Ausbildenden von ihren sprachlichen Gewohnheiten erahnen. Bei den genannten Beiträgen handelt es sich um eine Auswahl von gesprächslinguistischen Arbeiten, die sich mit dem Input befassen, den deutschlernende (junge) Erwachsene von mit Deutsch aufgewachsenen Gesprächspartner:innen erhalten. Beiträge wie jene von Hinnenkamp (1982) oder Roche (1998; 2005) beschreiben xenolektale L1-Muster, ohne dabei Dialekt-/Standard-Variation besonders herauszustellen, und in Perner (2020: z. B. 57 ff.), jedoch insbesondere in Perner / Brodnik (2021) wird, soweit es als plausibel erscheint, versucht, „xenolektale Variation" (ebd.: z. B. 184) und Dialekt-/Standard-Variation zu verknüpfen, wobei es sich um einen Ansatz handelt, der bisher kaum verfolgt wurde. Unter der zuerst genannten Perspektive sind xenolektale L1-Muster als ein eigenes Register zu begreifen, das auch unter dem von Ferguson (1971) in den internationalen gesprächslinguistischen Diskurs eingeführten Begriff „[F]oreigner [T]alk" (im Folgenden auch FT) geläufig ist, und unter der zuletzt genannten Betrachtungsweise sind xenolektale L1-Muster eine der vielen Möglichkeiten, den Variationsraum von Dialekt bis Standardsprache zu bespielen.

Die L1S-Bewegungen im Variationsraum von Dialekt bis Standardsprache, die in Gesprächen mit Deutschlernenden in einer bestimmten Region zum Tragen kommen, können als ein Register (auf-)gefasst werden. Allerdings wäre es weder nur durch regionalen Sprachgebrauch noch maßgeblich durch xenolektalen geprägt. Xenolektale Variation ist ein universeller linguistischer Code und bezieht sich somit nicht auf den auffälligen Gebrauch einer bestimmten (regionalen) Sprache (vgl. z. B. Hinnenkamp 1982: 172, 178 f., 184), sondern auf „das Phänomen, daß ein Sprecher zwischen verschiedenen Graden der Simplifizierung und normaler Sprechweise während eines Gesprächs hin und her wechselt" (ebd.: 178) – man könnte von einem Kontinuum sprechen, das sich durch verschiedene sprachliche Komplexitätsgrade auszeichnet. Diese „normale Sprechweise" (ebd.) und Abweichungen davon können sowohl mit standardkonformen als auch mit nicht-standardkonformen Variationsausschnitten

3.4 Kommunikationsraum und Register

in Beziehung stehen (vgl. Perner / Brodnik 2021: z. B. 195–199), die allerdings nicht unbedingt sprachlich-regional zu Erwartendem entsprechen müssen, was sich womöglich durch gesellschaftliche Phänomene, wie z. B. Migration oder Medienkonsum, erklären lässt. Als Beispiel für sprachlich-interaktionale Manifestationen in L1S-L2S-Gesprächskonstellationen in mittelbairischen Kommunikationsräumen Österreichs, die aus areallinguistischer Sicht von L1S nicht zu erwarten sind, geben Perner / Brodnik (2021: 194 ff.) das Auftreten des unbestimmten Artikels *eine* in Form von „ne" (ebd.: 195) an; die betreffende TKE lautet „ne FLAsche". Die Verwendung dieser Reduktionsform von einem L1S in einem längeren Gespräch mit einem deutschlernenden Arbeitskollegen ist deshalb auffällig, weil ersterer ansonsten die (mittel-)bairische und vokalische Variante verwendet, wie z. B. in „oder a FLOschn" (ebd.: 194) ersichtlich wird, oder den indefiniten femininen Artikel gar auslässt, was z. B. aus „Ich mal auf drei wie er flasche NIMMT" (ebd.: 195) oder „wie glAsflasche NIMMT" (ebd.: 196) hervorgeht. Außerdem beziehen sich a FLOschn (in Perner / Brodnik 2021: Z. 013), ne FLAsche (ebd.: Z. 043) und (glAs)flasche (ebd.: Z. 047 bzw. Z. 054) aufeinander und dokumentieren somit (zum Teil unmittelbare) morphosyntaktische Alternativität, die sich im Sprachgebrauch eines L1S im Gespräch mit einem L2S entwickelt. Dementsprechend lassen sich die angegebenen Gesprächselemente vor dem Hintergrund mindestens zweier Reparandum-Reparans-Verhältnisse betrachten, bei denen nicht-standarddeutsche Variation eines Artikels in drei Varianten auftritt (= a, ne und Ø). Auch der SÖLber-Fall (s. Beispiel 2 bzw. T3_DS: Z. 043), der auch in Perner / Brodnik (2021: 197 f.) diskutiert wird, kann als Beispiel dafür gelten, dass L1S in Gesprächen mit L2S von ihren Sprachgewohnheiten abweichen und dies aus areallinguistischer Sicht überraschend sein kann.[41]

Im Zusammenhang mit diesem Fall und dem oben geschilderten *Flaschen*-Fall erregen allerdings noch weitere Phänomene Aufmerksamkeit, z. B. die Auslassung von Gesprächselementen, die nicht unbedingt aufgrund des Kontexts als legitim gelten müssen. In Bezug auf standardkonforme, standardsprachliche oder standardnahe TKE wie auch Turns wurden solche bereits u. a. von Hinnenkamp (1982) und Roche (1998; 2005) beschrieben und das Fehlen des Subjekts und des Artikels in wie glAsflasche NIMMT (s. o.) ist ein exemplarisches Beispiel dafür. Da jedoch in Fällen wie etwa host du SELber? (.) hast du deinen koffer SÖLber? (Beispiel bzw. T3_DS: Z. 041–Z. 043 oder s. Perner / Brodnik 2021: 197) eine Auslassung in einer TKE auftritt, die aufgrund

---

[41] Nähere Auskünfte und detaillierte im Zusammenhang mit diesem Fall befinden sich in den Abschnitten 1.6, 3.1, 3.2, 5.3 und 5.4.

des *a*-Gebrauchs nicht als standardsprachlich bezeichnet werden kann (=host: Z. 041), und die Nachreichung der fehlenden Komponente auch eine Substitution innerhalb eines Turns hervorbringt, die sich – wie in Abschnitt 1.6 ausgeführt – als *l-Vok.* ←l* darstellen lässt (= SELber: Z. 041 & SÖLber: Z. 043), kommen Perner / Brodnik (2021: 201) zum Schluss, „dass xenolektale Variation nicht nur mit einer Verschiebung in Richtung Standardpol einhergeht, sondern auch im Zusammenhang mit Bewegungen in Richtung Dialektpol zu sehen ist".

Im Zuge von Beschreibungen des Inputs, den Deutschlernende von ihren L1-Gesprächspartner:innen in einer bestimmten Region erhalten, kann nicht allein auf das Paradigma der „raumbezogenen[42] Variationslinguistik/ Regionalsprachenforschung" (Schmidt et al. 2019: 29) zurückgegriffen werden. Die L1S-L2S-Gesprächskonstellation sorgt u. a. vonseiten der L1S auch für Dialekt-/Standard-Variation, die durch die Annahme oder Konstatierung von regionalen Registern nicht abgedeckt werden kann. Um den Dialekt-/Standard-Input zu beschreiben, dem Deutschlernende in bestimmten Regionen begegnen, scheint auch die Diskussion des FT-Registers nicht suffizient genug. Dies gilt auch dann, wenn – wie Roche (1998: 122) interpretiert werden kann – nie auszuschließen ist, dass der Sprachgebrauch von L1S in Gesprächen mit L2S von xenolektalen Variationsausschnitten mitbestimmt ist.[43] Denn soziolektale Variation wie etwa xenolektale kann nicht außerhalb des Variationsraums (hier) von Dialekt bis Standardsprache stattfinden. Mit Hinnenkamp (1982: 178 [H. i. O.]) hingegen ist FT nicht durch seine durchgängige Verwendung, sondern durch „seine *Inkonsistenz* in der Benutzung" gekennzeichnet, womit gemeint ist, dass die Bereitschaft von L1S, von Gesprächsgewohnheiten abzuweichen, verhältnismäßig selten oder nur in bestimmten Fällen auf der sprachlich-interaktionalen Oberfläche abgebildet ist bzw. hervorsticht (vgl. ebd. 178 f.). Die konversationelle Reparatur scheint aus gesprächs-, variations- bzw. soziolinguistischer Sicht eine Quelle der Manifestation xenolektaler Variation zu sein (vgl. Hinnenkamp 1982: 178, Roche 1998: 125 ff., 132 ff.; Roche 2005: 271–275). Dasselbe gilt auch für die Dialekt-/Standard-Variation in L1S-L2S-Gesprächen, wie z. B. aus Perner (2020) und Perner / Brodnik (2021) hervorgeht.

U. a. Hinnenkamp (1982: z. B. 178 f.) zu Folge könnte erwartet werden, dass der Sprachgebrauch autochthoner L1S in Gesprächen mit Deutschlernenden

---

[42] Raumbezogenheit hat hier sowohl geographische als auch soziale Dimension (vgl. z. B. Schmidt 2019 et al.: 28 f.).

[43] Roche (1998: 122) diskutiert in diesem Zusammenhang Ellipsen, die grundsätzlich den Regularitäten des gesprochenen Deutschen entsprechen, da sie aufgrund des situativen Kontexts als legitim gelten. Mit Roche (ebd.) ist nicht auszuschließen, dass eine nicht-taxative Ausdrucksweise von L1S auch der L1S-L2S-Gesprächskonstellation geschuldet sein kann.

3.4 Kommunikationsraum und Register

nur gelegentlich von regionalen Registern abweicht und in Anlehnung an Roche (1998: 122) sind solche Abweichungen nicht immer erkennbar. Gleich unter welcher Perspektive man das FT-Register anlegen mag, stellt sich die Frage, ob in L1S-L2S-Gesprächskonstellationen von L1S regionale Register gewählt werden, die standardkonform (wie z. B. Gebrauchsstandard) oder weniger standardkonform (wie z. B. intendierter Standard) sind, oder Register gewählt werden, die weder als das eine noch als das andere bezeichnet werden können. Ein Grund dafür, warum soeben eine Formulierung vermieden wurde, die die Bezeichnungen Dialekt bzw. dialektal enthält, ist, dass es in der Fachöffentlichkeit der germanistischen Sprachwissenschaft wohl eher Einigkeit darüber gibt, ab wann regionale Register standardsprachliche oder -konforme Eigenschaften haben, als darüber, ab wann regionale Register durch dialektalen Sprachgebrauch gekennzeichnet sind.

Mit dem L1S-Sprachgebrauch im Kommunikationsraum Betrieb im Kontext von Deutschvermittlung und -aneignung setzt sich Efing (2014) theoretisch fundiert auseinander. Den Untersuchungsgegenstand bilden dabei Fragen, die sich im Lichte der Modellierung von „Berufssprache als Register" (ebd.: 419) stellen. Efings (ebd.: 417 f., 422, 427) Registerbegriff ist als sozio- bzw. variationslinguistisch angelegt interpretierbar und durch das Wiederkehren bestimmter L1S-Sprachgebrauchsmuster gekennzeichnet, die im Kommunikationsraum Betrieb sowohl ökonomische als auch außerökonomische soziale Funktionen erfüllen; gesprächslinguistische Zugänge spielen bei Efing (2014) keine Rolle. Berufssprache als Register grenzt Efing (ebd.: 419–433) von anderen Sprachen oder Registern – namentlich Allgemein-, Bildungs- und Fachsprache – ab, indem er sie in die Definition von Berufssprache als Register mit einbezieht. So kommt es, dass allerlei sprachlich-kommunikative Merkmale von Allgemein-, Bildungs- und Fachsprache (als Register) in Berufssprache als Register zusammenfließen (vgl. ebd.: 432 f.), was Efing (ebd.: 429) als „registerkonstituierende sprachlich-kommunikative Besonderheiten" dieses Registers bezeichnet.

Dieses Zusammenfließen diskutiert Efing (ebd.: 419–429) maßgeblich unter der Annahme eines Kontinuum-Modells, dessen Pole die *Allgemeinsprache* (≈ konzeptionelle Mündlichkeit) und die *Fachsprache* (≈ konzeptionelle Schriftlichkeit) bilden (vgl. ebd.: z. B. 420). Unter Fachsprache ist der jeweilige berufsspezifische Technolekt zu verstehen, der sich von der Allgemeinsprache wohl am auffälligsten durch den Wortschatz abhebt; zweifellos gibt es auch Unterschiede im Bereich der Morphosyntax (vgl. ebd.: 423 ff.). Aus von Efing (ebd.) genannten einschlägigen Untersuchungen geht hervor, dass ein betriebsinterner oder -spezifischer Jargon im Kommunikationsraum Betrieb eine größere Bedeutung hat als fachsprachliche Kompetenzen, weswegen sich Efing (ebd.) gegen eine Überbetonung technolektaler Sprachvermittlung ausspricht. *Berufssprache* konzipiert Efing (ebd.: 429) „als eigenständiges, berufs(feld)übergreifendes Register" auf dem Allgemeinsprache-Fachsprache-Kontinuum, das im Bereich der Sprachhandlungsmuster über große Schnittmengen mit bildungssprachlichem Sprachgebrauch verfügt, dessen volle Ausprägung sich theoretisch fundiert am Cummins'schen Modell „Cognitive/Academic Language Proficiency"[44] orientiert (vgl. ebd. 2014: 430). Solche Sprachhandlungsmuster beziehen sich auf den Einsatz diskursiver (hier sprachlich-interaktionaler) Mittel zur Vermittlung von diversen Inhalten in berufsbezogenen Kommunikationsräumen (hier im Kommunikationsraum Betrieb), was Efings (2014: 429) Konzeption des Registers Berufssprache kennzeichnet. Fach- oder berufsspezifische Ausdrücke als Bestandteil dieses Registers zu verstehen, lehnt Efing (ebd.) ausdrücklich ab. Ebenso können mit Efing (ebd.: 421–436) „Basic Interpersonal Communicative Skills"[45] ohne Berufsbezug (≈ Allgemeinsprache bei Efing 2014: 421) kein Baustein des Registers Berufssprache sein, gleichwohl er betont, dass Allgemeinsprache eine Grundvoraussetzung für die Verwendung eines elaborierten Registers, wie z. B. jenes der Berufssprache, ist (ebd.: 422).

Es gilt nun noch zu klären, welche Rolle das Medium der Wissensvermittlung alias Bildungssprache (als konzeptionell schriftliches Register) im Allgemeinsprache-Fachsprache-Kontinuum einnimmt: Unter Annahme eines Allgemeinsprache-Fachsprache-Kontinuums ist es plausibel, anstatt vom Gebrauch der Bildungssprache (als Register), die im Kontext (Aus-)Bildung, Sprachvermittlung und -aneignung als „eine Art und Weise Sprache zu verwenden, die bestimmte formale Anforderungen beachtet" (Gogolin / Lange 2011: 111), präskriptiv und standardpolbezogen modelliert ist, von verschiedenen Graden des bildungssprachlichen Deutschgebrauchs zu sprechen, die mit

---

[44] Eine der ersten Arbeiten, in denen Jim Cummins diesen Begriff verwendet, ist Cummins (1979). Er meint darin u. a. Folgendes: „I prefer to use the term ‚cognitive/academic language proficiency' (CALP) [...] to refer to the dimension of language proficiency which is strongly related to overall cognitive and academic skills" (ebd.: 198). Gogolin / Lange (2011: 110) übersetzen CALP mit „Bildungssprachfähigkeit". Das Wort *academic* bezieht sich bei Gogolin / Lange (ebd.) auf Bildung an sich; in Deutsch-als-Zweitsprache-Kontexten wird es auch häufig so interpretiert. Aus Cummins (1979) geht diese Interpretation des besagten Wortes allerdings nicht so eindeutig hervor.

[45] Gogolin / Lange (2011: 110) übersetzen diesen Begriff mit „alltagssprachliche Kompetenzen". Basic Interpersonal Communicative Skills (BICS) sind die Grundlage für CALP (vgl. Cummins 1979). „[E]verybody acquires basic interpersonal communicative skills (BICS) in a first language (L1) regardless of IQ or academic aptitude" (ebd.: 198). „BICS is similar to the Chomskian notion of ‚competence' which all native speakers of a language exhibit" (ebd.: 202).

3.4 Kommunikationsraum und Register

der jeweiligen Nähe oder Distanz zu den Polen Allgemeinsprache (≈ konzeptionelle Mündlichkeit) und Fachsprache (≈ konzeptionelle Schriftlichkeit) zusammenfallen. Diese Ansicht vertritt auch Efing (2014: z. B. 419 f., 429–433). Bei Efing (ebd.: 420) spannen Bildungssprache und Allgemeinsprache sowie Bildungssprache und Fachsprache als Pole zwei weitere Kontinua auf, die im Zusammenspiel mit dem Allgemeinsprache-Fachsprache-Kontinuum als Basiskontinuum den (Variations-)Raum für Berufssprache als Register ergeben. In Efings (2014: 419–433) Bildungssprache-Fachsprache-Kontinuum spielt Dialekt-/Standard-Variation keine explizite Rolle, es dient zur Thematisierung von Graden professionellen Sprachgebrauchs. Ähnliches gilt für Efings (ebd.) Allgemeinsprache-Bildungssprache-Kontinuum. Es gelte als unkontrovers, dass jeder Grad bildungssprachlichen Sprachgebrauchs diskursive Mittel oder Muster fordert, damit z. B. im Kommunikationsraum Betrieb bestimmte Inhalte adäquate Bedeutung erlangen. Dies heißt allerdings nicht, dass solche Mittel oder Muster bloß konzeptioneller Schriftlichkeit folgen bzw. standardkonformer Variation entsprechen, womit präskriptive Anleitungen, Bildungssprache auf der sprachlich-interaktionalen Oberfläche (bzw. medial mündlich) zu fassen, grundlegend hinterfragt seien. Ähnliche Skepsis ist auch im Zusammenhang mit Fachsprache (als konzeptionell schriftliches Register) angebracht.

Berufssprache als Register impliziert Bildungs- und Fachsprache als auf allgemeinsprachlichen Strukturen basierende Register, die ein Sammelsurium ergeben, die Vermittlung von Inhalten oder Wissensbeständen zu organisieren. Es ist davon auszugehen, dass zumindest diese allgemeinsprachliche Strukturbasis in diesem Registerkontinuum[46] nicht nur aus Rückgriffen auf Regularitäten des (gesprochenen) Standarddeutschen besteht. Dies ist der Hauptgrund dafür, warum Berufssprache (als Register) auch als Bespielung des Variationsraums von Dialekt bis Standardsprache zu verstehen ist. Die Annahme eines Allgemeinsprache-Fachsprache-Kontinuum-Modells (wie z. B. bei Efing 2014) kommt dieser Forderung entgegen und Efing (2014: z. B. 416 f.) ist sich der Variation des Deutschen durchaus bewusst.

Berufssprache als Register, ob nun im hier fokussierten mündlichen oder im hier nicht explizit behandelten schriftlichen Bereich, ist Efing (2014: z. B. 419 f., 429) folgend situationsadäquates L1S-Sprachhandeln in berufsbezogenen Kommunikationsräumen (z. B. im Kommunikationsraum Betrieb), das im Allgemeinsprache-Fachsprache-Kontinuum weder an dem einen noch an dem anderen Pol dingfest gemacht werden kann, sondern durch Nähe- bzw. Distanzverhältnisse zu den beiden Polen gekennzeichnet ist, denen zufolge in

---

[46] Diesen Begriff verwendet auch Efing (2014: 436).

Abhängigkeit zur Interpretation der (konzeptionell schriftlichen) Ausprägung des bildungssprachlichen Sprachgebrauchs ein „unterschiedliche[r] Fachsprachlichkeitsgrad" (ebd.: 419) bestimmt werden kann. Das Efing'sche Register Berufssprache verfügt über allgemein-, bildungs- und fachsprachliche Merkmale und ist nicht entweder durch allgemeinsprachliche oder bildungssprachliche oder fachsprachliche Merkmale geprägt; das entsprechende Merkmalspektrum bezieht sich auf die kognitive sowie soziale Ebene und nimmt Fragen zur Kontextualisierung im Zuge der Inhaltsvermittlung und Fehlertoleranz auf der sprachlichen Oberfläche in den Blick (vgl. ebd.: 432). Zu den sprachlich-kommunikativen Besonderheiten von Berufssprache als Register zählen neben ihrem berufsweltbezogenen Universalcharakter die Gleichstellung von berufsrelevanten und diversen sozialen Funktionen, Kontextualisierungsgrade von konkret bis abstrakt und zumindest ein mittleres Ausmaß an Toleranz gegenüber Fehlern (vgl. ebd.). Auf der Ebene des sprachlichen Systems fokussiert Efing (z. B. ebd.) Variation im Bereich der standardkonformen Lexik und Morphosyntax, womit jener Blickwinkel auf Variation zu Tage tritt, der im Zusammenhang mit Deutsch als Bildungs- und Fachsprache vornehmlich als für methodologisch relevant erachtet wird. Diskursive Mittel der deutschen Bildungs- und Fachsprache standardsprachlichen Realisierungsoptionen unterzuordnen, ist kaum hinterfragter DaF/DaZ-Mainstream. Die Entität nicht-standardsprachlicher Variation, wie sie z. B. in der vorliegenden Untersuchung zu erkennen ist, wird unter einer solchen Perspektive auf die Vermittlung und Aneignung des Deutschen nach dem (frühen) Kindesalter tendenziell nicht berücksichtigt, was einem introspektiven Forschungszugang, den u. a. und zumindest teilweise auch Efing (2014) verfolgt, geschuldet sein kann. Mit einem gesprächslinguistisch ausgerichteten Blick auf den Sprachgebrauch drängen sich nicht-standardsprachliche Variationsausschnitte wohl eher in den Wahrnehmungsvordergrund.

Die Dynamik, die sich in L1S-L2S-Gesprächskonstellationen entwickelt, nimmt Efing (2014) nicht in den Blick. Seine Argumentation läuft darauf hinaus, dass L1S-Sprachgebrauchsmuster für L2S zwecks Ausbildungserfolg erstrebenswert sind (vgl. ebd.: 436 ff.). Wodurch L1S-Sprachgebrauchsmuster in der Interaktion mit L2S gekennzeichnet sind, lässt sich mit Efings (2014) Register Berufssprache insofern nachvollziehen, als dass sich dieses begrifflich durch seine unspezifische Festlegung im Registerkontinuum ($\approx$ Allgemeinsprache-Bildungssprache-Fachsprache-Kontinuum $\approx$ Mündlichkeit-Schriftlichkeit-Kontinuum) als spezifisches Register ausweist.

In der vorliegenden Untersuchung ist die Frage relevant, wie man dem L1S-Sprachgebrauch in L1S-L2S-Gesprächskonstellationen im Kommunikationsraum

3.4 Kommunikationsraum und Register

zweier Mühlviertler Betriebe deskriptiv auf die Spur kommen kann. Hierbei von einem Register bzw. von einer kommunikationsraumbezogen-typischen Sprechweise zu sprechen, wird als für irreführend erachtet. U. a. in Zusammenhängen mit Migration, (Aus-)Bildung, Deutschvermittlung und -aneignung ist weder Berufssprache als Register noch ein regional perspektivierter Registerbegriff durch spezifischen (zumindest) mündlichen Sprachgebrauch gekennzeichnet. Dass der L1S-Sprachgebrauch in L1S-L2S-Gesprächskonstellationen durchgängig im FT-Register erfolgt, zu dessen auffälligsten Kennzeichen Überakzentuierung, die vorerst als auffälliges Hervorhebungsverhalten von L1S charakterisiert sei und in den folgenden Abschnitten immer wieder und genauer behandelt wird, Verringerung der Sprechgeschwindigkeit, auf was in Abschnitt 2.3.3 Bezug genommen wurde, diverse Simplifizierungen und Auslassungen, die nicht zu den Regularitäten des gesprochen Deutschen gehören, sowie die Verwendung eines eingeschränkten Lexikons, was vor dem Hintergrund des Auftretens lexikalischer Alternativität in Frage zu stellen ist (s. a. Abschnitt 1.5), zählen (Roche 1998: 119 f.),[47] kann in der vorliegenden Untersuchung nicht festgestellt werden. Eine solche Feststellung ist mit Roche (2005: 275) auch nicht zu erwarten, denn Abweichungen von eigenen Gesprächsgewohnheiten sind für Sprecher:innen mit Mühsal verbunden. Abweichungen von und die Rückkehr zu eigenen Gesprächsgewohnheiten können generell ein Grund dafür sein, eine große Bandbreite im Variationsraum von Dialekt bis Standardsprache beobachten zu können, die weder mit dem Begriff der Varietät (s. Abschnitt 3.1) noch jenem des Registers synonym gesetzt werden kann.

Wenn mit einem Registerbegriff der Bereich zwischen zwei Polen eines Kontinuums gekennzeichnet wird, sich also auf alle potenziellen Ausdrucksformen zwischen solchen Polen bezieht, ist er wenig hilfreich dabei, den L1S-Sprachgebrauch in L1S-L2S-Gesprächskonstellationen zu beschreiben, der hier als Input für L2S interpretiert wird. Dasselbe gilt mit Auer (1986: 97) für die Rolle der Umgangssprache (als Register) im DSK – insbesondere dann, wenn man den Begriff Umgangssprache wortwörtlich nimmt, d. h. als Sprache bzw. Register, die bzw. das im kommunikativen Umgang miteinander zum Tragen kommt. Die Auseinandersetzung mit dem L1S-Sprachgebrauch in L1S-L2S-Gesprächskonstellationen im Kommunikationsraum Betrieb ist in der

---

[47] Zum wohl bekanntesten und auffälligsten FT-Merkmal im Deutschen, nämlich der Verwendung von irregulären Infinitiven, gibt es im Rahmen dieses Forschungsprojekts keine Fundstelle. Glück / Rödel (2016: 73 [H. i. O.]) nennen folgende Beispiele für dieses Phänomen: „*Ich gestern Hannover fahren; Er morgen wollen Freund besuchen*". Eine umfangreiche Auflistung von FT-Phänomenen ist in Roche (1998: 119 ff.) zu finden. Darunter befinden sich einige, die in der vorliegenden Untersuchung nicht oder kaum verifizierbar sind.

vorliegenden Arbeit insofern von einem oder mehreren typisch unspezifischen Registerbegriffen geprägt, als dass ich mich darauf unter Rückgriff auf die Metapher des Variationsraums auf Basis des DSK-Modells beziehe. Akkuratesse zeigt sich dabei durch die Fokussierung von diversen varietäten- und registerbezogenen Unschärfen, die bei der Organisation sozialer Interaktion wirksam werden. Im Variationsraum von Dialekt bis Standardsprache sind sprachlich-regionaler, xenolektaler, edukatiolektaler und technolektaler Sprachgebrauch präsent. In L1S-L2S-Gesprächskonstellationen im Kommunikationsraum Betrieb kann die tatsächliche Gestaltung von Gesprächsbeiträgen seitens L1S hauptsächlich einer konvergierenden Verhaltensweise geschuldet sein, wovon der nächste Abschnitt handelt, aber auch bereits in Abschnitt 2.3.2 die Rede war.

3.5 Akkommodation und Code-Wechsel

An der Entwicklung des akkommodationstheoretischen Ansatzes ist Howard Giles maßgeblich beteiligt (vgl. z. B. Giles / Ogay 2007; Dragojevic / Gasiorek / Giles 2016), so auch Imo / Lanwer (2019: 267). Ein zentraler Aspekt der Akkommodationstheorie („Communication Accommodation Theory" bei Giles / Ogay 2007) ist die empiriegestützte Beschreibung des sprachlichen Angleichens im Rahmen der Organisation sozialer Interaktion (vgl. ebd.: 293). Akkommodation ist bei Giles / Ogay (ebd.: 294–299) ein sozio-psychologischer Überbegriff für auf der sprachlich-interaktionalen Oberfläche abgebildete Konvergenz und Divergenz – d. h. für die angewandten Kommunikationsstrategien, die Rückschlüsse auf das soziale Verhältnis von Gesprächspartner:innen zueinander zulassen. Aus einer divergenzorientierten Perspektive – wie sie z. B. in Giles / Ogay (ebd.: 293 f.) hervorgehoben ist – stehen hierbei Fragen dazu im Mittelpunkt, wie in der Interaktion soziale Distanz geschaffen, aufrechterhalten oder verringert wird. In der vorliegenden Untersuchung beziehen sich solche Fragen auf das Interaktionsverhalten der drei hier fokussierten Ausbilder im Gespräch mit ihrem jeweiligen deutschlernenden Lehrling, das in der Gesamtschau der entsprechenden Gesprächsdaten eher für die Wahl einer konvergierenden als divergierenden Kommunikationsstrategie im Variationsraum von Dialekt bis Standardsprache spricht.

Dass sich Akkommodation in dieser Arbeit von dem einen bis zu dem anderen DSK-Pol der vorliegenden Gesprächsdaten vornehmlich auf konvergierende Verhaltensweisen bezieht, ist mit Imo / Lanwer (2019: 267) im Allgemeinen und Auer (2014: 9, 17) folgend speziell im Kontext von Migration wenig überraschend. Dementsprechend ist der von ihnen verwendete Terminus „sprachliche

3.5 Akkommodation und Code-Wechsel

Akkommodation" (Auer 2014: 17; Imo / Lanwer 2019: 267) davon geprägt, konvergierende Verhaltensweisen in Interaktionen zwischen Gesprächspartner:innen mit unterschiedlichem Sprach(be)stand zu erwarten und anzunehmen. Auf Arbeiten von Peter Trudgill in den 1980er Jahren ist die Unterscheidung zwischen Kurzzeit- und Langzeit-Akkommodation zurückzuführen (Imo / Lanwer 2019: 267). Ersteres nimmt Prozesshaftigkeit „sprachlicher Anpassung in einer einzelnen Interaktion" (ebd.) und letzteres Sprachwandel bzw. Phänomene „der aus der wiederkehrenden Anpassung resultierenden nachhaltigen Veränderung des Sprachgebrauchs" (ebd.) in den Blick. Dieser Unterscheidung folgend kann in der vorliegenden der Grundlagenforschung zuzuordnenden Untersuchung im Zuge der Beschreibung von akkommodativem Verhalten nur von Kurzzeit-Akkommodation die Rede sein; Sprachwandel – ob nun migrationsbedingt (wie z. B. bei Auer / Barden / Großkopf 2000) oder nicht – wird in dieser Arbeit nicht untersucht. Allerdings bezieht sich der Begriff der Akkommodation vorliegend nicht unbedingt nur auf einzelne Interaktionsverläufe bzw. Episoden, wie Imo / Lanwer (2019: 267) das Trudgill'sche Verständnis von Kurzzeit-Akkommodation charakterisieren. Im Folgenden geht es vielmehr darum, im Sinne von Auer (2014: 17) (sprachliche) Akkommodation vor dem Hintergrund der Annahme zu reflektieren, dass sie eher konvergierende als divergierende Verhaltensweisen ausweist. Bewegungen in Richtung Standardpol sind wohl das am leichtesten nachvollziehbare Zeichen dafür, jedoch muss eine konvergierende Verhaltensweise nicht immer mit der Orientierung am Standardpol einhergehen.

Wie die zwei oben im Zusammenspiel verwendeten Begriffe „Wahl" und „Kommunikationsstrategie" implizieren, handelt es sich bei (sprachlicher) Akkommodation hier tendenziell um beabsichtigte Vorgehensweisen bei der Vermittlung von diversen Inhalten. Akkommodative Verhaltens- und Vorgehensweisen können in konversationellen Reparatur(sequenz)en, die hier auch als episodenzentrale Gesprächsausschnitte bezeichnet werden (s. Abschnitt 2.3.2), wohl am besten beobachtet werden, denn wie unter einem Brennglas zeigt sich in solchen, mit welcher Variationsbreite es L2S zu tun bekommen, wenn L1S eindeutig versuchen, ihnen beim Verständnis entgegenzukommen (s. hierzu a. Abschnitt 4.2). Absichten, einen bestimmten Inhalt L2S besser zugänglich zu machen, sind in der vorliegenden Untersuchung meistens mit Verschiebungen in Richtung Standardpol verbunden, was allerdings nicht bedeuten muss, dass Code-Switching stattfindet, nämlich ein Code-Wechsel-Phänomen, bei dem Auer (1986: z. B. 119) folgend den Regularitäten des gesprochenen Deutschen (zumindest im weitesten Sinne) entsprechend (zumindest nahezu) alle sprachlichen Features im DSK in dieselbe Richtung verschoben werden – im Extremfall auf den Pol

(Basis-)Dialekt oder auf den von der schriftsprachlichen Norm geprägten Pol Standardsprache.

Bei den L1S-Verschiebungen in Richtung Standardpol, die sich in dieser Untersuchung in episodenzentralen, aber auch anderen Gesprächsausschnitten zeigen, ist vorrangig von Code-Shifting zu sprechen, denn es wird im Zusammenhang mit solchen kaum das gesamte sprachenseitige Verschiebungspotenzial in dieselbe Richtung ausgeschöpft; je eher bei einer entsprechenden Analyse die linguistischen Beschreibungsebenen als ineinander fließend aufgefasst und je ganzheitlicher sprachliches Handeln bzw. gesprächslinguistische Analyseeinheiten in den Blick genommen werden, desto auffälliger wird dies (s. Abschnitt 3.1). Ähnliches gilt für die hier beobachteten L1S-Verschiebungen in Richtung Dialektpol. Es geht also hier eher um Code-Shifting – ein Code-Wechselphänomen, das Auer (1986: 119) folgend dadurch gekennzeichnet ist, nicht auf bestimmte gesprächslinguistische Analyseeinheiten beschränkt zu sein, während Code-Switching, ebenso im Anschluss an Auer (ebd.), an Sinneinheitsgrenzen gebunden ist, die in den eindeutigsten Fällen einer vollständigen TKE entsprechen. Mit dem Code-Shifting-Begriff wird zum Ausdruck gebracht, dass „Sprecher über ein Kontinuum von Strukturen verfügen" (ebd.), und mit dem Code-Switching-Begriff, dass Strukturen als synoptisch vorliegend interpretiert werden können. Die in dieser Arbeit beschriebenen Kookkurrenzkonflikte (s. Abschnitte 3.2, 3.3, 5.2, 5.5 und 5.6) können als Ergebnis von Code-Shifting verstanden werden, das für die besagten drei Ausbilder ein bestimmtes Maß an Akzeptanz für die Bespielung des Variationsraums von Dialekt bis Standardsprache überschreitet, was zu einem Code-Wechselphänomen führen kann – also nicht muss –, das sich als Code-Switching interpretieren lässt. Eine zumindest ähnliche Ansicht vertritt auch Auer (ebd.: 119 f.). Doch wie Auer (1986: 120) auch festhält, ist in Bezug auf Mittelbairisch und Standardsprache neben Code-Shifting prinzipiell auch Code-Switching möglich.

Vorausgesetzt die fokussierte Analyseeinheit wird entsprechend klein gehalten, kann häufig von Code-Switching gesprochen werden. So könnte z. B. behauptet werden, dass sich in gIb gIbst du GLEICH (T1_K: Z. 025) ein Switch ins nicht-standardkonforme Deutsch zeigt – und zwar im Hinblick auf die Realisierung des Imperativs in der 2. Person Singular von *geben*. Die Bildung eines (ggf. honorativen) Imperativs mit -*st* (und *du*) ist nicht unbedingt eine typisch (mittel-)bairische Erscheinungsform, den Imperativ mithilfe einer *tun*-Periphrase zu bilden, ist es schon eher (vgl. z. B. Zehetner 1985: 151). Dennoch werden im vorliegenden Datensample (ggf. honorative) Imperative des Öfteren mit -*st* (und *du*) gebildet. (Bemerkenswert ist, dass bei den mit -*st* (und *du*) gebildeten Imperativen die steigende Tonhöhenbewegung ausbleibt, weswegen eigentlich

3.5 Akkommodation und Code-Wechsel

kaum von honorativen Imperativen gesprochen werden kann, die durchaus als standardkonform gelten können.)

Dass in gIb gIbst du GLEICH (T1_K: Z. 025) tatsächlich Code-Switching zum Tragen kommt, ist allerdings fraglich, denn das den imperativen Verwendungen von *geben* nachstehende *gleich* ist standardkonform und nicht, wie es von Sprecher:innen des Mittelbairischen wie hier von AK_1 erwartet werden könnte, durch *ch*-Tilgung gekennzeichnet. Ob du in dieser TKE Teil der zweiten Imperativvariante ist oder bloß die Ansteuerung des Standardpols vor GLEICH erleichtert, ist unklar, beides ist möglich. Die Äußerung gIb gIbst du GLEICH fällt in die Anfangsphase der Gesprächsaufnahmen im Gastronomiebetrieb. Vielleicht überarbeitet AK_1 gIb zu gIbst du, um sich auf der sicheren Seite seines Repertoires zu bewegen, nämlich im dialektnahen Bereich des DSK. Die Position, dass diese Modifikation einem sich abzeichnenden Kookkurrenzkonflikt im Kontext von *gib du* und *gibst du* geschuldet sein könnte, wäre sicherlich nicht unumstritten. Sollte jedoch tatsächlich ein solcher Zusammenhang bestehen, stellte sich die Frage, wie sicher AK_1 bei der Anwendung eines standardkonform gebildeten Imperativs ist. Vor dem Hintergrund dessen, dass im Sprachgebrauch von AK_1 ansonsten kein Hinweis auf einen standardkonformen Imperativgebrauch zu finden ist, kann diese Frage ohnehin gestellt werden.

Die Überarbeitung von gIb zu gIbst du könnte aber auch zeigen, dass AK_1 zu Beginn der Gesprächsaufnahmen sehr darum bemüht ist, sich am Standardpol zu orientieren und so die imperative Form gIbst du zustande kommt, die bei tatsächlich standardsprachlichem Gebrauch eindeutig die Einleitung einer Entscheidungsfrage in der 2. Person Singular kennzeichnet. Der Unterschied zwischen der Bildung des Imperativs in der 2. Person Singular und jener von Entscheidungsfragen in der 2. Person Singular ist wohl in jedem DaZ- oder DaF-Kurs für Anfänger:innen ein zumindest kurzfristig relevantes Thema. In einigen Lehrwerken, die für die Begleitung solcher Kurse konzipiert sind, finden sich Übungen, in denen es darum geht, diese beiden Konstruktionen auseinanderzuhalten. Die Thematisierung dieses Unterschieds ist auch in anderen Lernmitteln zu finden, von denen manche dank Internet leicht zugänglich sind. Mit Blick auf die Imperativbildung in der 2. Person Singular wird ein in diesem Abschnitt erstes Beispiel dafür deutlich, dass sich die L2S-Perspektive und die L1S-Perspektive beziehentlich Regularitäten des (gesprochenen) Deutschen unterscheiden können – und dies nicht unerheblich, denn es geht um eine Differenzierung, deren Verwirklichung Deutschlernenden nahegelegt wird, aber womöglich nicht aus dem Deutschgebrauch von L1S hervorgeht. Ein Verb mit der Endung *-st* (eventuell in Verbindung mit *du*) kann im Sprachgebrauch der Ausbilder sowohl imperative Funktion (s. Fall 1: T6_DS: Z. 080; T11_DS: Z. 011;

T15_DS: Z. 026 und Fall 2: T1_K: Z. 025; T6_K: Z. 080) erfüllen als auch eine Entscheidungsfrage einleiten (s. Fall 1: T2_DS: Z. 043 und Fall 2: T5_K: Z. 023; T10_K: Z. 103).

Das Auftreten von gIb in T1_K (Z. 025) kann als erster Anlauf von AK_1 verstanden werden, einen Imperativ zu bilden, der standardkonform ist und in eine nicht-standardkonforme Imperativbildung umschlägt (= gIbst du). Dieser zweite Anlauf kann als Bewegung in Richtung Dialektpol gewertet werden. In den übrigen Gesprächsbeiträgen in T1_K ist festzustellen, dass sich sowohl AK_1 als auch LK eindeutig dem Dialektpol zuwenden. Dies bedeutet, dass des Ausbilders Moves in Richtung Dialektpol, wie z. B. *Imperativ mit -st (und du) ← stammformgenerierter Imperativ*, nicht unbedingt heißen müssen, dass eine divergierende Verhaltensweise vorliegt. Dasselbe kann auch für die Verschiebungen in Richtung Dialektpol von AK_2 im Gespräch mit LK gelten.[48] LK verwendet in T1_K wohl die (mittel-)bairische Suffixform von *ich* (hab_i: Z. 024) – eine mittelbairische Variante von *ich* allemal – und das (mittel-)bairische Richtungsadverb eini (Z. 027), in anderen Gesprächsbeiträgen verdumpft er gelegentlich auch das *a*, so z. B. in *irgendwas* in KANN man

---

[48] In Beispiel 3, in dem AK_2 und LK interagieren, könnte nach WAS (Z. 053) bis vor damit (Z. 055) ein Dialektswitch angenommen werden, dazwischen liegt wos_ma MOchen (Z. 055). Ein Dialektswitch ist also auch hier zu hinterfragen, denn damit spricht aufgrund des *a*-Gebrauchs für Standardkonformität (bezüglich des damit-Falls s. a. Abschnitt 5.2). Dass LK im Gespräch mit AK_2 dialektnahes Deutsch verwendet, sticht in dieser Gesprächskonstellation weniger hervor als in Gesprächen zwischen AK_1 und LK. Dies kann mehrere Gründe haben, wovon manche im Folgenden genannt werden. Es kann daran liegen, dass AK_2 aufgrund seiner Position als Chef de Cuisine und Miteigentümer des Gastronomiebetriebs von LK als entsprechende Autorität angesehen wird, der aus Respektgründen standardkonform zu begegnen ist. Dies würde voraussetzen, dass LK in der Lage ist, den Variationsraum von Dialekt bis Standardsprache soziofunktional (partiell) zu nützen. Es kann aber auch damit zu tun haben, dass sich zwischen AK_2 und LK kaum längere Gespräche entwickeln. Häufig reagiert LK auf Gesprächsbeiträge von AK_2 bloß mit knapper Zustimmung, die oft das Ende einer Episode kennzeichnet. LK und AK_2 kommunizieren generell weniger als LK und AK_1. Zusammenfassend kann gesagt werden, dass weder AK_2 LK noch LK AK_ 2 dazu animiert, ein längeres Gespräch zu führen. Diese Beobachtungen können aber auch damit zusammenhängen, dass AK_2 und LK an den Tagen, an denen der Gastronomiebetrieb zwecks Aufnahmen besucht wurde, weniger zusammenarbeiten als AK_1 und LK und sich dies in den erhobenen Gesprächsdaten und der Interpretation derselben niederschlägt. Da angenommen werden kann, dass AK_2 aufgrund von Erfahrungswerten aus Gesprächen mit LK eine Vorstellung davon hat, wie sein Lehrling mit Dialektnähe umgeht und umgehen kann, ist nicht zwangsläufig davon auszugehen, dass AK_2 mit dialektnahem Deutschgebrauch eine divergierende Verhaltensweise beabsichtigt. Es ist nicht auszuschließen, dass AK_2 und auch AK_1 davon ausgehen, von LK (zumindest rezeptive) Kompetenzen im dialektnahen Bereich des DSK erwarten zu können.

3.5 Akkommodation und Code-Wechsel

irgendwos, = äh BISsal- (T9_K: Z. 055–Z. 056), aus diesem Ausschnitt geht außerdem der Gebrauch eines (mittel-)bairischen Diminutivsuffixes[49] hervor (-al in BISsal), er verwendet in T5_K, diese Episode spielt so wie auch T9_K etwas weiter unten noch eine größere Rolle, auch nEt 'nicht' (Z. 030). Außerdem verwendet LK auch die (mittel-)bairische *das*-Variante – z. B. in des DES in der schUle gelörnt (T4_K: Z. 033). Ob gelörnt das Ergebnis einer konvergierenden Verhaltensweise ist, sich dem Sprachgebrauch seines Ausbilders AK_1 anzupassen, der sich eindeutig vorzugsweise am Dialektpol orientiert, sei dahingestellt. Es ist aber möglich. Dass gelörnt nicht als (mittel-)bairisch regulär gelten kann, tut bei dieser Interpretation nichts zur Sache, denn schließlich kann nicht davon ausgegangen werden, dass LK über die Regularitäten im dialektnahen Bereich des DSK vollends Bescheid weiß.

Im Allgemeinen ist festzustellen, dass bei LDS seltener und (weniger verdichtet) Hinweise auf (mittel-)bairisch geprägten Sprachgebrauch als bei LK zu finden sind, weswegen ein jedes Näherrücken an den Dialektpol von irgendeinem bestimmten Punkt des Gesprächs mit LDS aus viel mehr für eine divergierende Verhaltensweise sprechen kann. LDS verdumpft im vorliegenden Datensample nie das *a*, die (mittel-)bairische *ich*-Variante, die er einmal gebraucht, zeigt nicht unbedingt an, dass er das (mittel-)bairische *ich*-Suffix verwendet (s. T4_DS: Z. 015), die Tilgung von *t* in *ist* (s. T5_DS: Z. 154) oder *jetzt* (s. T8_DS: Z. 042) ist ein wenig überzeugender Beleg für den Gebrauch (mittel-)bairischer Lautstruktur, denn ein solcher Wegfall von *t* ist kein spezifisch (mittel-)bairisches Phänomen, sondern zählt auch außerhalb des (mittel-)bairischen Sprachraums zu den Regularitäten des gesprochenen (Standard-)Deutschen (vgl. z. B. Berend 2005: 149). Die Verwendung der Negationspartikel net (T15_DS: Z. 016) und der Diminutivform BISs(a)l (T13_DS: Z. 107 bzw. Z. 119) ist allerdings auch im Sprachgebrauch von LDS festzustellen. Diese Gemeinsamkeit im Sprachgebrauch der Lehrlinge wird etwas weiter unten eingehender thematisiert.

Nur in einer Episode ist festzustellen, dass Ergebnisse einer von ADS_1 durchgeführten Überarbeitung (s-)eines Gesprächsbeitrags eindeutig näher am Dialektpol aufzutragen sind als der Punkt, auf den sich die Überarbeitung bezieht. In dieser Ausnahme-Episode – es handelt sich um T9_DS – lehrt ADS_1 LDS explizit ein Dialektwort, es taucht sogar ein Comprehensive Check oder Comprehension Check (s. u.) in dieser Episode auf, er lautet so und JIAT; (.) WIA sog i? (Z. 150–Z. 151). Konkret unterrichtet ADS_1 LDS dahingehend, dass man einen geSCHNITten↑En (Z. 129) Dachziegel auch GSCHNEna (Z. 131) oder a GSCHNEnA (Z. 133) nennen kann, und meint nach einem ersten Response

---

[49] Für Details zur (mittel-)bairischen Diminutivbildung vgl. z. B. Zehetner (1985: 140–143).

von LDS (= aha: Z. 135) WEISST du. = dAs is diaLEKT (Z. 137–Z. 138). In T9_DS verwendet ADS_1 außerdem zweimal eine Akkusativvariante von *Gschnena* (s. u.).

Eine konvergierende Verhaltensweise in konversationellen Reparatur(sequenz)en zeigt sich im Sprachgebrauch von ADS_1 ansonsten vornehmlich dadurch, dass zumindest die überarbeiteten Gesprächselemente durch eine wenigstens geringfügige Verschiebung in Richtung Standardpol modifiziert werden. Dies ist eine Aussage, die zwar tendenziell auch auf das akkommodative Verhalten der Ausbilder AK_1 und AK_2 im Gespräch mit LK zutrifft, jedoch für dieses nicht so typisch ist[50] wie für jenes von ADS_1 gegenüber LDS. Ausschließlich im Zusammenhang mit der Vermittlung des Dialektwortes *Gschnena* ist zu beobachten, dass ADS_1 in einer Situation, in der er offensichtlich daran interessiert ist, einen bestimmten Inhalt mit LDS zu teilen, ganze Sinneinheiten formuliert, ohne dabei dem Standardpol in irgendeiner Art und Weise Aufmerksamkeit zu schenken, wie insbesondere anhand des (Comprehensive bzw. Comprehension) Checks festgestellt werden kann, sich aber auch im Ausdruck des is GOR nix (Z. 164) zeigt, was die Reaktion von ADS_1 auf den Standpunkt von LDS zu sein scheint, dass GSCHNEna bIsschen schwierigkeit (Z. 162) ist bzw. hat. An der Formulierung dieses Standpunkts ist bemerkenswert, dass LDS in ihr auch (mittel-)bairische Varianten von *bisschen* hätte verwenden können, denn er kennt und kann sie (s. o. und u.) und eine Situation, in der es um Dialektlernen sowie -können geht, bietet eine Gelegenheit dafür, mit bereits erworbenen Dialektkompetenzen aufzuwarten.

Aufgrund zweier Belege, sie lauten BISsal noch und BISsl noch (T13_DS: Z. 107 & Z. 119), kann vermutet werden, dass LDS (mittel-)bairische Varianten von *bisschen* nur im Phrasenkontext abrufen kann, welcher hier in Bezug auf *ein bisschen noch* bzw. *a bissal nu* zu sehen wäre. So fällt auf, dass LDS in BISsal noch bzw. BISsl noch den unbestimmten Artikel nicht realisiert oder vielleicht auch ‚verschluckt'. Dasselbe trifft auch auf die von LK geäußerte TKE äh BISsal (T9_K: Z. 056) zu. Eine solche Auslassung des Artikels oder vielleicht Verkürzung der Wendung 'ein bisschen' könnte unter Umständen als Regularität des gesprochenen Deutschen gewertet werden, allerdings scheint es für L1S wie z. B. ADS_1 eher unüblich zu sein, auf den unbestimmten Artikel bei dieser Wendung zu verzichten. Dass ADS_1 *ein bisschen* alias a bIssal oder

---

[50] Vgl. hierzu z. B. AK_1 in T1_K gIb gIbst du GLEICH (Z. 025) und AK_2 in T7_K konrad weiss WAS; (---) <<all> wos_ma MOchen damit>(Z. 053–Z. 055).

3.5 Akkommodation und Code-Wechsel

a bissl offenbar als feste Wendung versteht, ist daran zu erkennen, dass er im Gespräch mit LDS weder einen der zwei Bestandteile dieser Wendung noch die ganze Wendung an sich überarbeitet bzw. modifiziert – es heißt also seitens ADS_ 1 nie *ein bissal/bissl, a bisschen, bissal, bissl* oder *bisschen*.[51] Die Stabilität dieser Wendung zeigt sich in einem Gesprächsbeitrag, in dem ansonsten auch eine Orientierung am Standardpol festzustellen ist (s. den standardkonformen *a*-Gebrauch in is dAs zu LANGe a bIssal glaub_i in T11_DS: Z. 030) oder eine solche gar mit der Überarbeitung mehrerer Gesprächselemente einhergeht (s. *i → ich*, die lexikalische Modifikation von *anschrauben* zu *festmachen*, aber auch den *a*-Gebrauch in <<creaky> i schraub_s amol a bissl Ö. >h° (1.2) ich MACH_s mAl a bissl fEst: T12_DS: Z. 051–Z. 053) genauso, wie in einem, in dem kaum etwas für die Orientierung am Standardpol spricht (s. v. a. *l*-Vokalisierung, enklitisches *es* bei der Konjunktion und Verbzweitstellung in wei is egGAL[52] wenn_s a bissl wEiter, T13_DS: Z. 113).

Die Gesamtheit der Variationsbeispiele beziehentlich *ein bisschen* illustriert im vorliegenden Abschnitt ein weiteres Mal, wie unterschiedlich die L1S-Perspektive und die L2S-Perspektive im Hinblick auf die Lexikalisierung von Gesprächselementen sein kann. Während für den L1S ADS_1 offenkundig *a biss(a)l* eine lexikalisierte Phrase darstellt, bildet für LDS vermutlich artikelloses *biss(a)l* in Verbindung mit *noch* eine lexikalisierte Einheit. Eine Äußerung, die *a biss(a)l noch* lautet, kann auch von ADS_1 erwartet werden, denn die Verwendung von *a biss(a)l* hängt bei ihm nicht mit Bewegungen in nur eine Richtung im DSK zusammen (s. o.). Dass ADS_1 bloß *biss(a)l* oder *biss(a)l noch* sagen würde, ist auf der Grundlage des vorliegenden Datensamples allerdings fraglich. Selbstverständlich könnte von ADS_1 auch *a biss(a)l nu* erwartet werden, der Grund dafür ist derselbe wie vorhin. Das Adverb *noch* ist bei LDS weder im Zusammenhang mit einer Form von *ein bisschen* noch an einer anderen Stelle (mittel-)bairisch geprägt (s. NOCH nicht in T8_DS: Z. 047), auch ADS_1 verwendet im Gespräch mit LDS im vorliegenden Datensample nur *noch* bzw. nie *nu* oder gar eine andere *noch*-Variante. Es könnte also auch sein, dass LDS bloß, ausschließlich oder salopp gesagt: Einfach nur *biss(a)l* in seinen Sprachgebrauch übernommen hat – und zwar genauso, wie er auch artikelloses *bisschen* seinem

---

[51] Im vorliegenden Datensample konnte nicht festgestellt werden, dass einer der Ausbilder tatsächlich die Form *ein bisschen* verwendet.

[52] Bei dem Adjektiv *egal* handelt es sich um ein Wort, dass im 17. Jahrhundert aus dem Französischen übernommen wurde (s. www 9). Wie in Abschnitt 5.1 noch ausführlicher dargestellt ist, bleibt die *a* -Verdumpfung und auch die l-Vokalisierung bei Wörtern, die anderen Sprachen entlehnt sind, oft aus (vgl. hierzu a. Scheuringer 2002: z. B. 73).

Deutschwortschatz zugefügt hat. Schließlich besteht die Möglichkeit, dass LDS ausschließlich oder zumindest vornehmlich Formen von *ein bisschen noch* begegnet, in denen nur *noch* nicht variiert, d. h. sich Variation nur auf das Suffix der Diminutivform und womöglich auch auf den Artikel bezieht.

Dafür, dass es sich aus einer L2S-Perspektive bei Formen von *ein bisschen* kaum um eine tatsächliche Lexikalisierung handeln kann, spricht auch das doch etwas für sich allein stehende = äh BISsal- (-) von LK, welches er unmittelbar an = KANN man irgendwos anschließt und welchem er ÖLfäss oder oder Einfach; (-) EINstellt (T9_K: Z. 055–Z. 060) folgen lassen muss, um von AK_1 zu erfahren, was denn von diesem u. a. mit <<all> gonz auf_s norMAle blEch donn drauf.>(-) einfoch amoi in brEsel wÖzen (Z. 046–Z. 048) gemeint ist (die Antwort darauf s. u.). Allerdings kann der Abbruch nach äh BISsal auch bedeuten, dass LK bei der Suche nach dem Wort, das für ihn eine lexikalische Einheit mit *biss(a)l* bilden würde (vielleicht ist es *noch*), erfolglos war oder sie wegen Kompatibilitätsproblemen, die er im Zuge der Planung einer Reorganisation seines ganzen Gesprächsbeitrags erkannte, einstellen musste. Das äh in äh BISsal, das hier als Interjektion interpretiert wird und als ein anderes Signal der Suchbewegung im Rahmen der Gestaltung eines Gesprächsbeitrags verstanden werden kann, könnte auch ein misslungener Versuch sein, den (mittel-)bairischen unbestimmten Artikel zu bilden. Allemal ist festzuhalten, dass von den L2S *ein bisschen* oder *a biss(a)l* wahrscheinlich nicht als lexikalisierte Phrase verstanden wird und von dem L1S ADS_1 offensichtlich sehr wohl.

Lexikalisierte Phrasen gehören vermutlich eher nicht zum interaktional und situational modifizierten DSK-Input, den L2S von L1S erhalten. Dies bedeutet jedoch nicht, dass sie im Sprachgebrauch von L2S keine Spuren hinterlassen würden. Die Spuren BISsal noch bzw. BISsl noch und BISsal sprechen zwar für den Gebrauch eines (mittel-)bairischen Features von L2S, jedoch zeigen sie womöglich auch ein L2S-Übergangsstadium zum Gebrauch eines solchen Features, denn der unbestimmte Artikel fehlt (noch) und könnte gemäß des Sprachgebrauchs von ADS_1 als obligatorisch gelten.

Variation, die sich in einem zielsprachlichen Zwischenstadium befindet, wird etwas weiter unten u. a. in Anlehnung an Gass / Selinker (2008) als interimistische Variation bezeichnet und dort auch etwas näher ausgeführt. Doch nun zurück zu T9_DS, jener Dialektlern-Episode, auf die sich die Feststellung bezogen hatte, dass LDS damit, sich am Dialektpol zu orientieren, mit ADS_1 nicht gleichzieht bzw. gleichziehen kann oder möchte, was dazu führte, im Hinblick auf die Perspektive, die L1S oder L2S auf diesen Pol bezogen einnehmen können, ein

3.5 Akkommodation und Code-Wechsel

bisschen weiter auszuholen. Bezogen hat sich diese Feststellung auf die Äußerung von LDS GSCHNEna bIsschen schwierigkeit (Z. 162). Sie fällt ziemlich am Ende der Episode T9_DS und zu einem Zeitpunkt, an dem LDS nicht nur in der Lage ist, das Dialektwort angemessen auszusprechen, sondern auch zu bewerten (s. Z. 160–Z. 162).

Davon, dass es sich in T9_DS um divergierende Verhaltensweisen handelt, wenn ADS_1 sich sehr dialektnah gibt, ist aufgrund der explizit sprachbezogenen Lehr-/Lern-Situation nicht auszugehen, die sich u. a. anhand der Progression nachzeichnen lässt, die sich in Bezug auf die Vermittlung des Wortes *Gschnena* entwickelt. Nur auf dieses Wort bezogen lässt sie sich als den geSCHNITten↑En (Z. 129) – GSCHNEna (Z. 131) – a GSCHNEnA (Z. 133) – geSCHNITtenen (Z. 142) – an GSCHNEna (Z. 146) – GSCHNE↑nA (Z. 158) – an GSCHNE↑nA: (Z. 166) darstellen. Zunächst macht ADS_1 aus der standardkonformen, jedoch durch Überakzentuierung gekennzeichneten Akkusativform mit Artikel (Z. 129) von sich aus eine artikellose (mittel-)bairische Akkusativ- oder Nominativform (Z. 131), die er im Anschluss ebenso selbstständig zu einer dann eindeutig nominativischen Variante mit unbestimmten Artikel ausbaut (Z. 133), die auch etwas überakzentuiert ist. Die *Gschnena*-Formen in Z. 131 und Z. 133 fallen im Zusammenhang mit Erklärungen zu diesem Wort (s. Z. 131–Z. 138). Danach verwendet ADS_1 erneut eine standardkonforme, allerdings diesmal artikellose Akkusativvariante (Z. 142) und überführt sie in akkusativisches *Gschnena* mit Artikel. (Dass es sich bei der artikellosen *Gschnena*-Form geSCHNITtenen in Z. 142 um eine Dativvariante handelt, ist aufgrund dieser Überführung unwahrscheinlich, aber nicht ausgeschlossen.) Der betreffende Gesprächsbeitrag lautet geSCHNITtenen;(-)sag ICH- (-) an GSCHNEna (Z. 142–Z. 146) und dessen Zustandekommen ist offensichtlich einer Rückfrage von LDS geschuldet, sie lautet geSCHNITtene? (Z. 140). Damit ist des Ausbilders Ein-Wort-TKE geSCHNITtenen die Überarbeitung von des Lehrlings Ein-Wort-Rückfrage geSCHNITtene. Die artikellose *Gschnena*-Form in Z. 158 und die akkusativische *Gschnena*-Form mit Artikel in Z. 166 – beide durch Überakzentuierung gekennzeichnet – kommen ebenso aufgrund eines Wortwechsels zwischen ADS_1 und LDS (s. Z. 150–Z. 166) zustande. Dieser Wortwechsel wird etwas weiter unten noch näher beleuchtet, vorerst liegt das Hauptaugenmerk nur darauf, dass das akkommodative Verhalten von ADS_1 allein in Bezug auf (Dialekt-/Standard-)Variation einer einzigen Bezeichnung für einen Gegenstand (= offensichtlich *ein geschnittener Dachziegel*) zu erkennen ist. ADS_1 baut die Komplexität von *Gschnena*-Formen im Gespräch mit seinem deutschlernenden Lehrling ab und aus und umgekehrt, dabei kommen

Varianten mit und ohne Artikel und nominativische und akkusativische Verwendung zum Tragen und wird viermal die Kasusendung hervorgehoben, was im Regelfall kaum gemacht wird. Diese außergewöhnliche Hervorhebung ergibt spätestens im Zusammenspiel mit der zu erwartenden Betonung auf der ersten Silbe von *Gschnena* Überakzentuierung.

Dass ADS_1 in einer Situation, in der er das Ziel verfolgt, LDS ein Dialektwort beizubringen, auch sonst noch gelegentlich auf eine dicht am Dialektpol zu verortende Ausdrucksweise zurückgreift, ist mit dem interaktionistisch-induktiven Prinzip[53] im Zweit- oder Fremdsprachenunterricht vergleichbar, Lernenden durch genuinen bzw. möglichst authentischen sprechsprachlichen Input die Gelegenheit zu geben, sich Regel(mäßigkeite)n oder Regularitäten der Zielsprache selbst zu erschließen oder ein Gefühl für diese zu entwickeln. Ein Beispiel aus dem schulischen Fremdsprachenunterricht dafür ist die Verwendung des Englischen bei der Vermittlung von diversen Inhalten im Englischunterricht in Österreich oder Deutschland. Mit Situationen im Fremdsprachenunterricht, in denen auf die Ausgangssprache zurückgegriffen wird, um Hilfestellungen beim Verständnis von etwas Zielsprachlichem anzubieten, können die Code-Wechsel verglichen werden, die in T9_DS als Code-Switching von Dialekt auf Standardsprache interpretiert werden könnten und auf den gesamten Interaktionsverlauf bezogen letzten Endes doch immer auch für Code-Shifting sprechen (s. u.). In einem in Österreich oder Deutschland stattfindenden Englischunterricht stellt Deutsch, welches gemäß den Vorstellungen von Behörden dem Standarddeutschen entsprechen sollte, die Ausgangssprache dar. In T9_DS erfüllt standardnahes Deutsch wohl die Funktion einer Ausgangssprache. Das sprachliche Verhalten von ADS_1 in T9_DS könnte auch im Lichte der Krashen'schen Inputhypothese betrachtet werden, die besagt, dass der aktuelle Wissensstand eines L2S ($= i$) um etwas zielsprachlich noch Unbekanntes bzw. diesem Wissensstand noch nicht Entsprechendes ($= +1$) erweitert werden muss, um einen Lerneffekt[54] auszulösen (vgl. Gass / Selinker 2008:

---

[53] Zur Diskussion von Zweitspracherwerbshypothesen, die einem solchen Ansatz zugrunde gelegt werden können, vgl. z. B. Hufeisen / Riemer (2010: 743 f.), aber auch folgende Textpassage (einschließlich nächster Fußnote).

[54] Im Krashen'schen Sinne müsste der Begriff des Lerneffekts als Folge von bewusster Sprachaneignung (= *Language Learning*) von jenem des Erwerbeffekts als Folge von unbewusster Sprachaneignung (= *Language Acquisition*) unterschieden werden (vgl. z. B. Barkowski / Krumm 2010: 132, 218). Dementsprechend würde sich Language Learning auf eine gesteuerte Sprachaneignungssituation und Language Acquisition auf eine ungesteuerte beziehen (vgl. z. B. Riehl 2014: 76 f.). In der rezenten Zweitspracherwerbsforschung spielt die Unterscheidung zwischen Language Acquisition und Language Learning keine so zentrale Rolle mehr wie in den Arbeiten von Krashen v. a. aus den 1980er Jahren (vgl. z. B. Gass / Selinker 2008: 309–502; Barkowski / Krumm 2010: 132, 218; Riehl 2014: 76 f.). In der

3.5 Akkommodation und Code-Wechsel

309). Wird ADS_1 unterstellt, dass er davon ausgeht, dass LDS mit dem von ihm in Z. 131–Z. 133 eingeführten Wort *Gschnena* keine zehn Sekunden später (≈ Z. 148) umgehen kann, entspricht dieses Wort *i* und so und JIAT; (.) WIA sog i? (Z. 150–Z. 151) der neuen Herausforderung +1 in Form eines Comprehensive Checks, der auch als ein potenzielles Mittel verstanden werden kann, bei LDS einen Memorisierungseffekt auszulösen. Ob oder inwieweit LDS nur wenige Sekunden, nach dem er das Dialektwort offenbar zum ersten Mal gehört hat, mit diesem umgehen kann, ist nicht klar, denn schließlich lautet seine erste und sehr leise Reproduktion dieses Wortes <<pp> GSCHNEda.> = ha ha (Z. 148). Es könnte sein, dass dieser Wortlaut von ADS_1 zunächst als für gut genug produziert empfunden wird, und er daher so und JIAT; (.) WIA sog i? (Z. 150–Z. 151) als ein ‚+ 1' ansetzt. U. a. Gass / Selinker (2008: z. B. 14 f.) folgend könnte es sich bei GSCHNEda um eine interimistische Variation von *Gschnena* handeln, d. h. ein Zwischenstadium, das es noch zugunsten einer besseren oder gar korrekten Form zu überwinden gilt, was LDS schließlich wohl dank

---

Fachöffentlichkeit des 21. Jahrhunderts herrscht (zumindest weitgehend) Konsens darüber, dass die Grenzen zwischen Language Acquisition und Language Learning fließend sind – und zwar in Bezug auf sowohl Bewusstheit bei der Sprachaneignung als auch Situationen. Im post-Krashen'schen Sinne könnte von einem *Language-Acquisition-Language-Learning*-Kontinuum die Rede sein, in dem die Übergänge von bewusster / unbewusster Sprachaneignung zu unbewusster / bewusster fließen, aber auch die Entwicklung zu einer Lehr-/Lern-Situation hin oder von ihr weg allmählich verlaufen können oder eine solche Situation einfach nur einen der situativ-transzendierenden Teile einer Metasituation darstellt, die hier aus einer L2S-Perspektive als *betriebliche Ausbildung in einem (frühen) Stadium der Deutschaneignung durch sprachlich authentische Ausbilder* und aus einer L1S-Perspektive als *betriebliche Ausbildung von deutschlernenden Lehrlingen* zu benennen wäre. Die Annahme eines solchen aus einer L2S- wie auch L1S-Perspektive relevanten Kontinuums ist ein Grund dafür, weshalb sich die deutschen Pendants zu Acquisition und Learning in der vorliegenden Arbeit nicht auf die Krashen'sche Unterscheidung beziehen (können). Ein anderer Grund dafür ist die plausible Annahme eines angeborenen und ein Leben lang verfügbaren Spracherwerbsmechanismus, die die spracherwerbstheoretische Basis einer Reihe von Linguist:innen bildet, so z. B. auch bei Gass / Selinker (2008: 309–502). Die Annahme eines solchen Mechanismus, namentlich *Language Acquisition Device* (LAD), kann ebenso auf der Grundlage von Krashens Arbeiten diskutiert werden (vgl. ebd.: 309), tatsächlich jedoch ist die LAD-Idee auf Noam Chomsky zurückzuführen – für nähere Details vgl. z. B. Chomsky (1965: 47–59). Gass / Selinker (2008: 519) definieren LAD als „[a] language faculty that constrains and guides the acquisition process". Schon allein die Tatsache, dass Sprachen – selbst dann, wenn sie so herausfordernd sind, wie etwa das Deutsche – prinzipiell bis ins vorgerückte Alter erworben werden können (vgl. Berndt 2000; 2002; 2003), lässt die Thematisierung einer Trennung zwischen Language Acquisition und Language-Learning nichtig erscheinen.

speziell einer Wiederholung des Wortes von ADS_1, die übrigens mit Überakzentuierung verbunden ist (GSCHNE↑nA: Z. 158), innerhalb kurzer Zeit schafft (s. <<p> GSCHNEna. >: Z. 160). (Über-)Akzentuierung ist hier eindeutig ein Mittel zur Vermittlung eines sprachlichen Inhalts, nämlich der Endung in *Gschnena*. Die Annahme, dass der Weg zu einer Zielvariante durch Annäherungen an diese gekennzeichnet sein kann, die im Idealfall aus dem Sprachgebrauch wieder getilgt werden, resultiert aus der Interlanguagehypothese[55]. Es könnte aber auch sein, dass ADS_1 LDS in Z. 148 nicht gut oder falsch verstanden hat, d. h. er meint gehört zu haben, dass LDS das Wort bzw. *i* korrekt ausgesprochen hat, und somit der Ansicht ist, dass LDS über ein Niveau verfügt, gemäß dem ein + *1* (wie s. o.) angebracht ist, das ohnehin durch die Nachfrage GEHT das? (Z. 154) etwas aufgeweicht wird, denn zielsprachlich wäre im vorliegenden Fall z. B. *geht des?*. Eine dritte Möglichkeit ist, dass ADS_1 den zweiten Response von LDS (<<pp> GSCHNEda. > = ha ha: Z. 148) auf seinen Vermittlungsversuch des Dialektwortes gar nicht wahrgenommen hat, womit sämtliche Überlegungen im Hinblick auf die Inputhypothese sich als hinfällig erweisen würden – als vorsichtig zu verstehen sind sie ohnehin, wie etwas weiter unten nochmal verdeutlicht wird. Wie bereits erwähnt, ist der erste Response von LDS auf seines Ausbilders Einführung des Wortes *Gschnena* aha (Z. 135). Dieser Response könnte ADS_1 dazu animiert haben, die *Gschnena*-Lektion aufrechtzuerhalten, denn er kann als Signal für Interesse gedeutet werden. Prinzipiell könnte aha auch als Verstehenssignal interpretiert werden, doch eine solche Interpretation ist vor dem Hintergrund allgemeiner Beobachtungen in T9_DS zumindest fraglich. Tatsächlich gibt die durch Überakzentuierung gekennzeichnete Dialektwort-Wiederholung seitens ADS_1 in Z. 158 (GSCHNE↑nA), die auf die seines Lehrlings zweimalige Reproduktion von *Gschnena* als GSCHNEda (s. Z. 148 & Z. 156) folgt, Grund zur Annahme, dass die zuletzt genannten Möglichkeiten wahrscheinlicher sind als die zuerst genannte bzw. die an die Inputhypothese anschließende. Wenn dem so ist, ist

---

[55] Die Idee, dass L2S im späteren Kindes- oder (jugendlichen) Erwachsenenalter auf ein System zurückgreifen, das sich aus allen bisher gespeicherten sprachlichen Einträgen bzw. Strukturen und Funktionen zusammensetzt sowie von diversen (Lern-)Erfahrungen, (Lern-)Gewohnheiten und (Lern-)Zielvorstellungen geprägt wird, und so vorübergehend zielsprachliche Zwischenstadien entstehen können, geht auf Selinker (1972) zurück. Die entsprechende Hypothese oder Theorie wird in einschlägiger Literatur als Interlanguagehypothese bzw. -theorie geführt. „Eine *Interlanguage* […] ist aufzufassen als eigenes System auf dem Weg zu einer Zielsprache" und „[d]ie *Interlanguages* zeigen mehr Variation als natürliche Sprachen" wie Riehl (2014: 87 bzw. 88 [H. i. O.]) treffend zusammenfasst.

3.5 Akkommodation und Code-Wechsel

so und JIAT; (.) WIA sog i? (Z. 150–Z. 151) eher ein Comprehension Check als ein Comprehensive Check und kein + *1*, sondern höchstens eine zielsprachlich formulierte Aufforderung, das neue Wort zu verwenden.

Selbstverständlich kann nicht davon ausgegangen werden, dass ADS_1 oder die beiden Ausbilder von LK die Inputhypothese, die Interlanguagehypothese oder Prinzipien bzw. Methoden des Zweit- oder Fremdsprachunterrichts im Gespräch mit ihrem jeweiligen deutschlernenden Lehrling im Blick haben! Dennoch soll nicht vorenthalten werden, dass sprachliche L1S-Akkommodation in L1S-L1S-Gesprächskonstellationen und sprachunterrichtsbezogene Vorgehensweisen wie auch Hypothesen zur Aneignung einer Zweitsprache zueinander in Verbindung gebracht werden können. Eine solche Verbindung ist in Bezug auf die oben zwei erwähnten methodischen Prinzipien im Fremdsprachunterricht wohl am leichtesten herzustellen. Denn schließlich ist sowohl das eine, nämlich das interaktionistisch-induktive Prinzip, als auch das andere, nämlich das Prinzip des Wechselns in (irgend-)einen anderen Code, wenn ein neuer Inhalt (noch) nicht ausreichend vermittelt zu sein scheint, der Organisation sozialer Interaktion außerhalb des schulischen Unterrichts nachempfunden. Diese Prinzipien sind Teil des Methodenansatzes, den schon z. B. Buttaroni / Knapp (1988) für den Sprachunterricht einfordern, nämlich Sprachvermittlung so realitätsnah bzw. authentisch wie möglich zu gestalten. Dazu gehört, „den Lernenden ausreichend Gelegenheit [zu, K. R. P.] bieten, die Sprachverwendung unter natürlichen Bedingungen zu proben bzw. zu antizipieren" (ebd.: 44), sowie die Aktivierung und Nutzung aller sprachlichen (Wissens-)Bestände oder Ressourcen (vgl. z. B. ebd.). Das Vorbild, an dem sich authentische Sprachvermittlungsmethoden wie z. B. jene von Buttaroni / Knapp (1988: 11–62) orientieren, ist die Begabung des Menschen, die Aneignung von diversen Inhalten in seiner natürlichen Umgebung zu bewerkstelligen bzw. die Fähigkeit zum ungesteuerten Spracherwerb. Im Idealfall geschieht dies im Gespräch mit anderen und in solchen spielt Variation immer eine Rolle – steht die Fertigkeit[56] Sprechen im Vordergrund ist das Gespräch selbstverständlich als unerlässlich zu betrachten. Ein Vergleich zwischen dem methodisch-didaktischen Know-how von professionellen Lehrpersonen und Laien, wie z. B. betrieblichen Ausbildern, würde nichts daran ändern, dass erstens das Grundprinzip des (ungesteuerten) Erwerbs einer Zweitsprache, insbesondere nach dem frühen Kindesalter, die Nutzung verfügbarer sprachlich(-interaktional)er Ressourcen ist und zweitens – vorausgesetzt

---

[56] Unter „Fertigkeit" versteht Faistauer (2010: 961) einen Begriff, der jenem der Aktivität sehr ähnlich ist. „Beide umfassen sowohl konkrete wie auch geistige Handlungen" (ebd.). Die fünf Fertigkeiten nach Faistauer (ebd.) sind *Hören, Lesen, Sprechen, Schreiben* und das *Hör-Sehverstehen.*

es besteht Kooperationsbereitschaft – beide L1S-Personengruppen in der Rolle als Gesprächspartner bzw. Gesprächspartnerin von L2S diesem auch unter Einsatz ihres sprachlichen Vermögens bereitwillig und/oder automatisch Rechnung tragen, wenn auch nicht unbedingt mit demselben Hintergrundwissen. Zu den sprachlichen Ressourcen gehören gute Kenntnisse in Einzelsprachen, was deren Variation miteinschließt, und genauso griffbereite einzelsprachliche Versatzstücke aller am Sprachlernprozess Beteiligten, was z. B. die Interlanguage und damit verbunden interimistische Variation (hier bezogen auf das Deutsche) betrifft.

Die Herstellung einer Verbindung zwischen L1S-Akkommodation und der Interlanguagehypothese, die sich auf L2S-Variation in Form von Vorstufen bis zur zielsprachlichen Entsprechung bezieht, ist in der vorliegenden Untersuchung wenig relevant, denn in dieser ist nicht die Frage zentral, wie sich L2S eine Zweitsprache aneignen, sondern die Frage, was L1S für L2S-Gesprächspartner:innen auf der sprachlich-interaktionalen Oberfläche zur Verfügung stellen. Trotzdem kann diese Frage ins Spiel gebracht werden, wenn Analyseeinheiten, in denen womöglich interimistische Variation (selbstredend von L2S) zu beobachten ist, auf die Analyseeinheiten ausstrahlen könnten, die akkommodatives Verhalten von L1S beinhalten. Gesprächsbeiträge von Gesprächspartner:innen sind immer in irgendeiner Form aufeinander bezogen, außerdem verlangt eine Orientierung an der gesprächslinguistischen Maxime *order at all points* bzw. „Ordnung an jedem beliebigen Punkt der Konversation" (Kleemann / Krähnke / Matuschek 2013: 40) sogar danach, im Zusammenhang mit Migration und Deutschvermittlung und -aneignung eine mögliche Interlanguage zu berücksichtigen. Allerdings kann eine solche in der vorliegenden Untersuchung nicht beschrieben werden und können nur Vermutungen darüber angestellt werden, ob und warum es sich bei einem Ausdruck um interimistische Variation handelt oder nicht. Z. B. kann GSCHNEda (Z. 148 bzw. Z. 156) anstatt *Gschnena* auch deshalb zustande kommen, weil LDS seinen Ausbilder zuvor nicht gut verstanden hat. Ein guter Kandidat für interimistische Variation könnte die L2S-Verwendung von artikellosem *ein bisschen* sein (s. o.).

Die Herstellung einer Verbindung zwischen L1S-Akkommodation und der Inputhypothese liegt im Zusammenhang mit dem vorliegenden Forschungsinteresse ziemlich nahe, denn Input betrifft immer alle, die an einer Interaktion beteiligt sind. Die einen geben ihn, die anderen erhalten ihn. Dass in der vorliegenden Untersuchung der Input im Vordergrund steht, den L2S von L1S erhalten, heißt nicht, dass L2S hier als passive Gesprächsteilnehmer:innen zu verstehen sind und ein Input nicht auch in umgekehrte Richtung fließen kann – im Gegenteil, Gesprächsbeiträge von L2S sorgen sogar dafür, dass es zu neuem oder modifiziertem und durch akkommodative Konvergenz gekennzeichneten Input

3.5 Akkommodation und Code-Wechsel

von L1S kommt, wie aus dem bisherigen Argumentationsverlauf auch schon hervorgegangen sein sollte. Z. B. entsteht Variation von *ein geschnittener Dachziegel* in T9_DS auch deshalb, weil ADS_1 und LDS im Gespräch sind (s. o.), der L1S-L2S-Gesprächskonstellation ist sie allemal geschuldet. Auf die Krashen'sche Inputformel zur Steigerung des Sprachlerneffekts $i + 1$ wurde oben bereits im Zusammenhang mit der Dialektwort-Lehr-/Lern-Situation in T9_DS aufmerksam gemacht. Dies ist eine der raren, wenn nicht sogar die einzige Episode, in denen einem der beiden Lehrlinge explizit Deutsch vermittelt wird. (Wie in dieser Untersuchung immer wieder erwähnt, ist es oft schwer zu erkennen, ob in einer Episode Deutschvermittlung stattfindet.) Dabei wurde diskutiert, ob oder inwiefern die Variable i dem Dialektwort *Gschnena* und die Variable $+ 1$ so und JIAT; (.) WIA sog i? entsprechen könnte. Schließlich war das Ergebnis dieser Diskussion, dass eine solche Belegung dieser Variablen zwar womöglich plausibel ist, aber auch ziemlich konstruiert wirken kann. Doch eine solche gesprächslinguistische Re-Konstruktion ist angesichts der Maxime *order at all points* nicht übertrieben, sondern eine im Bereich des Möglichen, und eine, die sich in der Episode T9_DS anbietet, denn in ihr wird explizit sprachliches Wissen vermittelt.

Was allerdings in dialektnahen Gesprächen zwischen AK_1 oder AK_2 mit LK i sein kann und was $+1$, lässt sich nicht feststellen. Ein Grund dafür ist, dass die diesbezüglichen Gesprächsdaten darauf hinweisen, dass die beiden Ausbilder von ihrem deutschlernenden Lehrling scheinbar einiges an dialektnahem i bzw. Wissensstand erwarten, und ein anderer ist, dass im Datensample keine Fundstelle ausgemacht werden konnte, in der etwas (z. B. (die Bedeutung) ein(es) Wort(es)) im dialektnahen Bereich des DSK <u>gemeinsam erarbeitet</u> wird. Dies heißt allerdings nicht, dass Variation im dialektnahen Bereich des DSK nicht auch in Richtung Standardpol überarbeitet wird. Z. B. erfährt LK in T9_K durch eine solche Verschiebung wohl erst, was zumindest zum Teil mit <<all> gonz auf_s norMAle blEch donn drauf.> (-) einfoch amoi in brEsel wÖzen (Z. 046–Z. 048) gemeint ist, nämlich offensichtlich <<all> du nimmst nur:> BRÖ↑sEl- = einfoch in brösel WÄLzen (Z. 063–Z. 064) und und dAnn in PFANne brAtEn. (-) und NACH pfAnne brAtEn; = HIER rauf (legEn) (Z. 067–Z. 071). Im Anschluss an Z. 071 scheint LK das zu tun, was sein Ausbilder von ihm erwartet. Bereits in Perner (2020: 57) wird diese Situation als Beispiel dafür genannt, dass sich oft erst zeigen muss, dass LK etwas nicht verstanden hat, damit sich AK_1 in Richtung Standardpol umorientiert. So wird z. B. auch in T2_K aus an braden TOPF (Z. 039) erst an BREIteren (Z. 055), nachdem LK offensichtlich einen zu schmalen Topf gebracht hat (s. Z. 054), oder in T10_K aus häst/hä_st/_/da du so DOCHdecker vorstön kinna? (Z. 087) erst nach der Rückfrage von LK bitte WAS? (Z. 089) DACHdEcker. (-) hättest duir AUCH sowas- (--) vOrSTEL↑lEn können zu ARbei↑tEn? (Z. 090–Z. 094). Es kann zwar nicht behauptet werden, dass es eine vergleichbare Situation zwischen ADS_1 und LDS nicht geben würde (s. T16_DS), jedoch gestaltet ADS_1 sprachliche Akkommodation von sich aus häufiger mit Blick auf den Standardpol als AK_1 oder AK_2.

Sprachliche Akkommodation geht bei ADS_1 mit einer umfänglicheren Nutzung des Variationsraums von Dialekt bis Standardsprache einher als dies bei AK_1 und AK_2 der Fall ist. Das ist daran zu erkennen, dass in seinem Sprachgebrauch sich standardnahe und dialektnahe Variationsaspekte öfter und enger wie auch öfter enger begleiten, was daraus resultieren mag, dass ADS_1 sich im Gespräch mit seinem deutschlernenden Lehrling nicht nur im DSK bewegt, wenn er den Standardpol ansteuert, sondern auch dann, wenn etwas im dialektnahen Bereich des DSK eine Rolle spielt, wofür die oben diskutierte Dialektwort-Lehr-/Lern-Situation ein gutes und facettenreiches Beispiel ist. Ein anderes Beispiel ist in T16_DS zu finden, in diesem erklärt ADS_1 nach einer Rückfrage von LDS (WAS sagst du?: Z. 070), was er mit SAUFT sowiesO (Z. 066) gemeint hat, nämlich na des is DO- = WEIL was ist; = die letzte LATte; (--) die is so HOCH; (1.5) <<cresc> do muss ma ANders mAchen.> (1.5) sunst geht das GAR nicht (Z. 072–Z. 080).

Die Episode T16_DS, in der ADS_1 SAUFT sowiesO (Z. 066) paraphrasiert, stellt sicherlich weniger eine explizite Dialekt-Lehr-/Lern-Situation dar als die *Gschnena*-Lektion in T9_DS. Doch ist in beiden Episoden zu erkennen, dass sich standardnahe und dialektnahe Variationsaspekte eng begleiten bzw. der Sprachgebrauch von ADS_1 zwischen Dialekt und Standardsprache oszilliert bzw. volatiliert; in T16_DS geht z. B. standardkonformer *a*-Gebrauch mit dem nicht-standardkonformen Lautwert von *o* (sunst: Z. 080) und nicht-standardkonformer *a*-Gebrauch mit standardkonformer *l*-Realisierung einher (s. WEIL: Z. 073),[57] und in T9_DS betrifft im Kontext von *ein geschnittener Dachziegel, ein Geschnittener, (den) Geschnittenen, a Gschnena* und *an Gschnena* eine solche Oszillation bzw. Volatilität den (semantisch-)lexikalischen Bereich,

---

[57] Der Vollständigkeit halber sei erwähnt, dass die standardkonforme *l*-Realisierung auch mit standkonformem *a*-Gebrauch einhergehend interpretiert werden kann (s. T16_DS: Z. 072–Z. 073).

3.5 Akkommodation und Code-Wechsel

den phonetisch-phonologischen und/oder morphosyntaktischen (s. *e*-Tilgung, Verschleifung, Kasusendungen und Artikelgebrauch) sowie den suprasegmentalen (s. reguläre und außergewöhnliche Hervorhebungen). Doch auch außerhalb einer Situation, in der explizit sprachliches Wissen vermittelt wird, stehen sich im Sprachgebrauch von ADS_1 standardkonforme und nicht-standardkonforme Variationsaspekte ganz nah, z. B. in T2_DS (Z. 040–Z. 043) bzw. Beispiel 2. Außerdem ist auch in Gesprächen mit LK zu beobachten, dass standardkonforme und nicht-standardkonforme Variationsaspekte zusammenfließen (z. B. an BREIteren in T2_K: Z. 055), jedoch nicht in demselben Ausmaß.

Je mehr das akkommodative Verhalten der Ausbilder gegenüber ihrem jeweiligen deutschlernenden Lehrling mit Bewegungen in beide Richtungen im DSK in Verbindung gebracht werden kann, desto ungeeigneter ist die Verwendung des Begriffs Code-Switching und passender ist jener des Code-Shiftings. Code-Switching spiegelt Auer (1986: 120) folgend die „Fixiertheit" oder „Fokussiertheit" dialektaler bzw. standardsprachlicher Normen bei alternierendem Sprachgebrauch wider. Von einem solchen Code-Wechsel-Phänomen kann in der vorliegenden Untersuchung stets nur unter interaktionsverlaufsbezogenen Einschränkungen die Rede sein, d. h. durch das entsprechende Kleinhalten von Analyseeinheiten.

In einem Fall trifft im Gespräch mit LK Code-Switching im Sinne eines klaren Wechsels zu einer nicht-standardsprachlichen Sprech- oder Ausdrucksweise wohl am ehesten zu. Hierbei handelt es sich um den zweiten Anlauf von AK_1 in T5_K, der erste setzt sich aus ich hab AUCH (e) gEsehen (Z. 028) und ich hab mich NICHT ba (Z. 031) zusammen, LK davon zu erzählen, dass er nicht bemerkte, vor nicht allzu langer Zeit bei der Arbeit von einem Kamerateam gefilmt worden zu sein; offenbar wurde er sich der Tatsache, dass von ihm und LK in der Küche Aufnahmen gemacht worden waren, erst bewusst, als er die Ausstrahlung des entsprechenden Fernsehberichts sah (Z. 021–Z. 023 & Z. 031–Z. 047). Dieser zweite Anlauf beginnt mit <<all> i hob_s net amoi mitkriagt wia de GFÜMT hom.> (Z. 033) geht weiter mit i hob des NET checkt (Z. 036) und endet mit des überhaupt net CHECKT (Z. 047). Zwischen Z. 033 und Z. 047 spricht wohl nichts für eine Bewegung von AK_1 in Richtung Standardpol. Sicherlich laden die soeben exemplarisch hervorgehobenen Äußerungen in T5_K (Z. 033, Z. 036 & Z. 047) dazu ein, auf eine Reihe von Regularitäten des (Mittel-)Bairischen genauer einzugehen, denen LK im Gespräch mit AK_1 begegnet. Jedoch soll an dieser Stelle nur die Negationspartikel *nicht* herausgegriffen werden. Der erste und episodenspezifische Grund dafür ist, dass *nicht* zu den Elementen gehört, die in T5_K in Z. 028–Z. 047 von AK_1 am offenkundigsten modifiziert werden (net bzw. NET ← NICHT), der zweite Grund dafür ist episodenübergreifend und hängt damit zusammen, dass dank des Belegs im vorliegenden Datensample für die *nicht*-Variante *net* im Sprachgebrauch des Ausbilders ADS_1 (s. T8_DS: Z. 045), des Ausbilders AK_1 (s. o.) und der beiden deutschlernenden Lehrlinge LDS und LK (s. dazu etwas weiter oben) die Verwendung (mittel-)bairischer Features aus einer L1S-Perspektive mit jener aus einer L2S-Perspektive in diesem Abschnitt zum dritten Mal explizit verglichen werden kann. Das erste Mal bezog sich auf die Bildung des Imperativs, das zweite Mal auf die Phrase *ein bisschen (noch)*.

Bei der Anstellung dieses Vergleichs spielen zwei linguistische Betrachtungsweisen auf das Zustandekommen von *net* eine Rolle. Der einen folgend, sie ist z. B. in Dannerer et al. (2021: 36) dargestellt, ist *net* ein Produkt, das auf *i*-Senkung und *ch*-Tilgung bei *nicht* zurückzuführen ist. Bedenken darüber, dass dieser Betrachtungsweise die Annahme zugrunde liegt, dass Variation maßgeblich durch Abwandlungen standardsprachlicher Varianten entsteht, außen vor gelassen,[58] kommt hier ein Umwandlungskonzept zum Tragen, dem L1S wie die drei Ausbilder – sei es bewusst oder unbewusst – folgen können, jedoch welches zu berücksichtigen von L2S nicht erwartet werden kann. Um *nicht* zu *net* umwandeln zu können, erfordert es entsprechendes prozedurales Wissen (*Können*), und um eine solche Umwandlung verstehen zu können, braucht es entsprechendes deklaratives Wissen (*Kennen*). Davon, dass Deutschlernende in der Lage sind, Systematiken der Umwandlung von standardsprachlichen Varianten des Deutschen zu dialektalen zu (ver-)folgen, kann schon allein deshalb nicht ausgegangen werden, weil solche Umwandlungsprozesse standardsprachliche Kenntnisse voraussetzen, die vielleicht erst erworben werden müssen. Selbst wenn L2S solche Umwandlungsregeln zu er*kennen* vermögen, führt das nicht zwangsläufig dazu,

---

[58] Schon allein aus der Entwicklungsgeschichte des Standarddeutschen geht hervor, dass Variation des Deutschen nicht nur durch die Abwandlung standardsprachlicher Varianten erklärt werden kann; schließlich ist das (gesprochene) Standarddeutsche z. B. im Vergleich zum (Mittel-)Bairischen eine sehr junge Erscheinungsform oder – wenn man so will – Varietät des Deutschen (vgl. z. B. König / Elspaß / Möller 2019). Details dazu, dass es problematisch sein kann, eine Variante als Ableitung einer standardsprachlichen Variante zu verstehen und standardsprachliche Varianten mitunter auch einen nicht-standardkonformen Ursprung haben, sind z. B. in Auer (1990: 226–256) zu finden. Im Anschluss an Auer (ebd.) gilt Folgendes: Je eher eine synchrone Sichtweise im Sinne von Ferdinand de Saussure als Zustand einer Sprache in einem bestimmten und ausgewählten Zeitraum zum Tragen kommt, desto eher kann eine Variante als Abwandlung einer standardsprachlichen verstanden werden. Der Vollständigkeit halber und auch im Hinblick auf das DSK-Modell sei darauf aufmerksam gemacht, dass eine Variante selbstverständlich auch das Ergebnis von Oszillation bzw. Volatilität zwischen dem Dialektpol und dem Standardpol interpretiert werden kann – auch darauf wird in Auer (ebd.) immer wieder hingewiesen.

3.5 Akkommodation und Code-Wechsel

dass sie sie anwenden *können* (und wohl auch möchten), und ihnen während ihrer Sprachproduktion Beachtung schenken bzw. sie dabei überhaupt in Betracht ziehen (können). Die Differenzierung zwischen Regel*kennen* (oder -wissen) und Regel*können* spielt (seit Krashens Arbeiten um das Jahr 1980) im Kontext des L2-Erwerbs im Allgemeinen eine große Rolle (vgl. Gass / Selinker 2008: z. B. 232, 241 ff.) – aus der Sicht der Spracherwerbsforschung vor dem Hintergrund der Annahme einer kognitiven Ressource zur Sprachproduktionsüberwachung (vgl. ebd.: 232, 241), die in Bezug auf eine Zielsprache je mehr Sinn ergibt, desto mehr Regel*kennen* und Regel*können* tatsächlich korrelieren, und aus pädagogischer oder andragogischer Sicht im Hinblick auf die Organisation von Sprachunterricht (vgl. ebd.: 241 ff.), die eine solche Korrelation im Idealfall herbeiführt oder forciert.

In einschlägiger Literatur wird der Zugriff auf diese kognitive Ressource auch als (Self-)Monitoring bezeichnet („*monitoring*" z. B. bei Gass / Selinker 2008: 232 [H. i. O.], s. a. 253; „Self-monitoring" z. B. bei Pickering / Garrod 2004: 184). Self-Monitoring ist selbstverständlich eine Ressource, auf die auch L1S bei der Organisation sozialer Interaktion mit anderen L1S oder mit L2S zurückgreifen (vgl. hierzu a. Abschnitt 4.2.4). Gass / Selinker (2008: 242 [H. i. O.]) folgend ist die Sprachproduktion von Personen, die dabei sind, sich eine Sprache anzueignen, vornehmlich durch „focus on meaning" bzw. „*not* on form" geprägt, was impliziert, dass Sprachproduktionsüberwachungsprozesse solcher Personen vornehmlich auch diesem Prinzip folgen. D. h., dass aus einer L2S-Perspektive nicht das Formen bzw. die Umwandlung von Varianten wesentlich ist, sondern die Form als bedeutungstragende Einheit an sich. Auch aus einer L1S-Perspektive kann die Form als bedeutungstragende Einheit im Vordergrund stehen, nämlich dann, wenn eine Form nicht als Abwandlung einer (z. B. standardsprachlichen) Variante empfunden wird, sondern als eigenständig, was zur zweiten linguistischen Betrachtungsweise auf die Negationspartikel *net* führt. Sie wird z. B. von Auer (1990: 251 f.) ins Treffen geführt und wirft die Frage auf, ob *net* nicht auch als lexikalisiert gelten könnte, was Berends (2005: 149) variations- bzw. varietätenlinguistischer Perspektive entgegenkommt, *net* als gebrauchsstandardkonforme Negationspartikel im süddeutschen Sprachraum zu verstehen. Dass, ob und inwiefern *net* tatsächlich phonetisch-phonologisch oder lexikalisch zu perspektivieren ist oder entsprechende linguistische Beschreibungsebenen ineinanderfließen, lässt Auer (1990: 252) zurecht offen – alle diese Optionen stehen Linguist:innen zur Auswahl (vgl. ebd.). Dennoch ist festzustellen, dass Auer (ebd.) dazu tendiert, *net* als Produkt eines Lexikalisierungsprozesses zu verstehen, was bedeuten würde, dass *net* ← *nicht* oder *net* → *nicht* eine Substitution darstellen und keine phonetisch-phonologische Umwandlung. Wie jedoch die drei Ausbilder das empfinden, was hier als DSK-Emergenz-Figuren ausgewiesen wird und was sich immer auf eine bestimmte linguistische Beschreibungsebene bezieht, kann nicht festgestellt werden. Es ist nicht auszuschließen, dass ausnahmslos alle Moves im DSK von ihnen als Substitution verstanden werden und somit auch Prozesse, die sprachwissenschaftlich gesehen eher als Reduktion, Addition oder Rearrangement zu beurteilen sind. Gründe dafür, warum bei LDS und LK davon ausgegangen werden kann, dass *net* lexikalische Substitution anzeigt und keine phonetisch-phonologische Umwandlung, wurden bereits im Anschluss an das Self-Monitoring-Konzept (u. a. nach Gass / Selinker 2008: 232, 253) genannt. Es gibt jedoch einen weiteren Grund, und dieser bezieht sich auf die Beobachtung des (mittel-)bairisch geprägten Sprachgebrauchs der beiden Lehrlinge im Datensample, der v. a. bei LDS kaum auf der sprachlich-interaktionalen Oberfläche festzustellen ist, und lautet wie folgt: Die Beobachtung, dass LK und v. a. LDS eine standardkonforme Lautstruktur (tatsächlich sogar *lautliche Variation*, s. hierzu a. Abschnitt 2.3.3) bevorzugen und/oder bei der Anwendung (mittel-) bairischer Lautstruktur (bzw. der Erwägung, entsprechende *lautliche Variation* zu verwenden) mitunter Fehler machen oder Unsicherheiten zeigen, spricht auch dafür, dass *net* lexikalische Substitution und keine phonetisch-phonologische Umwandlung von *nicht* zu *net* anzeigt.

Doch nun zurück zum Interaktionsverlauf in T5_K, der Ausgangspunkt ist dabei ein Gesprächsbeitrag von LK zwischen Z. 033 und Z. 047. In Z. 033–Z. 047 handelt es sich um einen Gesprächsausschnitt, in dem im Sprachgebrauch von AK_1 nichts für eine Bewegung in Richtung Standardpol spricht (s. o.) und von LK nur ein a SO:: (Z. 034) zu vernehmen ist – und zwar inmitten einer TKE von AK_1 (= Z. 033). Ob LK mit diesem a SO:: anzeigt, AK_1 zu verstehen, sei dahingestellt. Gleich, ob a SO:: einem Verstehenssignal entspricht oder LK damit bloß signalisiert, AK_1 zuzuhören, folgen zu wollen oder on-line zu sein, könnte diese Interjektion den Effekt haben, AK_1 darin zu bestärken, auch nach Z. 033 damit fortzufahren, sein akkommodatives Verhalten weiterhin mit Blick auf den Dialektpol zu gestalten. Ähnliches wurde auch im *Gschnena*-Fall aus T9_ DS in Betracht gezogen, als des Dachdecker-Spengler-Lehrlings aha (Z. 135) fokussiert wurde (s. o.).

Ob LK seinen Ausbilder in Z. 033–Z. 047 tatsächlich versteht, bleibt offen, denn die Episode endet ohne erkennbare Reaktion des Koch-Lehrlings auf seines Ausbilders Ausführungen. Vor dem Hintergrund der Thematisierung dessen, was LK im Gespräch mit AK_1 versteht, sei darauf hingewiesen, dass

3.5 Akkommodation und Code-Wechsel

LK, er wird hier auch BAsir[59](Z. 021) genannt, AK_1 am Beginn von T5_K – das ist die Stelle, an der AK_1 den stattgefundenen Besuch eines Fernsehkamerateams als Gesprächsthema einführt – offenbar problemlos folgen kann. Auf jo BAsir letzte wocha bi_st eh im fernsehen gwen. = auf MERkur te vau[60]. = ho_st_as GSENG? > (Z. 021–Z. 023) erwidert LK ja JA !SCHNELL! (Z. 025). T5_K steht exemplarisch dafür, dass die Ausbilder von LK zumindest in bestimmten Fällen annehmen können, von LK verstanden zu werden, und daher nicht unbedingt Gründe dafür sehen müssen, im Gespräch mit LK den Standardpol anzusteuern. Dennoch bewegen sich diese Ausbilder auch in Richtung Standardpol, in T5_K lässt sich eine solche Bewegung als misslungener oder abgebrochener Standardswitch (s. Z. 021–Z. 023, Z. 028 in Verbindung mit Z. 031 und ab Z. 033) interpretieren, der erst zur Entstehung einer konversationellen Reparatur(sequenz) führt. Selbstverständlich bedeutet dies auch, dass im entsprechenden Gesprächsausschnitt auch ein Dialektswitch erkannt werden kann, er wurde oben thematisiert.

Dass in Phasen, in denen die Ausbilder im Gespräch mit ihrem jeweiligen deutschlernenden Lehrling zum zweiten Mal den Schwerpunkt auf die Vermittlung eines Inhalts legen (= konversationelle Reparatursequenzen), ein Umschalten auf den (hier) durch schriftsprachliche Norm gekennzeichneten Standardpol bzw. ein Standardswitch erfolgt, ist kein Ergebnis dieser Untersuchung. Dazu ‚fehlt' z. B. (1) *t* in *jetzt* in der Überarbeitung von !WART_ST! aMOI zu jetz wirst du einmal WARten mÜssen (T6_DS: Z. 080 & Z. 082), (2) das syntaktische Rearrangement im Hinblick auf die Belegung der ersten Position in den ersten beiden Sinneinheiten mit einem (Akkusativ-)Objekt oder Subjekt in ZEIG ich dir heute auch. = ah- (.) erKLÄR ich dir heute <<all> auch wie das gEht. > (T8_K: Z. 023–Z. 025), was damit einhergehen kann, dass Personen, die dabei sind, sich Deutsch anzueignen, eine Überarbeitung im Hinblick auf die für deutsche Aussagesätze geltende obligatorische Verbzweitstellung vermissen könnten, (3) oder die entsprechende Genusmarkierung in der zweiten TKE von kommt wieder dieser MANN mit dieser- = wEisst du mit diese wEisse HELM (T1_DS: Z. 029–Z. 030). Es kann aber auch sein, dass etwas ‚zu viel' ist, wie etwa aus hättest duir AUCH sowas- (--) vOrSTEL↑lEn können zu ARbei↑tEn? (T10_K: Z. 092–Z. 094) hervorgeht. Gemeint ist das auffällige Hervorhebungsverhalten in Z. 094, das zweifellos mit konvergierendem

---

[59] Der Name ist anonymisiert.
[60] Der Name des Fernsehsenders, zu dem das besagte Fernsehkamerateam gehört, ist anonymisiert.

Gesprächsverhalten in Verbindung gebracht werden kann und in zumindest ähnlicher Art und Weise auch in L1S-L1S-Gesprächskonstellationen festzustellen ist, wenn die Aufmerksamkeit auf etwas Wichtiges gelenkt werden soll. Insbesondere der Wegfall von *t*, sei es bei *jetzt* wie etwa in T6_DS (Z. 082) oder z. B. bei *ist*, was im vorliegenden Datensample auch des Öfteren zu beobachten ist, ist ein reguläres Phänomen des gesprochenen Deutschen in der Interaktion zwischen L1S (vgl. z. B. Auer 1990: 252; Berend 2005: 156) und ist es offensichtlich auch in L1S-L2S-Gesprächskonstellationen. Ein solcher *t*-Wegfall ist genauso überregional regulär wie z. B. die Tilgung von *e* bei Verben in der 1. Person Singular (vgl. z. B. Berend 2005: 150, 158). Ein exemplarisches Beispiel aus dem vorliegenden Datensample für Letzteres stellt die Repräsentation von *ich habe* in na: i HOB. = das HAB ich:- (T14_DS: Z. 007–Z. 008) dar. Dieses Beispiel zeigt, dass *e* (auch) in L1S-L2S-Gesprächskonstellationen getilgt wird und *e*-Tilgung nicht mit anderen (mittel-)bairischen oder standsprachlichen Features zusammenfallen muss (betrifft hier den *a*-Gebrauch). Auch das Nichteintreten einer Verbzweitstellung ist im gesprochenen Deutschen an sich möglich und somit in sowohl L1S-L1S-Gesprächskonstellationen als auch L1S-L2S-Gesprächskonstellationen nicht unbedingt als außergewöhnlich zu beurteilen (vgl. z. B. Auer 1993; Dannerer et al. 2021: 47). Die Verbstellung in den ersten beiden der insgesamt drei Sinneinheiten in T8_K (Z. 023–Z. 025) kommt durch eine elliptische Ausdrucksweise zustande, AK_2 lässt nämlich das (Akkusativ-)Objekt (= die Zubereitung eines Gugelhupfs bzw. ein entsprechendes Personalpronomen, demonstratives *das* oder deiktisches *es*) aus, das vor dem Verb realisiert werden könnte, aber nicht muss, da es sich aufgrund des Kontexts erschließen lässt. Der Wegfall einer grammatischen Endung wie z. B. in T1_DS (Z. 030) ist in L1S-L1S-Gesprächskonstellationen allerdings auffällig, wenngleich er auch in der Interaktion zwischen L1S festgestellt werden kann – und zwar z. B. in Gesprächen mit einem (Klein-)Kind. Kommt es zu morphosyntaktischen Simplifizierungen, aber auch suprasegmentalen Außergewöhnlichkeiten, wenn Erwachsene mit (Klein-)Kindern sprechen, ist des Öfteren von *Baby Talk*, *Teacher Talk*, *Caretaker Talk* oder auch *Motherese* die Rede – dies sind Sprech- bzw. Ausdrucksweisen, die mit einem konvergierenden Verhalten in Verbindung gebracht werden (vgl. z. B. Roche 1998: 118). Es gibt wohl nichts, was dagegenspricht, morphosyntaktische Simplifizierungen oder suprasegmentale Auffälligkeiten, die im Sprachgebrauch eines L1S im Gespräch mit einem L2S festzustellen sind, auch als konvergierende Verhaltensweise interpretieren zu können.[61]

---

[61] Für nähere Details und/oder entsprechende Reflexionen s. u. und vgl. Perner / Brodnik (2021: z. B. 189 f.).

3.5 Akkommodation und Code-Wechsel

Ein Umschalten auf den Dialektpol ist in der vorliegenden Untersuchung – insbesondere (aber nicht ausschließlich) vor dem Hintergrund der Gesprächsdaten, die aus dem Gastronomiebetrieb vorliegen – im Rahmen einer Refokussierung eines zu vermittelnden Inhalts (= konversationelle Reparatursequenz) weniger fraglich als ein Umschalten auf den Standardpol bei einer solchen. Doch: Code-Switching, insofern man denn diesen Begriff ver- oder anwenden möchte, geht hier generell kaum mit Geradlinigkeit und Durchhaltevermögen einher. So kann es auch sein, dass in Gesprächsbeiträgen, in denen das Überarbeitete liegt, etwas ‚fehlt' oder ‚zu viel' ist, um sie als eindeutig nicht-standardkonform zu bezeichnen. Ein gutes, prägnantes und leicht verständliches Beispiel dafür, betrifft die Überarbeitung von gIb, die gIbst du GLEICH lautet (T1_K: Z. 025), und in der je nach Perspektive *ch*-Tilgung ‚fehlt' oder *ch* ‚zu viel' ist. Dass in der vorliegenden Untersuchung im Rahmen einer Refokussierung eines zu vermittelnden Inhalts (= konversationelle Reparatursequenz) ein Umschalten auf den Dialektpol von langer Dauer ist, ist genauso fraglich wie ein nachhaltiges Umschalten auf den Standardpol in demselben Rahmen. Diese Aussage hat auch in anderen Gesprächsausschnitten – also nicht *episodenzentralen*, sondern *episodeneinleitenden* oder *episodenfinalen* Gesprächsbeiträgen – im vorliegenden Datensample Gültigkeit. Müsste entschieden werden, welcher der drei Ausbilder sich generell am konsequentesten am Dialektpol orientiert, wäre es AK_1. Allerdings ist auch bei ihm, wenn auch seltener als bei AK_2 und v. a. als bei ADS_1, Dialekt-Standardsprache-Oszillation/-Volatilität zu erkennen, um L2S sprachlich entgegenzukommen.

Der Verdacht, dass es sich in der vorliegenden Untersuchung im Gespräch mit LDS um Code-Switching auf den Standardpol handelt, drängt sich im Zusammenhang mit jener Stelle in TO_DS am meisten auf, an der ADS_1 LDS bzw. seinen Lehrling namens rafi[62] unmittelbar nach einem Gespräch mit ADS_X adressiert (s. hierzu a. Abschnitt 2.3.3). Der entsprechende Gesprächsbeitrag heißt WORT a weng rafi- = ich HELF dir gleich (Z. 015–Z. 016). Dieser Zweizeiler gehört zu keiner konversationellen Reparatur(sequenz) und das erste aufgenommene Gespräche zwischen ADS_1 und LDS, nämlich T1_DS, folgt unmittelbar darauf. Zunächst sei darauf aufmerksam gemacht, dass in diesem Beispiel die Adressierung von LDS (WORT a weng rafi: Z. 015) und der Wechsel in einen anderen Code, hier – *e*-Tilgung außer Acht gelassen – ins Standarddeutsche (ich HELF dir gleich: Z. 016), nicht zusammenfallen. Er setzt hier erst mit dem Angebot ein, LDS bei etwas zu helfen, findet also im Zuge einer arbeitsrelevanten Äußerung statt, die allerdings der Adressierung

---

[62] Der Name ist anonymisiert.

von LDS mittels seines Vornamens (Z. 015) direkt folgt. Der Code-Wechsel an sich könnte eine Art nächste und sprachlich reflektierte Adressierung darstellen, denn zuvor unterhalten sich ADS_1 und ADS_X auf eine vom Standardpol weit entfernte Art und Weise (s. T0_DS, Z. 001–Z. 014). Gemeint ist, dass das persönliche Ansprechen mit dem Vornamen in Z. 015 für eine erste Adressierung und die modifizierte Charakteristik, Deutsch zu verwenden, in Z. 016 für eine zweite Adressierung sprechen kann. Der Wechsel ins (Quasi-)Standarddeutsche könnte aber auch, wie ja auch im gIb-gIbst-du-GLEICH-Fall im Gastronomiebetrieb in Betracht gezogen wurde, bloß dem Umstand geschuldet sein, dass sich ADS_1 zu Beginn der Gesprächsaufnahmen besonders bemüht, sich am Standardpol zu orientieren. Schließlich sind derart standardnahe TKE bei ADS_1 selten, bei AK_1 sind sie noch seltener. Der Vollständigkeit halber sei darauf hingewiesen, dass sich auch der Sprachgebrauch von AK_2 im Gespräch mit LK nicht durch TKE mit einem so hohen Grad an Standardnähe auszeichnet, und dennoch ist nicht auszuschließen, dass manche TKE dieses Ausbilders als ziemlich standardsprachlich interpretiert werden (können) (s. z. B. T6_K: Z. 087–Z. 095).

Bemerkenswert ist, dass der in Z. 016 ersichtliche Code-Wechsel nicht nur durch die Verwendung standardkonformer Lautstruktur (eventuell standardkonformer *lautlicher Variation*) auffällt (nicht-standardkonform wäre z. B. *i hüf da glei*), sondern auch dadurch, dass die entsprechende Sinneinheit alle grammatischen Merkmale eines korrekten geschriebenen Satzes aufweist. Nur die *e*-Tilgung könnte diesen Eindruck gegebenenfalls etwas trüben. Eine standardsprachlichere Äußerung als ich HELF dir gleich ist im vorliegenden Datensample kaum zu finden, was selbstverständlich auch mit den Regularitäten gesprochener Sprache zu tun hat. In T1_DS ist von Beginn an der Versuch von ADS_1 zu erkennen, hinsichtlich der Realisierung von Vokalen und Konsonanten damit fortzusetzen, sich am Standardpol zu orientieren. Mit Ausnahme der Vokalisierung von *l* in *gell* (Z. 025) und dem *l*-Wegfall bei *weil* (Z. 027) gelingt es ADS_1, in T1_DS im vokalischen wie auch konsonantischen Bereich die (mittel-)bairische Lautstruktur zu vermeiden. Dass ADS_1 in diesem Bereich den Standardpol sehr stark fokussiert, zeigt sich besonders anhand der Hervorhebung von Lauten, die zwar im Standarddeutschen zu verschriftlichen, aber im gesprochenen Deutschen zumindest im Regelfall nicht zu exponieren sind, gemeint sind der *e*-Schwa bzw. [ə] in KOF↑fEr (Z. 017) und die Realisierung des silbentrennenden *h* in ↑SE↓hEn (Z. 025). Übrigens: Hyperkorrekte Formen stehen in der vorliegenden Untersuchung meistens in einem Näheverhältnis zum Standardpol, allerdings ist in T9_DS bzw. der *Gschnena*-Lektion etwas zu finden, was als hyperkorrekte (mittel-)bairische Form interpretiert werden kann, nämlich GSCHNE↑nA (Z. 158).

3.5 Akkommodation und Code-Wechsel

Die Vermeidung (mittel-)bairischer Lautstruktur führt bei ADS_1 in T1_DS allerdings nicht immer zu Sinneinheiten, die einem grammatikalisch korrekt geschriebenen Satz entsprechen. Wie für gesprochene Sprache erwartbar, kommt es zu einem elliptischen Ausdruck (wo?: Z. 021) und einer Verschleifung (s_mUss 'das, es muss': Z. 025). Es ist also nicht festzustellen, dass in T1_DS Variation zum Tragen kommt, die als standardsprachlich beschrieben werden könnte. Außerdem kommt es in T1_DS zu Auslassungen, die weder im Hinblick auf die schriftsprachliche Norm des Deutschen noch hinsichtlich des gesprochenen Deutschen regulär sind. Trotz offensichtlicher Ansteuerung des Standardpols in wEisst du mit diese wEisse HELM (Z. 030) fehlt die obligatorische Dativmarkierung beim Demonstrativartikel und beim Adjektiv und in Anbetracht dessen, dass es offenbar um nur einen und nicht mehrere Koffer geht (s. T1_DS im Verein mit T2_DS), ist in der ziemlich standardnahen TKE hast du schOn deine:: KOF↑fEr? (Z. 017) eine Akkusativmarkierung beim Possessivpronomen zu vermissen. Wie bereits erwähnt, müssen solche Auslassungen nicht unbedingt für eine divergierende Verhaltensweise von L1S im Gespräch mit L2S sprechen. In Perner / Brodnik (2021: 189) werden sie im Anschluss an Givón (1979) und Roche (1998: 124 f.; 2005: 268 f.) als sprachlich-interaktionales Entgegenkommen von L1S beschrieben, das auf ihren Annahmen über die Deutschkompetenz eines L2S-Gesprächspartners oder einer L2S-Gesprächspartnerin und/oder ihren Vermutungen zu Schwierigkeiten im Deutschen, die ein oder eine L2S haben könnte, beruht.

Die in diesem Abschnitt abgebildete Diskussion zur sprachlichen Akkommodation im Zusammenhang mit Code-Switching und Code-Shifting oder Code-Wechsel generell, aber auch mit codebezogenen Beibehaltungsphänomenen lässt sich wie folgt resümieren: (1) Zunächst womöglich anzunehmendes Code-Switching erweist sich, je weniger auf die linguistischen Beschreibungsebenen allein für sich stehend bezuggenommen wird und je weitgefasster gesprächslinguistische Analyseeinheiten in Betracht gezogen werden (können), in dieser Untersuchung umso wahrscheinlicher als Code-Shifting. Den Code-Switching-Begriff als Hyperonym für Code-Wechsel zu verwenden, wie es im DaZ-Kontext nicht völlig unüblich zu sein scheint, ist zumindest ungenau. Außerdem ist festzuhalten, dass Äußerungen, die aufgrund der Akkordanz mit der schriftsprachlichen Norm am Standardpol verortet werden können, im vorliegenden Datensample selten sind. (2) Vorangehende Analysen haben auch gezeigt, dass zum einen eine konvergierende Verhaltensweise nicht nur mit standardsprachlicher oder standardkonformer Variation einhergehen muss und zum anderen in Gesprächen mit Deutschlernenden Variation stabil bzw. Standard oder Usus sein kann, die sich mit dem möglichen Wissensstand von Deutschlernenden – ob nun fortgeschritten oder nicht – nicht decken muss oder gar kann. Letzteres betrifft einerseits Kenntnisse zu den Regularitäten des gesprochenen Deutschen v. a. (mittel-)bairischer Prägung an sich und andererseits Informationen, die im Kontext von Deutschvermittlung und -aneignung nicht oder zumindest kaum gegeben werden. Solche Informationen – recht anschaulich sind sie in diversen Lehrwerken oder anderen Lernunterlagen dargestellt – können aus der Sicht von L2S sogar dem widersprechen, was ihnen im Gespräch mit L1S begegnet. Akkommodation als Prozess, der darauf ausgerichtet ist, eine gemeinsame Gesprächsbasis herzustellen, ist auch in Abschnitt 4.2.3 relevant.

Saliente Features 4

Kapitel 4 handelt von Dynamiken, Formen, Charakteristika, Kennzeichen, Eigenschaften, Besonderheiten, Phänomenen, Markierungen, Elementen, Segmenten, Sequenzen, Signalen, Zeichen bzw. Merkmalen, die in Interaktionsverläufen Aufmerksamkeit erregen, was im Folgenden unter *saliente Features*[1] subsumiert wird. Ein salientes Feature bzw. „[d]ie Salienz eines Merkmals lässt sich nur vor einem Hintergrund erkennen, aus dem es mehr oder weniger stark heraussticht" (Auer 2014: 9). Mit diesem Auer'schen Kommentar sei angezeigt, dass verschiedene Verhältnisse herangezogen werden können, um Features als saliente Features zu interpretieren. Zur Ermittlung salienter Features werden in der vorliegenden Untersuchung Verhältnisse zwischen dialektnaher und standardnaher Variation (= DSK-Emergenz) sowie zwischen dem, was auf der sprachlich-interaktionalen Oberfläche abgebildet ist, und dem, worauf solche Abbildungen verweisen, in den Blick genommen.

---

[1] Für den in der englischsprachigen linguistischen Fachliteratur üblichen Begriff „feature" konnte keine Entsprechung im Deutschen gefunden werden, die über dieselbe definitorische Spannweite wie oben angezeigt verfügt. Der Merkmalsbegriff kommt dem Featurebegriff wohl am nächsten (vgl. z. B. Glück / Rödel 2016: 425). Etymologisch ist nach Auer (2014: 9) der Begriff Salienz auf das lateinische Wort *salīre* 'hervorspringen' zurückzuführen. In psychologischen Zusammenhängen wird Salienz mit einem aus der subjektiven Beobachtung resultierenden Reiz in Verbindung gebracht, der nicht reaktionslos bleiben kann (vgl. ebd.: 9–12), und in modernen sprachwissenschaftlichen Arbeiten wird der Bezug auf den Salienzbegriff in Betracht gezogen, wenn Auffälligkeiten auf der sprachlich-interaktionalen Oberfläche und der Umgang damit thematisiert werden (vgl. z. B. Lenz 2010; Auer 2014; Glauninger 2014; Purschke 2014).

© Der/die Autor(en), exklusiv lizenziert an Springer-Verlag GmbH, DE, ein Teil von Springer Nature 2024
K. R. Perner, *Dialekt-/Standard-Input im beruflichen Kontext in Oberösterreich*,
https://doi.org/10.1007/978-3-662-69788-7_4

4.1 Perspektivierung des linguistischen Salienzkonzepts

Die jüngere Auseinandersetzung mit der Variation des Deutschen aus sprachlich-interaktionaler Perspektive hat einige theoretische und method(olog)ische Überlegungen zum linguistischen Salienzkonzept hervorgebracht. Dazu gehören u. a. jene, die Auer (2014), Glauninger (2014) und Purschke (2014) im Hinblick auf die Wahrnehmung von Auffälligkeiten auf der sprachlich-interaktionalen Oberfläche (≈ Salienz) vornehmen. Auer (2014: 7 ff.), Glauninger (2014: 22–26) und Purschke (2014: 36 ff.) stimmen darin überein, dass die Applikation des linguistischen Salienzkonzepts Folgendes erfordert: (1) Die Berücksichtigung der soziolinguistisch bedingten Wechselwirkung zwischen der variationslinguistischen Beurteilung von Präsenz- und Absenzphänomenen auf der sprachlich-interaktionalen Oberfläche und (2) die rezeptive Beurteilung solcher Phänomene als Auffälligkeit. Bevor die Perspektive auf Salienz von Auer (2014), Glauninger (2014) und zuweilen auch Purschke (2014) aufgegriffen wird, wird auf die Anfänge des linguistischen Salienzkonzepts geblickt, die germanistischen Fachdiskursen folgend in den Feldforschungsprojekten von Viktor Schirmunski um das Jahr 1930 zu verorten sind (vgl. u. a. Lenz 2010: 89–93; Auer 2014: 7; Glauninger 2014: 24; Purschke 2014: 31 f.). Dieser Rückblick bildet die Basis für den Standpunkt, dass die Diskussion von Salienz bzw. salienten Features sowohl aus dem Betrachtungswinkel von an Interaktionen Beteiligten als auch von an Interaktionen sprachwissenschaftlich Interessierten zu erfolgen hat.

4.1.1 Zur Schirmunski'schen Unterscheidung zwischen primären und sekundären (Dialekt-)Merkmalen

Schirmunski (z. B. 1930: 52) befasst sich unter der Perspektive des Sprachwandels und des Sprachkontakts mit dem Sprachgebrauch von Kolonist:innen „in deutschen Sprachinseln und Streusiedlungen" auf dem Gebiet der damaligen Sowjetunion. Bei Schirmunskis (1930) Gewährspersonen handelt es sich offensichtlich um Bauern, deren Vorfahren oder die möglicherweise selbst aus verschiedenen Regionen des deutschen Sprachraums emigrierten. Demzufolge wendet sich Schirmunski (ebd.) im Zuge seiner Forschung dem Sprachgebrauch einer zumindest halbwegs heterogenen Gruppe an Dialekt-Sprecher:innen des Deutschen zu. Schirmunskis (ebd.) Forschungsinteresse lässt sich in zwei Bereiche gliedern, nämlich in einen ethnologischen bzw. ethnolinguistischen, in dem er den Bestand, den Erhalt und die Entwicklung von deutschen Volksliedern,

4.1 Perspektivierung des linguistischen Salienzkonzepts

Schwänken und dergleichen diskutiert (ebd.: 65–80), und in einen variationslinguistischen (ebd.: 58–64), dessen Inhalte im Zusammenhang mit der vorliegenden Arbeit von besonderem Interesse sind.

Schirmunskis (ebd.: 59–64) variationslinguistische Analysen des alltäglichen Sprachgebrauchs seiner Gewährspersonen konzentrieren sich auf den lexikalischen und phonetisch-phonologischen Bereich. Zum einen erregen lexikalische Realisierungen seine Aufmerksamkeit, die für oder gegen die Beibehaltung deutschspezifischer Variation oder die Einbeziehung von Variationsausschnitten anderer Sprachen sprechen (vgl. ebd.: 59 f.). Im Rahmen seiner Untersuchungen führt Schirmunski (ebd.: 59) lexikalischen Sprachwandel auf die Bewältigung der Aufgabe zurück, Konkreta und Abstrakta zu benennen, die durch die Kontaktsituation mit Sprecher:innen anderer Sprachen als Deutsch in einem mehr oder weniger erst in jüngerer Vergangenheit erschlossenen sozialen Umfeld relevant wurden. Zum anderen fallen ihm im Hinblick auf die Realisierung deutschsprachlicher Variationsausschnitte lautliche Besonderheiten auf, die er sich durch Kontaktsituationen zwischen Sprecher:innen erklärt, die sich sprachlich vornehmlich innerhalb des deutschen Variationsraums bewegen (vgl. ebd.: 63 f.).

Schirmunski (ebd.: 62) subsumiert seine Beobachtungen unter den Begriff „Sprachmischungen" – worunter er offensichtlich auch Sprachausgleichsphänomene fasst (vgl. ebd.) – und im Zusammenhang mit der Variation des Deutschen ausdrücklich unter „Mischmundarten" (ebd.: z. B. 63), die „leicht daran zu erkennen [seien, K. R. P.], daß sie sich mit keinem Gebiete der deutschen Sprachkarte restlos decken" (ebd.). Die (Basis-)Dialekte innerhalb des damaligen deutschen Sprachraums bilden für Schirmunski (ebd.: 62) einen der Ausgangspunkte, an dem er seine Beobachtungen zum tatsächlichen Sprachgebrauch seiner Gewährspersonen misst. Einen anderen stellt die damalige schriftsprachliche Norm dar, zugunsten der nach Schirmunski (ebd.: 63) die von ihr am stärksten abweichenden Merkmale (= primäre Dialektmerkmale, vgl. ebd.) am ehesten aufgegeben werden. Im Sinne des DSK-Modells muss es sich bei diesen Merkmalen um saliente Features handeln, die am weitesten vom Standardpol entfernt oder am nächsten zum Dialektpol aufzutragen sind. Die Tilgung solcher dialektspezifischen oder zumindest dialektnahen Merkmale (bzw. salienten Features) gilt mit Schirmunski (ebd.) „selbst dann, wenn die entsprechende Mundart die Mehrheit der Sprecher für sich hat". Auf das vorliegende Forschungsprojekt zum Kommunikationsraum Betrieb in Oberösterreich übertragen, würde dies bedeuten, dass die in Oberösterreich mit Deutsch aufgewachsene Personengruppe (= die zweifellose Mehrheit der Belegschaft beider Betriebe), die hier durch drei Ausbilder vertreten ist, in der Interaktion mit Deutschlernenden, die hier durch zwei nach (Ober-)

Österreich geflüchtete Lehrlinge repräsentiert sind, in der Lage seien, durchgängig auf nicht-standardsprachliche Mittel zu verzichten. Diese Beobachtung konnte in der vorliegenden Untersuchung allerdings nicht gemacht werden, worauf hier bereits öfter aufmerksam gemacht wurde.

Schirmunski (ebd.) geht davon aus, dass in einer heterogenen Sprecher:innengemeinschaft (des Deutschen) Variation je eher als Kommunikationshindernis angesehen wird, desto dialektnäher sie ist. Unter dieser Annahme erscheint Schirmunskis Postulat, dass sprachliche Merkmale, die von der schriftsprachlichen Norm weniger stark abweichen (= sekundäre Dialektmerkmale, vgl. ebd.), eher erhalten bleiben, folgerichtig. Jedoch setzt Schirmunskis Argumentation zugunsten des Erkennens primärer und sekundärer Dialekt-Merkmale seitens seiner Gewährspersonen voraus, dass ihnen die schriftsprachliche Norm (stark) im Bewusstsein war, was fragwürdig ist. Zumindest scheinen Schirmunskis Daten und Ausführungen keinen Hinweis darauf zu liefern, dass (alle) seine Gewährspersonen diese Norm kannten und/oder konnten und schließlich in Interaktionen in Betracht zu ziehen vermochten.[2] Schirmunskis Argumentation im Hinblick auf die im Sprachgebrauch zu berücksichtigende Differenzierung zwischen primären und sekundären Dialektmerkmalen kann als ein Beispiel dafür stehen, dass sprachwissenschaftlich Interessierte Gefahr laufen können, Unterscheidungen vorzunehmen, die ihre Gewährspersonen – ob bewusst oder unbewusst – gar nicht treffen können. Die Schirmunski'sche Unterscheidung zwischen primären und sekundären Dialektmerkmalen kann sich im Zusammenhang mit *lautlicher Variation* (s. a. Abschnitt 2.3.3) auf die Bildung von dialektalen und standardsprachlichen Prototypen beziehen, „um die sich weniger eindeutige Fälle scharen" (Auer 1990: 247),[3] was prinzipiell aus der Sicht von sowohl an Interaktionen Beteiligten als auch von an Interaktionen sprachwissenschaftlich Interessierten behandelt werden kann. Dass Schirmunski die Perspektive seiner Gewährspersonen in seiner Argumentation berücksichtigt, darf allerdings, wie oben bereits angesprochen, bezweifelt werden. Nichtsdestotrotz ist Schirmunski (1930: 62) das für diese Untersuchung bedeutende Theorem zu verdanken, dass ein Vergleich zwischen bestimmten sprachlichen Ausgangspunkten (hier Dialekt- und Standardpol) und tatsächlichem Sprachgebrauch (hier als interaktional und situational modifizierter DSK-Input interpretiert) „wichtige Aufschlüsse über die Prinzipien der Sprachbildung durch Mischung und Ausgleich" geben kann. Der Löffler'sche

---

[2] Vgl. Schirmunski (1930) selbst oder die sehr ausführliche Auseinandersetzung mit Schirmunskis Arbeiten im Zusammenhang mit Salienz in Lenz (2010: 89–93, 96, 103).
[3] Auch Lenz (2010: Fußnote 90 f.) zitiert in demselben Zusammenhang Auer (1990: 247).

Pragmatismus im Hinblick auf die Was-ist-Dialekt-und-was-ist-Standardsprache-Frage (s. Abschnitt 3.2), die auf Auer (z. B. 1990: 179) zurückzuführende Konzeption eines Variationsraums von Dialekt bis Standardsprache (s. z. B. Abschnitt 3.1) oder die Annahme, dass sprachliche Akkommodation, im Regelfall – und so auch in Bezug auf L1S-Sprachgebrauch in Gesprächen mit L2S – konvergierenden Verhaltensweisen entspricht (s. Abschnitt 3.5), widerspricht dem nicht. Auch eine Annahme eines Varietätenraums oder eines Registerkontinuums (s. Abschnitt 2.4) würde dies nicht tun. Dies sind bloß verschiedene Modelle und/oder Konzepte, mit denen das, was Schirmunski (1930: 62) „Prinzipien der Sprachbildung durch Mischung und Ausgleich" in Sprachkontaktsituationen nennt und hier als interaktional und situational modifizierter DSK-Input bezeichnet wird, beschrieben werden kann.

4.1.2 Zur sozialen Relevanz von salienten Features

Der maßgebende Auslöser für die Überschreitung der Wahrnehmungsschwelle für saliente Features ist mit Auer (2014: z. B. 13 f.), Glauninger (2014: z. B. 26 f.) und Purschke (2014: 35–38) soziale Relevanz. Purschke (2014: 35–38) folgend hat Salienz an sich keine soziale Dimension. Erst durch soziale Bewertungen, die auf „Hörerurteilen [bzw. Urteilen ganz allgemein, auch abseits vom auditiv Wahrgenommenen, K. R. P.] über Sprache" (ebd.: z. B. 37) von an Interaktionen Beteiligten oder an Interaktionen sprachwissenschaftlich Interessierten basieren, können sich Features als salient erweisen (vgl. ebd.: 35–38). Dementsprechend unterscheidet Purschke (2014: 38) zwischen „Salienzpotenzial", womit „phänomenseitiger Gebrauch" gemeint ist, und „Salienzperzeption" bzw. die „hörerseitige Interpretation". Glauninger (2014) begegnet der Diskussion zu salienten Features und ihrer sozialen Relevanz mit einem (meta-)soziosemiotischen Ansatz. Auf die Glauninger'sche Perspektive wird etwas weiter unten und im Anschluss an Auers (2014) Überlegungen zur Salienz (von Features) ausführlicher eingegangen. Purschkes (2014) Überlegungen zur Salienz (von Features) begleiten diesen Abschnitt zuweilen weiterhin.

Auer (2014: 17 f.) stellt soziale Relevanz als die dritte und letzte Stufe eines hierarchisch organisierten Filtersystemmodells des (stets mit Aktivitäten wie z. B. konversationellen Reparaturen verknüpften, vgl. ebd.: 9, 14) Erkennens von Salienz dar und bezeichnet sie u. a. als „soziolinguistische[n] Filter" (ebd.: 14). Die beiden vorgeschalteten Stufen sind als ein physiologischer und ein kognitiver Filter zu verstehen (ebd.: 17 f.). Die Durchquerung des ersten bzw. physiologischen Filters entspricht der sensorischen Wahrnehmung und sie bildet die grundsätzlichste Voraussetzung für das Erkennen salienter Features (ebd.: 9, 17 f.). Den zweiten alias kognitiven Filter für das Erkennen von salienten Features passiert sensorisch Wahrgenommenes, das sich „als Figur vor dem Grund des sprachlichen Repertoires[4] des Wahrnehmenden abhebt" (ebd.: 13). Ist kognitiv Wahrgenommenes sozial relevant bzw. geht es durch den dritten alias soziolinguistischen Filter, ist die Wahrscheinlichkeit, dass Features als salient erkannt werden und darauffolgend sich sprachlich-interaktional manifestieren, am höchsten (vgl. ebd.: 17 f.). Wie Auer (ebd.) anmerkt, muss das Filtersystem nicht unbedingt zur Gänze durchlaufen werden, um Features grundsätzlich als salient zu erkennen. Allerdings sind Auer (ebd.) folgend und nachstehend mit Purschke (2014: 32) gesprochen wahrnehmungspsychologisch, kognitiv wie auch soziopragmatisch motivierte „Hörerurteile über Sprache […] [,] als konstitutive Grundlage sozialer Praxen begriffen", ausschlaggebend dafür, dass Features auf der sprachlich-interaktionalen Oberfläche als salient interpretierbar sind. Die Interpretation von Features als saliente Features kann im Hinblick auf Hörende sowohl in der Rolle als an Interaktionen Beteiligte als auch in der Rolle als an Interaktionen sprachwissenschaftlich Interessierte thematisiert werden.

Ein Beispiel dafür, dass ein sprachliches Zeichen zwar den physiologischen und den kognitiven Filter durchqueren kann, jedoch den soziolinguistischen Filter aufgrund wohl (sprach-)biographisch kommunikativ-soziopragmatischer Konditionierung, Prägung oder Beschlagenheit nicht passiert und infolgedessen nicht als salientes Feature erkannt werden muss, ist Auer (2014: 14, 16) folgend die Lenisierung von Plosiven ([b], [d], [g]/[g̊] für /p/, /t/, /k/), wie sie u. a. bei Sprecher:innen des (Mittel-)Bairischen festzustellen ist (vgl. z. B. Lenz 2019: 345)[5]. Zumindest auf den (mittel-)bairisch-österreichischen Raum bezogen besteht diese Gruppe nicht nur aus Personen, die (ausschließlich) in (mittel-)bairischen Dialekten kommunizieren, sondern umfasst auch Sprecher:innen, die sich vornehmlich im standardnahen Bereich des DSK bewegen (vgl. z. B. Scheuringer 2005; Wiesinger 2009; Lenz 2019). Standarddeutsch in (Bairisch-)Österreich wird ein enger Bezug zum Bairischen, insbesondere zum Mittelbairischen konstatiert; dies ist

---

[4] Es ist davon auszugehen, dass Auer (2014: 13) sich mit der Verwendung des Begriffs des „sprachlichen Repertoires" auf Gumperz' (z. B. 1964: 137 f.) Konzept „Verbal Repertoire(s)" (ebd.: 137) bezieht. Dieses Repertoire beinhaltet alle in bestimmten sozialen Situationen akzeptierten Realisierungsoptionen, Botschaften zu vermitteln, und basiert auf individuellen Vorerfahrungen und Vorinformationen, die zwar häufig, aber nicht zwingend überindividuell geteilt werden (vgl. ebd.: 137–140).

[5] Lenz (2019: 345) orientiert sich u. a. an Wiesinger (2009: 239 ff.).

4.1 Perspektivierung des linguistischen Salienzkonzepts

offensichtlich historisch(-politisch) bedingt (vgl. z. B. Scheuringer 2005; Wiesinger 2009: 230 f.; Koch 2019: 280–291; Lenz 2019: 322 f.) und wird z. B. durch die einschlägigen Arbeiten von Moosmüller (z. B. 1987; 1991; 2007) zur soziophonologischen Variation des (Standard-)Deutschen in Österreich und eine Reihe von weiteren Belegen (vgl. z. B. Lenz 2019: 343–348) gestützt. Wiesinger (2009: 234 f., 239 ff., 253 f.), Lenz (2019: 345) und v. a. Kleiner / Knöbl (2015: 68 ff.) folgend, ist es nicht abwegig, die Lenisierung von Plosiven als Phänomen zum Gebrauchsstandard in (Bairisch-)Österreich zu zählen. Der holistische Gesamteindruck dieser standardsprachlichen Spielart erregt bei Sprecher:innen, die nicht in (Bairisch-)Österreich mit Deutsch aufgewachsen sind, sicherlich mehr Aufmerksamkeit als bei Sprecher:innen, die in (Bairisch-)Österreich mit Deutsch sozialisiert wurden. Dass die Lenisierung von Plosiven, die als ein Element des soeben erwähnten regionalen Gebrauchsstandards gelten kann, für an Interaktionen Beteiligte mit (mittel-)bairisch geprägtem Sprachgebrauch wenig salient ist und in weiterer Folge keine soziale Bewertung erfährt, kann damit zu tun haben, dass sie in Situationen, in denen eine Umorientierung in Richtung Standard- oder auch Dialektpol erfolgt, nicht modifiziert werden muss, um einer adäquaten Sprechweise zu entsprechen. Wird allerdings eine stimmhaft/stimmlos-Opposition von sozialer Bedeutung, ist Auer (2014: z. B. 14) folgend davon auszugehen, dass von derselben Personengruppe diese als salient bzw. sozial relevant beurteilt wird. Doch eine entsprechende Situation scheint während des Forschungsbesuchs im Rahmen vorliegender Arbeit nicht eingetreten zu sein. Allerdings und anders als bei Viktor Schirmunskis Gewährspersonen kann bei den Gewährspersonen ADS_1, AK_1 und AK_2 mit offensichtlich mittelbairisch geprägtem Deutsch als L1 aufgrund absolvierter Schulpflicht und Berufsschule davon ausgegangen werden, dass sie sich dem Durchqueren des soziolinguistischen Filters nähern können, wenn sie mental auf die (schulisch erworbene) schriftsprachliche Norm zurückgreifen (möchten). Dies scheint auch in bestimmten Fällen zu geschehen, z. B. wird in ↑SE↓hEn (T1_DS: Z. 025) das silbentrennende *h* realisiert und *e*-Schwa in der Reduktionssilbe *-en* und der *e*-Laut in der Reduktionssilbe *-en* als betonte Variante zwischen [e] und [ɛ], was beides im Zusammenhang mit Regularitäten des gesprochenen Deutschen auffällt. Eine solche Phänomenlage kann jedoch auch in L1S-L1S-Gesprächskonstellationen beobachtet werden – und zwar als interaktionales Stilmittel, um die Wichtigkeit eines bestimmten Inhalts oder Aspekts, aber womöglich auch einer Schreibweise zu unterstreichen. Ob ADS_1 mit ↑SE↓hEn in einer fach- bzw. berufsbezogenen und/oder sprachbezogenen Sache auf etwas Wichtiges hinweist, bleibt offen.

Ein eindeutiger Hinweis auf die hohe Salienz von Artikulationsvarianten von Plosiven wäre eine entsprechende Abbildung auf der sprachlich-interaktionalen

Oberfläche in einer konversationellen Reparatur(sequenz) oder zumindest in deren Vor- oder Nachlauf (s. a. Abschnitt 4.2.4) – also in *episodenzentralen, episodeneinleitenden* oder *episodenfinalen* Gesprächsausschnitten. Eine solche Aktivität konnte in einschlägiger Literatur zur deutschen Gesprächsforschung sowie in den für vorliegendes Forschungsprojekt erhobenen Gesprächsdaten nicht gefunden werden. Die Lenisierung von Plosiven ist eher ein DSK-Emergenz-Nullum als dialekt-standard-diffus (wie z. B. die Klitisierung von *wir*, s. hierzu a. Abschnitt 3.2), denn es gibt wenigstens im Sprachgebrauch der Ausbilder ADS_1, AK_1 und AK_2 keine Hinweise auf eine Variantendistribution im Hinblick auf die Realisierung von /p/, /t/ und /k/. An Positionen, an denen in puncto Mittelbairisch lenisierte Plosive erwartet werden können,[6] treten sie bei den Ausbildern im Gespräch mit ihrem jeweiligen deutschlernenden Lehrling auch auf. Dass es ihnen aufgrund ihrer Schulbildung möglich sein müsste, auf ein Schriftbild zuzugreifen, dass sie dazu veranlassen könnte, keine lenisierten Plosive zu realisieren, spielt offensichtlich keine Rolle. DSK-Emergenz-Figuren, die sich z. B. als *lenisierter Plosiv → nicht-lenisierter Plosiv* oder *lenisierter Plosiv ← nicht-lenisierter Plosiv* darstellen ließen, können im vorliegenden Datensample nicht erkannt werden; es ist *lenisierter Plosiv ↓* zu kodieren.

Realisierungsvarianten von Plosiven[7] sind wohl kein Baustein des hier untersuchten interaktional und situational modifizierten DSK-Inputs. Zumindest in der vorliegenden Untersuchung gilt dasselbe für die Realisierung von /s/ im Hinblick auf Sonorität und von dem sich auf das Graphem <ä> beziehende *e*-Laut, der in der Hochlautung durch /ɛː/ repräsentiert wird. Genauso wie die Realisierung von Plosiven fällt auch die Realisierung von /s/ und von /ɛː/ dadurch auf, Regularitäten des (Mittel-)Bairischen zu entsprechen.[8] Das heißt, dass im Sprachgebrauch der Ausbilder standardsprachliches /ɛː/ immer in Richtung [eː] lautet[9] und grundsätzlich stimmloses *s* (auch [s]) /s/ repräsentiert bzw. Positionen keine Rolle spielen, an denen stimmhaftes *s* (auch [z]) für /s/ stehen kann[10].

---

[6] Für Details vgl. z. B. Wiesinger (2009: 239 f.).

[7] Spätestens an dieser Stelle muss auch kurz auf den glottalen Plosiv (auch [ʔ]) eingegangen werden, dem in der vorliegenden Untersuchung wenig Aufmerksamkeit geschenkt werden kann. In zukünftigen Untersuchungen könnte das Augenmerk darauf liegen, ob es in bestimmten Fällen von L1S in L1S-L2S-Gesprächskonstellationen zur Realisierung des Glottisschlags kommt. Gesprächsbeiträge, in denen das Sprechtempo von L1S auffällig niedrig ist, würden sich dafür anbieten.

[8] Dies bedeutet nicht, dass die erwähnten Phänomene nur im (Mittel-)Bairischen als regulär gelten.

[9] Für Details vgl. z. B. Wiesinger (2009: 234, 237).

[10] Für Details vgl. z. B. Wiesinger (2009: 242, 254).

4.1 Perspektivierung des linguistischen Salienzkonzepts

Gute Beispiele für Ersteres sind erKLÄR (T8_K: 25) und nÄchsten (T6_K: Z. 102 bzw. T8_K: Z. 029) und eines von vielen für Letzteres lautet so (T7_DS: Z. 003). Dementsprechend können im vorliegenden Datensample auch keine DSK-Emergenz-Figuren kodiert werden, die wohl $s \rightarrow z$ oder $s \leftarrow z$ bzw. $e{:} \rightarrow \varepsilon{:}$ oder $e{:} \leftarrow \varepsilon{:}$ hießen. Das Auftreten der Realisierung von /s/ und /ɛ:/ ist im vorliegenden Datensample durch ↓ gekennzeichnet, was nicht überraschend ist, weil ein solcher ɛ:- und s-Gebrauch u. a. in (Mittelbairisch-)Österreich als dialektnah wie auch als standardnah bzw. gebrauchsstandardsprachlich ausgelegt werden kann (vgl. z. B. Kleiner / Knöbl 2015: 64 f., 71).

Die s-Palatalisierung wie z. B. bei sunscht 'sonst, ansonsten' (T15_DS: Z. 020) kann neben [s] ebenso als eine stimmlose s-Variante bairischer Prägung betrachtet werden (vgl. Lenz 2019: 330). Sie ist aus areallinguistischer Sicht insofern auffällig, als dass die s-Palatalisierung vor /t/ für den Sprachgebrauch in Mittelbairisch-Österreich eher untypisch zu sein scheint (vgl. ebd.)[11] – derselbe Sprecher, nämlich ADS_1, verwendet eine solche Form im vorliegenden Datensample auch nur einmal; dementsprechend heißt es ansonsten bei ADS_1 auch SONST (T1_DS: Z. 027 bzw. T11_DS: Z. 016) und sunst 'sonst, ansonsten' (T16_DS: Z. 080). Der Gebrauch von palatalisiertem s ist u. a. in diesem Gebiet vornehmlich vor *p* und nach *r* zu erwarten (vgl. Lenz 2019: 330),[12] entsprechende Fundstellen konnten im vorliegenden Datensample nicht eruiert werden. Außerhalb des Datensamples ist allerdings zu beobachten, dass L1S im Gespräch mit den beiden deutschlernenden Lehrlingen gelegentlich *s* – wie von Lenz (ebd.) für das Mittelbairische konstatiert – palatalisieren. Das Adverb sunscht, das in der vorliegenden Untersuchung das einzige Beispiel für palatalisiertes *s* darstellt, fällt im Zuge einer komplexen Reparaturdurchführung, wobei a gEh bi_st a BRUNzer (T15_DS: Z. 018) überarbeitet wird (s. hierzu a. Abschnitte 4.2 und 5.3), was bedeutet, dass die s-Realisierung selbst nicht Gegenstand der Überarbeitung ist. Im vorliegenden Datensample kommt die DSK-Emergenz-Figur *sch* → *s* oder *sch* ← *s* nur dann einmal zum Tragen, wenn die Analyseeinheit (sehr) groß anberaumt ist.

Im Hinblick auf die nahezu durchgehende Verwendung von [s] für /s/ im vorliegenden Datensample (die Ausnahme ist die oben genannte s-Palatalisierung vor /t/) und die durchgehende Realisierung von standardsprachlichem /ɛ:/ mit [e:]-Qualität handelt es sich neben der Lenisierung von Plosiven um weitere

---

[11] Für weitere Details zur s-Palatalisierung vgl. z. B. Lenz (2019: 330).
[12] Lenz (2019: 330 [H. i. O.]) führt die Beispiele „*Koschpa*" (Kasper) und „*Duascht*" (Durst) an.

Elemente, die sowohl standkonforme als auch nicht-standardkonforme Regularitäten des gesprochenen Deutschen in (Mittelbairisch-)Österreich darstellen und in der Interaktion mit den deutschlernenden Lehrlingen nicht modifiziert werden. Zu dieser Gruppe zählt grosso modo auch die *r*-Variation u. a. in puncto *r*-Vokalisierung. Silben, die *er* oder *ar* beinhalten, werden von den Ausbildern nie durch konsonantisches *r* hervorgehoben, was Standardkonformität insbesondere im gesprächslinguistischen Paradigma nicht grundsätzlich widersprechen würde. Dies ist umso bemerkenswerter, als dass in Gesprächssituationen durchaus beobachtet werden kann, dass der Gebrauch von konsonantischem *r* in Silben mit *er* oder *ar* genauso wie der zwischen [e] und [ɛ] liegende *e*-Gebrauch für [ə] Teil der Organisation sozialer Interaktion sein kann, etwas (z. B. einen bestimmten Inhalt/ Aspekt oder eine Schreibweise) hervorzuheben – dies geht aus den vorliegenden Gesprächsdaten eben nicht hervor. Z. B. betont ADS_1 im Gespräch mit LDS auf einer Baustelle, dass er die Schuld dafür auf sich nimmt, etwas (wohl eine Dachrinne) am Firmenstandort vergessen zu haben, u. a. in der TKE VERgEssen und verschwitzt (T14_DS: Z. 014), wobei *er* in VERgEssen [eɐ] oder [ɐe] und in verschwitzt [ɐ] entspricht, und dass etwas (wohl die Montage einer Dachrinne und/oder eines Abflussrohrs) auf eine bestimmte Art und Weise GAR nicht (T16_DS: Z. 080) funktionieren würde, wobei *ar* in Form von [a:] auftritt. Ein anderes Beispiel für die Realisierung von *ar* als [a:] ist im zweiten Anlauf von AK_1 festzustellen, LK danach zu fragen, ob er sich hätte vorstellen können, anstatt als Koch auch als Dachdecker zu ARbei↑tEn (s. T10_K: Z. 094 im Kontext von Z. 087–Z. 097). Die Repräsentation von *er* in Richtung *a* gehend ist im gesprochenen Deutschen (in (Mittelbairisch-)Österreich) ohnehin regulär. Auch [a:] für *ar* ist es. Allerdings könnte von Sprecher:innen in Mittelbairisch-Österreich anstatt von [a:] für *ar* auch *oa*, *or* bzw. [oɐ̃] erwartet werden und solche Fälle treten im vorliegenden Datensample auch mindestens zweimal auf; GOR 'gar' in sowohl T2_DS (Z. 040) als auch T9_DS (Z. 164) heißen die entsprechenden Beispiele. Es ist jedoch auch möglich, GOR als *a*-verdumpfte *gar*-Variante zu interpretieren.

Generell gehört die *r*-Variation im Deutschen (in Österreich) wohl zu jenen Phänomenen, die – gleich, ob nun dialektologisch bzw. sprachlich-regional (wie z. B. bei Wiesinger 2009: 244), soziolinguistisch oder gesprächslinguistisch betrachtet– nur schwer in den Griff zu bekommen sind. Der *r*-Gebrauch ist Wiesinger (2009: 244) folgend kaum überindividuell zu fassen und kann auch individuell variieren, was neben der *r*-Realisierung in Silben mit *er* oder *ar* auch jene Positionen anbelangt, an denen /r/ per se konsonantisch ist. Damit ist der fakultative Gebrauch von apikalem *r* bzw. [r] und uvularem r bzw. [R] gemeint. Hierbei handelt es sich um Varianten, die sowohl bei dialektnaher als auch

4.1 Perspektivierung des linguistischen Salienzkonzepts

standardnaher Sprechweise beobachtet werden können.[13] In der vorliegenden Untersuchung zum L1S-Sprachgebrauch in L1S-L2S-Gesprächskonstellationen zeigt sich, dass dort, wo vokalisches *r* erwartet werden kann, auch vokalisches *r* – und zwar in der Regel standardkonformes – auftritt und dort, wo sowohl (gerolltes bzw.) apikales *r* als auch uvulares *r* gebraucht werden kann, durchwegs uvulares *r* gebraucht wird. Dementsprechend spielt hier *r*-Variation als modifizierender Faktor in konversationellen Reparatur(sequenz)en bzw. als salientes Feature kaum eine Rolle; ausgehend vom *r*-Gebrauch – ob nun als standardkonform interpretiert oder nicht – entwickelt sich in der vorliegenden Untersuchung nie eine konversationelle Reparatur(sequenz), es sei denn man möchte VERgEssen und verschwitzt (T14_DS: Z. 014) mit so einer in Verbindung sehen. Neben dem Faktum, dass hier lexikalische Alternativität beobachtet werden kann, denn verschwitzt ist ein Synonym für VERgEssen (vgl. ÖWB 2018: 783), kann in diesem Fall auch phonetisch-phonologische Alternativität im Hinblick auf *(v)er-* festgestellt werden, wie ja bereits oben erwähnt wurde. Folglich könnte hier [eɐ]/[əɐ] ↓ [ɐ] kodiert werden. Dass VERgEssen und verschwitzt für sich alleinstehend eine Modifizierung in lexikalischer oder phonetisch-phonologischer Hinsicht beinhaltet, ist allerdings fraglich. Viel wahrscheinlicher ist es, dass ADS_1 mit VERgEssen und verschwitzt (Z. 014) seines Lehrlings kurze Äußerung verGESsen (Z. 012) aufgreift und dabei eine Überarbeitung im Hinblick auf die Akzentuierung des Verbs *vergessen* vornimmt und womöglich Alternativen hinsichtlich Wortschatz und Realisierungsoptionen von *(v)er-* anbietet – ob nun bewusst oder unbewusst. Generell lässt sich in der vorliegenden Untersuchung *r*-Variation am besten als ein fluktuierendes Variantenangebot beschreiben, dass im Zusammenhang mit unmittelbarer Alternativität schwer zu fassen ist. Die Realisierung von /r/ zeigt hier im Regelfall einfach nur Regularitäten des gesprochenen Deutschen an, die sowohl für standardkonformen als auch nicht-standardkonformen *r*-Gebrauch (in Mittelbairisch-Österreich) sprechen können.[14] Die Variante – nämlich GOR (s. o.)

---

[13] Für Details vgl. z. B. Wiesinger (2009: 244).

[14] Dass in zukünftigen Untersuchungen jedoch Evidenz dafür geliefert wird, dass *r*-Variation im. (mittel-)bairischen Sprachraum durchaus ein Marker für DSK-Emergenz sein kann, ist nicht auszuschließen. Diese Vermutung basiert u. a. auf Erzählungen dreier Personen, die im jugendlichen Erwachsenenalter in den 1990er Jahren aus dem ehemaligen Jugoslawien nach Süddeutschland bzw. Oberbayern flohen. Sie berichteten voneinander unabhängig, des Öfteren von L1S darauf aufmerksam gemacht zu werden, dass sie anstatt uvularem *r* apikales *r* verwenden sollen. Es ist denkbar, dass ein solches Korrekturverhalten seitens L1S in zukünftigen Untersuchungen mit Fokus auf L1S-L2S-Gesprächskonstellationen in (Mittelbairisch-)Österreich festgestellt wird.

–, die vor dem Hintergrund von *r*-Variation als nicht-standardkonform bezeichnet werden kann, ist auch im Hinblick auf den *a*-Gebrauch als nicht-standardkonform interpretierbar und dieser ist in der vorliegenden Untersuchung einer der besten Kandidaten dafür, DSK-Emergenz zu diskutieren. Denn (1) *a*-Variation ist in großer Anzahl zu erkennen, (2) *a* wird bei der Bespielung des Variationsraums von Dialekt bis Standardsprache sowohl modifiziert als auch nicht und (3) solche Modifizierungen oder (teilweise vorübergehende) Stabilisierungen sind in *konversationellen Reparatur(sequenz)en* bzw. *episodenfinalen* Gesprächsausschnitten sowie in *episodeneinleitenden* und *episodenfinalen* Gesprächsausschnitten zu beobachten (s. Kapitel 5). Bezüglich *r*-Variation lässt sich im vorliegenden Datensample feststellen, dass, je größer die Analyseeinheit ist, desto eher ein Move → oder ← notiert werden kann. Um *r*-Variation im Sprachgebrauch der drei Ausbilder als DSK-Emergenz-Figur darzustellen, scheint allerdings (zumindest in den allermeisten Fällen) die Verwendung von ↓ am passendsten.

Das Potenzial der sozialen Relevanz im Hinblick auf die Realisierung von /p/, /t/, /k/ (v. a. im Zusammenhang mit deren Lenisierung), /s/, /ɛː/ und /r/ wird von den drei Ausbildern mit dem ‚sozialen Ohr' zumindest kaum wahrgenommen, wie im Anschluss an Purschke (2014) zusammengefasst werden könnte. Es handelt sich hier wohl um Features, die die Ausbilder weder als standardsprachlich/standardnah noch als dialektal/dialektnah und somit auch nicht als salient beurteilen können. Sie sind (zumindest hier) nicht als eine interaktional konstitutive Modifikation (= Reparans) in einer konversationellen Reparatur(sequenz) abgebildet, die per se eine Ansammlung an Auffälligkeiten darstellt (s. hierzu z. B. Abschnitt 4.2.2). Außerdem ist auch außerhalb von Reparatur(sequenz)en im Hinblick auf die Realisierung von /p/, /t/, /k/ /s/, /ɛː/ und /r/ keine oder zumindest kaum Variantendistribution festzustellen, die sich aus dialektologischer bzw. sprachlich-regionaler Sicht vor dem Hintergrund des Sprachgebrauchs in (Mittelbairisch-)Österreich als nicht-standardkonform vs. standardkonform darstellen lässt. Allerdings fällt eine phänomenbezogene Absenz auf, die im Hinblick auf Realisierungen im deutschen Variationsraum von Dialekt bis Standardsprache sehr wohl zum Tragen kommen könnte. Es gibt aber auch auffällige Präsenzen bzw. Präsenzphänomene, die im Variationsraum von Dialekt bis Standardsprache nicht unbedingt zu erwarten sind. Solche treten z. B. in ↑SE↓hEn auf. In diesem Gesprächselement fällt neben der Realisierung des silbentrennenden *h* auch die suprasegmentale Struktur auf; eine viermalige Hervorhebung (= Tonhöhenbewegung nach oben/↑ und unten/↓ sowie Haupt- und Nebenakzent in einem Wort) ist u. a. im gesprochenen Deutschen eklatant – in einem einzigen Gesprächselement ist sie es allemal. Es handelt sich hier um einen weiteren Fall von Überakzentuierung. Bezüglich der (supra-)segmentalen Präsenz-Absenz-Phänomenlage im

4.1 Perspektivierung des linguistischen Salienzkonzepts

vorliegenden Datensample sei noch hinzugefügt, dass das, was im Deutschen als nicht bedeutungsunterscheidend gilt, aber trotzdem auftreten kann, in anderen Einzelsprachen, die Deutschlernenden womöglich zur Verfügung stehen, bedeutungssensitiv sein kann (z. B. Lautwerte von Plosiven sowie von *e* und *r*, das *s*-Sonoritäts- und Frikativspektrum an sich oder Tonhöhenbewegungen, wie sie etwa in ↑SE↓hEn festzustellen sind). Insbesondere jugendlichen oder erwachsenen Deutschlernenden kann dies auffallen, denn es ist davon auszugehen, dass sie Vergleiche mit ihrer/ihren L1 anstellen.

Auffälligkeiten ist in Interaktionsverläufen erst und nur durch den Kontakt mit ihnen zu begegnen. In ‚natürlichen' Interaktionen handelt es sich hierbei zweifellos um soziale Kontakte. Dementsprechend ist das Erkennen salienter Features in Gesprächssituationen immer im Zusammenhang mit sozialer Aktivität zu sehen, die bei Glauninger (2014: 25) stets durch einen „Prozess der Zeichenkonstituierung (als Konstruktion)" charakterisiert ist. Das Erkennen von Salienz impliziert soziointeraktionale Aktivitäten und saliente Features haben Zeichenqualität (vgl. ebd. 25 ff.). Glauningers (2014: 26 f.) intellektueller Arbeitsgrundlage folgend gibt es kein soziales und somit auch kein interaktionales Geschehen, das nicht auf soziosemiotische Prozesse basiert (vgl. dazu a. Glauninger 2012; 2017; 2018), „in deren Verlauf Signata – nämlich (stereotypische) Repräsentationen sprachlicher (Variations-)Phänomene jedweder Art (in Form von / in Verbindung mit sozialen Entitäten bzw. Akkumulationen) – mit sprachbasierten Signantia verknüpft werden" (Glauninger 2014: 26)[15]. Orientiert man sich an Glauninger (ebd.: 27) „kann Sprachliches ausschließlich sprachlich beobachtet (und kommuniziert) werden, und zwar in sämtlichen sozialen Kontexten – insbesondere auch (sprach-)wissenschaftlich". In diesem Sinne (vgl. ebd.: 26 f.) ist in der vorliegenden Untersuchung Sprache und das sich darauf beziehende semiotische Verständnis ein (interaktionsbezogen-) extensiv-explorativ-reflexiver Ansatz (vgl. hierzu auch Abschnitt 1.2), der hier u. a. auch mit der Auer'schen Idee des perspektivischen Gestaltschlusses einhergeht (vgl. Abschnitt 3.2), (Interaktions-)Produkt, Medium und Input zugleich – und zwar für sowohl an Interaktionen Beteiligte als auch an Interaktionen sprachwissenschaftlich Interessierte. Mit Glauninger (2014: z. B. 25 ff.) ist davon auszugehen, dass im Zusammenhang mit der Organisation von sozialer Interaktion die Versuche, (sprachliche) Realität einzufangen, nur dann funktional sein können, wenn sie mit Bemühungen verknüpft sind, sprachlicher Wirklichkeit, Wahrheit, Richtigkeit, Adäquatheit usw. (= ‚Realität') entsprechen zu wollen. Für interaktionale Funktionalität sorgt die Differenz zwischen dem in eigener Reichweite liegenden (sprachlichen) Realitätsanspruch

---

[15] Bei Glauninger (2014: 26) auch als „Metasoziosemiose" bezeichnet.

und dessen Nichtentsprechung sowie die sozioindexikalische Differenzierung von Gesprächspartner:innen und deren Gesprächsbeiträgen, auf deren Basis ein an Situationen gebundener Abgleich zwischen eigenem (sprachlichen) Realitätsanspruch und seiner angemessenen Entsprechung evoziert werden kann (vgl. hierzu neben Glauninger 2014: z. B. 25 ff. a. Auer 2014: z. B. 13–16). Glauninger (2014: 25 f.) folgend handelt es sich hierbei u. a. um die Funktionalisierung des (eigenen) Sprachgebrauchs, deren Produkt als ein „Zeichen (als Konstrukt)" (ebd.: 25) zu verstehen ist.

Salienz basiert im Anschluss an Glauninger (2014: z. B. 25 ff.) auf interaktionalen Re-/Konstruktionsverfahren als Einheit ihrer inhärenten „Funktionalisierung von Differenzierung und Differenz(iertheit)" (ebd.: 26), die in der vorliegenden Untersuchung zum DSK-Input im Kontext von Migration, (Aus-)Bildung und (Zweit-)Sprachaneignung der Funktionalisierung des auf der sprachlich-interaktionalen Oberfläche Realisiertem / Repräsentiertem / Versprachlichtem (Signans ↔ Signatum) und der Vorstellung oder Idee des (ggf. auf der sprachlich-interaktionalen Oberfläche noch) zu Realisierendem / Repräsentierendem / Versprachlichendem (Signatum ↔ Signans) entspricht. Diese Signans-Signatum-Zuordnung (bzw. Zeichenkonstruktion) stellt die Belegung der Metavariablen in diesem Forschungsprojekt dar, die in Abschnitt 4.2.2 näher behandelt werden.

Salienz und dementsprechend auch saliente Features sind mit Glauninger (2014: z. B. 27) immer ein Zeichen, vornehmlich ein sozio-indexikalisches mit kontextualisierender Relevanz (ebd.: 26). Solche Zeichen rekurrieren auf Wissensbestände und konstituieren sich z. B. infolge (einer Serie) zeitlicher und situativer Begleitumstände, infolge sprachlichen sowie inhaltlichen Wissensaustauschs, infolge des Kontakts zwischen Gesprächspartner:innen mit unterschiedlichen sozialen Position(ierung)en, Sprach-, Berufs- und Lebenserfahrungen oder infolge eines Verhältnisses zu gesellschaftlichen Phänomenen, wie z. B. (Globalisierung, Digitalisierung, Medienkonsum oder Mobilität und den damit einhergehenden Formen von) Migration. Die Aktivierung von Wissen(sbeständen) kann als (sozio-indexikalisches) Zeichen auf der sprachlich-interaktionalen Oberfläche sowohl durch Konstanz als auch durch Modifikation des sprachlichen Verhaltens auffallen (vgl. Purschke 2014: 34 f.; Glauninger 2014: grosso modo), was sich auf der sprachlich-interaktionalen Oberfläche z. B. anhand von verschiedenen Typen von Präsenz- wie auch Absenzphänomenen (nach-)verfolgen lässt.

Einem (sozio-indexikalischen) Zeichen kann auch ein symbolischer Wert zugewiesen werden (vgl. Glauninger 2014: 26). Es kann sich z. B. auf die Position(ierung) eines deutschlernenden Migranten bzw. einer deutschlernenden Migrantin beziehen. Xenolektale Variation kann, aber muss nicht ein Mittel

4.1 Perspektivierung des linguistischen Salienzkonzepts

und ein Symbol der Markierung eines inferioren Status von deutschlernenden und migrierten Gesprächspartner:innen sein, sie lässt sich auch als ein Mittel und Symbol dafür interpretieren, das Verständnis von sprachbezogenen und/oder fach- bzw. berufsbezogenen Inhalten erleichtern zu wollen (s. hierzu z. B. a. Abschnitt 3.5). Die Repräsentation einer symbolischen Dimension von salienten Features (als sozio-indexikalisches Zeichen) kann in der vorliegenden Untersuchung weder zweifelsfrei belegt noch ausdrücklich ausgeschlossen werden. U. a. Glauninger (z. B. 2014) folgend hängt die Berücksichtigung einer bestimmten oder mehrerer Bedeutungsdimensionen interaktionaler Aktivitäten ohnehin von der Perspektive ab, die Beobachtende in der Lage sind, einzunehmen, wovon der folgende Abschnitt handelt.

4.1.3 Zur Beobachtung salienter Features

Schirmunskis (1930) Beobachtungen führen zu einer Unterscheidung von Dialektmerkmalen, die durch den Abgleich mit der schriftsprachlichen Norm in letzter Konsequenz als mehr und weniger saliente Features verstanden werden können. Allerdings ist mit seiner Argumentation nicht gesichert, dass jene Auffälligkeiten, die seines Erachtens für eine epistemologische Verwertbarkeit sprechen, für seine Gewährspersonen (in welcher Hinsicht auch immer) von Bedeutung sind. Es ist davon auszugehen, dass Schirmunski als Akademiker und Outsider in der von ihm untersuchten Bezugsgruppe völlig andere Attitüden, Denk- und Kategorisierungsmuster bemüht als seine Gewährspersonen, die (womöglich bereits in zweiter oder dritter Generation) als Bauern in der damaligen Sowjetunion tätig waren. Nicht zuletzt anlässlich der kritischen Reflexion zum Schirmunski'schen Postulat (s. Abschnitt 4.1.1) gilt es, die Gleichsetzung von salienten Features für an Interaktionen Beteiligte und für daran sprachwissenschaftlich Interessierte zu vermeiden, ohne sich dabei dem zu verschließen, dass die Wahrnehmung von an Interaktionen Beteiligten und von an Interaktionen sprachwissenschaftlich Interessierten in Bezug auf saliente Features übereinstimmen kann. An dieser Stelle sei vorausgeschickt, dass Letzteres den *a*- und *l*-Gebrauch zumindest in Mittelbairisch-Österreich allemal betrifft (s. u.). Hingegen ist mit Auer (2014: 17) davon auszugehen, dass Sprecher:innen mit (mittel-)bairisch geprägtem Sprachgebrauch z. B. „die bair[ische] Serialisierung der Hilfsverben im Nebensatz [...] [e]rst [dann auffällt, K. R. P.] [,] wenn die Fremdwahrnehmung zur Selbstwahrnehmung wird", was – wie bereits in Abschnitt 4.1.2 erwähnt – auch im Hinblick auf die Lenisierung von Plosiven anzunehmen ist.

Eine Reihe von variationslinguistischen Forschungsprojekten ab Ende des 20. Jahrhunderts nimmt (inter-)situative und interaktionale Modifikationen im Sprachgebrauch in den Blick – in Bezug auf das Mittelbairische spielt hierbei die Realisierung von /a/ und /l/ eine Hauptrolle.[16] Solche Modifikationen sind ein Hinweis darauf, dass Features nicht nur für an Interaktionen sprachwissenschaftlich Interessierte salient sind, sondern auch für daran Beteiligte, was sie wiederum für an Interaktionen sprachwissenschaftlich Interessierte erst salient macht. Wie von an (mittel-)bairischen Kommunikationsräumen sprachwissenschaftlich Interessierten wohl erwartet wird, ist im vorliegenden Datensample auch beobachtet worden, dass die Realisierung von /a/ und /l/ oft modifiziert wird. Dass (mittel-)bairisch(-österreichisch)e L1S im Rahmen ihres Im-DSK-Involviertseins besondere Aufmerksamkeit der *a*- und *l*-Realisierung zu schenken in der Lage sind, zählt zur bereits seit längerer Zeit verfügbaren Evidenz (vgl. z. B. Moosmüller 1987: 87–201; Scheuringer 2002), ist aber auch neueren Arbeiten zu entnehmen, die einen Bezug zur Vermittlung des Deutschen (als Zweitsprache) herstellen (vgl. z. B. Blaschitz et al. 2020: z. B. 12; Perner 2020: z. B. 55 ff.; Perner / Brodnik 2021: z. B. 198 f., 200 f.; Dannerer et al. 2021: z. B. 55–59). Allerdings ist mit Glauninger (2014: 27) nicht davon auszugehen, dass es Features gibt, die per se oder obligatorisch salient sind. Das Erkennen von Salienz bzw. eines salienten Features ist *nicht objektiv* z. B. im Sinne von *unbeeinflusst* oder *beobachtungsfern* (vgl. ebd.: ab 24). Mit Glauninger (ebd.: 27) auf eine Kurzform gebracht: „Die Realität von Salienz (und von entsprechenden sprachlichen Merkmalen) entspricht der Realität der interaktionalen Konstruktionsprozesse, deren Produkte sie sind".

Bei Auer (2014) bezieht sich die Beobachtung salienter Features sowohl auf intersubjektive als auch auf subjektinterne Abläufe, die auf Beobachtete genauso wie auf Beobachtende applizierbar sind. Denn die Effekte des (Nicht-)Durchlaufens des in Abschnitt 4.1.2 beschriebenen Filtersystems gelten für an Interaktionen Beteiligte (hier Beobachtete in Form von Personen, die dabei sind, soziale Interaktion zu organisieren) genauso wie für jene (hier Beobachtende in Person von an Interaktionen sprachwissenschaftlich Interessierten), die sie a posteriori in den Blick nehmen. Gleich, ob sich Interaktion auf Aktivitäten von Gesprächspartner:innen oder auf das Verhältnis zu Gesprächsdaten, auf das sich Forschende einlassen, bezieht, kann Beobachtung mit Glauninger (2012; 2014; 2017; 2018), dessen Konzepte und Modelle (z. B. im Zusammenhang mit Salienz)

---

[16] In Lenz (2019: 343–348) befindet sich ein Überblick zu besagten Forschungsprojekten mit Bezug auf den Sprachgebrauch in Österreich; dieser handelt u. a. vom *a*- und *l*-Gebrauch in (mittel-)bairischen Kommunikationsräumen Österreichs.

4.1 Perspektivierung des linguistischen Salienzkonzepts

sich stets entlang der radikal konstruktivistischen Systemtheorie Niklas Luhmanns entwickeln, nur *subjektiv* sein und interaktionssystemintern erfolgen. Für Glauninger (2014) sind Re-/Konstruktionsverfahren die Basis dafür, sich mit (dem Thema) Salienz auseinandersetzen und Forschungsprojekte wie das vorliegende durchführen zu können, was als epistemologische Grundvoraussetzung für die Beobachtung salienter Features zur Kenntnis genommen wird.

Inspiriert von Glauninger (2014; 2017) wenden sich an Interaktionen sprachwissenschaftlich Interessierte den Entwicklungen in Interaktionsverläufen im Hinblick auf das auf die Funktionalisierung von Differenzierung und Differenz(iertheit) basierende infinite Potenzial von Realisiertem / Repräsentiertem / Versprachlichtem (Signans ↔ Signatum) und (noch) zu Realisierendem / Repräsentierendem / Versprachlichendem (Signatum ↔ Signans) zu – man beobachtet im Anschluss an Glauninger (2017: 125) eine (sozio-)indexikalische Signans-/Signatum-Struktur (s. a. Abschnitt 1.2), deren Entfaltung auf (Annahmen über) Annahmen der an Interaktionen Beteiligten beruht, wie man in bestimmten Situationen mit bestimmen Personen (nicht) erfolgreich interagiert, was sich hier auf die Vermittlung von fach- bzw. berufsbezogenen und/oder sprachbezogenen Inhalten in Gesprächen, die L1S mit deutschlernenden Lehrlingen in *kooperationsbezogenen* oder *kooperationsbegleitenden* Situationen führen, bezieht (s. a. Abschnitt 4.2.2).

Beobachten bezieht sich in der vorliegenden Untersuchung auf das auf der Funktionalisierung von Differenzierung und Differenz(iertheit) beruhende interaktionale Geschick der Einschätzung der Gewährspersonen, wie es im Interaktionsverlauf weiter gehen kann, muss, oder soll, um ausreichend zu verstehen bzw. verstanden zu werden. Im Zusammenhang mit der vorliegenden Untersuchung stellt sich die Frage, was die Ausbilder wann dazu veranlasst, auf der sprachlich-interaktionalen Oberfläche von salienten Features Gebrauch zu machen und damit einhergehend indexikalische Zeichen zu setzen. Es handelt sich hierbei um eine Unterfrage von: Warum und wann wird der Input, den L2S von ihren Gesprächspartner:innen mit Deutsch als L1 erhalten, zum *interaktional und situational modifizierten DSK-Input*?

Versuche, diese Frage zu beantworten, setzen spätestens mit Abschnitt 3.5 ein – dort wurden Code-Wechsel in Verbindung mit konvergierenden Verhaltensweisen diskutiert – und sind im weiteren Argumentationsverlauf in Abschnitt 4.2. zu finden, wozu Folgendes vorausgeschickt sei: Der interaktional und situational modifizierte DSK-Input wird holistisch als ein indexikalisches Zeichen interpretiert, das einen auf der sprachlich-interaktionalen Oberfläche beobachtbaren Zugang der Gewährspersonen (hier v. a. der Ausbilder) zur Gestaltung sozialer Interaktion repräsentiert und sich auf verschiedenen (gesprächs-)linguistischen

Beschreibungsebenen darstellen lässt. Eine zentrale Rolle spielen dabei die interpretative Verknüpfung von Gesprächssequenzen mit konversationellen Reparaturen (s. ab Abschnitt 4.2.1) sowie deren Entstehungszusammenhang, sprachlich-interaktionale Routine und kommunikative Kausalität (s. Abschnitt 4.2.4). In einem solchen Nexus kommen Substitutions-, Reduktions-, Additions- und Rearrangementprozesse zum Tragen, die als Verschiebungen im Variationsraum von Dialekt bis Standardsprache (auch DSK) gedeutet werden können, die mit der Herstellung und Aufrechterhaltung einer gemeinsamen Basis eng verknüpft sind bzw. sein müssen (s. Abschnitt 4.2.3). In diesem Zusammenhang ergibt sich Variation aus (u. a. im Interaktionsverlauf beobachteten) indexikalischen Signans-/Signatum-Strukturen (s. Abschnitt 4.2.2), und konstituiert sie sich durch saliente Features, die schließlich erst durch einen Bezug auf Kookkurrenz und Korrelation mit anderen (z. B vorangehenden oder darauffolgenden) Features salient werden können. So ist Variation ein Netz, das sich von (irgend-)einem interaktionalen Punkt aus verzweigt. Dieser Punkt kann an einer bestimmten Stelle einer bestimmten Episode liegen, muss er aber nicht, er kann auch der Idee von einer Konvention entsprechen, die eingehalten wird oder nicht. Folglich kann in Episoden z. B. die DSK-Emergenz-Figur $o \rightarrow a$ anzeigen, dass L1S davon ausgehen, dass ihre deutschlernenden Gesprächspartner:innen sie besser verstehen, wenn sie standardkonformes a anstatt nicht-standardkonformes verwenden, aber sich auch auf eine oder gar die Vorstellung beziehen, wie sie mit L2S sprechen sollten, nämlich eben nicht von Standardkonformität abweichend – z. B. in Form von o für a –, sondern standardkonform – z. B. in Form von standardkonformem a-Gebrauch.

Dass Variation in der vorliegenden Untersuchung manchmal bloß dem entspricht, was unter horizontaler und/oder vertikaler Variation des Deutschen an sich verstanden wird, kann nicht ausgeschlossen werden. Prinzipiell stellt sich (insbesondere im Anschluss an Glauninger 2014) die Frage, was denn für an Interaktionen sprachwissenschaftlich Interessierte nicht salient sein kann. Es ist wohl das, was sie aus welchem (*subjektiven*) Grund auch immer in kein Oppositionsverhältnis setzen. So kommen wohl Es-wurde-eine-Auswahl-getroffen-Formulierungen zustande. Auch in Abschnitt 4.2 handelt es sich um eine Auswahl von Verhältnissen, die herangezogen werden, um saliente Features erkennen zu können. Zur Erinnerung (s. a. Abschnitt 2.3.3): Gespräche, in denen sich ADS_1, AK_1 oder AK_2 mit anderen Personen mit Deutsch bzw. (Mittel-)Bairisch als L1 unterhalten, werden in kein kontrastierendes Verhältnis zu Gesprächen, die diese drei Ausbilder mit ihrem jeweiligen deutschlernenden Lehrlingen führen, gesetzt – und zwar deshalb nicht, weil ein solcher Vergleich nicht unbedingt notwendig ist, um den interaktional und situational modifizierten DSK-Input, den die Lehrlinge von ihren Ausbildern erhalten, zu beschreiben. Salopp auf den Punkt gebracht: Die hier relevanten L2S erhalten den hier diskutierten DSK-Input von den hier relevanten L1S ohnehin, und wie die relevanten L1S mit anderen L1S sprechen, ist sekundär. Die Feststellung, dass die Gesprächsgewohnheiten der Ausbilder in einer L1S-L1S-Gesprächskonstellation offensichtlich im dialektnahen Bereich des DSK zu verorten sind, muss in der vorliegenden Untersuchung als Hintergrundinformation zu deren Sprach- und Interaktionsverhalten in einer solchen Gesprächskonstellation genügen (s. hierzu a. Abschnitt 2.3.3). Aus dialektologischer oder sprachlich-regionaler Sicht – allen voran jener von Wiesinger (2004) – müsste vielleicht gar nicht darauf eingegangen werden, dass im Deutschgebrauch der hier relevanten L1S im Gespräch mit anderen L1S mit Zehetner (1985: 183) gesprochen „Dialekttreue" zu erkennen ist.

4.2 Konversationelle Reparatur(sequenz)en und deren Relevanz bei der Vermittlung von Inhalten

Aus gesprächsanalytischer Sicht zeichnen sich Interaktionsverläufe zu einem beachtlichen Anteil dadurch aus, mit potenziellen, entstehenden oder bereits entstandenen Verständnisproblemen umzugehen. Wird in Interaktionsverläufen die Überarbeitung eines oder mehrerer beliebiger Elemente beobachtet, werden im gesprächsanalytischen Forschungsparadigma konversationelle Reparatur(sequenz)en sowie deren Entstehungszusammenhang (oder Anlassfall), sprachlich-interaktionale Routine und kommunikative Kausalität thematisiert (vgl. z. B. Schegloff / Jefferson / Sacks 1977; Auer 1999: 130, 143 ff.; Egbert 2009; Auer 2014: 9, 14 f.; Bauer 2020).

Um Missverständnissen vorzubeugen, sei bereits an dieser Stelle erwähnt, dass konversationelle Reparaturen und konversationelle Korrekturen mit Schegloff / Jefferson / Sacks (1977: 363) und somit auch in diesem Forschungsprojekt nicht bedeutungsgleich sind. Unter einer konversationellen Korrektur ist die mittels Substitution von Gesprächselementen durchgeführte Richtigstellung zu verstehen, deren Voraussetzung das Vorausgehen eines auf der sprachlich-interaktionalen Oberfläche leicht und schnell wahrnehmbaren Fehlers bzw. Irrtums ist (ebd.). Ein gutes Beispiel dafür auf der rein sprachlichen Ebene ist die unmittelbare Korrektur von schni zu schneenAse (T8_DS: Z. 045). Die Wahrnehmung von offensichtlichen Fehlern oder Irrtümern kann sich auch auf die inhaltliche Ebene beziehen (vgl. Schegloff / Jefferson / Sacks 1977: 363), wie anhand des Gesprächsausschnitts in Beispiel 5 veranschaulicht werden kann. Er handelt davon, wie oft eine Schraube noch angezogen werden muss, um ein Abflussrohr an einer Außenwand zu fixieren. Auf eine Kurzform gebracht, könnte in Beispiel 5 von einer inhaltlichen Korrektur gesprochen werden, deren Korrektheit einen bestimmten Zeitraum lang (im Konkreten von Z. 110 bis vor Z. 112) noch offenbleibt.

Beispiel 5 (= Ausschnitt aus T13_DS)

```
109 LDS:       =EINmal.=
110 ADS_1:     =Einmal noch SIcher.
111            (---)
               LDS macht eine Drehung mit dem Schraubwerkzeug
112 ADS_1:     ah mach ZWEImal.=
113            =wei is eGAL wenn_s a bissl wEiter-
```

LDS scheint in Z. 109 anzunehmen, dass ein EINmaliges Festziehen ausreicht, um das Abflussrohr an der Außenwand zu sichern, was ADS_1 mit Einmal noch SIcher (Z. 110) zumindest infrage stellt. Man kann hier von einer Substitution von EINmal durch Einmal noch SIcher sprechen. Nachdem LDS die Schraube einmal festgedreht hat (Z. 111), ist ADS_1 davon überzeugt, dass die Annahme von LDS unkorrekt (gewesen) ist, er bringt dies zum Ausdruck, indem er EINmal (Z. 109) in der Anweisung in Z. 112 durch ZWEImal substituiert. Mit der Anweisung in Z. 112 (ah mach ZWEImal) substituiert ADS_1 jedoch nicht nur den Gesprächsbeitrag seines deutschlernenden Lehrlings, sondern auch seinen eigenen in Z. 110 (Einmal noch SIcher). Kurz: ADS_1 korrigiert in Z. 110 den Gesprächsbeitrag von LDS in Z. 109 und in Z. 112 sowohl den Gesprächsbeitrag von LDS in Z. 109 als auch seinen eigenen in Z. 110. Bemerkenswert ist, dass in diesem Beispiel eine Orientierung am Dialektpol erst in einem Addendum (Z. 113) der Anweisung in Z. 112 erfolgt, das LDS vermutlich zur Einordnung dessen dienen soll, warum ein zweimaliges Festdrehen der Schraube angemessen ist. Worauf ADS_1 mit wei is eGAL wenn_s a bissl wEiter (Z. 113) konkret anspielt, kann allerdings nicht festgestellt werden. Die Substitutionen fallen in diesem Beispiel durch ihre lautliche Standardkonformität auf, sie gehen allerdings mit syntaktischen Auslassungen einher, die – wenngleich sie durchaus aufgrund des Kontexts als legitim gelten können (Ellipsen) – nicht als standardsprachlich bezeichnet werden können, als gebrauchsstandardkonform wiederum sehr wohl.

Um Überarbeitungen in Konversationen zu diskutieren, ist mit Schegloff / Jefferson / Sacks (1977: 363) der ausschließliche Bezug auf einen *Korrektur*-Begriff unzureichend, denn zum einen kommt es in Interaktionsverläufen zu Überarbeitungen, denen kein offenkundiger Fehler bzw. Irrtum vorangegangen zu sein

4.2 Konversationelle Reparatur(sequenz)en und deren Relevanz ...

scheint – ein Beispiel dafür könnte die unmittelbare Modifizierung von standardsprachlichem Imperativ gIb zu (kaum als honorativ interpretierbarem und somit) nicht-standardkonformem imperativen gIbst du (T1_K: Z. 025) sein –, und zum anderen zeichnen sich Überarbeitungen in Interaktionsverläufen nicht ausschließlich durch Substitutionsprozesse aus, sondern auch durch Reduktions-, Additions- oder Rearrangementprozesse (ebd.); z. B. modifiziert ADS_1 na: i HOB zu das HAB ich: (T14_DS: Z. 007–Z. 008), wobei neben einer Substitution von der (mittel-)bairischen Vollform der 1. Person Singular durch eine standardkonforme (= i → ich) und einer von o durch a (= HOB → HAB) auch eine Reduktion (= na: vermutlich 'nein' ↑ ∅), eine Addition (∅ ↑ das) und infolge auch ein syntaktisches Rearrangement (*parataktische Stilistik / nein, ich habe.* > ~~*parataktische Stilistik*~~ */ das habe ich.*) zu erkennen ist.

Außerdem haben prinzipiell alle Elemente eines Gesprächsbeitrags das Potenzial, zum Bezugselement einer Überarbeitung zu werden (vgl. Schegloff / Jefferson / Sacks 1977: 363) – und zwar gleich, ob sie von an Interaktionen Beteiligten oder von an Interaktionen sprachwissenschaftlich Interessierten als überarbeitungswürdig oder nicht überarbeitungswürdig wahrgenommen werden/ wurden. (Darauf, dass überarbeitungswürdige Elemente nicht zwingend überarbeitet werden müssen, wird in Abschnitt 4.2.3 Bezug genommen.) Folglich ist davon auszugehen, dass Überarbeitungen in Konversationen nicht immer (nur) auf die Absicht der Richtigstellung zurückzuführen sind, in bedeutendem Maße sind sie im Zusammenhang mit sozialen und situativen bzw. sozial-situativen Faktoren der Organisation des Sprachgebrauchs im Interaktionsverlauf zu sehen (vgl. ebd.: 381). Der Bezug auf dieses breite gesprächspragmatische und -semantische Optionsspektrum im Hinblick auf die Überarbeitung von Elementen in Konversationen wird im Anschluss an Schegloff / Jefferson / Sacks (1977) in vorliegendem Forschungsprojekt mittels Bezeichnungen wie *konversationelle Reparaturen* oder *Reparatursequenzen* zum Ausdruck gebracht. Eine konversationelle Korrektur, ob nun auf sprachlicher oder inhaltlicher Ebene, stellt einen der Subtypen der konversationellen Reparatur dar (vgl. ebd.: ab 363). Inhaltliche Überarbeitungen (bzw. Korrekturen, wenn man so will) zeichnen sich in der vorliegenden Untersuchung häufig durch komplexe Substitutionsprozesse aus. Damit ist gemeint, dass nicht nur bestimmte Gesprächselemente oder kleinere Gesprächssegmente durch andere substituiert, sondern solche durch größere Einheiten ersetzt bzw. paraphrasiert werden. Es handelt sich hierbei um semantische Alternativität, die sich zum Teil über mehrere TKE erstreckt. Ein Beispiel dafür ist T15_DS (Z. 018–Z. 032), dort verwendet ADS_1 offensichtlich mehrere TKE dafür, seinem Lehrling im entsprechenden Arbeitskontext die Bedeutung von

BRUNzer 'Urinierer, Angsthase' (Z. 018) zu erklären (für weitere Details s. v. a. Abschnitt 5.3).

Konversationelle Reparatur(sequenz)en zählen zu den am meist berücksichtigten Besonderheiten im Interaktionsverlauf bei der Erforschung von ‚natürlicher' Face-to-face-Interaktion (vgl. z. B. Bauer 2020: 334). Im vorliegenden Abschnitt steht die Diskussion von konversationellen Reparatur(sequenz)en in einem engen Zusammenhang mit salienten Features und deren Interpretation als sozio-indexikalisches Zeichen. Daher gilt es einen Interpretationsrahmen zu mobilisieren, der sich sowohl auf die sprachlich-interaktionale Oberfläche als auch auf das, worauf diese verweist, bezieht. In Abschnitt 4.2.1 werden die Komponenten von Reparatursequenzen thematisiert und im Anschluss daran zwei Typen solcher Sequenzen entwickelt. Ab Abschnitt 4.2.2 werden diese Typen im Zusammenhang mit salienten Features bzw. sozio-indexikalischen Zeichen oder indexikalischen Signans-/Signatum-Strukturen diskutiert.

4.2.1 Zu den Reparatursequenzkomponenten

Um Inhalte zu vermitteln, beanspruchen Gesprächspartner:innen oftmals einen zweiten, nächsten, neuen oder anderen Versuch, der gemeinsam mit dem vorangegangenen Versuch eine konversationelle Reparatursequenz ergibt (vgl. Bauer 2020: ab 340). Eine solche Abbildung auf der sprachlich-interaktionalen Oberfläche besteht aus (1) einem Gesprächsbeitrag mit einem Reparandum oder mehreren Reparanda, (2) der sich aus Reparaturinitiierung[17] und -durchführung[18] zusammensetzenden Handlungseinheit, die den Höhepunkt einer solchen Sequenz

---

[17] Mit der Handlungskomponente der Reparaturinitiierung wird erfasst, ob der Sprecher oder die Sprecherin Überarbeitungsbedarf im eigenen Gesprächsbeitrag erkennt und daher eine Reparatur in Gang setzt oder ob der Hörer oder die Hörerin interveniert, weil er oder sie Überarbeitungsbedarf im Gesprächsbeitrag des Sprechers oder der Sprecherin für angemessen hält. Im ersten Fall ist die Reparatur selbstinitiiert und im zweiten fremdinitiiert. Die verbalen Initiierungssignale, die in der vorliegenden Untersuchung zu beobachten sind, sind in wesentlichen Zügen bereits in Schegloff / Jefferson / Sacks (1977: 367 f.) belegt, beschrieben und benannt. Egbert (2009: 58–61, 98–106) und Bauer (2020: 347 ff., 353, 379, 393) schließen u. a. an diese Ausarbeitungen zu verbalen Initiierungssignalen an und fokussieren dabei auf deutsche Gespräche.

[18] Mit der Handlungskomponente der Reparaturdurchführung wird in den Blick genommen, ob das bzw. die als überarbeitungswürdig identifizierte/n Element/e im Gesprächsbeitrag des Sprechers/der Sprecherin von ihm/ihr selbst oder vom Hörer/der Hörerin überarbeitet wird. Folglich ist zwischen erstens einer selbstdurchgeführten Reparatur bzw. einer Selbstreparatur und zweitens einer fremddurchgeführten Reparatur bzw. einer Fremdreparatur zu unterscheiden. Verschiedene Vorschläge zur Systematisierung und Benennung von Praktiken

bildet und durch die Features, die sich sowohl auf den Gesprächsbeitrag mit einem Reparandum oder mehreren Reparanda als auch auf jenen, in dem das jeweilige Reparans liegt, beziehen, erst salient werden (vgl. dazu a. Auer 2014: 9), (3) einer Ratifizierung des Reparans, die nur dann hervorstechen kann, wenn sie auf der sprachlich-interaktionalen Oberfläche explizit verbal repräsentiert ist, und ggf. (4) einer Evaluation des Reparans.

In Anbetracht des Zusammenwirkens der beiden eine Handlungseinheit bildenden Komponenten Reparaturinitiierung und -durchführung ergeben sich vier Reparaturformateinheiten, nämlich die selbstinitiierte Selbstreparatur (siSR), die selbstinitiierte Fremdreparatur (siFR), die fremdinitiierte Selbstreparatur (fiSR) und die fremdinitiierte Fremdreparatur (fiFR).[19] Um Reparaturformateinheiten identifizieren zu können, ist u. a. mit Bauer (2020: 348) „immer von dem Redezug auszugehen, in dem das problematische Element lokalisiert wird" bzw. mehrere überarbeitungswürdige Elemente aufgespürt werden. Wie diese vierteilige Typologie der Reparaturformateinheiten in der vorliegenden Untersuchung aufzufassen ist, wird im Folgenden dargestellt.

Selbstreparaturen sind aus der Sprecherperspektive der Ausbilder (ADS_1, AK_1 und AK_2) und Fremdreparaturen aus jener der sich Deutsch aneignenden Lehrlinge (LDS und LK) zu verstehen. Das bedeutet, dass das Element/die Elemente, auf das/die sich die Überarbeitung bezieht bei Selbstreparaturen im Gesprächsbeitrag von einem der Ausbilder und bei Fremdreparaturen in jenem von einem der beiden sich Deutsch aneignenden Lehrlinge liegt/liegen. Somit kommt den Ausbildern immer die Rolle der Reparateure zu. Die Diskussion der beobachteten Durchführungspraktiken der Ausbilder beschränkt sich auf jene Prozesse, auf die sicherlich alle Versuche zurückzuführen sind, solche Praktiken zu systematisieren – nämlich Substitutions-, Reduktions-, Additions- und Rearrangementprozesse. Diese Entscheidung erfolgt aus Gründen der Komplexitätsreduktion, ist aber auch sinnvoll, wenn die Beschäftigung mit auffälligen Präsenz- und Absenzphänomenen auf der sprachlich-interaktionalen Oberfläche (= saliente Features) im Mittelpunkt steht.

---

der Reparaturdurchführung sind u. a. in Schegloff / Jefferson / Sacks (1977: z. B. 362 ff.), Auer (1999: 144–147), Egbert (2009: z. B. 15, 53–63, 107), Schegloff (2013: 43–68) und Bauer (2020: 375 f.) zu finden.

[19] Ähnliche Formulierungen sind in verschiedenen Arbeiten zu finden, die sich mit konversationellen Reparaturen befassen, so etwa auch in Bauer (2020: 347). Dies ist damit zu erklären, dass solche Arbeiten genauso wie die vorliegende diese vier Reparaturformateinheiten auf Schegloff / Jefferson / Sacks (1977) zurückführen.

In Reparatursequenzen, in denen Reparaturformateinheiten siSR und fiFR zum Tragen kommen, sind die Ausbilder nicht nur die Reparateure von vorangegangenen Gesprächselementen, sondern auch die Reparaturinitiatoren. Das bedeutet, sie überarbeiten mindestens ein Element entweder des eigenen Gesprächsbeitrags (siSR) oder des Gesprächsbeitrags ihres jeweiligen Lehrlings (fiFR), ohne dass ein entsprechendes Signal von den sich Deutsch aneignenden Lehrlingen dafür erkannt werden kann. In anderen Worten: Die Ausbilder bieten in Reparatursequenzen, die durch die Reparaturformateinheit siSR oder fiFR gekennzeichnet sind, von sich aus Alternativen bzw. Alternation oder Akkommodation (= unmittelbare Alternativität) an. Solche Fälle werden hier unter dem Typ *Reparatursequenzen ohne explizit-dialogischen Aushandlungsprozess* (RSoedA) zusammengefasst (s. hierzu Tabelle 2.1, 2.2, 2.3, 2.6, 2.7 & 2.8 in Abschnitt 2.3.2, aber auch Abschnitt 4.2.3). Die Initiierung ist in Fällen vom Typ RSoedA meistens dezent und wird sowohl durch nicht-lexikalische als auch lexikalische Mittel signalisiert.[20]

In Reparatursequenzen, in denen die Reparaturformateinheiten fiSR und siFR zum Tragen kommen, signalisieren die Lehrlinge die Initiierung, indem sie Rückfragen an ihre Ausbilder stellen. Dabei handelt es sich – wie u. a. auch mit Bauer

---

[20] Die nicht-lexikalischen Mittel, mit denen in Fällen vom Typ RSoedA Reparaturinitiierung signalisiert wird, sind (1) schnelle Anschlüsse („latching" bei Selting et al. 2009: 355; in den Transkripten als „ = " ausgewiesen) – vgl. hierzu auch Bauer (2020: 378 f.) –, (2) Äußerungsabbrüche inmitten eines Gesprächsbeitrags (vgl. Egbert 2009: 58) – wie etwa in kommt wieder dieser MANN mit dieser- (T1_DS: Z. 029) oder ich hab mich NICHT ba- (T5_K: Z. 031) –, die zum Teil äußerst kurzzeitig sind, wofür schni schneenAse: (T8_DS: Z. 045), a GESCH a GSCHNEnA (T9_DS: Z. 133) und gIb gIbst du GLEICH (T1_K: Z. 025) gute Beispiele sind, und (3) auch Abbrüche, die sich in Form eines kürzeren (in den Transkripten als (.) bzw. (-) ausgewiesen) oder längeren Absetzens (in den Transkripten als (--), (---) oder genaue Sekundenangabe wie etwa (1.4) ausgewiesen) zwischen Äußerungseinheiten manifestieren (vgl. Bauer 2020: 353, 393). Weitere nicht-lexikalische Mittel zur Initiierungssignalisierung sind TKE-finale Lautdehnungen oder der Gebrauch von Verzögerungslauten bzw. Interjektionen wie z. B. *ä/ehm* oder *ä/eh*.

Vereinzelt ist bei diesem Typ zu beobachten, dass nicht-lexikalische und lexikalische Mittel zur Initiierungssignalisierung einander begleiten. Drei der in der vorliegenden Untersuchung beobachteten lexikalischen Mittel zur Initiierungssignalisierung sind mit den in Egbert (2009: 59) belegten lexikalischen Initiierungssignalen *also*, *ach* und *ich mein* zumindest vergleichbar. Es handelt sich hierbei um oiso (T8_K: Z. 019) für *also*, ah (T8_K: Z. 023) wie auch a so (T2_K: Z. 055) für *ach* bzw. ach so und sag ICH (T9_DS: Z. 144) für *ich mein*. (Sicherlich besteht die Möglichkeit, ah in T8_K (Z. 023) auch interjektionell oder als *auch* zu interpretieren.) Genauso wie oiso, ah, a so und sag ICH kommen auch weisst du (T1_DS: Z. 030 bzw. T13_DS: Z. 121) und woas_st eh (T2_K: Z. 039) als gemeinsam mit nicht-lexikalischen Mitteln der Initiierungssignalisierung auftretende lexikalische Mittel der Initiierungssignalisierung in Betracht.

4.2 Konversationelle Reparatur(sequenz)en und deren Relevanz ...

(2020: 348 f.) und Egbert (2009: 98–106) für diese Reparaturformateinheiten als charakteristisch gilt – um Fragen zum Verständnis (fiSR) oder zur Verifikation (siFR) von Inhalten. In anderen Worten: Die Lehrlinge fordern in den Typen fiSR und siFR Alternativen bzw. Alternation oder Akkommodation (= unmittelbare Alternativität) ein. Respondieren die Ausbilder solche Einforderungen ihres jeweiligen Lehrlings, ist hier vom Typ *Reparatursequenzen mit explizitdialogischem Aushandlungsprozess* (RSmedA) die Rede (s. hierzu Tabelle 2.4, 2.5, 2.9 & 2.10 in Abschnitt 2.3.2, aber auch Abschnitt 4.2.3). In zwei Fällen vom Typ RSmedA sind die Rückfragen von einem weiteren und verzögerungslautlichen bzw. interjektionellen Initiierungssignal begleitet, nämlich von äh (T9_K: Z. 045 & Z. 055).

Darauf, dass die Initiierung durch mehrere Signale markiert sein kann, weist auch Egbert (2009: 60) hin. Dabei kann es sich um unterschiedliche Kombinationen aus dem Repertoire der Mittel zur Initiierungssignalisierung handeln (vgl. ebd.). Ein anschauliches Beispiel aus der vorliegenden Untersuchung dafür sei mit dem Ausschnitt= ah– (.) (T8_K: Z. 023–024) gegeben, in dem mindestens drei Initiierungssignale (schneller Anschluss, *ah* und Abbruch) verortet werden könn(t)en. In solchen Fällen ist es schwer möglich, eindeutig festzustellen, mit welchem Signal oder welchen Signalen Gesprächsteilnehmer:innen tatsächlich ein Zeichen geben, einen Reparaturprozess einzuleiten. Neben den Fällen vom Typ RSoedA, in denen mehrere (zumindest potenzielle) verbale Initiierungssignale beobachtet werden, kann es auch Fälle desselben Typs geben, in denen auf der sprachlich-interaktionalen Oberfläche kaum oder keine Initiierungssignale festgestellt werden können. Egbert (2009: 61) gibt in dem zuletzt genannten Zusammenhang ein Beispiel an, in dem eine „Reparatur im Fluge" stattfinde. Egberts (ebd.) Beispiel ist in der vorliegenden Untersuchung mit den Fällen a GESCH a GSCHNEna (T9_DS: Z. 133), schni schneenAse (T8_DS: Z. 045) und gIb gIbst (T1_K: Z. 025) vergleichbar. Wie bereits oben angeführt, wird in Fällen, wie den soeben genannten, jedoch ein Abbruch inmitten eines Gesprächsbeitrags angenommen, der sich in Form eines äußerst kurzzeitigen und damit wohl tendenziell unauffälligeren Absetzens zwischen Elementen offenbart. Mit Schegloff (2013: 45) handelt es sich hierbei um einen „cut-off" (= „some version of a stop", ebd.). Eine weitere Möglichkeit, um kaum auf der sprachlich-interaktionalen Oberfläche feststellbare Initiierungssignale zu markieren, ist die Berücksichtigung jener Annahme von Garrod / Pickering (2004), die für gelungene Interaktion sorgt, nämlich die Sicherung des impliziten Common Ground (s. Abschnitt 4.2.3). So kann in Fällen, in denen Äußerungseinheiten auf den ersten Blick als plötzliche und initiierungssignallose Überarbeitung erscheinen, eine Zusammenlegung der Handlungskomponenten Initiierung und Durchführung angenommen werden (vgl. hierzu auch Schegloff 2013: 45). Ein anschauliches Beispiel aus der vorliegenden Untersuchung für einen solchen Fall ist KOIsprossen (T4_K: Z. 023), denn der Ausbilder, namentlich AK_1, tätigt diese kurze TKE plötzlich und offensichtlich deshalb, weil er gehört hat, dass sein Lehrling im Gespräch mit dem Forschenden Schwierigkeiten hat, die entsprechende Kohlsorte passend zu benennen (s. T4_K: Z. 007–Z. 022). Außerdem äußert AK_1 KOIsprossen erst mehr als zehn Sekunden nach dem Gespräch zwischen dem deutschlernenden Lehrling und dem Forschenden.

Reparatur(sequenz)en können v. a. in (Aus-)Bildungskontexten als eine Einschaltung im Interaktionsverlauf verstanden werden, bei denen die Funktionskomponenten Verarbeitung, Vermittlung und Vertiefung von Inhalten noch mehr im Vordergrund stehen als in anderen Gesprächssequenzen (vgl. Birkner 2020b: ab 314; Bauer 2020: 339–346, 390). Da Reparatursequenzen Gesprächsausschnitte sind, die (1) aus dem Interaktionsverlauf einer Zäsur gleichkommend oder einer eigenen (Unter-)Episode entsprechend herausstechen, und (2) zugunsten inhaltsbezogener Aktualisierung geschaltet werden, geht Bauer (2020: 389) davon aus, dass alle Reparatursequenzen durch ein Signal der Akzeptanz bzw. eine Form der Ratifizierung des Reparans abgeschlossen sein müssen, damit ein Gespräch fortgesetzt oder beendet werden kann. Dieser Annahme folgend muss auf der sprachlich-interaktionalen Oberfläche zwischen Ratifizierungssignalen, die verbal nur insofern gekennzeichnet sind, als dass nach der Reparaturdurchführung kommentarlos fortgefahren wird, und Ratifizierungssignalen, die sich durch den Einsatz von konkreteren verbalen Mitteln auszeichnen, unterschieden werden.[21] Zu den verbalen Mitteln zur Ratifizierungssignalisierung gehören interjektionelle und lexikalische Verstehens- und Zustimmungssignale sowie die Wiederholung oder Übernahme eines Reparans (vgl. ebd.: 363, 390). Bauer (ebd.: 389) folgend sind verbale Mittel zur Ratifizierungssignalisierung in Fällen vom Typ RSoedA seltener zu beobachten als in Fällen vom Typ RSmedA.

Der Handlungskomponente der Ratifizierung ist die Rolle einzuräumen, das Ende von Reparatursequenzen anzuzeigen (vgl. ebd.). Kommen in Reparatursequenzen Rückversicherungs- oder Bewertungssignale zum Tragen, wird das Reparans nicht nur ratifiziert, sondern auch evaluiert, was eine besondere Form der Ratifizierung darstellt (vgl. ebd.: 359 f., 390, 394 f., 407 ff.). Dementsprechend ist das Ende von Reparatursequenzen in solchen Fällen erst nach einer solchen Evaluation anzusetzen. Die Evaluation eines Reparans resultiert in Fällen vom Typ RSoedA daraus, dass ein (zusätzliches) durch verbale Mittel gekennzeichnetes Ratifizierungssignal mit (be-)wertender Bilanz eingefordert wird. Erst infolge einer solchen Einforderung sind Ratifizierungssignale in Fällen vom Typ RSoedA als eine Evaluation des Reparans interpretierbar. In Fällen vom Typ RSmedA manifestiert sich die Evaluation eines Reparans in Form von Bewertungssignalen, die einem (häufig dem ersten) Ratifizierungssignal sowohl folgen als auch innewohnen können. In der vorliegenden Untersuchung sind es immer die deutschlernenden Lehrlinge, die ein Reparans ratifizieren bzw. evaluieren.

---

[21] Selbstverständlich können hierbei auch nonverbale Mittel eine Rolle spielen.

4.2.2 Zu den Signans-/Signatum-Strukturen in Reparatursequenzen

Genauso wie viele andere (soziolinguistische) Untersuchungsgegenstände kann auch die Interaktion mit den deutschlernenden Lehrlingen auf der makro-, meso- und mikroskopischen Analyseebene in den Blick genommen werden. Makroskopisch bezieht sich auf die Interaktion mit deutschlernenden Lehrlingen im Kommunikationsraum Betrieb im Allgemeinen, mesoskopisch auf die Interpretation von bestimmten Gesprächsausschnitten als Reparatursequenzen und deren Zerlegung in Redezüge (Turns oder TKE) wie auch Handlungskomponenten und mikroskopisch auf Modifizierungsdetails (= →, ← und ↑), aber auch Stabilisierungsdetails (= ↓) in solchen Sequenzen, die auf der sprachlich-interaktionalen Oberfläche beobachtet und infolge als teleologisch bzw. *kooperationsbezogen* und/oder *kooperationsbegleitend* (s. Abschnitt 2.3.2) ausgerichtete Verschiebungen im DSK gedeutet werden.[22] Auf allen drei Analyseebenen lassen sich indexikalische Signans-/Signatum-Strukturen beobachten. Man könnte auch von Überlappungen mehrerer indexikalischer Signans-/Signatum-Strukturen sprechen.

Geht man mit Paul Grice davon aus, dass, wenn kommuniziert wird, auch kooperiert werden will (vgl. Auer 1999: 95), verweist jede von den Ausbildern an ihren jeweiligen Lehrling gerichtete Äußerung (Signans) auf die Absicht, Inhalte zu vermitteln (Signatum). Auf der makroskopischen Analyseebene kann also lediglich festgestellt werden, dass dem Grice'schen Kooperationsprinzip entsprochen wird, das besagt, dass man Gesprächsbeiträge so gestaltet, wie man es zu einem bestimmten Moment mit Blick auf den weiteren Interaktionsverlauf als angebracht empfindet (vgl. ebd.).[23] Die acht Leitsätze dieses Prinzips wenden sich den Regularitäten gesprochener Sprache zu und lassen sich mit

---

[22] Die Darstellung der verschiedenen Analyseebenen orientiert sich an Boettcher (2008: 7).

[23] Dem Grice'schen Kooperationsprinzip folgend würden saliente Features mit Beobachtungen einhergehen, die Anlass zur Annahme geben, dass sich einer/eine der Gesprächsteilnehmer:innen vorsätzlich nicht kooperativ zeigt. Hinweise auf den Verstoß gegen dieses Prinzips könnten daraus hergeleitet werden, dass keine explizite Vermittlung von Inhalten erkannt werden kann oder die Vermittlung von Inhalten ohne Rücksicht auf die Kenntnisse und Fähigkeiten des Gesprächspartners bzw. der Gesprächspartnerin zu erfolgen scheint. Im Rahmen der mehrtägigen Datenerhebung im Dachdecker-Spenglerei-Betrieb konnte festgestellt werden, dass es zwei Kollegen des sich deutschaneignenden Lehrlings gibt, die kaum mit ihm sprechen, und wenn doch, sich nur sehr kurzsilbig und dicht am Dialektpol liegend äußern. In solchen Fällen kann von Interaktionsverläufen nicht die Rede sein, es handelt sich eher um kurze Gesprächsbeiträge, die durch ihre Seltenheit auffallen. Solche Interaktionen werden in der vorliegenden Untersuchung nicht eingehender thematisiert.

„sei relevant!"[24] (ebd.) zusammenfassen. Die Leitsätze, die für das vorliegende Forschungsprojekt zentral sind, lauten wie folgt: Sei nur so informativ wie unvermeidlich, gib nichts von dir, was du für falsch hältst, und äußere dich klar, deutlich und verständlich (ebd.).

Eine Reflexion der soeben genannten Leitsätze ist wohl eine der Voraussetzungen dafür, die Überarbeitung von (Elementen oder auch Segmenten in) Gesprächsbeiträgen zugunsten der Verarbeitung, Vermittlung und Vertiefung fach- bzw. berufs- und/oder sprachbezogener Inhalte in Betracht zu ziehen. Mit der Reparaturinitiierung (Signans), die durch Auffälligkeiten wie z. B. plötzliche Abbrüche oder den Einsatz spezifischer lexikalischer Mittel gekennzeichnet ist,[25] wird die Auffassung an die sprachlich-interaktionale Oberfläche befördert, dass Inhalte noch gar nicht bzw. noch nicht informativ, richtig, klar, deutlich oder verständlich genug (Signatum) übermittelt wurden, was im Anschluss mit der Reparaturdurchführung (Signans) behoben werden soll, die darauf verweist, auf welche fach- bzw. berufs- und/oder sprachbezogenen Komponenten sich die Auffassung bezieht, dass Inhalte bisher noch gar nicht bzw. noch nicht informativ, richtig, klar, deutlich oder verständlich genug übermittelt wurden (Signatum). Auf der hier fokussierten mesoskopischen Analyseebene sind Reparaturformateinheiten wohl die relevanteste Abbildung auf der sprachlich-interaktionalen Oberfläche. Zum einen nimmt mit deren Erkennen die Rekonstruktion von Reparatursequenzen für an Interaktionen sprachwissenschaftlich Interessierte ihren Anfang und zum anderen stellen sie jenes (saliente) Feature (Signans) dar, das Reparatursequenzen an sich und insbesondere im Hinblick auf L1S-L2S-Gesprächskonstellationen erst als salientes Feature im Interaktionsverlauf (Signatum) ausweisen. Saliente Features als das Ergebnis der Beobachtung der Funktionalisierung von Differenzierung und Differenz(iertheit) sind in Reparatursequenzen ab dem an Aktivitäten gebundenen Erkennen einer solchen Funktionalisierung thematisierbar, was die Diskussion von zwar erwartbaren, allerdings jedoch ausgebliebenen Beobachtungen im Interaktionsverlauf nicht ausschließt. Letzteres bezieht sich nicht nur auf die mesoskopische Analyseebene (hier der Ausbilder-Lehrlings-Interaktion), die in der vorliegenden Untersuchung durch die Unterscheidung zwischen RSoedA und RSmedA berücksichtigt ist, sondern betrifft auch die makroskopische, die hier durch Vorläufe und Nachläufe (hier auch *episodeneinleitende* und *episodenfinale* Gesprächsausschnitte, s. z. B.

---

[24] Bei „sei relevant" handelt es sich um einen der Leitsätze bzw. eine der Maximen des Grice'schen Kooperationsprinzips, nämlich die „Relationsmaxime" (Auer 1999: 95).
[25] S. hierzu a. Fußnote 20.

4.2 Konversationelle Reparatur(sequenz)en und deren Relevanz ...

a Abschnitt 2.3.2) von RSoedA und RSmedA (= *episodenzentrale* Gesprächsausschnitte, s. z. B. a. ebd.) repräsentiert ist, und die mikroskopische, auf der sich *(lautliche) Variation* (s. ebd.) entfaltet, die sich in Reparatursequenzen durch *(unmittelbare) Alternativität* (s. ebd.) auszeichnet.

Reparatursequenzen sind aufgrund der Annahme, dass Gesprächsplanung stets opportunistisch erfolgt (s. Abschnitt 4.2.3), in Interaktionsverläufen zwar zu erwarten, aber dennoch eine en détail unvorhersehbare und somit auch plötzliche Einschaltung im Interaktionsverlauf. Modifizierungsdetails in konversationellen Reparatur(sequenz)en sind auf der mikroskopischen Analyseebene angesiedelt und beziehen sich auf Verschiebungen im DSK oder die Bespielung des Variationsraums von Dialekt bis Standardsprache zwecks Verarbeitung, Vermittlung und Vertiefung von Inhalten und die damit einhergehenden, auf der sprachlich-interaktionalen Oberfläche beobachtbaren Präsenz- und Absenzphänomene. Dass dabei jene Gesprächsbeiträge im Fokus stehen, in denen sich Reparanda und das dazugehörige Reparans befinden, liegt nahe. Allerdings können auch andere Gesprächsbeiträge sowohl in als auch außerhalb von Reparatursequenzen relevant werden, um Modifizierungen, aber auch (vorübergehende) Stabilisierungen im Gespräch mit deutschlernenden Lehrlingen zu beschreiben. Innerhalb einer Reparatursequenz können die Reparans-Ratifizierung, die Einforderung einer Evaluation eines Reparans sowie die Evaluation selbst oder Gesprächsbeiträge, die zwischen dem Gesprächsbeitrag mit einem oder mehreren Reparanda und jenem mit dem jeweiligen Reparans liegen,[26] von Interesse sein. Außerhalb einer Reparatursequenz kann deren (sprachlich-)interaktionaler Vorlauf (u. a. als Entstehungszusammenhang gedeutet, s. Abschnitt 4.2.4) und Nachlauf als berücksichtigenswert erachtet werden. Sie gewähren einen weiteren Einblick in das Modifizierungs- und/oder Stabilisierungswesen auf der mikroskopischen Ebene einer Episode.

Im Anschluss an Glauningers (z. B. 2014) (Meta-)Soziosemiose-Konzept und mit Blick auf die gesprächsanalytische Perspektive von Schegloff / Jefferson / Sacks (1977: 363) hat jedes beliebige Signans das Potenzial, als Reparandum aufgegriffen und interpretiert zu werden, und gelten als Signatum alle overten

---

[26] Eine systematische Darstellung zur reparatursequenzinternen und redezugbezogenen Positionierung der Reparaturdurchführung und somit auch des Reparans, die sich erst aus der redezugbezogenen Positionierung der Reparaturinitiierung ergibt, ist in Bauer (2020: 350–369) zu finden. Festgehalten sei lediglich, dass die Reparaturinitiierung nicht mit dem Gesprächsbeitrag zusammenfallen muss, in dem sich ein oder mehrere Reparanda befinden, Reparaturdurchführung nicht unbedingt im unmittelbaren Anschluss an deren Initiierung erfolgen muss und das Reparans nicht immer ausschließlich einem einzigen Gesprächsbeitrag zuzuweisen ist (vgl. ebd.).

wie auch coverten Interaktionsphasen nach dem als Reparandum interpretierten Signans und vor der Reparans-Realisierung, in denen die Idee von dem noch zu Realisierendem / Repräsentierendem / Versprachlichendem impliziert ist. Sobald das Reparans realisiert wurde, entspricht es einem nächsten Signans, das wiederum ein Reparandum darstellen kann. Neben dem Verhältnis zwischen Reparanda und Reparans kann auch das Verhältnis zwischen Reparans und Ratifizierung oder Evaluation als indexikalische Signans-/Signatum-Struktur gelesen werden. Jede Ratifizierung wie auch Evaluation eines Reparans (Signans) betont die inhaltsverarbeitende, -vermittelnde und -vertiefende Funktion (Signatum) von Reparatur(sequenz)en, weil auf die auf der mikroskopischen Analyseebene liegenden Modifizierungsdetails Bezug genommen wird.[27] Auf der mikroskopischen Analyseebene bilden das Reparandum und das Reparans gemeinsam das Signans und entspricht die sich aus Vorstellungen zum Sprachniveau sowie gesellschaftlichen, sozialen und herkunftsbezogenen Status des Gegenübers speisende Idee, durch eine konversationelle Reparatur die Verarbeitung, Vermittlung und/oder Vertiefung von Inhalten zu leisten oder unterstützen zu können, dem Signatum.

In der vorliegenden Untersuchung sind Reparatursequenzen als ein starkes Indiz (Signans) dafür zu verstehen, dass sich die Ausbilder in ihrer Rolle als im DSK involvierte Vermittler fach- bzw. berufs- und/oder sprachbezogener Inhalte konsolidieren (Signatum). V. a. die Handlungskomponente der Reparaturdurchführung weist die Ausbilder als für den Ausbildungserfolg der deutschlernenden Lehrlinge Verantwortliche aus. Dies bedeutet allerdings nicht, dass sich die Ausbilder nur in Gesprächsausschnitten, die als Reparatur(sequenz)en interpretiert werden, im Zusammenhang mit fach- bzw. berufs- und/oder sprachbezogenen Angelegenheiten im Hinblick auf die Ausbildung der Lehrlinge als Verantwortliche erweisen. Auch außerhalb von Reparatursequenzen bzw. in episodeneinleitenden oder episodenfinalen Gesprächsausschnitten ist Variation und Alternativität zu erkennen – sie sind allerdings von mittelbarem Charakter, denn sie fallen mit keiner Überarbeitung zusammen.

Konversationelle Reparatursequenzen bzw. episodenzentrale Gesprächsausschnitte und v. a. die Reparaturformateinheiten darin sind in der vorliegenden Untersuchung als saliente Features auf der mesoskopischen Analyseebene zu verstehen. Das in solchen Sequenzen beobachtbare Modifizierungs- oder Stabilisierungswesen entspricht salienten Features auf der mikroskopische Analyseebene. Dies gilt auch für das Modifizierungs- und Stabilisierungswesen in

---

[27] Ähnlich dazu auch Bauer (2020: 390). Bauer (ebd.) bezieht sich allerdings nur auf die Bedeutung der Reparans-Evaluation in Gesprächen in institutionellen Bildungseinrichtungen.

episodeneinleitenden und episodenfinalen Gesprächsbeiträgen, die nur in Abhängigkeit von episodenzentralen Gesprächsausschnitten als episodeneinleitend oder episodenfinal zu verstehen sind und dennoch von unterschiedlichem Interaktionsverlaufssegmentstyp sein können (s. u. und/oder Abschnitt 2.3.2). Episodeneinleitende und episodenfinale Gesprächsbeiträge sind auf der makroskopischen Analyseebene angesiedelt.

In der vorliegenden Untersuchung sind saliente Features – auf welcher Analyseebene auch immer sie verortet werden möchten – immer ein soziondexikalisches Zeichen dafür, kooperieren zu wollen. Der dieser Arbeit zugrundeliegende Kooperationsbegriff ist maßgeblich Fiehler (1993) entnommen. Seine Idee von Kooperation im Kommunikationsraum Betrieb, der die hier verwendeten Interaktionsverlaufssegmentstypen-Bezeichnungen *kooperationsbezogene Interaktion mit Normal-* oder *Problemprogression* und *kooperationsbegleitende Interaktion* zu verdanken sind, welche in Abschnitt 2.3.2 näher vorgestellt werden, kommt dem Modell „interactive alignment" (z. B. Garrod / Pickering 2004: 8; im Folgenden auch Alignment-Modell) entgegen (oder umgekehrt). Dieses Alignment-Modell spielt im nächsten Abschnitt eine tragende Rolle; „Alignment" lässt sich ins Deutsche mit Ausrichtung, Angleichung oder Linienführung übersetzen (s. www 8) – alle drei Begriffe gehen mit dem Kooperationsbegriff d'accord, der hier im Anschluss an Fiehler (1993) verwendet wird.

4.2.3 Zum impliziten Common Ground

Reparatursequenzen werden im Folgenden im Zusammenhang mit dem impliziten Common Ground[28] diskutiert, der im interaktions- bzw. gesprächs- und psycholinguistischen Alignment-Modell von Garrod / Pickering (2004) bzw. Pickering / Garrod (2004) die elementarste Komponente darstellt. Dabei fließen auch Inhalte aus Rickheit (2005) ein, der dieses Modell übernimmt und mithilfe desselben ebenso seine Gesprächsdaten beschreibt. Rickheits (2005) Analyse von Gesprächsdaten unterscheidet sich von jener in Garrod / Pickering (2004) oder Pickering / Garrod (2004) kaum.

Die Leitfragen des besagten Alignment-Modells lauten, warum der Sprachgebrauch und sprachliche Variation in Gesprächen so leicht von der Hand gehen bzw. als für selbstverständlich angesehen werden können und wie in Gesprächen gemeinsame Information zustande kommt (vgl. Garrod / Pickering 2004: 8; Rickheit 2005: 161). Garrod / Pickering (2004: 8) zählen Gründe dafür auf, warum

---

[28] Z. B. bei Garrod / Pickering (2004: 10) „implicit common ground".

Interaktion ziemlich herausfordernd oder kompliziert sein müsste: (1) Zum Beispiel könnte sich die Präferenz für elliptische oder fragmentarische Ausdrücke anstatt taxativer in Interaktionen – das bedeutet, dass man sich, so es einem als plausibel erscheint, häufiger auf eine vollständige Äußerung stützt oder bezieht als sie tatsächlich zu realisieren – bei der Gestaltung der Vermittlung von Inhalten als problematisch erweisen; dies tut es aber nicht unbedingt (vgl. ebd.). (2) Auch, dass man wegen der unvermeidbaren Unklarheit darüber, wie sich ein Gespräch entwickeln wird, zum einen eigene Gesprächsbeiträge nicht weit im Voraus planen kann und zum anderen z. B. aufgrund der plötzlichen Feststellung, dass doch nicht ausreichend (Hintergrund-)Informationen geteilt werden, um im Gespräch wie geplant fortfahren zu können, abrupt umdisponieren muss, stellt kein Problem dar (vgl. ebd.). Die (1) Präferenz für non-taxative Ausdrücke und der (2) Zwang zur opportunistischen Planung von Gesprächen belasten Gesprächspartner:innen ganz und gar nicht, im Gegenteil; diese Phänomene gehören eher zu den Selbstverständlichkeiten bzw. zur Routine bei der Organisation von sozialer Interaktion. Die Begründung dafür liegt mit Garrod / Pickering (2004: ebd.) darin, dass Interaktion als eine gemeinsame Tätigkeit zu verstehen ist: „Interlocutors […] work together to establish a joint understanding of what they are talking about" (ebd.). Das Alignment-Modell von Garrod / Pickering (2004) beruht auf der Annahme, dass diese Zusammenarbeit automatisch erfolgt; ob dabei ein expliziter Aushandlungsprozess an die sprachlich-interaktionale Oberfläche tritt oder nicht, ist für Garrod / Pickering (ebd.) sekundär. In anderen Worten: Gesprächspartner:innen verfügen über die Exzellenz, diverse Inhalte gemeinsam zu verarbeiten (= impliziter Common Ground). Akkommodation ist ein dafür zur Verfügung stehendes Mittel (s. Abschnitt 3.5).

Mit dem impliziten Common Ground postulieren Garrod / Pickering (2004: 8) einen interaktiven Verarbeitungsmechanismus, dank dem Gesprächsteilnehmer:innen im Interaktionsverlauf in der Lage sind, die kontinuierliche Abgleichung ihrer sprachlichen Repräsentationen gemeinsam zu bewerkstelligen. Diese Ausrichtung betrifft verschiedene (gesprächs-)linguistische Beschreibungsebenen (vgl. ebd.: 10), und es stellt sich die Frage, auf welche sie sich denn nicht beziehen könnte. Garrod / Pickering (ebd.) stützen sich auf neurophysiologische und -psychologische Arbeiten, aus denen hervorgeht, dass einige soziale Verhaltensweisen automatisch durch die subjektive Wahrnehmung von Handlungen anderer, wie z. B. Gesprächspartner:innen, getriggert werden. Neben der Wahrnehmung von Handlungen spielen bei diesem Automatismus sicherlich auch die Erfahrungen, Vorstellungen und Einstellungen der Gesprächspartner:innen eine Rolle

4.2 Konversationelle Reparatur(sequenz)en und deren Relevanz ...

dabei, auf der sprachlich-interaktionalen Oberfläche Differenzierung und Differenz(iertheit) zu funktionalisieren, was bedeutet, dass saliente Features zum Tragen kommen – z. B. in Form einer konversationellen Reparatur(sequenz) (betrifft die mesoskopische Analyseebene) oder von Modifizierungsdetails (betrifft die mikroskopische Analyseebene), die zusammenhängen können, aber nicht müssen. Damit ist gemeint, dass sich interaktionale Modifizierungs(- oder Stabilisierungs-)phänomene (1) auch außerhalb von konversationellen Reparatur(sequenz) beobachten lassen (z. B. im Hinblick auf den *a*- und *l*-Gebrauch) und (2) in einer Reparatursequenz etwas modifiziert werden kann, worauf sich die Überarbeitung gar nicht bezieht. Ein kurzes und leicht verständliches Beispiel für Letzteres ist in der Überarbeitung von einmal GELbe (T8_K bzw. RSoedA_K_12: Z. 015), was sich offensichtlich auf die Farbe einer Gugelhupfsorte bezieht, zu oiso des is tOpfen zItrone maRILle (Z. 019), was sich offenbar auf die Zutaten einer bestimmten Gugelhupfsorte bezieht, zu finden. Hier wird nicht nur GELbe durch tOpfen zItrone maRILle ersetzt, sondern findet auch (zumindest) eine phonetisch-phonologische Modifizierung statt, die als *lautliche Variation* ohne *unmittelbare Alternativitä*t bezeichnet werden kann; in Z. 015 unterbleibt *a-l-Vok.* (= einmal) und in Z. 019 tritt *a-l-Vok.* (= oiso) auf, die entsprechende DSK-Emergenz-Figur-Kodierung kann als *a-l-Vok.* ←*l* dargestellt werden, wenn die vorübergehende Stabilisierung im Hinblick auf *l* in Z. 015 außer Acht gelassen wird (= *l* ↓ beziehentlich einmal und GELbe). Dass aus dem Vergleich von Z. 015 mit Z. 019 noch mehr Modifizierungsdetails (in Form von DSK-Emergenz-Figuren) entnommen werden können, sei an dieser Stelle ausgespart; T8_K bzw. RSoedA_K_12 wird in Abschnitt 5.2 noch etwas eingehender diskutiert. In Kapitel 5 kommt generell immer wieder zur Sprache, dass derartige Modifizierung (bezieht sich dort oft auf den *a*- oder *l*-Gebrauch, aber nicht nur) in konversationellen Reparatursequenzen auch außerhalb der Gesprächsbeiträge zu finden ist, in denen ein Reparandum oder ein Reparans liegt. Damit sind Gesprächsbeiträge der Ausbilder gemeint, in denen z. B. die Reparatur betreffende Erklärungen oder Verständnissicherungsmaßnahmen stattfinden oder eine Ratifizierung bzw. eine Evaluation eingefordert wird.

Je unmittelbarer sich die Überarbeitung von Gesprächselementen oder -segmenten als Alternativität erweist, desto leichter ist es für an Interaktionen sprachwissenschaftlich Interessierte, diese mit einer konversationellen Reparatur(sequenz*)* in Verbindung zu bringen (s. a. Abschnitt 2.3.2). Im Fall von T8_K (bzw. RSoedA_K_12) handelt es sich z. B. aufgrund unmittelbarer lexikalischer bzw. semantischer Alternativität (= GELbe vs. tOpfen zItrone maRILle) um eine Reparatursequenz, und nicht aufgrund von *a-l-Vok.* ←*l.* (betrifft einmal und `oiso`). In anderen Worten: Die Überarbeitung im lexikalischen Bereich bringt phonetisch-phonologische Alternativität mit sich, die sich auf diverse Bezüge auf Regularitäten des mündlichen Sprachgebrauchs im DSK zurückführen lassen.

Akkommodation – so wie in Abschnitt 3.5 dargestellt – ist sicherlich eines der interaktionalen Mittel, die für die Bespielung des Variationsraums von Dialekt bis Standardsprache zur Verfügung stehen, um den impliziten Common Ground zu pflegen oder zu sichern. In T8_K (bzw. RSoedA_K_12) zeigt sie sich v. a. durch die Substitution einer Gugelhupfsortenfarbe durch Gugelhupfsortenzutaten. Sicherlich möchte AK_2 durch diese Substitution sicherstellen, dass LK weiß, um welche Gugelhupfsorte es sich im Augenblick handelt, schließlich gibt es auch andere Sorten, wie während des Forschungsbesuchs festgestellt werden konnte, und eine davon ist orange. Sprachliche Akkommodation bzw. eine konvergierende Verhaltensweise kann, aber muss nicht (nur) mit einer Ansteuerung des Standardpols einhergehen und bezieht sich nicht ausschließlich auf den Gesprächsbeitrag, mit dem etwas überarbeitet wird. Aus T8_K (bzw. RSoedA_K_12) geht dies ganz gut hervor, denn die TKE, die überarbeitet wird, ist standardkonform (= `einmal GELbe`: Z. 015) und die TKE, in der eine Überarbeitung zu erkennen ist, ist nicht nur standardkonform (= `oiso des is` vs. `tOpfen zItrone maRILle`: Z. 019). Im vorliegenden Reparatur-Beispiel sind die Kernaussagen standardkonform. Ähnliches ist in der TKE zu erkennen, mit der die besagte Reparatursequenz beginnt, sie lautet `des HEISST` (Z. 013).

Mit dem Begriff des impliziten Common Ground markieren Garrod / Pickering (2004: 9 f.), dass Gesprächspraxis immer damit zu tun hat, einen gemeinsamen Bestand an (kontext- oder symbolbezogenen) Repräsentationen herzustellen oder aufrechtzuerhalten, ohne dass es dafür eines expliziten Aushandlungsprozesses bedarf. Somit lassen sich die Produktion und das Verständnis bzw. (hier) die Vermittlung und die Rezeption von fach- bzw. berufs- und/oder sprachbezogenen Inhalten deshalb als voneinander abhängig darstellen, weil beides auf den impliziten Common Ground zurückgreift (vgl. ebd.: 10). Aushandlungsprozesse sind in Anlehnung an Garrod / Pickering (2004: 8 f.) bzw. Pickering / Garrod (2004: 179) und sicherlich auch im Anschluss an Glauninger (z. B. 2014) als ein (sozio-indexikalisches) Zeichen dafür zu verstehen, dass der implizite Common Ground noch nicht ausreichend gesichert wurde. Die Organisation von Reparaturen fungiert für Pickering / Garrod (2004: 179) als ein Sub-Mechanismus des automatischen interaktiven Verarbeitungsmechanismus, der zur Behebung von auf der sprachlich-interaktionalen Oberfläche durch einen Aushandlungsprozess explizit gewordenem Misalignment sorgt. Er beruht auf „(1) checking whether

4.2 Konversationelle Reparatur(sequenz)en und deren Relevanz ...

one can straightforwardly interpret the input in relation to one's own representation, and (2) when this fails, reformulating the utterance in a way that leads to the establishment of implicit common ground" (ebd.).

Reparatursequenzen werden im Alignment-Modell von Pickering / Garrod (2004: ebd.) als dialogischer Aushandlungsprozess dargestellt, der für eine vorübergehende Abschweifung vom und eine obligatorische Rückkehr zum impliziten Common Ground spricht. Allerdings fassen Pickering / Garrod (2004: 179) und auch Rickheit (2005: 162) konversationelle Reparaturen nicht so weit, wie es im gesprächsanalytischen Paradigma seit den Überlegungen zu „organization of repair in conversation" von Schegloff / Jefferson / Sacks (1977: 361) der Fall ist. In diesem Paradigma müssen Reparanda nicht unbedingt aus einem dialogischen Aushandlungsprozess hervorgehen (vgl. ebd.: ab 361) und werden unter Reparaturen, wie es Auer (1999: 143) formuliert, „beliebige Elaborierungen, Detaillierungen oder Reformulierungen, deren Grund nicht unbedingt ersichtlich ist", subsumiert. Reparatursequenzen ziehen Pickering / Garrod (2004: 179) und Rickheit (2005: 162) nur dann in Betracht, wenn es zu Zwischen- oder Rückfragen kommt, auf die mit Modifikationen von bereits Geäußertem reagiert wird, was in der vorliegenden Untersuchung Fällen vom Typ RSmedA entspricht (s. Abschnitt 4.2.1). Fälle, in denen Gesprächsteilnehmer:innen einen ihrer eigenen Gesprächsbeiträge oder einen ihres/ihrer Gesprächspartners/Gesprächspartnerin überarbeiten, ohne dazu aufgefordert zu werden, bringen Pickering / Garrod (2004: 179) nicht mit Reparatursequenzen in Verbindung. Solche Fälle – sie werden in der vorliegenden Untersuchung unter dem Typ RSoedA gefasst (s. Abschnitt 4.2.1) – sind für Pickering / Garrod (2004) schlicht ein Beleg dafür, dass auf den impliziten Common Ground auch ohne explizite Aushandlungsprozesse zurückgegriffen wird. Fälle vom Typ RSoedA wie auch vom Typ RSmedA können Schegloff / Jefferson / Sacks (1977: 361) folgend als die Bewältigung der im Interaktionsverlauf immer wieder auftretenden Herausforderung dargestellt werden, den impliziten Common Ground zu pflegen. Folglich geht die Thematisierung von konversationellen Reparaturen über die bloße Beachtung der Substitution von leicht und schnell wahrnehmbaren Fehlern bzw. Irrtümern durch etwas, was als für in Ordnung verstanden wird (= Korrektur), hinaus (vgl. ebd.: 363). Außerdem ist Schegloff / Jefferson / Sacks (ebd.) folgend der Interpretationsrahmen dafür, Gesprächssequenzen als Reparatursequenzen zu identifizieren, weit dehnbar, denn in Anbetracht der Tatsache, dass die Überarbeitung von Gesprächselementen als eingeleitet in Betracht gezogen werden kann, ohne dass Gesprächspartner:innen oder Forschende offenkundige Pannen, Fehler oder Irrtümer wahrnehmen, „it appears that nothing is, in principle, excludable from the class ‚repairable'"[29] (ebd. [H. i. O.]). Allerdings führen wahrnehmbare Pannen, Fehler oder Irrtümer nicht zwangsläufig zu einer Überarbeitung (ebd.) und kann das Ergebnis einer Überarbeitung im Hinblick auf die Regularitäten der gesprochenen Sprache als wiederum überarbeitungswürdig interpretiert werden (vgl. z. B. Bauer 2020: 333). Ein Beispiel für Ersteres kann die nicht überarbeitete Äußerung hast du schOn deine:: KOF↑fEr? (T1_DS: Z. 017) sein, denn es ist stark davon auszugehen, dass ADS_1 hier von einem und nicht mehreren Koffern spricht (s. T1_DS im Verein mit T2_DS) – es wäre also *deinen* regulär. Wie bereits in Abschnitt 3.5 ausgeführt, kann es sich bei deine:: KOF↑fEr auch um eine xenolektale Sprech- oder Ausdrucksweise handeln. Als Beispiel für Letzteres kann kommt wieder dieser MANN mit dieser- = wEisst du mit diese wEisse HELM (T1_DS: Z. 029–Z. 030) herangezogen werden. Die TKE in Z. 029 endet mit einem Abbruch nach mit dieser. Dieser Abbruch sowie unmittelbar darauffolgendes wEisst du (Z. 030) können ohne Weiteres als Signale für eine Reparaturinitiierung interpretiert werden. Auf den Abbruch und wEisst du (Z. 029–Z. 030) folgt mit diese wEisse HELM (Z. 030), was als Reparans interpretiert den Hinweis darauf gibt, was überarbeitet wurde, nämlich mit dieser (Z. 029). Es fällt auf, dass in Z. 029 Dativmarkierung vorhanden ist und in Z. 030 fehlt. Warum mit dieser überarbeitet wird, ist nicht klar, vielleicht liegt der Überarbeitung von diesem Segment opportunistische Planung zugrunde. Es ist möglich, dass sich der Ausbilder während der Gestaltung seines Gesprächsbeitrag dafür entscheidet, anstatt eines Femininums doch ein Maskulinum wie etwa HELM zu verwenden und erkennt morphosyntaktische Inkongruenz zwischen mit dieser (Z. 029) und dem geplanten Maskulinum. Warum in Z. 029 Dativ verwendet wird und in Z. 030 nicht, kann nicht mit Sicherheit gesagt werden, womöglich handelt es sich in Z. 030 um einen Fall xenolektaler Sprech- oder Ausdrucksweise. Festzustellen ist allerdings, dass in Z. 029–Z. 030 ein Fall vorliegt, in dem das Überarbeitete überarbeitungswürdig ist.

Es könnte sich nun die Frage stellen, ob tatsächlich immer ein gemeinsamer bzw. impliziter Common Ground gepflegt wird, was mit Bezug auf das Alignment-Modell von Garrod / Pickering (2004) eindeutig zu bejahen ist und außerdem auch einer Interpretation von Gesprächselementen oder -segmenten als xenolektale Sprech- oder Ausdrucksweise, die hier als eine Spielart sprachlicher Akkommodation zu verstehen ist, nicht widerspricht. Garrod / Pickering (ebd.)

---

[29] Auf Basis dieser Perspektive drängt sich die Frage auf, was denn nicht als konversationelle Reparatur(sequenz) gedeutet werden kann. Was in der vorliegenden Untersuchung als konversationelle Reparatur(sequenz) interpretiert wird, ist z. B. Abschnitt 2.3.2 zu entnehmen. Auch in Abschnitt 4.2 werden dazu Überlegungen angestellt.

4.2 Konversationelle Reparatur(sequenz)en und deren Relevanz ...

folgend ist die Pflege des impliziten Common Ground nicht darauf angewiesen, sich auf der sprachlich-interaktionalen Oberfläche abzubilden oder als frei vom Verdacht der Überarbeitungswürdigkeit zu erweisen. Außerdem muss die Sicherung des impliziten Common Ground selbstverständlich nicht (nur) verbal erfolgen, er kann auch para- und/oder extralinguistisch gesichert werden.[30]

Bei der sozialen Organisation von Interaktionen gibt es für Garrod / Pickering (2004) bzw. Pickering / Garrod (2004) und Rickheit (2005) kein Außerhalb von Alignment bzw. nichts, was sich nicht letzten Endes auf den impliziten Common Ground bezieht. Dennoch ist im Anschluss an Deppermann / Cindark (2018: z. B. 268) zu diskutieren, ob es in Interaktionsverläufen (z. B.) zwischen L1S und L2S tatsächlich immer auf ein gemeinsames Verständnis von Inhalten hinausläuft. Der Grund für diese Skepsis liegt darin, dass in verschiedenen einschlägigen Arbeiten zu solchen Gesprächskonstellationen (darunter a. Deppermann / Cindark 2018) auf jene Beobachtung aufmerksam gemacht wird, dass „Bekundungen von Nichtverstehen oder Verstehensunsicherheiten und Rückfragen zur Verständnissicherung" (ebd.: 268) seitens L2S häufig ausbleiben und es daher oft spekulativ bleibt, ob die Vermittlungsversuche von fach- bzw. berufs- und/oder sprachbezogenen Inhalten zu einem gemeinsamen Verständnis von denselben führen (vgl. ebd.). Dies gilt insbesondere dann, wenn neben fehlenden verbalen auch keine non-verbalen Verstehenssignale festzustellen sind. Sicherlich ist nicht auszuschließen, dass Ähnliches auch in Gesprächen zwischen L1S beobachtet werden kann. Allerdings ist anzunehmen, dass Verständnisschwierigkeiten im Zuge der Vermittlung von Inhalten in solchen Gesprächskonstellationen eher mit anderen als sprachbezogenen Aspekten zu tun haben, wie sich auch in den von Garrod / Pickering (2004: 9) und Pickering / Garrod (2004: 171) veröffentlichten Gesprächsdaten sowie in den von Rickheit (2005: 159 f.) zur Verfügung gestellten Instruktionsdialogen in Deutsch widerspiegelt. Ob konversationelle Reparaturen zu einem (besseren) Verständnis von Inhalten führen, kann sich selbstverständlich auch im Anschluss an Reparatursequenzen zeigen. Ein solcher Nachlauf einer Reparatursequenz kann sowohl auf der sprachlich-interaktionalen Oberfläche abgebildet als auch durch non-verbale Handlungen gekennzeichnet sein.

In den für das vorliegende Forschungsprojekt erhobenen Gesprächsdaten konnten auffällig wenige Bekundungen und Rückfragen der beiden deutschlernenden Lehrlinge gefunden werden, die als Signal für deren Zweifel, etwas (ausreichend) verstanden zu haben, interpretiert wurden. Solche Signale sind in diesen Gesprächsdaten weder verbal noch non-verbal die Regel. Ob dies das Resultat

---

[30] Für nähere Details und methodologische Vorschläge dazu vgl. z. B. Rickheit (2005: 164 f.)

der Spielregeln der Gesichtswahrung (u. a. im Sinne von Goffman 1955: z. B. 213 f.), d. h. einer Strategie des Abwartens, mit der darauf gesetzt wird, dass sich im weiteren Interaktionsverlauf fach- bzw. berufs- und/oder sprachbezogene Inhalte noch erschließen, oder „eines divergierenden kulturellen Verständnisses der angemessenen Beteiligungsweise" (Deppermann / Cindark 2018: 268) eines (geflüchteten) Lehrlings im Dialog mit einem ihm Vorgesetzten und oder ihn Ausbildenden erfolgt, sei – so wie auch in der Untersuchung zur Interaktion zwischen Ausbildern und ihren nach Deutschland geflüchteten deutschlernenden Praktikant:innen von Deppermann / Cindark (2018) – dahingestellt. Verbale oder non-verbale Mittel, mit denen die mit Deutsch in (Ober-)Österreich aufgewachsenen Ausbilder das Verständnis ihrer Lehrlinge prüfen, sind übrigens ebenso wenig die Regel. Eine ähnliche Beobachtung machen auch Deppermann / Cindark (ebd.: 268). Allerdings sticht hervor, dass die Ausbilder häufig von sich aus konversationelle Reparaturen schalten, was Fällen vom Typ RSoedA entspricht. Fälle vom Typ RSmedA, die sich von Fällen vom Typ RSoedA dadurch unterscheiden, dass die Reparaturinitiierung durch die Lehrlinge erfolgt, konnten seltener gefunden werden. Schegloff / Jefferson / Sacks (1977: 375–380) stellen bei der Organisation sozialer Interaktionen eine Präferenz von selbstinitiiert vor fremdinitiiert – also siSR und siFR vor fiSR und fiFR – und von Selbstdurchführung vor Fremddurchführung – also siSR und fiSR vor siFR und fiFR – fest, was sie auf die Beachtung sozialer Konventionen zurückführen. Dieses Präferenzranking bezieht sich auf Gesprächsteilnehmer:innen mit zumindest ähnlichen Sprachkompetenzen, wenn nicht gar auf Personen, die als L1S bezeichnet werden können (vgl. ebd.). Dass sich dieses Präferenzmodell auf sprachliche Lehr-/Lern-Kontexte nicht übertragen lässt, erwarten bereits Schegloff / Jefferson / Sacks (1977: 380 f.), ohne entsprechende Daten selbst untersucht zu haben. Im vorliegenden Forschungsprojekt zeigt sich eine Präferenz, die als RSoedA (enthält siSR und fiFR) vor RSmedA (enthält siFR und fiSR) beschrieben werden kann.

Bei der Entwicklung des interaktiven Alignment-Modells und der damit einhergehenden Annahme des impliziten Common Ground scheinen maßgeblich Interaktionen berücksichtigt zu werden, an denen nur Personen teilnehmen, die mit dem Sprachgebrauch in einem bestimmten Kommunikationsraum bereits adäquat umgehen können (vgl. Garrod / Pickering 2004; Pickering / Garrod 2004; Rickheit 2005). Gespräche, in denen dieser Sprachgebrauch für einen/eine der Gesprächspartner:innen in einer L1S-L2S-Gesprächskonstellation herausfordernd sein könnte, finden im Zusammenhang mit diesem Modell kaum Berücksichtigung, was der Annahme eines impliziten Common Ground nicht grundsätzlich widerspricht. Zum einen deshalb nicht, weil auch auf andere Sprachen (z. B.

4.2 Konversationelle Reparatur(sequenz)en und deren Relevanz ...

Englisch oder Arabisch)[31] als die Zielsprache – was auch immer das im Kontext von Variation des Deutschen bedeuten kann – zurückgegriffen werden kann, und zum anderen und v. a. deshalb nicht, weil der Zugriff auf den impliziten Common Ground nicht expressiv sein muss.

In der vorliegenden Arbeit wird das Merkmal, mit dem Sprachgebrauch im Kommunikationsraum Betrieb adäquat umgehen zu können, den in (Ober-)Österreich mit Deutsch aufgewachsenen Ausbildern zugestanden und davon ausgegangen, dass sie im Gespräch mit ihren nach (Ober-)Österreich geflüchteten Lehrlingen in konversationellen Reparatur(sequenz)en beabsichtigen, den impliziten Common Ground zu sichern. Diese Absicht kann sich ohne expliziten (= RSoedA) oder infolge von expliziten Aushandlungsprozessen (= RSmedA) manifestieren und ist in diesem Forschungsprojekt zumindest meistens durch Verschiebungen in Richtung Standard- oder Dialektpol gekennzeichnet.

4.2.4 Reparatursequenzen und deren Entstehungszusammenhang, sprachlich-interaktionale Routine und kommunikative Kausalität

Aus der Diskussion in den vorangegangenen Abschnitten[32] geht u. a. hervor, dass in Gesprächen zum einen überarbeitungswürdige Elemente oder Segmente nicht zwangsläufig einer Überarbeitung unterzogen werden und zum anderen Elemente oder Segmente überarbeitet werden, die mit dem Variationsspektrum des gesprochenen Deutschen d'accord gehen und/oder zumindest zunächst als unauffällig beurteilt werden, und dies dafür spricht, dass soziale Relevanz der entscheidende Auslöser dafür ist, die Funktionalisierung salienter Features ($\approx$ Reparaturen und/oder Reparatursequenzen des Typs RSoedA oder RSmedA bzw. episodenzentrale Gesprächsausschnitte sowie Modifizierungen bzw. (lautliche) Variation und/oder Alternativität auf der sprachlich-interaktionalen Oberfläche) in Betracht zu ziehen und somit sozio-indexikalische Zeichen zu produzieren, mit denen eine gemeinsame Basis gelegt werden soll, um im Kommunikationsraum Betrieb kooperieren zu können (betrifft Akkommodation und die Sicherung des impliziten Common Ground). Ergänzt man eine solche Fallsammlung um Fälle, in denen mehr oder weniger offensichtlich Überarbeitungswürdiges überarbeitet wird (= allemal

---

[31] Vgl. hierzu z. B. Cindark / Hünlich (2017: 8 f.) und Perner / Brodnik (2021: 185, 194).
[32] Damit sind zwar maßgeblich Abschnitte des vorliegenden Kapitels gemeint, aber auch Abschnitte der Kapitel 1–3.

Reparaturen ggf. im Sinne von Korrekturen und/oder Reparatursequenzen des Typs RSoedA oder RSmedA bzw. episodenzentrale Gesprächsausschnitte) und in denen Modifizierungen (oder vorübergehende wie auch okkasionelle Stabilisierungen) zu erkennen sind, die nur im Rahmen einer Überarbeitung (= Teil einer Reparatursequenz des Typs RSoedA oder RSmedA bzw. eines episodenzentralen Gesprächsausschnitts ohne unmittelbare Alternativität, aber mit lautlicher Variation) geschehen oder mit gar keiner Überarbeitung zusammenfallen (= Teil eines episodeneinleitenden oder episodenfinalen Gesprächsausschnitts), liegt eine präzise Paraphrase dessen vor, was hier als *interaktional und situational modifizierter DSK-Input*, den L2S von L1S erhalten, zu verstehen ist.

Die Bewertung sozialer Relevanz im Verein mit der Bewertung angemessener Wohlgeformtheit von sprachlichen Realisierungen, Ausdrucksformen und Sinneinheiten macht Reparatursequenzen erst dinglich, dienlich und als solche interpretierbar. Diese Akkumulation von Bewertungsaspekten lässt konversationelle Reparatur(sequenz)en, deren Entstehungszusammenhang sowie die Routine (betrifft allemal L1S-L1S-Gesprächskonstellationen) und die Abweichungen von Gewohnheiten, den Sprachgebrauch zu modifizieren (betrifft allemal L1S-L2S-Gesprächskonstellationen), für die Vermittlung von fach- bzw. berufs- und/oder sprachbezogenen Inhalten relevant werden. Dies ist ein weiterer Aspekt, der den vorangegangenen Abschnitten[33] entnommen werden kann.

Der Entstehungszusammenhang konversationeller Reparatur(sequenz)en offenbart sich teils durch die Kausalität „der sequenziellen Organisation von Sprechen- und-anderem-Verhalten in der Interaktion[34]" (Birkner 2020b: 243 [Fettdruck nicht übernommen, K. R. P.]) an sich. In anderen Worten: Die Beziehung zwischen Ursache und Wirkung im Hinblick auf die Warum-ist-hier-eine-Reparatur-Frage, aber auch auf die grundlegende Ist-das-denn-eine-Reparatur-Frage lässt sich – wenn denn überhaupt – oft nur unter Berücksichtigung eines großgehaltenen Variationsausschnitts bzw. einer großgehaltenen Analyseeinheit erkennen. Dies kann als Anspielung auf folgende acht Punkte verstanden werden, die auch den Diskussionen in den vorangegangenen Abschnitten[35] zu entnehmen sind und aus der gesprächslinguistischen Maxime *order at all points* resultieren: (1) An Interaktionen sprachwissenschaftlich Interessierte sind erst nach dem analytischen Erkennen einer Reparaturformateinheit im Transkript bzw. von etwas, das in diesem als eine solche interpretiert werden kann oder will, in der

---

[33] S. hierzu a. Fußnote 32.
[34] Birkner (2020b: 243) bezieht sich auf den Schegloff'schen Begriff „talk-and-other-conduct-in-interaction", was sie wie hier angegeben ins Deutsche übersetzt.
[35] S. hierzu a. Fußnote 32.

4.2 Konversationelle Reparatur(sequenz)en und deren Relevanz ...

Lage Gesprächsausschnitte als Reparatursequenzen zu interpretieren und (2) im Rahmen einer entsprechenden analytischen Suchbewegung wird zumindest auch sequenzielle Organisation im Vorfeld solcher Gesprächsausschnitte relevant, denn (3) ein entsprechender Abgleich und Vergleich ermöglicht es erst, dass sich Reparatur(sequenz)en vom anderen interaktionalen Geschehen abheben können. (4) Außerdem handelt es sich bei der Festlegung von Reparatursequenzen auch um die nicht unumstrittene Festlegung von Grenzen innerhalb eines kontinuierlichen Interaktionsverlaufs, der hier einer oder auch mehreren Episoden entsprechen kann. Es könnte auch so gesehen werden, dass Episoden von Kontinuität gekennzeichnet[36] sind und diese in Interaktionsverlaufssegmentstypen gegliedert werden sollten, z. B. in kooperationsbezogene und kooperationsbegleitende, wie es in Abschnitt 2.3.2 angeboten und in Kapitel 5 besonders relevant wird. (5) Solche Grenzziehungen betreffen selbstverständlich auch die Interpretation von Gesprächsausschnitten als Reparatursequenzen und deren Nachlauf – zum Teil auch einen (längeren) Einschub zwischen dem Gesprächsbeitrag, in dem ein Reparandum liegt, und jenem, in dem das dazugehörige Reparans identifiziert wird (s. z. B. T2_K bzw. RSoedA_K_3: Z. 039–Z. 055). Doch der Vorlauf einer Reparatursequenz wird an dieser Stelle deshalb in den Mittelpunkt gestellt, weil er in den meisten Fällen Aufschluss darüber gibt, warum es wahrscheinlich zu einer soziopragmatischen Situation gekommen ist, die als Reparatursequenz interpretiert werden kann. Er kann also eine Antwort auf die Warum-ist-hier-eine-Reparatur-Frage geben bzw. geht aus ihm sehr oft der Entstehungszusammenhang einer Reparatursequenz hervor. (6) Wie bereits öfter erwähnt, lässt sich die Ist-das-denn-eine-Reparatur-Frage desto leichter bejahen, je eher *lautliche Variation* und *unmittelbare Alternativität* korrelieren. Ein solcher Blick auf Gesprächsdaten verlangt allerdings ebenso eine Grenzziehung zwischen konversationellen Reparatur(sequenz)en und einem Davor, das womöglich Informationen über den Entstehungszusammenhang einer Reparatur(sequenz) enthält und selbst gar keine darstellt – oder doch auch schon (s. hierzu a. Abschnitt 2.3.2). (7) Auch das Danach einer Reparatur(sequenz) kann selbst eine sein. Außerdem kann es auch Informationen über den Entstehungszusammenhang einer Reparatur(sequenz) enthalten – z. B. über eine, die aus der Sicht der Interagierenden zum Zeitpunkt der Aufnahme noch gar nicht aufgetreten oder vorauszusehen ist. Die Gesprächsausschnitte, die in der vorliegenden Untersuchung als Nachlauf einer Reparatur(sequenz) interpretiert werden, zeigen allerdings eher Effekte einer konversationellen Reparatur(sequenz) an oder etwas

---

[36] Anmerkung: Bei Luhmann (1991: 553) sind Episoden durch unendliche Kontinuität gekennzeichnet.

ganz anderes, nämlich schlicht das Fortschreiten kommunikationsbezogener oder kommunikationsbegleitender Interaktion. (8) Es ist auch möglich, dass bestimmte Gesprächsausschnitte Hinweise darauf liefern, dass eine Reparatur geplant ist, sie aber nicht vollzogen wird oder von an Interaktionen sprachwissenschaftlich Interessierten nicht als solche identifiziert werden konnte, weil keine oder zu wenig unmittelbare Alternativität *lautlicher Variation* erkannt wird.

Teils erschließt sich der Entstehungszusammenhang konversationeller Reparaturen nur durch die Reflexion der Annahmen über (andere) an Interaktionen Beteiligte und deren mentale Zustände. Die Berücksichtigung mentaler Zustände der Gesprächspartnerin bzw. des Gesprächspartners kommt Garrod / Pickering (2004: 10) folgend beim Zugriff auf den impliziten Common Ground allerdings nur der Stellenwert einer Kann-Bedingung zu. Nur wenn ein expliziter dialogischer Aushandlungsprozess auftritt, kann nach Garrod / Pickering (ebd.) davon die Rede sein, dass die Sicherung des impliziten Common Ground unter Rücksichtnahme auf mentale Zustände anderer an Interaktionen Beteiligter erfolgt ist (ebd.). Situationsgebunden – oder besser soziopragmatisch – lässt sich der Entstehungszusammenhang konversationeller Reparaturen wohl immer (irgendwie) herleiten.

Geht man mit Auer (2014: 9) davon aus, dass mit Blick auf Reparaturformateinheiten (= saliente Features auf der mesoskopischen Analyseebene) zu erkennen ist, welche Features für Gesprächsteilnehmer:innen salient sind (betrifft die mikroskopische Analyseebene), reflektieren sich in Fällen vom Typ RSoedA jene Annahmen der Ausbilder auf der sprachlich-interaktionalen Oberfläche, die sie als Kriterien für das Gelingen der Sicherung des impliziten Common Ground im Zuge der Vermittlung von Inhalten heranziehen (= das Kurzschließen der mesoskopischen und mikroskopischen Analyseebene und die Konstruktion eines sozio-indexikalischen Zeichens). Als Entstehungszusammenhang von RSoedA, in denen siSR zum Tragen kommen, kann im Anschluss an Pickering / Garrod (2004: 184) Self-Monitoring genannt werden: „Self-monitoring uses the same mechanism of alignment, but within the speaker. […] [T]hey are able to interrupt their productions in order to change what they say […]. This can occur either before or after they start to produce a word" (ebd.). Eine ähnliche Auffassung über den Entstehungszusammenhang solcher Reparatursequenzen vertreten auch Schegloff / Jefferson / Sacks (1977). Im Umgang mit Lernenden sind auf Self-Monitoring zurückzuführende RSoedA allerdings nicht nur im Zusammenhang mit Regularitäten der Organisation sozialer Interaktion zu sehen, sondern auch als ein Mittel zur Vermittlung von Inhalten zu begreifen, das in Lehrenden-Lernenden-Gesprächskonstellationen zur sozialen Routine gehören kann (vgl.

4.2 Konversationelle Reparatur(sequenz)en und deren Relevanz ...

ebd.: 381). Dass RSoedA mit der Reparaturformateinheit siSR in der vorliegenden Untersuchung auffällig oft bzw. am häufigsten beobachtet werden, lässt sich sowohl durch Self-Monitoring als Mechanismus, der sich auf die Regularität der Organisation von sozialer Interaktion bezieht, als auch durch Self-Monitoring als Mechanismus, der sich auf die Routine bezieht, Inhalte zu vermitteln bzw. zu erklären. Im Hinblick auf Lehr-/Lern-Kontexte können ebenso RSoedA, in denen fiFR zum Tragen kommen, zur Routine gehören, denn als Entstehungszusammenhang solcher Reparatursequenzen kann gelten, dass solche Fälle nur dann auftreten, wenn Sprecher:innen, hier die Ausbilder, davon ausgehen, dass ihre Gesprächspartnerin bzw. ihr Gesprächspartner, hier einer der beiden deutschlernenden Lehrlinge, nicht in der Lage ist, eigene Gesprächsbeiträge zu überarbeiten (vgl. ebd.).

In Fällen vom Typ RSmedA spiegeln sich jene Kriterien wider, die die Lehrlinge im Gespräch mit ihren Ausbildern bereit sind, als für relevant zu markieren, um auf den impliziten Common Ground zugreifen zu können. Der Entstehungszusammenhang bzw. das Zustandekommen solcher Reparatursequenzen hat mit der Bereitwilligkeit zu tun, sich einer Gesprächspartnerin bzw. einem Gesprächspartner, hier einem Ausbilder, im Hinblick auf noch nicht ausreichend genug Verstandenes mitzuteilen, was, wie im vorangegangenen Abschnitt bereits angesprochen, nicht als Regelfall eingestuft werden kann.

Exkurs: DSK-Emergenz mit Fokus auf *a*-bezogene Variation

5

Die vorliegend applizierte Methodologie lässt sich wie folgt zusammenfassen. Saliente Features sind sozioindexikalische Zeichen, die teleologisch darauf ausgelegt sind, im Variationsraum von Dialekt bis Standardsprache mittels Akkommodation bzw. konvergierender Verhaltensweisen den impliziten Common Ground zu sichern, und DSK-Emergenz bezieht sich auf entsprechende Signale auf der sprachlich-interaktionalen Oberfläche. In diesem Abschnitt wird dies vor dem Hintergrund von *a* diskutiert, wobei *a* nicht ausschließlich den *a*-Gebrauch in phonetisch-phonologischer Hinsicht betrifft. Es handelt sich im Folgenden um einen exemplarischen Exkurs zur DSK-Emergenz, die im kooperationsbezogen-normalprogressiven, kooperationsbezogen-problemprogressiven und kooperationsbegleitenden Sprachgebrauch von L1S im Gespräch mit L2S zu beobachten ist. Dabei wird stets vor dem Hintergrund von *a*-bezogener Variation und damit verbundener (unmittelbarer) Alternativität argumentiert und bleibt keine linguistische Beschreibungsebene unberührt; dass alle gesprächslinguistischen Beschreibungsebenen thematisiert werden, kann nicht behauptet werden, dafür ist das methodologische Spektrum, das im gesprächslinguistischen Paradigma angeboten wird, zu groß. Doch selbstverständlich kommt die in dieser Arbeit entwickelte methodologische Modellierung zum Tragen.

Die folgenden Ausarbeitungen gliedern sich in Kollektionsausschnitte, die – wie bereits in Abschnitt 2.3.2 dargestellt – auf einer Sammlung von konversationellen Reparatur(sequenz)en des Typs RSoedA und RSmedA basieren, die als kooperationsbezogen-normalprogressiv, kooperationsbezogen-problemprogressiv oder kooperationsbegleitend interpretiert werden können und in der vorliegenden Arbeit auch als episodenzentrale Gesprächsausschnitte bezeichnet werden, von welchen ausgehend andere Gesprächsausschnitte als episodeneinleitend oder episodenfinal zu verstehen sind. Zur Erinnerung: Eine Episode ist eine gesprächsanalytische Einheit, in der die Gewährspersonen über einen bestimmten Zeitraum hinweg ein bestimmtes Thema behandeln, und eine konversationelle Reparatursequenz stellt eine Art Unterepisode dar, in der ein bestimmter Aspekt des Themas näher betrachtet wird (s. a. Abschnitte 2.3.2 und 4.2.1).

Wenn im Folgenden von kooperationsbezogenen Gesprächsausschnitten mit Normal- (s. Abschnitte 5.1 und 5.2) bzw. Problemprogression (s. Abschnitte 5.3 und 5.4) oder kooperationsbezogenen Gesprächsausschnitten (s. Abschnitt 5.5 und 5.6) die Rede ist, ist damit gemeint, dass sich diese Kennzeichnung v. a. auf konversationelle Reparatur(sequenz)en bzw. episodenzentrale Gesprächsausschnitte bezieht und entsprechende Vor- oder Nachläufe – also episodeneinleitende bzw. episodenfinale Gesprächsausschnitte – in denselben Kooperationskontext gesetzt werden. Das bedeutet aber nicht, dass auftretende Kooperationskontext-Mismatches nicht reflektiert werden. Solche Kooperationskontext-Mismatches stellen hier eher eine Ausnahme dar. Eine solche ist z. B. im Zusammenhang mit RSoedA_DS_2 zu erkennen (s. Abschnitte 5.1 und 5.3).

Grundlage für die nachstehenden Analysen bilden tabellarische DSK-Emergenz-Figuren-Übersichten, allen voran sich auf den a-Gebrauch beziehende; Tabelle 5.1 und Tabelle 5.2 sind exemplarische Beispiele dafür. Die darin abgebildeten a-bezogenen DSK-Emergenz-Figuren bilden keine Übergänge zwischen episodeneinleitenden und episodenzentralen oder episodenzentralen und episodenfinalen Gesprächsausschnitten ab – diese können leicht hergeleitet werden –, sondern beziehen sich jeweils auf einen der besagten Gesprächsausschnitte. Hat ein Gesprächsausschnitt mehrere episodeninterne Rollen, kommt seine Übersetzung in DSK-Emergenz-Figuren auch dementsprechend öfter zum Tragen. Dies ist etwa bei T13_DS in Tabelle 5.1 und bei T8_K in Tabelle 5.2 zu erkennen. In diesen Episoden treten DSK-Emergenz-Figuren-Verläufe schon allein deshalb öfter als einmal auf, weil in ihnen jeweils zwei Reparatursequenzen identifiziert werden und diese in einem Verhältnis zueinanderstehend betrachtet werden. In Tabelle 5.1, sie bezieht sich auf Fall 1 bzw. den Sprachgebrauch von ADS_1 im Gespräch mit LDS, wird einer der dynamischsten Kollektionsausschnitte im Hinblick auf nicht-standardkonformen und standardkonformen a-Gebrauch gezeigt und in Tabelle 5.2, sie bezieht sich auf Fall 2 bzw. den Sprachgebrauch von AK_1 und AK_2 im Gespräch mit LK, ein weniger dynamischer. Der Dynamikgrad, der den Tabellen 5.1 und 5.2 zu entnehmen ist, ist für die jeweiligen Fälle eher typisch als untypisch. In beiden Darstellungen sind Episoden, in denen der episodenzentrale Gesprächsbeitrag vom Typ kooperationsbezogen-normalprogressive RSoedA ist, in a-bezogene DSK-Emergenz-Figuren zerlegt.

5 Exkurs: DSK-Emergenz mit Fokus auf *a*-bezogene Variation

Tabelle 5.1 DSK-Emergenz-Figuren beziehentlich *a*- bzw. /a/-Gebrauch in Episoden mit normalprogressiven kooperationsbezogenen RSoedA_DS

	Episodeneinleitend	Episodenzentral		Episodenfinal	
		RSoedA_DS_3 (Z. 055–Z. 056)			
T3_DS	*a* Z. 052	*e* Z. 055		*d*(*) Z. 058, Z. 064, Z. 066	
	→	→*o* Z. 055	↑	*o* Z. 070	↓ → *a* Z. 066
		a Z. 056	→	*o* Z. 070	↑ *a* Z. 073
		RSoedA_DS_5 (Z. 159–Z. 162)			
T5_DS	*o* Z. 157	o. B.	→	*o* Z. 164	→
		RSoedA_DS_6 (Z. 080–Z. 082)			
T6_DS	*o* Z. 078	↓ *e* Z. 078	*a-l-Vok.* Z. 080	↓ *a* Z. 080	o. B.
	e Z. 078	↑	*a-l-Vok.* Z. 080	↑ *a* Z. 082	
	a-l-Vok. Z. 078	↓	*a* Z. 082	→	

(Fortsetzung)

5 Exkurs: DSK-Emergenz mit Fokus auf *a*-bezogene Variation

Tabelle 5.1 (Fortsetzung)

	Episodeneinleitend		Episodenzentral			Episodenfinal
T7_DS			RSoedA_DS_7 (Z. 013–Z. 023)			
	a Z. 001, Z. 003	→	*a*^(*) Z. 013, Z. 015	→		o. B.
	a-l-Vok. Z. 003	↓	*o* Z. 017	↓	*a* Z. 015	
	a-l-Vok. Z. 003	↑				
	a Z. 005, Z. 009, Z. 011, Z. 013, Z. 015	→	*a* Z. 003			
			a Z. 005			
T11_DS			RSoedA_DS_14 (Z. 013–Z. 016)			
	a Z. 001, Z. 004	→	*o* Z. 013	↓	*a** Z. 013	o. B.
	o Z. 006	↓	*o* Z. 013	↑	*a* Z. 013	
	o Z. 006	→	*a* Z. 013, Z. 015	→		
	o Z. 006	↑	*e* Z. 016	↓	*a* Z. 015	
	a Z. 009, Z. 011	→	*a* Z. 004			
			a Z. 009			

(Fortsetzung)

5 Exkurs: DSK-Emergenz mit Fokus auf a-bezogene Variation

Tabelle 5.1 (Fortsetzung)

T13_DS

Episodeneinleitend		Episodenzentral		Episodenfinal	
		RSoedA_DS_16 (Z. 109–Z. 110)			
o Z. 104, Z. 106	→	a Z. 110	→	$d^{(*)}$ Z. 112, Z. 113, Z. 115	→
o Z. 106	↑			o Z. 121	↓	a^* Z. 115
o Z. 108	↓	a Z. 106		o Z. 121, Z. 122, Z. 124	→
o Z. 108	→	a Z. 106		o Z. 124	↑	a Z. 126
				$d^{(*)}$ Z. 126, Z. 128, Z. 129, Z. 131, Z. 136	→
		RSoedA_DS_17 (Z. 110–Z. 113)			
o Z. 104, Z. 106	→	$d^{(*)}$ Z. 110, Z. 112, Z. 113	→	o Z. 121	↓	a^* Z. 115
o Z. 106	↑			o Z. 121, Z. 122, Z. 124	→
o Z. 108	↓	a Z. 106		o Z. 124	↑	a Z. 126
o Z. 108	→	a Z. 106		$d^{(*)}$ Z. 126, Z. 128, Z. 129, Z. 131, Z. 136	→

Tabelle 5.2 DSK-Emergenz-Figuren beziehentlich *a*- bzw. /a/-Gebrauch in Episoden mit normalprogressiven kooperationsbezogenen RSoedA_K

	Episodeneinleitend	Episodenzentral	Episodenfinal
T1_K		RSoedA_K_1 (Z. 025)	
	o. B.	o. B.	→
		o Z. 029	
T2_K		RSoedA_K_2 (Z. 038–Z. 041)	
	o. B.	o. B.	→
		o Z. 043	
		o Z. 043	↓ *a-l-Vok.* Z. 047
		a-l-Vok. Z. 047	→ *o* Z. 047, Z. 053
		o Z. 053	↓ *a-l-Vok.* Z. 053
		a-l-Vok. Z. 053	→
			a Z. 055
T3_K		RSoedA_K_4 (Z. 052–Z. 053)	
	o. B.	o. B.	
		o Z. 052	→
		a* Z. 053	
T7_K		RSoedA_K_11 (Z. 053–Z. 055)	
	a Z. 051	o. B.	
	→	*o* Z. 055	
		a Z. 053	↓
		o Z. 055	→
		a* Z. 055	↑
		o Z. 055	

(Fortsetzung)

Tabelle 5.2 (Fortsetzung)

T8_K	Episodeneinleitend			Episodenzentral			Episodenfinal
				RSoedA_K_12 (Z. 013–Z. 021)			
	o Z. 005	↑	*a* Z. 007	*e* Z. 013	↑	*a* Z. 015	→
	o Z. 009	↓	*a* Z. 007	*a-l-Vok.* Z. 019	↓	*a* Z. 015	*a* Z. 025, Z. 029
				a-l-Vok. Z. 019	→*e* Z. 019		
				e Z. 019	↑	*a** Z. 019	
				RSoedA_K_13 (Z. 023–Z. 025)			
	o Z. 005	↑	*a* Z. 007	*a* Z. 025	→	*a* Z. 029	→
	o Z. 009	↓	*a* Z. 007				
	o Z. 009	→*e* Z. 013					
	e Z. 013	↑	*a* Z. 015				
	a-l-Vok. Z. 019	↓	*a* Z. 015				
	a-l-Vok. Z. 019	→*e* Z. 019					
	e Z. 019	↑	*a** Z. 019				

In den Abschnitten 5.1 und 5.2 werden kooperationsbezogene Gesprächsausschnitte mit Normalprogression diskutiert, sie sind sowohl in Fall 1 als auch Fall 2 ausschließlich durch den Typ RSoedA gekennzeichnet. Solche Gesprächsausschnitte treten in der vorliegenden Untersuchung mit am häufigsten auf, es handelt sich also um einen ziemlich umfangreichen Kollektionsausschnitt. Auf Basis entsprechender Beispiele werden in den genannten beiden Abschnitten die meisten DSK-Emergenz-Hypothesen[1] aufgestellt, nämlich die *In-Schwung-Sein-Hypothese*, *Perifokal-Hypothese*, *Pingpong-Hypothese* und *Kookkurrenzkonflikt-Hypothese*. In den Abschnitten 5.3 und 5.4 stehen kooperationsbezogene Gesprächsausschnitte mit Problemprogression im Mittelpunkt. Auch sie stellen in der vorliegenden Untersuchung einen umfangreichen Kollektionsausschnitt dar. In Fall 1 wie auch Fall 2 sind fast alle episodenzentralen Gesprächsausschnitte dem Typ RSoedA zuzurechnen; je Fall ist jeweils nur ein episodenzentraler Gesprächsausschnitt des Typs RSmedA zu beobachten. In diesen beiden Abschnitten wird das DSK-Emergenz-Hypothesenspektrum um die *Standardkonformitätshervorhebungs-Hypothese* erweitert. In den Abschnitten 5.5 und 5.6 werden kooperationsbegleitende Gesprächsausschnitte diskutiert. Hierbei handelt es sich um den am wenigsten umfangreichen Kollektionsausschnitt. Er zeichnet sich dadurch aus, dass RSoedA und RSmedA in ihm eine ähnlich große Rolle spielen. In diesen beiden Abschnitten wird versucht, alle bisher eingeführten DSK-Emergenz-Hypothesen nochmals aufzugreifen und wird außerdem die *Plurinationalität-als-Ausnahmeerscheinung-Hypothese* aufgestellt.

5.1 Kollektionsausschnitt kooperationsbezogene Gesprächsausschnitte mit Normalprogression in Fall 1

Episodenzentral ist in Fall 1 ein Großteil der möglichen DSK-Emergenz-Figuren im Hinblick auf die *a*-Realisierung zu erkennen. Die entsprechende Liste sieht wie folgt aus: $o \to a$; $o \leftarrow a$; $o \leftarrow a^*$; $e \to a$; $e \leftarrow a$; $e \downarrow o$; $a\text{-}l\text{-}Vok. \to a$; $a \downarrow$; $a^* \downarrow$. Die DSK-Emergenz-Figur $o \downarrow$ gehört zu den wenigen, die in Fall 1 im vorliegenden Kollektionsausschnitt episodenzentral nicht auftauchen, im Allgemeinen ist sie hier selten. Dies bedeutet, dass, wenn ADS_1 in einer konversationellen Reparatur(sequenz) verdumpftes *a* verwendet, er entweder die *a*-Verdumpfung

---

[1] Unter dem Begriff *Hypothese* ist in der vorliegenden Untersuchung eine auf Belegen basierende forschungsleitende Annahme zu verstehen, die zur Validierung ausgeschrieben ist (s. hierzu a. Kapitel 1 und 6).

5.1 Kollektionsausschnitt kooperationsbezogene Gesprächsausschnitte ...

aufhebt (= $o \rightarrow a$) oder die standardkonforme a-Realisierung nicht beibehält (= $o \leftarrow a$). Ein gutes Beispiel für Ersteres ist die Modifikation von LOSS zu LASS in der siSR des LOSS_ma ∅; = das LASS_ma im Auto (T3_DS bzw. RSoedA_DS_3: Z. 055–Z. 056), die v. a. in Abschnitt 3.1 in Bezug auf a-Variation, aber auch hinsichtlich der Beibehaltung der klitisierten *wir*-Variante (mittel-)bairischer Ausprägung (= _ma ↓) bereits eingehend diskutiert wurde. Dort wird auch kurz darauf eingegangen, dass ADS_1 die Lokalergänzung im Auto nur im zweiten Anlauf realisiert (= ∅ ↑ im Auto), was zur Frage führt, wie die Absenz dieser Ortsangabe im ersten Anlauf zu werten ist. Xenolektal interpretierbare (interimistische) Auslassungen, wie z. B. jene, die hier in der Zusammenschau von Z. 055 und Z. 056 erkannt werden kann, werden in und ab dem vorliegenden Abschnitt immer wieder behandelt; dies gilt für auffällige Simplifizierungen im Allgemeinen. Bei der Absenz der Angabe eines Ortes in des LOSS_ma wird hier jedoch eher von einer durch den Kontext legitimierten Auslassung als von xenolektal bedingter ausgegangen, denn diese TKE fällt zu einem Zeitpunkt, zu dem der Sprecher, d. h. ADS_1, auch eine kurze Handlung im Beifahrerbereich des ihm überantworteten Klein-LKWs vornimmt. Genaugenommen ist ADS_1 während der Formulierung dieser TKE dabei, bei geöffneter Tür und von außen einen Gegenstand vom Beifahrersitz an sich zu nehmen, den er unmittelbar nach diesem episodenzentralen Gesprächsausschnitt durch die hintere rechte Fahrzeugtür wieder in den Wagen gibt. Dass ADS_1 im Zuge seiner a-fokussierten Überarbeitung seine Aussage um im Auto erweitert, könnte damit zusammenhängen, dass er betreffende TKE äußert, nachdem er sich vom offenen Beifahrerbereich bereits abgewendet hat und vorankündigen möchte, dass der von ihm ergriffene Gegenstand gleich wieder an anderer Stelle im Wagen sein und somit im weiteren Sinne auch darin gelassen wird. Vielleicht ist die im-Auto-Ergänzung aber einfach nur so zu interpretieren, dass ADS_1 seinen zumindest in Bezug auf die a-Realisierung festzustellenden Schwung in Richtung Standardpol nützt, um seine Äußerung syntaktisch zu vervollständigen, was dem geschuldet sein kann, dass er seinen Lehrling als deutschlernenden Gesprächspartner oder Zuhörer wahrnimmt. Diese Interpretation und das ihr vorangegangene Suppositum zu ∅ ↑ im Auto müssen einander nicht ausschließen. Ebenso wenig würde die *In-Schwung-Sein-Hypothese* der Auffassung im Weg stehen, dass es sich bei dem Fehlen der Ortsangabe in Z. 055 um xenolektale Variation handelt, die ADS_1 in Z. 056 aufhebt. Diese Hypothese bezieht sich schlicht darauf, dass die Modifizierung eines Gesprächselements der Auslöser dafür sein kann, auch weitere Gesprächselemente in dieselbe Richtung zu verschieben, in die auch die Modifizierung des als Auslöser identifizierten Gesprächselements geht. Jedoch ist aufgrund des Zusammenfließens (gesprächs-)linguistischer Beschreibungsebenen nicht immer eindeutig zu eruieren, ob ein bestimmtes Gesprächselement oder gar -segment als Auslöser fungiert oder als Effekt zu verstehen ist, der auf ein anderes Gesprächselement oder -segment als Auslöser zurückzuführen ist. Um den Verdacht zu äußern, dass die Verschiebung in dieselbe Richtung im DSK von einer bestimmen Modifizierung ausgeht, muss nicht unbedingt unmittelbare Alternativität vorliegen.

Eine alternative Zerlegung in DSK-Emergenz-Figuren im Kontext von $e \downarrow o$; $o \rightarrow a$ in RSoedA_DS_3 ist $e \rightarrow a$; $o \rightarrow a$. Diese Zerlegungsvariante fokussiert auf die unmittelbare Alternativität in dieser Reparatursequenz. Zum einen handelt es sich hierbei um den bereits diskutierten LOSS-LASS-Fall (= $o \rightarrow a$ in Bezug auf diesen Fall und nicht wie in Tabelle 5.1 ausgewiesen in Bezug auf LOSS und das) und zum anderen um die Überarbeitung von des zu das (= $e \rightarrow a$ bzw. eine DSK-Emergenz-Figur, die aufgrund der sequenziellen Auswertung und damit wie in Tabelle 5.1 angegeben im Kontext von $e \downarrow o$; $o \rightarrow a$ ‚blockiert' wird), die dem Musterfall von $e \rightarrow a$ entspricht, andersrum würde es sich um den Musterfall von $e \leftarrow a$ handeln, der zumindest im vorliegenden Kollektionsausschnitt episodenzentral nicht konstituiert werden kann. Allerdings ist im Zusammenhang mit einem Gesprächsbeitrag, in dem Überarbeitungen stattfinden, die unten noch thematisiert werden, und einem Addendum dazu, das ebenso unten noch eine Rolle spielt, die DSK-Emergenz-Figur $e \leftarrow a$ zu konstatieren. Dieser Ausschnitt lautet gleich eine Andere schelle mAchen. = ah des is Eher SONST (T11_DS bzw. RSoedA_DS_14: Z. 015–Z. 016) und des ←mAchen entspricht der besagten DSK-Emergenz-Figur. In der vorliegenden Untersuchung verweist e in a-bezogenen DSK-Emergenz-Figuren immer auf das Demonstrativpronomen (bzw. den Artikel) *des* ‘das' und ist mit *des* nie ‘des' bzw. der Genitivartikel gemeint. Generell ist in den vorliegenden Gesprächsdaten keine einzige Genitivkonstruktion zu finden, was im Hinblick auf (mittel-)bairischen Sprachgebrauch nicht überrascht, denn Zugehörigkeit und Beschaffenheit durch Dativkonstruktionen auszudrücken, ist gerade bei diesem zu erwarten.[2] Es könnte auch ein Zusammenfall von Genitiv und Dativ (= Kasussynkretismus) angenommen werden, der zu einem Objektkasus führt(e), der dem Dativobjekt gleicht. Unter Annahme eines Variationsraums von Dialekt bis Standardsprache, der sich durch die Zeit hinweg aufgrund von (Binnen-)Migration, zunehmender Mobilität und steigenden Kommunikationsmöglichkeiten immer mehr entfalten konnte, sind Kasussynkretismen naheliegend. Außerdem ist die Entwicklung von

---

[2] Beispiele für entsprechende Konstruktionen sind z. B. in Zehetner (1985: 106 f.) oder Weiß (1998: 16, 76, 81) zu finden.

Kasussynkretismen für (indo-)germanische Sprachen typisch (vgl. Krifka 1999). Den Darstellungen von Zehetner (1985: 106–110) oder Lenz (2019: 333) folgend scheint jedoch schlicht davon ausgegangen zu werden, dass im Vergleich zum Standarddeutschen das Bairische keine Genitivapplikation kennt und auch niemals kannte. Der Beobachtung, dass im Deutschen im Allgemeinen der Dativ den Genitiv zunehmend ablöst und dies wohl vom Bairischen ausgeht, verleiht Sick (z. B. 2004) mit den Worten „[d]er Dativ ist dem Genitiv sein Tod" Ausdruck. Kasussynkretismus wird im Hinblick auf Akkusativ und Dativ in Abschnitt 5.4 ein weiteres Mal aufgegriffen und dort heißt es dann auch *Tod 'den' Dativ*.

Die DSK-Emergenz-Figur $o \leftarrow a$ tritt episodenzentral in Fall 1 in nach Unten. (.) jo? (T7_DS bzw. RSoedA_DS_7: Z. 015–Z. 017) auf, das *a* in *nach* ist standardkonform und in *ja* nicht. Während nach Unten die Überarbeitung von ∅ Unten (also Adverb ohne vorangehende Präposition, s. Z. 013 & Z. 015) ist, bezieht sich jo? (Z. 017) wohl auf eine Verständnisüberprüfung, der ADS_1 kurz darauf durch verSTEHST du mich? (Z. 021) noch Nachdruck verleiht. Die Auslassung der Präposition in Z. 013, die ADS_1 rasch in Blickrichtung Standardpol revidiert (∅ ↑ nach), könnte als xenolektal interpretiert werden, sie kann aber auch in diesem Kontext als legitim gelten, denn in der betreffenden Situation wird LDS gezeigt, wie im unteren Bereich eines Dachfensters eine selbstklebende Folie anzubringen ist. So oder so genügt ADS_1 ∅ Unten im Gespräch mit LDS nicht und fügt noch die entsprechende Präposition hinzu – und zwar mit standardkonformem *a*. Die Auslassung des unbestimmten Artikels in i glaub dass_ma do dann ∅ Andere ∅- (T11_DS bzw. RSoedA_DS_14: Z. 013), die ADS_1 ebenso noch revidiert, ist womöglich eher als xenolektal zu bezeichnen. Zwar ist wohl diese Absenz für das Verständnis des Inhalts nicht so wesentlich wie jene des Objekts und des Verbs, die ADS_1 im Anschluss auch noch nennt (= ∅ ↑ schelle & ∅ ↑ mAchen, s. u.) und sich für LDS eventuell aus dem (Arbeits-)Kontext bereits erschließen, aber als auffällige Simplifizierung kann die Auslassung eines im Deutschen obligatorisch zu verwendenden Artikels allemal gewertet werden. Außerdem ist gerade das Auslassen von Synkategoremata bzw. Wörtern, die für die Vermittlung von Inhalten nicht allzu sehr entscheidend sind, ein typisches Kennzeichen xenolektaler Variation. Worauf allein der Abbruch in i glaub dass_ma do dann ∅ Andere ∅- hindeutet – die finale gleichbleibende Tonhöhenbewegung ist als solcher interpretierbar – und wie allemal aus der Überarbeitung von ∅ Andere ∅ zu eine Andere schelle mAchen (s. Z. 013 & Z. 015) hervorgeht, fällt auch ADS_1 diese Simplifizierung auf. Außerdem zeugt diese Überarbeitung davon, dass ihm ebenso das vorangegangene Fehlen eines (spezifischen) Objekts und eines Verbs aufgefallen ist. Was ADS_1 hier zum Ausdruck bringen möchte, lässt sich unter

Berücksichtigung dessen, dass er sich im Rahmen einer Abflussrohrmontage an einer Außenwand äußert, zumindest erahnen. Er möchte wohl darauf aufmerksam machen, dass seiner Einschätzung nach für die besagte Montage eine Rohrschelle anderen Typs (auch noch) benötigt wird.

Der RSoedA_DS_14 entsprechende episodenzentrale Gesprächsbeitrag von ADS_1 lautet in einem Stück i glaub dass_ma do dann ⌀ Andere ⌀- (---) gleich eine Andere schelle mAchen. = ah des is Eher SONST (Z. 013–Z. 016) und lässt sich in DSK-Emergenz-Figuren im Hinblick auf a wie folgt darstellen: $o \leftarrow a*$; $o \rightarrow a$; $a \downarrow$; $e \leftarrow a$. Aus dieser Darstellung geht hervor, dass ADS_1 in RSoedA_DS_14 die a-Verdumpfung bereits in der TKE aufhebt, in der das Fehlen des Artikels, des (spezifischen) Objekts und eines Verbs konstatiert wurde ($o \rightarrow a$ bzw. do → dann: s. Z. 013), und standkonformes a bis zu der TKE beibehält, in der diese Elemente präsent sind ($a \downarrow$ bzw. dann $\downarrow$ Andere; Andere mAchen: s. Z. 013 & Z. 015). Vor dem Hintergrund von Analysen im Kontext von Sequenzialität ist die Nichtrealisierung der besagten drei Elemente in Z. 013 erst aufgrund ihres Interimscharakters (s. Z. 015) als jeweilige xenolektale Auslassung interpretierbar, denn Gesprächsbeiträge, die trotz morphosyntaktischer Mängel als nicht überarbeitungswürdig empfunden werden, können auch in Gesprächskonstellationen auftreten, in denen man xenolektale Variation nicht in Betracht zieht – also in einer L1S-L1S-Gesprächskonstellation. In anderen Worten: Die Überarbeitung der Auslassung eines L1S im Gespräch mit einem L2S macht diese erst zu einer Auslassung, die als xenolektal interpretierbar ist. Genauso wie in RSoedA_DS_ 7 bricht die Bewahrung von standardkonformen a auch in RSoedA_DS_14 nach dem Gesprächsbeitrag ab, in dem die Überarbeitungen stattfinden. In RSoedA_ DS_7 geschieht dies vorübergehend im Zuge einer Verständnisüberprüfung (s. Z. 017) und in RSoedA_DS_14 in einer Sinneinheit, die aufgrund ihres unmittelbaren Anschlusses an die die Überarbeitungen beinhaltende TKE bereits oben als Addendum bezeichnet wurde und vermutlich als Begründung für eine Einschätzung angelegt ist (s. v. a. Z. 015–Z. 016).

RSoedA_DS_7 in a-bezogene DSK-Emergenz-Figuren übersetzt lautet $a^{(*)} \downarrow$; $o \leftarrow a$. Letztere bezieht sich auf jo? ← nach bzw. den Übergang von der TKE (Z. 015), in der die in Z. 013 fehlende Präposition nach nachgereicht wird, zu jener (Z. 017), ab welcher für ADS_1 offensichtlich Verständnisüberprüfung im Vordergrund steht. Die DSK-Emergenz-Figur $a^{(*)} \downarrow$ bringt zum einen zum Ausdruck, dass ADS_1 im Kernstück dieser Reparatursequenz (Z. 013–Z. 015) ausschließlich standardkonformes a verwendet, was im Regelfall durch $a \downarrow$ ausgewiesen wird, und zeigt zum anderen an, dass eines dieser a – insgesamt sind es drei – in demselben Variationsausschnitt verdumpft kaum als regulär gelten

5.1 Kollektionsausschnitt kooperationsbezogene Gesprächsausschnitte ...

kann. Der Asterisk nach *a* zeichnet in der vorliegenden Untersuchung immer verdumpfungsresistentes *a* aus und *a** bezieht sich im vorliegenden Fall auf das *a* in der Konjunktion dass (Z. 013), welches übrigens im Gegensatz zu *a* in (mittel-)bairischem *das* nicht palatalisiert wird (vgl. z. B. Koch 2019: 310). In der DSK-Emergenz-Figur *o ← a** aus RSoedA_DS_14 (Z. 013) weist der Asterisk nach *a* auf dieselbe Konjunktion hin, allerdings zeigt diese Figur auch, dass ADS_1 im Kernstück dieser Reparatursequenz (= Z. 013–Z. 015) nicht immer standardkonformes *a* verwendet. Dass sich ADS_1 in diesem episodenzentralen Kernstück nicht nur am Standardpol orientiert, geht auch aus der Nichtüberarbeitung der in Z. 013 auftretenden Personalpronomen i (= *i* ↓) und _ma (= _*ma* ↓) hervor. Auf *a*-Verdumpfungsresistenz wird in Abschnitt 5.2 noch eingehender eingegangen, vorerst genügt es, darauf hinzuweisen, dass in manchen Wörtern die Realisierung von *a* im (Mittel-)Bairisch(-Österreichisch)en kaum anders zu erwarten ist als bei standardkonformer Ausdrucksweise.

In der vorliegenden Untersuchung gibt es auch Fälle, in denen nichtstandardsprachlicher *a*-Gebrauch mit *l*-Vokalisierung zusammenfällt. Sie sind als *a-l-Vok.* ausgewiesen und ein episodenzentrales Beispiel dafür ist in T6_DS bzw. RSoedA_DS_6 zu finden und lautet aMOI (Z. 080). Bei MOI handelt es sich um eines der Elemente aus WART_ST! aMOI (Z. 080), die ADS_1 in jetz wirst du einmal WARten mÜssen (Z. 082) von sich aus mit Blick auf den Standardpol überarbeitet, die entsprechende DSK-Emergenz-Figur heißt *a-l-Vok. → a*. Die in RSoedA_DS_6 auftretende Überarbeitung der Verstärkungspartikel aMOI zu standardkonformem einmal beinhaltet neben *a-l-Vok. → a* auch eine sich auf das a in aMOI beziehende DSK-Emergenz-Figur, sie lässt sich als *a → ein* darstellen, womit Variation im Hinblick auf *a* um einen Aspekt reicher wird und *a* nicht mehr nur auf phonetisch-phonologische Phänomenlage rekurriert. Vor dem Hintergrund dessen, dass ein Verhältnis zwischen *a* und *ein(e)* sich ansonsten zumindest meistens auf die Verwendung unbestimmter Nominativ- und zum Teil auch Akkusativartikel[3] im DSK bezieht, gewinnt dieser Aspekt zusätzlich an Bedeutung und dies nicht zuletzt im Kontext von Deutschaneignung. Angemessene Kasuswahl und damit zusammenhängender Artikelgebrauch ist für Deutschlernende schon allein im standardsprachlichen Paradigma herausfordernd, wird neben diesem auch das mittelbairische Kasus- oder Artikelparadigma relevant, wird die Herausforderung in puncto Kasuswahl und Artikelgebrauch für sie sicherlich nicht kleiner. Dass *a* 'ein, eine' bedeuten kann, klingt zunächst nach einer Erleichterung, jedoch, dass *a* (nur bestimmte)

---

[3] Für nähere Details zu den unbestimmten Artikeln im Bairischen vgl. z. B. Zehetner (1985: 114).

unbestimmte Artikel repräsentieren kann und außerdem zuerst *a* und dann anstatt dessen *ein* oder *eine* verwendet werden kann (oder umgekehrt), müssen sich Deutschlernende erst einmal erschließen. In Anbetracht dessen, dass *a* auch dem standardsprachlichen Adverb 'auch' oder der (mittel-)bairischen Suffixvariante von 'er' entsprechen kann, womit *a*-bezogene Dialekt-/Standard-Variation um noch zwei weitere Aspekte reicher wird, müssen Deutschlernende, um *a* als besagte Artikelvarianten identifizieren zu können, im L1S-Sprechfluss dieses und soeben erwähnte *a* auseinanderhalten können. Dass dieses Auseinanderhalten in Äußerungen, in denen *a* als unbestimmter Artikel 'ein, eine', das Adverb 'auch' und Suffixform von 'er' auftritt, für L2S schwierig sein kann, kann nicht ausgeschlossen werden. Ein hypothetisches Beispiel für eine solche Äußerung ist die einer Entscheidungsfrage ähnelnden Aussage *Schreibt a a a A* 'er schreibt / schreibt er auch ein A'. In der vorliegenden Untersuchung kommt diesem hypothetischen Beispiel ein Gesprächsbeitrag von AK_2 am nächsten, er lautet dass_a a wa:ss wos a genau HERrichten muass (T6_K: Z. 101) bzw. 'dass er auch weiß, was er genau herrichten muss'.[4]

Bis auf den aMOI-einmal-Fall in RSoedA_DS_6 ist episodenzentral im vorliegenden Kollektionsausschnitt kein Variationsausschnitt als *a* → *ein(e)* zu kodieren und *a* ← *ein(e)* ist in ihm gar nicht festzustellen. Sich auf den Artikelgebrauch beziehende DSK-Emergenz-Figuren, die eine Verschiebung in Richtung Dialekt- oder Standardpol ausweisen, werden erst später und v. a. in Fall 2 relevanter, dies gilt, wenn auch in eingeschränkterem Maße, ebenso für *a* als Adverb und als *er*-Suffix. Allerdings ist nach einer Überarbeitung von Einmal zu ZWEImal (T13_DS bzw. RSoedA_DS_17: Z. 110–Z. 112) zu erkennen, dass ADS_1 in *ein bisschen* die vokalische Artikelvariante verwendet, das dieses Vorkommnis beinhaltende Addendum lautet wei is eGAL wenn_s a bissl wEiter- (Z. 113). RSoedA_DS_17 wurde bereits u. a. in Abschnitt 4.2 diskutiert, nämlich im Zusammenhang mit RSoedA_DS_16 (bzw. T13_DS: Z. 109–Z. 110) und dabei v. a. vor dem Hintergrund elliptischer Ausdrücke und der Substitution von Elementen durch andere. Auf Formen der Wendung *ein bisschen*, die in der vorliegenden Untersuchung zum Tragen kommen, wird in Abschnitt 3.5 speziell eingegangen. Im Folgenden rücken im Zusammenhang mit RSoedA_DS_17 Variationsaspekte in den Mittelpunkt, die v. a. allem dem Fokus auf *a* geschuldet sind, was, wie bisher auch, nicht bedeuten muss, nur Variation in Bezug auf /a/ zu thematisieren.

---

[4] Der Vollständigkeit halber sei noch darauf hingewiesen, dass *a* auch die *ch*-getilgte Variante von *ach* sein kann, was in der vorliegenden Untersuchung u. a. im Zusammenhang mit *ach so* auch auftaucht.

5.1 Kollektionsausschnitt kooperationsbezogene Gesprächsausschnitte ...

In Z. 113 spricht wohl nichts für die Ansteuerung des Standardpols, insbesondere das Personalpronomen als Klitikon an wenn und die vokalische Variante von *ein* zeugen von (mittel-)bairischem Sprachgebrauch, diese Elemente modifiziert ADS_1 auch nicht, womit sich bezüglich wenn_s die DSK-Emergenz-Figur *Konj.* + _s ↓ und bezüglich der vokalischen Artikelvariante *a* ↓ ergibt. Auch der *l*- und *t*-Wegfall ist nicht standardkonform, als gebrauchsstandardkonform kann, wie bereits erwähnt (Abschnitt 3.5), letzteres gelten. Die Diminutivform (a) bissl ist z. B. mit Zehetner (1985: 140) eine (mittel-)bairische Variante; womöglich kann sie auch als gebrauchsstandardkonforme Variante (mittel-)bairischer Prägung gelten, doch selbst wenn man dies annimmt, ist (a) bissl nicht standardkonform. Außerdem ist die *a*-Realisierung in eGAL im (mittel-)bairisch-österreichischen Sprachraum in etwa genauso zu erwarten wie im überregionale(re)n Standarddeutschen, was sich auf die Entlehnung dieses Adjektivs aus dem Französischen[5] zurückführen lässt (vgl. Scheuringer 2002: spätestens ab 73). Das bedeutet, dass bei Orientierung am Dialektpol mit *a* in *egal* weder als verdumpfte Variante noch als durch *l*-Vokalisierung beeinflusste *a*-Variante zu rechnen ist, womit in Z. 113 die DSK-Emergenz-Figur *a* ↓ zum zweiten Mal zum Tragen kommt; im phonetisch-phonologischen Sinne treten andere als standardkonforme *a*-Laute in RSoedA_DS_17 generell nicht auf. Da im Zusammenhang mit standardsprachlichem *a* in Einmal (Z. 110) und ZWEImal (Z. 112) die Manifestation von *a* in eGAL (Z. 113) weder als Ergebnis einer (episodenzentral letztmöglichen) Bewegung in Richtung Dialektpol noch als (episodenzentral weitere) Orientierung am Standardpol zu deuten ist, ist $a^{(*)}$ ↓ zu kodieren. Die Umgebung, in der eGAL sich manifestiert, verleitet allerdings zur Annahme, dass der *a*-Laut darin – also [a], zumindest in etwa – sich auf Regularität im (Mittel-)Bairischen und nicht im Standarddeutschen bezieht. Mit RSoedA_DS_17 ist festzuhalten, dass, wenn *a* vorkommt oder bleibt, *a* sich nicht nur auf standardkonformen Sprachgebrauch beziehen muss. Betrachtet man die ohnehin ineinandergreifenden Reparatursequenzen RSoedA_DS_16 und RSoedA_DS_17 gemeinsam, gilt dasselbe. Ihre Schnittmenge ist Z. 110 und in ihr bleibt genauso wie in Z. 112 die *l*-Vokalisierung, die Einfluss auf *a* hätte, aus. In RSoedA_DS_16 ist Z. 110 die TKE, mit der ADS_1 von sich aus den LDS zuzuordnenden Gesprächsbeitrag EINmal (Z. 109) überarbeitet (= fiFR). Womöglich ist die nicht auftretende *l*-Vokalisierung in Einmal (Z. 110) auch dem vorangehenden von LDS geäußertem EINmal (Z. 109) geschuldet. Das Einmal in Z. 110 könnte als Übernahme des EINmal in Z. 109 interpretiert werden, denn schließlich bezieht sich die eigentliche Überarbeitung in RSoedA_DS_16 eher auf die

---

[5] Für umfangreichere etymologische Details vgl. www 9.

Ergänzung noch SIcher (Z. 110) als auf *einmal*, das hier nicht wie in RSoedA_DS_6 (Z. 080 & Z. 082) einer Verstärkungspartikel, sondern einem Adverb entspricht. In RSoedA_DS_17 ist Z. 110 die TKE, die ADS_1 in Z. 112 wiederum von sich aus überarbeitet (= siSR). Z. 113, die die Elemente eGAL und a bissl beinhaltet und worauf sich deshalb die oben getroffene Aussage im Wesentlichen stützt, dass *a* mit Lautwert [a] nicht Standardsprachlichkeit bedeuten muss, kann als Abschluss der episodenzentralen Einheit RSoedA_DS_16 plus RSoedA_DS_17 verstanden werden.

Dass in RSoedA_DS_6 aus MOI (Z. 080) mal (Z. 082) wird und in RSoedA_DS_17 zweimal nur mal auftritt (Z. 110 & Z. 112), kann mit der Funktion, die den Wörtern zugeschrieben werden kann, in denen *mal* Bestandteil ist, und selbstverständlich mit der jeweiligen Situation zu tun haben. Dies wird im Folgenden reflektiert. In RSoedA_DS_6 verstärkt *einmal* in Form von aMOI die imperativische und standardkonformes *a* tragende Form WART_ST! und hat alleinstehend keine Aussage. Das sich in dieser Sinneinheit erschöpfende Betonungsverhalten von ADS_1 weist darauf hin, dass das Warten-Sollen oder -Müssen an sich für ihn im Moment wichtig ist, seine Überarbeitung zu jetz wirst du einmal WARten müssen (Z. 082) lässt auf dasselbe schließen, und dies insbesondere deshalb, weil hier anstatt der Verstärkungspartikel das Modalverb *müssen* einen Akzent trägt. Davon ausgehend, dass in Z. 080 und in Z. 082 dieselbe Kernaussage vorliegt, überrascht der starke Akzent auf *warten* in sowohl Z. 080 als auch Z. 082 keinesfalls und ist auch plausibel, dass in Z. 082 nicht mehr wie in Z. 080 das *mal* in *einmal* einen (zweiten) Akzent trägt, sondern *müssen*. In Z. 082 gibt es ohnehin mehr Möglichkeiten zu akzentuieren, z. B. könnte auch in jetz wirst eine Betonung sein, um zu verdeutlichen, dass LDS im Moment warten soll oder muss. Kurzum: In Z. 080 wird durch WART_ST! aMOI dasselbe wie in Z. 082 durch (einmal) WARten müssen mitgeteilt, nämlich die Unterstreichung der Notwendigkeit des Wartens. Im Wesentlichen scheint sich die Überarbeitung in RSoedA_DS_6 auf die imperativische Form zu beziehen, denn sie ist standardnäher als zuvor in Z. 080 und von der TKE in Z. 082 aus gesehen war und bleibt das *a* im Verb *warten* auch standardkonform. Dieser Annahme folgend wäre die Modifikation von aMOI zu einmal dem in morphosyntaktischer Hinsicht In-Richtung-Standardsprache-in-Schwung-Sein geschuldet. Es ist aber auch möglich, dass ADS_1 seine Tendenz zum Dialektpol in Z. 080 erkennt – sie geht aus der imperativischen Form WART_ST hervor, die in Z. 082 durch eine andere imperativische Form ersetzt wird ($\approx$ u. a. *-st* $\rightarrow$ *du*), und zeigt sich insbesondere in der DSK-Emergenz-Figur *a-l-Vok*. $\leftarrow a$ (= aMOI $\leftarrow$ WART_ST) – und das In-Richtung-Standardpol-in-Schwung-Kommen von *a-l-Vok* $\rightarrow$ *a* (= aMOI $\rightarrow$ einmal) ausgeht, womit das morphosyntaktische Alternativangebot

5.1 Kollektionsausschnitt kooperationsbezogene Gesprächsausschnitte ...

in Z. 082 und nicht die Modifikation von aMOI zu einmal als Begleiterscheinung betrachtet werden kann. Ob eine dieser beiden Auslegungen der *In-Schwung-Sein-Hypothese* zutrifft, wüsste bestenfalls nur ADS_1 selbst, dass jedoch für ihn das Warten-Sollen oder -Müssen in RSoedA_DS_6 zentral ist, wird sowohl in Z. 080 als auch Z. 082 nicht zuletzt aufgrund seines Betonungsverhaltens manifest. In RSoedA_DS_17 ist *einmal* keine optionale Verstärkungspartikel, sondern bezieht sich darauf, wie oft etwas geschehen soll (s. Z. 110–Z. 112), es ist also ein Adverb, das in einem elliptischen Ausdruck für sich alleinstehen kann, was in vorangehender RSoedA_DS_16 (Z. 109) ja auch geschieht. Da sich *mal* in diesen beiden Reparatursequenzen auf eine Anzahl bezieht, über die ADS_1 und LDS sprechen, ist es nicht überraschend, dass in ihnen auch das über diese Auskunft gebende Element einen Akzent trägt und nicht der Bestandteil *mal*. Dementsprechend heißt es in RSoedA_DS_16 seitens LDS EINmal (Z. 109) und in RSoedA_DS_17 seitens ADS_1 Einmal (Z. 110) und ZWEImal (Z. 112). Diese drei Wörter sind in diesen Reparatursequenzen der Dreh und Angelpunkt, d. h., dass sie anders als das Verstärkungspartikel-*einmal* nicht weggelassen werden können, ohne dass die Kernaussage erheblich darunter leiden würde. Die zwei dieser drei, die ADS_1 zuzuordnen sind, sind dem vorliegenden Untersuchungsgegenstand entsprechend von Hauptinteresse und diese beiden sind standardkonform, während das für die Kernaussage verzichtbare *einmal* in RSoedA_DS_6 (s. Z. 080 & Z. 082) nicht nur standardkonform auftritt. So wie bisher bereits aus der Zusammenschau zweier episodenzentraler Kernstücke und ihrer jeweiligen Addenda hervorgeht, zeigt sich auch hier, dass ADS_1 in episodenzentralen Gesprächsausschnitten den Move ←a nur im Zusammenhang mit inhaltlich weniger Substanziellem macht. Der Verdacht, dass standardnahe Ausdrucksweise zumindest kurzfristig aufgehoben wird, wenn die Kernaussage als abgeschlossen betrachtet werden kann, wird auch *Postfokus-Hypothese* genannt. Sie ist eine der drei Spielarten der *Perifokal-Hypothese* (s. u.), deren gemeinsames Merkmal es ist, z. B. in Bezug auf *a* die Orientierung am Standardpol außerhalb eines die Kernaussage (mit-)tragenden Elements – wie kurzweilig auch immer – aufzulösen.

Episodenzentral ist nur im oben ausgewiesenen aMOI-einmal-Fall eine *a-l-Vok.*-Form zu erkennen, das *l*-Vokalisierungspotenzial kommt in RSoedA_DS_ 16 und/oder RSoedA_DS_17, wie soeben ausgeführt, nicht zum Tragen und ein solches ist im vorliegenden Kollektionsausschnitt ansonsten episodenzentral auch nicht zu erkennen. Allerdings treten *a-l-Vok.*-Formen episodeneinleitend sehr wohl auf, so etwa im kurzen Vorlauf der den aMOI-einmal-Fall beinhaltenden Reparatursequenz. Er lautet jo. = des PASST jetzt amoi (T6_DS:

Z. 078) und ist im Hinblick auf *a* wohl zur Gänze nicht standardkonform – verdumpftem *a* folgt die palatalisierte *a*-Variante (= *o* ↓ *e*), dieser das *a* in PASST (= *e* → *a**), mit welchem es genauso zu halten ist, wie mit jenem in eGAL im Kontext von Z. 113 in RSoedA_DS_17 (s. o.), und dem dann die *a-l-Vok.*-Form von *einmal* (= *a-l-Vok.* ← *a**), das hier wie in RSoedA_DS_6 (bzw. T6_DS: Z. 080 & Z. 082) einer Verstärkungspartikel entspricht. In T7_DS ist in Z. 003–Z. 005, das ist vor RSoedA_DS_7, bezüglich *a* und *a-l-Vok.* Pingpong zu erkennen, die *l-Vok.*-Form ist hier abermals amoi (Z. 003), ansonsten bleibt ADS_1 hier aber episodeneinleitend bei standardkonformem *a* (s. Z. 001 & Z. 005–Z. 015). Ein Erklärungsversuch dafür, warum *a*-bezogene DSK-Emergenz-Figuren ein Pingpong-Bild ergeben, ist, dass in Gesprächen mit L2S die Ansteuerung des Standardpols stets als angemessener Umschwung im DSK empfunden wird. Dementsprechend wird im Folgenden auch von der *Pingpong-Hypothese* die Rede sein. Sie bezieht sich auf das Hin-und-Her zwischen Sprachgebrauchsgewohnheiten und Abweichungen davon.

Die Verwendung von amoi in T7_DS (Z. 003) lässt sich aber auch mit der Perifokal-Hypothese erklären – besonders dann, wenn *einmal* in der entsprechenden TKE s_mach_ma zuERST amoi sO: als Verstärkungspartikel interpretiert wird, mit der ADS_1 den ersten Schritt eines Klebevorgangs unterstreicht. Im Zusammenhang mit vorangehendem du kannst AUCH ein stück NEH↑mEn (Z. 001) ist *a* ↓; *a-l-Vok.* ← *a* zu kodieren, was sich hier auch als kannst (Z. 001) ↓ mach (Z. 003); amoi ← mach (jeweils Z. 003) darstellen lässt. Beziehentlich Z. 001 könnte diskutiert werden, ob die In-Schwung-Sein-Hypothese hier in Betracht gezogen werden kann, und wenn ja, ob sie als von standardsprachlichem *a* oder von dem morphosyntaktisch-standardsprachlichen Aufbau – oder besser seiner Planung – ausgehend auf das jeweils andere ausstrahlend zu verstehen ist. Da die Morphosyntax in Z. 003 nicht derart standardnah wie in Z. 001 und das standkonforme *a* nicht nur in Z. 001 präsent ist, sondern auch in Z. 003 vorerst erhalten bleibt, handelt es sich von Z. 001 bis in Z. 003 hinein jedenfalls um eine *a*-bezogene Orientierung am Standardpol, die mit dem Auftreten von inhaltlich weniger substanziellem *einmal* (vorübergehend, s. Z. 001–Z. 015) nicht mehr stattfindet. Die TKE in Z. 001 ist hier nicht nur episodeneinleitend, sondern auch eine Gesprächs- bzw. Episodeneröffnung, was in Interaktionsverläufen eine besondere Rolle spielen kann, denn die (opportunistische) Planung von Gesprächsbeiträgen entspricht zum Zeitpunkt der Gesprächseröffnung wohl noch am ehesten den ursprünglichen Vorstellungen, den Sprecher:innen folgen, um im Gespräch mit einer bestimmten Person in einer bestimmten Situation einen bestimmten Inhalt zu vermitteln. Dass zumindest

5.1 Kollektionsausschnitt kooperationsbezogene Gesprächsausschnitte ...

ein Teil dieser Vorstellungen im L1S-Sprachgebrauch gegenüber Deutschlernenden durch die Ansteuerung des Standardpols zum Ausdruck kommt, die in du kannst AUCH ein stück NEH↑mEn (Z. 001) übrigens recht gelungen ist, überrascht wohl kaum. Zwar ist in der vorliegenden Untersuchung nicht festzustellen, dass eine Episodeneröffnung vorwiegend standardnah oder meistens standardnäher als andere Gesprächsbeiträge in der betreffenden Episode ist, aber die Aussage, dass im Gespräch mit einem L2S zu Beginn (ziemlich) standardnah gesprochen wird und danach erst Verschiebungen in Richtung Dialektpol zumindest noch deutlicher zum Tragen kommen, trifft in dieser Untersuchung bei ADS_1 am ehesten zu. In T7_DS in Z. 001–Z. 003 tritt standardkonformes *a* im Zusammenhang mit der Vermittlung von zwei Kernaussagen auf, jene in Z. 001 wird so gedeutet, dass ADS_1 seinen deutschlernenden Lehrling anweist, so wie er selbst bereits AUCH ein stück selbstklebende Folie in die Hand zu NEH↑mEn, und jene in Z. 003 wird, wie bereits erwähnt, als Erklärung des ersten Schritts des eigentlichen Klebevorgangs interpretiert. Selbstverständlich beziehen sich die beiden aufeinanderfolgenden Kernaussagen auf ein und dieselbe Situation, sie bilden einen Teil der situativen Einheit *Foliekleben*. Man könnte von zwei Gliedern einer situativen Kernaussagekette reden, deren weiterer Verlauf beziehentlich *a* mit Z. 017 in RSoedA_DS_7 endet. Festzustellen ist, dass ADS_1 in dieser zweigliedrigen Kernaussagekette nicht mehr am standardkonformen *a* festhält, sowie er die zweite Kernaussage anklingen hat lassen, gemeint ist zuERST vor der *a-l-Vok.*-Form von *einmal* und zuERST als erster Bestandteil der Kernaussage zuERST sO:, die in Z. 003 nicht in dieser Abfolge, sondern durch die besagte *a-l-Vok.*-Form geteilt als zuERST amoi sO: auftritt. In Z. 001 zeigt sich mit NEH↑mEn das Phänomen der Überakzentuierung von Aussagen oder diversen Inhalten, das bereits v. a. in Kapitel 3 anhand von Beispielen beschrieben wurde und auch im vorliegenden Kapitel immer wieder ein Thema ist.

Episodeneinleitend ist in den meisten Fällen zu erkennen, dass ADS_1 entweder standardkonformes *a* bewahrt oder, wenn er verdumpftes *a* verwendet, rasch wieder zu diesem zurückkehrt. Im Zusammenhang mit Letzterem könnte in T13_DS (Z. 106–Z. 108) von *o-a*-Pingpong gesprochen werden. In T13_DS (Z. 106–Z. 108) ist aber auch die im vorliegenden Kollektionsausschnitt insgesamt selten auftretende DSK-Emergenz-Figur *o* ↓ zu erkennen. Die entsprechenden Gesprächsbeiträge lauten do schau HER. (--) ah:: do kAnn ma NOCH (Z. 104–Z. 106) und jo JO (Z. 108). Sie gehen den oben ausführlich thematisierten Reparatursequenzen RSoedA_DS_16 und RSoedA_DS_17 voran. Die Bewahrung des verdumpftem *a* ist recht kurzzeitig und bezieht sich auf do (Z. 104 & Z. 106) und jo JO (Z. 108), aufgrund des standardkonformen *a* in kAnn (Z. 106) kommt die Pingpong-Hypothese zum Tragen – salopp: das ‚Ping' ist in do, das ‚Pong' in kAnn (Z. 106), das nächste ‚Ping' ist in jo JO (Z. 108) und das nächste ‚Pong' ist oder wäre in Einmal (Z. 110) aus RSoedA_DS_ 17 zu verorten, womit das Pingpong auch aufbricht, denn sowohl in als auch nach dieser Reparatursequenz wird eher eine bestimmte *a*-Variante beibehalten als immer wieder eine durch eine andere abgelöst (s. u.).

Ob jo JO (Z. 108) *postfokal* ist, sei dahingestellt, dass der Fokus in Z. 106 auf kAnn und NOCH liegt, gelte als unkontrovers. Dass ma, das hier 'man' und nicht 'wir' bedeutet, womit ab nun neben *a*-Homophonie (s. o.) auch *ma*-Homophonie eine Rolle spielt, nach kAnn auftritt, spricht für die Postfokus-Hypothese, und dass diese (mittel-)bairische *man*-Form, die auch auf *wir* oder *mir* verweisen könnte (vgl. z. B. Zehetner 1985: 125), vor NOCH und do vor kAnn auftritt, führt zu zwei neuen Hypothesen. Sie werden *Präfokus-* und *Interfokus-Hypothese* genannt und bezeichnen den Verdacht, dass standardnahe Ausdrucksweise vor – und dies impliziert auch zwischen – Gesprächselementen, die die Kernaussage (mit-)tragen, unterbleibt oder aufgehoben wird. Das Adverb do in Z. 106, aber auch jenes in Z. 104 ist in Bezug auf kAnn und NOCH in Z. 106 präfokal und ma ist in Bezug auf dasselbe interfokal. Auch das Verstärkungspartikel-*einmal* in zuERST amoi sO: (T7_DS: Z. 003) ist interfokal. Die Präfokus-, Interfokus- und Postfokus-Hypothese können unter den Begriff Perifokal-Hypothese subsumiert werden, der im vorangehenden Analyseverlauf ja auch schon verwendet und definiert wurde.

Episodenfinal ist im vorliegenden Kollektionsausschnitt neben T3_DS, das thematisch eher an die problemprogressive RSoedA_DS_2 als an die normalprogressive und oben diskutierte RSoedA_DS_3 anschließt und dementsprechend auch erst in Abschnitt 5.3 behandelt wird, hauptsächlich T13_DS relevant. In T13_DS dominiert in Z. 115–Z. 136 eindeutig standardkonformes *a*; *a** bezieht sich auch hier auf *passen* (Z. 115) und *dass* (Z. 131). Diese Dominanz lässt sich anhand des Gesprächsausschnitts sO und jetzt LASS_ ma_s. (---) und jetzt mach_ma da noch ein STÜCK = und das mach_ma dann so LANGe; (--) dass_ma DIEse bEide zusAmmenschrauben können. = weisst du? (Z. 126–Z. 131) recht gut veranschaulichen. Diese Passage ist allerdings nicht nur ein gutes Beispiel für $a^{(*)}$ ↓, sondern auch für ‿*ma* ↓ bzw. ‿*ma* → *wir* oder ‿*ma* ← *wir* (vgl. Abschnitte 3.1 und 3.2). Mit Analysefokus auf *a* ist die Frage legitim, ob das im Sprachgebrauch von ADS_1 als beobachtbar interpretierte Sich-auf-standardkonformes-*a*-Konzentrieren ihn dazu verleitet, die *a*-haltige *wir*-Variante beizubehalten. Dass ADS_1 hier nur standardkonformes *a* verwendet und Personalpronomen klitisiert ist unkontrovers, in LASS_ma_s (Z. 126) kann u. a. im Anschluss an Weiß (1998: 90 f.) sogar von einer enklitischen Kette die Rede sein.

5.2 Kollektionsausschnitt kooperationsbezogene Gesprächsausschnitte mit Normalprogression in Fall 2

Episodenzentral ist in Fall 2 keine einzige Überarbeitung zu erkennen, die der DSK-Emergenz-Figur $o \rightarrow a$ und im engeren Verständnis auch der DSK-Emergenz-Figur $e \rightarrow a$ entspricht. Letzteres bezieht sich auf a, das nicht im Einflussbereich von potenzieller l-Vokalisierung steht, denn $e \rightarrow a$ tritt in RSoedA_K_12 (Z. 013, Z. 015) im Zusammenhang mit $l \downarrow$ auf (= des → einmal & einmal GELbe ↓). Das Zusammenfallen einer a-bezogenen DSK-Emergenz-Figur mit einer l-bezogenen ist hier der Grund dafür, deren Schnittmenge (= einmal) im Hinblick auf kommunikative Kausalität nicht deuten zu können. DSK-Emergenz-Figuren, die den eingangs genannten DSK-Verschiebungen nahekommen und hinsichtlich kommunikativer Kausalität nicht unbedingt einfacher zu diskutieren sind als der soeben beschriebene e-a-l-Fall, sind $o \rightarrow a\ast$ und $e \rightarrow a\ast$. Der Asterisk verweist auf a-Gebrauch, der sich zum einen durch standardsprachliche Entsprechung und zum anderen durch Verdumpfungsresistenz auszeichnet, darauf wurde in Abschnitt 5.1. auch bereits hingewiesen. Eine solche Resistenz wird z. B. von Rein (1983: 1153) und Scheuringer (2002: 72 f., 79) etymologisch reflektiert und betrifft im Folgenden die Wörter KAnIster und damit.

Scheuringer (ebd.) macht darauf aufmerksam, dass a in Wörtern, die aus dem Lateinischen oder einer romanischen Sprache ins Deutsche übernommen wurden, bei (mittel-)bairischen Sprachgebrauch (in (Ober-)Österreich zumindest vornehmlich) nicht verdumpft werden. Eines dieser Wörter ist *Kanister*[6] (RSoedA_K_4: Z. 053) weitere Lehnwörter, die hinsichtlich $a\ast$ in der vorliegenden Untersuchung eine Rolle spielen, sind *egal* (s. o.), *passen*[7] (s. o.), *Marille*[8] (s. u.) *tragisch*[9] (s. u.) und *Etagere*[10] (s. u.). Die Äußerung, in der AK_1 das Wort *Kanister* verwendet, lautet KONN_ST von unt; = vA unt KAnIster. Vermutlich meint AK_ 1 mit dieser unvollständigen und von ihm auch später nicht mehr aufgegriffenen Sinneinheit, dass LK ein bestimmtes Gebinde von irgendwo unten holen soll – von wo genau, konnte nicht ausgemacht werden. Anhand des a-Gebrauchs im Wort KAnIster ist nicht zu erkennen, ob sich AK_1 am Standard- oder am Dialektpol orientiert. Festzustellen ist, dass er das a zuvor im (Modal-)Verb

---

[6] Für umfangreichere etymologische Details vgl. www 10.
[7] Für umfangreichere etymologische Details vgl. www 11.
[8] Für umfangreichere etymologische Details vgl. www 12.
[9] Für umfangreichere etymologische Details vgl. www 13.
[10] Für umfangreichere etymologische Details vgl. www 14.

verdumpft, die bairische Suffixform von *du* nicht modifiziert (*-st* ↓), bei unt die Tilgung der Reduktionssilbe beibehält und standardkonformes von zu vA überarbeitet. Die Senkung von *o* zu *a* (z. B. vor einem Nasal) kann als ein phonetisch-phonologischer Archaismus des Bairischen betrachtet werden[11]; verwendete man für die Modifikation von von zu vA die DSK-Emergenz-Figur *a* ← *o*, verwies *a* darin auf diesen Archaismus und nicht auf Standardsprachlichkeit. Wiesinger (1983: 1106) folgend kommt diese *o*-Senkung (wohl in Dialekten des Deutschen generell) selten vor; die Realisierung vA ist in der vorliegenden Untersuchung der einzige Beleg dafür. V. a. die Modifikation des einzigen standardkonformen Elements zu einer (archaisch-)bairischen Entsprechung spricht dafür, dass AK_1 bei dieser Aufforderung oder Bitte beabsichtigt, sich am Dialektpol zu orientieren. Ob für AK_1 bei von unt ein Kookkurrenzkonflikt besteht und bei vA unt keiner, ist nicht gesichert, aber möglich – insbesondere dann, wenn man dem Dialektpol tatsächlich nahe sein möchte, ob nun bewusst oder unbewusst. Der Abbruch nach von unt und die unmittelbar darauffolgende Wiederaufnahme dieser Einheit in Form von vA unt können als ein Hinweis auf einen solchen Konflikt interpretiert werden.

Der Verdacht, dass eine Modifikation damit zu tun hat, dass aufgrund von ausgeführten oder geplanten DSK-Bewegungen ein für L1S inakzeptables Ergebnis zustande gekommen ist oder droht, in Kürze zu entstehen, wird in der vorliegenden Untersuchung als *Kookkurrenzkonflikt-Hypothese* bezeichnet. Der von-unt-vA-unt-Fall deutet auf einen aufgetretenen Kookkurrenzkonflikt hin, neben dem plötzlichen Abbruch und der Wiederaufnahme, wie oben ausgeführt, spricht auch die Betonung im zweiten Anlauf von *von* (= vA) dafür. Die Nichtrevision von vA unt KAnIster lässt darauf schließen, dass für AK_1 in diesem Variationsausschnitt allerdings eindeutig kein Kookkurrenzkonflikt vorliegt, was bedeutet, dass *a* in KAnIster hier kaum einer Orientierung am Standardpol geschuldet sein kann, sondern eher der etymologisch herleitbaren Verdumpfungsresistenz. Kurzum: KAnIster spiegelt hier vermutlich eher eine Regularität im Bairischen als eine im Standarddeutschen wider. Darauf, dass sich in konrad weiss WAS; (---) <<all> wos_ma MOchen damit.> (RSoedA_K_11: Z. 053-Z. 055) womöglich für den Sprecher, es ist AK_2, ein drohender Kookkurrenzkonflikt verbirgt, wurde bereits in Abschnitt 3.2 aufmerksam gemacht. Dort wird die folgende Vermutung schon angezeigt: Es scheint, als ob die Bewegung *o* ← *a* bzw. die Modifikation der Konjunktion WAS zu wos für AK_2 die Bedingung ist, um *wir*, wie eventuell geplant, als (mittel-)bairische

---

[11] Entsprechende Belege dafür sind z. B. in Eser (2016: 180 f., 233) oder Eller-Wildfeuer / Wildfeuer (2017: 182) zu finden.

Suffixvariante zum Ausdruck zu bringen. Diese L1S-Perspektive in anderen Worten: Damit sich *Konj.* + _*ma* ↓ (= wos_ma: Z. 055) manifestieren kann, ist das standardkonforme *a* in der Konjunktion (= WAS: Z. 053) zu tilgen. Auch hier stützt ein plötzlicher Abbruch (nach WAS, s. Z. 053–Z. 054) und eine mit der Überarbeitung einhergehende Gesprächselement-Wiederaufnahme (hier = *was*, s. Z. 053 & Z. 055) den Verdacht des Kookkurrenzkonflikts, der hier allerdings nicht über ein Entstehungsstadium hinausgeht.

Warum in RSoedA_K_11 (Z. 055) das *a* in damit nicht wie jenes in wos und MOchen verdumpft ist und dieser Umstand gar kein Kookkurrenzkonfliktpotenzial birgt, wird unter Einbezug der etymologischen Reflexionen von Rein (1983) verständlich, die sich, wie in sprachlich-regionalen bzw. dialektologischen Zusammenhängen so oft, auf historische Sprachstufen des Deutschen beziehen – allen voran auf das Mittelhochdeutsche, das genauso wie jede andere Entwicklungsstufe des Deutschen nie durch überregionale oder überindividuelle Einheitlichkeit gekennzeichnet ist (vgl. König / Elspaß / Möller 2019: spätestens ab 59). Bei Rein (1983) – aber auch einer Reihe von anderen Linguist:innen, die ebenso gegenwärtige Regularitäten des Deutschen sprachhistorisch erklären – stehen etymologische Wortanalysen und phonetisch-phonologische Sprachwandelprozesse in einem engen Zusammenhang. Unter einer solchen Analyseperspektive können verschiedene Regularitäten des gesprochenen Deutschen hergeleitet werden, darunter auch der *a*-Gebrauch in *da-* in Präpositionaladverbien wie etwa damit (RSoedA_K_11: Z. 055), im Hinblick auf welchen die sich auf starktonige Silben beziehende phonetisch-phonologische Regel, dass mittelhochdeutsche *a*-Laute – in dialektologischen Arbeiten häufig auch als „mhd. *A* und *â(:)*"[12] (oder so ähnlich) bezeichnet – im Bairischen zu [ɔ] oder [o] gehoben werden (können),[13] nicht von Bedeutung ist. Während verdumpftes *a* vor dem Hintergrund der soeben erwähnten Regel im Lokaladverb *da* erwartet werden kann und dementsprechend in der vorliegenden Untersuchung auch immer wieder auftritt, ist das *a* in *da-* als erster Bestandteil eines Präpositionaladverbs verdumpfungsresistent (= *a**) – zumindest beziehentlich Mittelbairisch in (Ober-)Österreich (vgl. Scheuringer 2002) und hinsichtlich der vorliegenden

---

[12] Die Darstellung der Bezeichnungspraxis orientiert sich hier an Lenz (2019: 324).
[13] Für nähere Details vgl. z. B. Lenz (2019: 324).

Gesprächsdaten.[14] Dieser Fall von *a*-Verdumpfungsresistenz, wie das Unterbleiben der *a*-Verdumpfung aus gegenwärtiger Warte bezeichnet werden kann, kann mithilfe eines Blicks auf die Entwicklungsgeschichte der deutschen Sprache hergleitet werden. Die Erklärung für diese Resistenz beruht darauf, dass *da-* (auch *dar-*) in Präpositionaladverbien mit Rein (1983: 1153) historisch betrachtet ein Synkategorem in Form eines Klitikons ist. Bei diesem bis heute erhaltenen Klitisierungsprozess handelt es sich um eine der vielen Kontraktionen, die für die Epoche des Mittelhochdeutschen belegt sind.[15] Dass Präpositionaladverbien wie z. B. damit von heutigen L1S als Ergebnis eines Klitisierungsprozess empfunden werden, ist fraglich, weshalb nicht ausgeschlossen werden kann, dass *a* in solchen Adverbien dennoch verdumpft wird, zumindest etwas und gelegentlich.[16] Da Klitika – auf welcher Sprachstufe (des Deutschen) auch immer – durch Schwachtonigkeit gekennzeichnet sind, kann die besagte dialektologische *a*-Verdumpfungsregel nicht greifen, denn schließlich hat sie, wie oben bereits erwähnt, nur in starktonigen Silben bzw. betonten Positionen Gültigkeit. In historischer Hinsicht ist ihr wohl eine andere phonetisch-phonologische Regel zuvorgekommen, nämlich eine der Allegroregeln, die im mündlichen Sprachgebrauch generell sehr durchsetzungsstark sind.[17] In anderen Worten und auf eine Kurzform gebracht: Der Grund für das Unterbleiben der *a*-Verdumpfung in Präpositionaladverbien mit *da(r)-* als Präfix ist ein mittelhochdeutscher Klitisierungsprozess, auf den die gegenwärtige Erscheinung eines solchen Adverbs auch zurückzuführen ist.

---

[14] Scheuringer (2002) diskutiert den *a*-Gebrauch anhand von diversen Daten aus (Ober-) Bayern, Oberösterreich und Wien. Dialektologisch betrachtet gehört ein guter Teil dieser Gebiete zum mittelbairischen Sprachraum (z. B. ebd.). Eine seiner Kernaussagen ist, dass in (Ober-)Bayern ein ‚dunkleres' *a* als standardkonform gilt, währenddessen in Oberösterreich und Wien nur ein ‚helles' *a* als standardsprachlich akzeptiert wird (vgl. ebd.). Folglich sind jene *a*, die hier in Bezug auf Sprachgebrauch in (Ober-)Österreich als verdumpfungsresistent bezeichnet werden, es womöglich in Bezug auf Sprachgebrauch in (Ober-)Bayern nicht. Der *a*-Gebrauch ist Scheuringer (z. B 2002: 69 ff.) folgend einer der besten Hinwesgeber darauf, auf welcher Seite der bayerisch-österreichischen Grenze jemand mit (Mittel-)Bairisch und Standarddeutsch sozialisiert wurde. Am ehesten können solche Rückschlüsse sicherlich L1S aus oder in diesem Grenzgebiet treffen, für L1S aus anderen Gebieten des deutschen Sprachraums und v. a. für L2S sind sie wohl weniger möglich.

[15] Für weitere Details zu den Kontraktionen im Mittelhochdeutschen und deren etwaige Effekte auf das gegenwärtige Deutsche vgl. z. B. Rein (1983: grosso modo).

[16] Vgl. hierzu Scheuringer (2002) und/oder die obige Fußnote zur Scheuringer'schen Diskussion des *a*-Gebrauchs in (mittel-)bairischen Regionen Deutschlands und Österreichs.

[17] Für nähere Details zum Verhältnis von Schnellsprechregeln und anderen phonetisch-phonologischen Regeln vgl. z. B. Auer (1990: 249–265).

5.2 Kollektionsausschnitt kooperationsbezogene Gesprächsausschnitte ...

Genauso wie das *a* in KAnIster kann auch das *a* in damit im Hinblick auf DSK-Emergenz höchstenfalls dann interpretiert werden, wenn die weitere Umgebung dieses Wortes mitberücksichtigt wird. Dieses Präpositionaladverb verwendet AK_2 in den oben bereits thematisierten Gesprächsbeitrag konrad weiss WAS; (---) <<all> wos_ma MOchen damit.> (RSoedA_K_ 11: Z. 053–Z. 055). Im Hinblick auf *a* in DSK-Emergenz-Figuren übersetzt lautet sie: $o \leftarrow a$ (wos $\leftarrow$ WAS); $o \downarrow$ (wos $\downarrow$ MOchen); $o \rightarrow a^*$ (MOchen $\rightarrow$ damit). Die Art und Weise, wie damit hier auf der sprachlich-interaktionalen Oberfläche eingebettet ist, erinnert an die sprachlich-interaktionale Einbindung von KAnIster im oben genannten Fall. Auch hier findet ein Abbruch statt, auf den eine Wiederaufnahme des zuletzt Geäußerten folgt, wird im Rahmen dieser Wiederaufnahme ein standardkonformes Element zu einem nicht-standardkonformen überarbeitet und sprechen alle anderen Elemente in der TKE, in der die Überarbeitung stattfindet, bis auf das *a*-verdumpfungsresistente Wort selbst eindeutig für eine Orientierung am Dialektpol. Folglich ist genauso wie bei KAnIster im oben genannten Beispiel mit AK_1 davon auszugehen, dass auch damit von AK_2 sich wahrscheinlich auf Regularität im Bairischen und nicht auf Regularität im Standarddeutschen bezieht.

Selbstverständlich können soeben angestellte Vermutungen hinterfragt werden, jedoch die Tatsache, dass in Gesprächen mit L2S *a*-Laute zum Tragen kommen, die sich der bairischen *a*-Verdumpfungsregel entziehen und im Bairischen einer anderen Regel folgen, und dies dazu führt, dass sich die bairische und die standarddeutsche Form gleichen, bleibt dennoch bestehen. Wird davon ausgegangen, dass a^* in KAnIster und damit Regularität im Bairischen widerspiegelt, kommt in den entsprechenden Reparatursequenzen die In-Schwung-Sein-Hypothese zum Tragen. Sie bezieht sich aber nicht auf Verschiebungen in Richtung Standardpol wie bei Fall 1, sondern auf Bewegungen in die andere Richtung. In RSoedA_K_4 beginnt das In-Richtung-Dialektpol-in-Schwung-Sein mit der Modifikation von von unt zu vA unt und endet mit verdumpfungsresistentem *a* tragenden KAnIster; ein Nachlauf zu dieser Reparatursequenz konnte nicht erkannt werden. In RSoedA_K_11 setzt das In-Richtung-Dialektpol-in-Schwung-Sein mit der Überarbeitung von WAS zu wos ein und manifestiert sich neben der Beibehaltung von *a*-Gebrauch, wie er im (Mittel-)Bairischen zu erwarten ist, auch durch die Realisierung von *wir* als _ma und hier des Weiteren in der auffällig hohen Sprechgeschwindigkeit (= <<all> wos_ma MOchen damit.>). Davon ausgehend, dass *Topfen*, *Zitrone* und *Marille* mit Blick in Richtung Dialektpol nicht anders lauten würden, liegt in RSoedA_K_12 ein ähnlicher Fall wie in RSoedA_K_11 vor. In RSoedA_K_12 bietet AK_2 in Z. 119 <<all> oiso des is> tOpfen zItrone maRILle als semantische Neuauflage von des HEISST; (.) einmal GELbe (Z. 013–Z. 015) an. AK_2 bezieht sich mit diesen beiden Äußerungen auf die Herstellung einer bestimmten Gugelhupfsorte. Der oben genannten Annahme folgend könnte der DSK-Emergenz-Figuren-Verlauf e (Z. 013) → a (Z. 015); a-l-$Vok.$ (Z. 019) ← a (Z. 015) und a-l-$Vok.$ ↓ e (Z. 019) so gedeutet werden, dass AK_2 ab Z. 019 nur den Dialektpol ansteuert, und würde dann auch e → a* (Z. 019) dementsprechend interpretiert werden. In der Zusammenschau von Z. 013–Z. 019 würde dann ab Z. 019 die In-Schwung-Sein-Hypothese ins Spiel gebracht werden können und dies auch wie in RSoedA_K_11 im Zusammenhang mit erhöhter Sprechgeschwindigkeit (= <<all> oiso des is>). Allerdings lautet eines der drei von AK_2 genannten Lebensmittel in (mittel-)bairisch(-österreichisch)em Sprachgebrauch mit Gewissheit nicht genauso wie im Standarddeutschen. Es ist das italienische Lehnwort maRILle, das zwar gegenüber der a-Verdumpfung resistent ist, aber nicht gegenüber der l-Vokalisierung, was sich damit erklären lässt, dass der (allemal zu erwartende) Wortakzent auf der zweiten Silbe liegt und die erste Silbe schwachtonig ist und folglich die oben genannte a-Verdumpfungsregel nicht greift. Außerdem würde in der hier angedachten Dialekt-Variante von *Marille*, sie heißt *Marün*, auch das Phänomen zum Tragen kommen, dass im (Mittel-)Bairischen Feminina im Singular häufig so aussehen wie in ihrer Pluralform.[18] In dem Wort tOpfen ist das t lenisiert, was zwar nicht unbedingt standardkonform ist, aber gebrauchsstandardkonform durchaus. Läge ein *Topfen-Zitrone-Marille*-vs.-*Quark-Limone-Aprikose*-Fall vor, müssten im Hinblick auf Standardkonformität weitere und/oder (ganz) andere Überlegungen angestellt werden, doch solche Oppositionen oder eine solche lexikalische Alternativität zeigt sich hier eben nicht.

Davon ausgehend, dass <<all> oiso des is> weiter vom Standardpol entfernt ist als daran anschließendes tOpfen zItrone maRILle, kann (auch, aber nicht nur) im Zusammenhang mit vorangehendem des HEISST; (.) einmal GELbe die Perifokal-Hypothese zum Tragen kommen. Das Betonungsmuster in dieser Reparatursequenz verweist darauf, dass <<all> oiso des is> inhaltlich weniger relevant ist als HEISST, GELbe und das offensichtlich sich auf GELbe beziehende tOpfen zItrone maRILle. Die Gugelhupf-Charakteristika, d. h. GELbe und tOpfen zItrone maRILle, bleiben in RSoedA_K_12 inhaltlich relevant und der Gleichsetzungsnominativ verliert in ihr an inhaltlicher Relevanz, was sich verbbezogen als HEISST

---

[18] Ein erschöpfender Überblick zu den Besonderheiten der Singular- und Pluralbildung im Bairischen ist in Zehetner (1985: 114–120) zu finden.

vs. is darstellen lässt. Diese Darstellung im Versus-Design zeigt nicht nur ein Betonungsverhalten an, sondern auch eine lexikalische Neubelegung, die dem Dialektpol phonetisch-phonologisch näher ist als das Wort zuvor. Kurzum: Das Segment <<all> (oiso) des is> ist die perifokale Variante von des HEISST und Ersteres ist deutlicher durch (mittel-)bairischen Sprachgebrauch gekennzeichnet als andere Segmente der Reparatursequenz. Dies geht nicht unbedingt (nur) aus der Repräsentation von *a* hervor, denn *a* ist im Subjekt-*das* beider Gleichsetzungsnominative (s. Z. 113 & Z. 119) palatalisiert und lässt sich ab Z. 115 durch *l*-bezogene DSK-Emergenz-Figuren besser verdeutlichen als durch *a*-bezogene; sie heißen *l* ↓; *l-Vok.* ← *l*; *l-Vok.* → *l* und entsprechen einmal ↓ GELbe; oiso ← GELbe; oiso → maRILle. Mit dieser Darstellung wird auch klar, dass das *a** in maRILle hier anders als das *a** im KAnIster-Fall eindeutig mit Standardkonformität in Verbindung zu bringen ist, denn nur wenn in *Marille l*-Vokalisierung stattfindet, können Überlegungen angestellt werden, ob das *a** darin für eine Orientierung am Dialektpol spricht oder nicht. Dies gilt selbstverständlich nur dann, wenn *Morille* als mögliche Variante von *Marille* ausgeschlossen wird.

In einer Reparatursequenz des vorliegenden Kollektionsausschnitts zeigt sich *a* ↓. Es handelt sich hierbei um jene, die an RSoedA_K_12 anschließt, also um RSoedA_K_13 (beide in T8_K). Diese DSK-Emergenz-Figur fällt mit ansonsten ebenso standardkonformem Sprachgebrauch zusammen (= u. a. *ich* ↓; *dir* ↓) und bezieht sich dem Vorkommnis von *a* entsprechend nur auf die TKE, in der ZEIG ich dir heute auch (Z. 023) überarbeitet wird. Sie lautet erKLÄR ich dir heute <<all> auch wie das gEht.> (Z. 025). Dass *a* in das hier standardkonform ist, kann mit einem In-Richtung-Standardpol-in-Schwung-Sein begründet werden – dort, wo dieses *a* zum Tragen kommt, ist oder wäre es auch durch erhöhtes Sprechtempo ausgewiesen. Darauf, dass das In-Schwung-Sein in Fall 2 auch in Richtung Dialektpol passiert, wurde oben im Zusammenhang mit RSoedA_K_4 und RSoedA_K_11 bereits hingewiesen. Dass dem In-Richtung-Standardpol-in-Schwung-Sein in RSoedA_K_13 die oben thematisierte *a*-, aber auch *l*-Fluktuation und dem wiederum in Bezug auf *a* im Großen und Ganzen ein Pingpong (s. T8_K: Z. 005–Z. 019) vorangegangen ist, womöglich vorangehen musste, soll an dieser Stelle hervorgehoben werden.

Episodeneinleitend ist ebenso einmal *a* ↓ zu erkennen – und zwar in T7_K, d. h. vor RSoedA_K_11, in der standardkonforme *a* anfangs erhalten bleibt (s. o.). Der entsprechende Gesprächsbeitrag lautet kannst du RAUSnEhmEn (T7_K: Z. 051). In T7_K in Z. 051–Z. 055 ist nicht nur festzustellen, dass AK_2 das erstmals in Z. 051 auftretende standardkonforme *a* in der Reparatursequenz zunächst bewahrt (Z. 053), jedoch im Zuge der Überarbeitung aufhebt (Z. 055), sondern auch, dass er im Vorlauf der Reparatursequenz das Personalpronomen nicht klitisiert (= *du* ↓, s. Z. 051) und in der Reparatursequenz schon (= ⌣*ma* ↓ s. Z. 055) sowie die bereits aus dem Vorlauf der Reparatursequenz hervorgehende Ansteuerung des Standardpols nicht nur mittels *a*-Gebrauch und der Verwendung der *du*-Vollform, sondern auch durch RAUSnEhmEn anzeigt (Z. 051). Einerseits könnte anstatt RAUSnEhmEn auch eine (Partikelverb-)Variante erwartet werden, in der das Konzept der Bildung mittelbairischer Richtungsadverbien zu erkennen ist,[19] und andererseits spricht das Betonungsmuster in RAUSnEhmEn für mehr als nur eine Ansteuerung des Standardpols. Da erstens alle Silben dieses Wortes einen Akzent tragen und zweitens die Reduktionssilbe betont wird, kann von einer standardsprachlichen Übersteuerung gesprochen werden. Dass sowohl *raus* und *nehmen* im Partikelverb *rausnehmen* betont werden, ist wohl auch außergewöhnlich. Traditionell würde womöglich nun der Begriff der Hyperkorrektur zum Tragen kommen, um dieses Betonungsverhalten zu benennen oder einzuordnen. In der vorliegenden Untersuchung wird jedoch hier und bei vielen anderen suprasegmentalen Auffälligkeiten der Begriff der *Überakzentuierung* verwendet. Überakzentuierung wurde bereits in vorangegangenen Abschnitten (z. B. in 3.4, 3.5 und 5.1) thematisiert – zuweilen auch im Zusammenhang mit Hyperkorrektur; auch in diesem und den folgenden Abschnitten spielt dieses Phänomen noch eine Rolle. T7_K (Z. 051–Z. 055) ist ein Beispiel dafür, dass standardsprachlicher Sprachgebrauch in episodeneinleitenden Ausschnitten, der hier u. a. durch standardkonformen *a*-Gebrauch ausgewiesen ist, (oder episodeneinleitend Hyperstandardsprachliches) nicht bedeuten muss, dass sich im Rahmen einer Überarbeitung die Zuwendung zum Dialektpol erübrigt.

Episodenfinal ist einerseits zu erkennen, dass AK_1 sich beziehentlich *a* stark am Dialektpol orientiert (= *o* ↓; *o* ↓ a-l-Vok.; a-l-Vok. ↓ *o*; *o* ↓ a-l-Vok. in T2_K) und dann standardkonformes *a* realisiert (= a-l-Vok. → *a* in T2_K), als LK eine Aufgabe nicht zu seiner Zufriedenheit löst (s. hierzu a. Abschnitt 5.4), und andererseits, dass AK_2 nach der in verschiedener Hinsicht ziemlich standardnahen RSoedA_K_13 standardkonformes *a* beibehält (= *a* ↓ in T8_K: Z. 029), was aber nicht bedeutet, dass ansonsten episodenfinal auch nur der Standardpol anvisiert wird, was u. a. an der Verwendung von de 'die' (Z. 029) oder von goi 'gell' (Z. 033) zu erkennen ist. Bei dieser Gelegenheit sei darauf hingewiesen, dass *gell* in der vorliegenden Untersuchung immer *l*-vokalisiert bzw. in Form von *goi* auftritt, was dafürspricht, dass es sich bei *gell* – insofern sich die Frage denn überhaupt stellt – stets um ein perifokales Element handelt.

---

[19] Der erste Bestandteil von *herausnehmen* oder *rausnehmen* könnte – z. B. Zehetner (1985: 164 [H. i. O.]) folgend – „*aussa-*" lauten.

5.3 Kollektionsausschnitt kooperationsbezogene Gesprächsausschnitte mit Problemprogression in Fall 1

Episodenzentral ist die *a*-bezogene Phänomenlage ähnlich wie in kooperationsbezogenen Gesprächsausschnitten mit Normalprogression, d. h., es dominieren *a* ↓; *o* → *a*. Dass ADS_1 etwas länger bei nicht-standardkonformen *a*-Varianten bleibt, ist in RSmedA_DS_3 und in RSoedA_DS_15 zu erkennen. Erstere wird weiter unten ausführlicher diskutiert und in der letzteren tritt die vorübergehende Beibehaltung nicht-standardkonformer *a*-Variation in einer TKE auf, die in toto dem Dialektpol näher ist als dem Standardpol, sie lautet <<creaky> i schraub_s amol a bissl õ.> H° (Z. 051). ADS_1 tätigt diese (creaky bzw. knarrende und womöglich daher schon für LDS nicht leicht zu verstehende) Äußerung, während er eine Schraube unter hohem Kraftaufwand anzieht. Mehr als eine Sekunde später und noch immer mit dem Festdrehen der Schraube beschäftigt, reformuliert er ich MACH_s mAl a bissl fEst (Z. 053). Um die Schraube anzuziehen, setzt ADS_1 in der entsprechenden Episode (= T12_ DS) öfter an und macht mehr als eine Drehung mit dem Schraubwerkzeug, was bedeutet, dass *einmal* in diesem episodenzentralen Ausschnitt offenbar kein Häufigkeitsadverb darstellt. Im Hinblick auf *a* ist Folgendes zu konstatieren: In Z. 051 ist *a* in der (mutmaßlichen Verstärkungs-)Partikel *einmal* nicht durch *l*-Vokalisierung bestimmt, wie etwa in T6_DS (Z. 078 & Z. 080) und T7_DS (Z. 003), sondern verdumpft, und im Partikelverb *anschrauben* ist *a* ebenso verdumpft und außerdem auch das Ergebnis von Nasalassimilation und *n*-Tilgung (= *o* ↓ õ). In Z. 053 verwendet ADS_1 zweimal standardkonformes *a* (MACH, mAl), behält einmal das *a* für *ein* von zuvor nicht bei (amol vs. mAl) und einmal schon (a bissl). Entsprechend ist phonetisch-phonologisch õ (Z. 051) → *a* (Z. 053) und hinsichtlich *ein a* ↓ (Z. 051); *a* (Z. 051) ↑ Ø (Z. 053); Ø ↑ *a* (Z. 053) zu kodieren. Weitere DSK-Emergenz-Figuren in dieser Reparatursequenz sind *i* → *ich* und *Verb + _s* ↓. Erstere verweist auf eine Überarbeitung der bairischen *ich*-Vollform zur standardsprachlichen und letztere auf eine Stabilität, die – insofern sich das Klitikon auf *es* bezieht, was hier auch anzunehmen ist – als gebrauchsstandardkonform gelten kann.

Dass in Z. 053 (*a* für) *ein* in *einmal* wegfällt, kann als ein weiterer Hinweis darauf gedeutet werden, dass *einmal* in dieser Reparatursequenz eine (Verstärkungs-)Partikel und kein inhaltlich substanzielles Häufigkeitsadverb wie etwa in RSoedA_DS_16 oder RSoedA_DS_17 ist. Folglich ist es nicht überraschend, dass *einmal* in Z. 051 keinen Akzent trägt. Überhaupt ist in Z. 051 nur ein Akzent festzustellen, und dieser liegt auf dem der (mittel-)bairischen

Lautstruktur entsprechenden Partikelbestandteil des Verbs *anschrauben* (= ŏ). In Z. 053 trägt *a* in *(ein-)mal* einen Nebenakzent, der Hauptakzent liegt auf dem zweiten *a*-haltigen Gesprächselement MACH und der zweite Nebenakzent auf der grammatisch damit verbundenen Partikel fEst. Die letzten beiden Akzente lassen sich allemal durch die Markierung von inhaltlich Substanziellem erklären, womöglich markiert ADS_1 mit diesen Akzenten aber auch die Substitution von *an-* oder vielmehr *ŏschrauben* durch *festmachen* bzw. von *schrauben* durch *machen* und von *ŏ* durch *fest*. Geht man davon aus, dass ADS_1 amol (Z. 051) als überarbeitungswürdig empfindet, könnte der Akzent auf *a* in mAl (Z. 053) ebenso als Substitutionsmarkierung verstanden werden. Der Eindruck, dass die *einmal*-Variante amol zu überarbeiten ist, könnte deshalb entstehen, weil sie nicht dem standardkonformen Sprachgebrauch entspricht und/oder deshalb, weil sie aufgrund nicht eingetretener *l*-Vokalisierung (auch) nicht zweifelsohne mit dem mittelbairischen Sprachgebrauch konform geht. Nur auf das Betonungsmuster in Z. 053 bezogen stellt sich die Frage, ob ADS_1 nicht nur die Befestigung der Schraube als inhaltlich relevant erachtet, sondern auch die Unterstreichung der Notwendigkeit dieser Tätigkeit (= MACH, mAl, fEst), oder ob für ihn nur die Befestigung der Schraube inhaltlich von großer Relevanz ist (= MACH, fEst) und er auch die Verwendung von standardkonformem *a* hervorhebt (= MACH, mAl), die in Z. 051 ja noch nicht festzustellen ist (s. amol, ŏ). Selbstverständlich kann beides der Fall sein. Trifft Ersteres zu, wird aus dem perifokalen *einmal* (= amol: Z. 051) ein fokales *(ein-)mal* (= mAl: Z. 053), und trifft Letzteres zu, stützt ich MACH_s mAl a bissl fEst (Z. 053) die Beobachtung, dass standardkonformes *a* häufig akzentuiert wird.

Die Vermutung, dass Akzente auf standardsprachlichem *a* für vom (Mittel-) Bairischen geprägte L1S im Gespräch mit L2S nicht nur mit der Funktion in Verbindung zu bringen sind, auf die Kernaussage hinzuweisen, sondern auch damit zu tun haben, den Standardpol im Blick zu haben bzw. „zu erkennen, aus einem bestimmten Grund – wie zum Beispiel der ‚Abwendung von Missverständnissen' [oder von anderen Verständnisproblemen, K. R. P.] – ab/zu einem bestimmten Zeitpunkt im Gesprächsverlauf dabei zu sein, fachliche Zusammenhänge unter Zuwendung zum Pol *Standardsprache* zu formulieren", wurde bereits in Perner (2020: 58 [H. i. O.]) angestellt. Sich dem Standardpol zuzuwenden, heißt bei Perner (ebd.: 57 ff.) und auch hier nicht der standardsprachlichen Norm vollends zu entsprechen. In Perner (ebd.) wird auf standardkonformes *a* in Gesprächsbeiträgen aufmerksam gemacht, die auch durch als xenolektal interpretierbare Überakzentuierungsphänomene und/oder Auslassungen auffallen, und in RSoedA_DS_15 (Z. 053) ist es v. a. die Wendung a bissl, die den L1S-Sprachgebrauch als nicht ausschließlich standardsprachlich auszeichnet.

5.3 Kollektionsausschnitt kooperationsbezogene Gesprächsausschnitte ...

Betrachtet man a bissl als bairisch-österreichisch geprägt gebrauchsstandardkonform und – wie oben bereits angedeutet – das Personalpronomen als Klitikon an *machen* ebenso, kann Z. 053 als mehr oder weniger standardnah bezeichnet werden und ein In-Richtung-Standardpol-in-Schwung-Sein ins Treffen geführt werden. Der Ausgangspunkt dieses In-Schwung-Seins könnte mit allem in RSoedA_DS_15 in Verbindung gebracht werden außer der Schnittmenge von Z. 051 und Z. 053. Sie besteht aus _s und a bissl sowie dem morphosyntaktischen Aufbau an sich.

Die Tendenz, standardsprachliches *a* zu akzentuieren, ist womöglich zwar in Fall 2 (s. u.) eher zu erkennen als in Fall 1, eine Auswertung auf der Grundlage einer exemplarischen Häufigkeitsauszählung macht sie aber auch in Fall 1 ersichtlich. Im vorliegenden Kollektionsausschnitt kommt episodenzentral insgesamt 28-mal *a* vor und 19 dieser Fälle sind standardkonform, wobei einer davon *a** entspricht. Dieses *a** bezieht sich auf passt (RSoedA_DS_21: Z. 020) und ist so wie sieben der neun nicht-standardkonformen *a* nicht betont. Der Akzent liegt in diesem Kollektionsausschnitt episodenzentral nur dann auf nicht-standardkonformem *a*, wenn die übrigen Gesprächselemente auch nicht-standardkonform sind. Im Konkreten bezieht sich diese Aussage auf na: i HOB (RSoedA_DS_18: Z. 007) und na des is DO (RSmedA_DS_3: Z. 072). Diese Akzente auf *a* lassen sich schlicht damit erklären, dass inhaltlich Substanzielles akzentuiert wird und entsprechende Gesprächselemente *a* beinhalten.

Acht der eindeutig 18 standardkonformen *a* – der oben genannte *a**-Fall wird also aus der Wertung genommen – tragen keinen Akzent. Vorausgeschickt und zusammengefasst ist festzustellen, dass nicht-akzentuiertes standardsprachliches *a* im vorliegenden Kollektionsausschnitt episodenzentral dann auftritt, wenn das offensichtlich als inhaltlich substanziell Erachtete nicht *a*-haltig ist und/oder ein anderes standardkonformes *a* in derselben TKE den Akzent trägt. Letzteres zeigt sich in der Überarbeitung von na: i HOB (RSoedA_DS_18: Z. 007) – sie lautet das HAB ich: (Z. 008) und kann als *o→a* aber auch *i→ich* dargestellt werden – und in sunst geht das GAR nicht (RSmedA_DS_3: Z. 080) – das ist eine TKE eines längeren Turns, dem neben standardsprachlichem *a* auch nicht-standardkonforme *a*-Variation vorangeht, wie aus *e ↓ o* (Z. 072); *o* (Z. 072)→*a* (Z. 073); *a ↓* (Z. 073, Z. 074); *o* (Z. 078) ←*a* (Z. 074); *o→a* (Z. 078); *a ↓* (Z. 078, Z. 080) hervorgeht. Ersteres betrifft RSoedA_DS_2 (hast: Z. 043), RSoedA_DS_9 (schneenase, Z. 048) RSoedA_DS_22 (das, angst, hast: Z. 043) und wiederum RSmedA_DS_3 (was: Z. 073 & das: Z. 080). Die Thematisierung dieser *a* erfordert einen Blick auf Variationsausschnitte, die größer als eine TKE sind, und bringt es mit sich, dass auf einige akzentuierte standardsprachliche *a* eingegangen wird.

RSoedA_DS_9 steht im Zusammenhang mit RSoedA_DS_8, sie sind beide Teil einer Episode, in der ADS_1 und LDS darüber sprechen, ob eine Schneenase (in Baumärkten u. a. auch „Schneefanghaken" genannt) eingehängt werden soll (= T8_DS). In der einzeiligen RSoedA_DS_8 (Z. 045) tut ADS_1 kund, dass seines Erachtens an einer bestimmten Stelle keine Schneenase eingesetzt gehört, und überarbeitet dabei schni zu schneenAse. Der entsprechende Gesprächsbeitrag lautet do kommt eine schni schneenAse glaub_i NET. Der schni-schneenAse-Fall ist offensichtlich die Überarbeitung eines Versprechers, die womöglich der oder ein Grund dafür ist, warum standardkonformes *a* einen Nebenakzent trägt. Somit stünde oder steht das oder ein *a*-Akzentuierungsmotiv im Zusammenhang mit einer Substitutionsmarkierung. Der oder ein weiterer Grund für diese Akzentuierung könnte aber auch sein, dass ADS_1 nach do bis vor oder bis in glaub_i hineingehend bzw. in kommt eine schni schneenAse (glaub) den Standardpol im Blick hat und dies durch A, das das Ergebnis des Moves *o → a* ist, angezeigt oder gar unterstrichen wird. Aufgrund des Betonungsmusters in der einzeiligen RSoedA_DS_8 kann aber auch schlicht der Schluss gezogen werden, dass schneenAse und die Negationspartikel NET die Kernaussage bilden, womit ein Akzent auf einer der starktonigen Silben in *Schneenase* nicht überraschend ist. Ganz gleich, welchem Grund das akzentuierte *a* hier (maßgeblich) geschuldet ist, kann A sowie *o → a* als Teil dessen – das Ganze lässt sich auf Z. 045 bezogen als kommt eine (schni) schneenAse (glaub) darstellen – verstanden werden, im Gespräch mit dem deutschlernenden Lehrling mittels Blick in Richtung Standardpol potenziellen Verständnisproblemen entgegenzuwirken. Doch der Ansicht, dass ADS_1 in RSoedA_DS_8 Verständnisprobleme vermeiden möchte, indem er sich dem Standardpol zuwendet, ist aufgrund des Auftretens von do, der (mittel-)bairischen *ich*-Form und nicht zuletzt der den Hauptakzent tragenden *nicht*-Variante NET nicht unbedingt zu folgen. Außerdem steht der Hauptakzent auf NET im Widerspruch zur Perifokal-Hypothese, nach welcher inhaltlich Substanzielles mit Blick in Richtung Standardpol auftritt und die Orientierung am Dialektpol für inhaltlich weniger Relevantes angenommen wird. Empfindet jedoch ADS_1 die Markierung von standardsprachlichem *a* als entscheidender als die Markierung der Kernaussage, steht NET (auch in Verbindung mit schneenAse) weniger im Fokus als das *a* in schneenAse. In so einem Fall würde der Vorstellung, dass eine L1S-L2S-Gesprächskonstellation Standardkonformität erfordert, mehr Bedeutung beigemessen werden als der Kernaussage. Dies ist insofern plausibel, als davon auszugehen ist, dass für ADS_1 die Verwendung von standardkonformem *a* nicht

5.3 Kollektionsausschnitt kooperationsbezogene Gesprächsausschnitte ... 237

automatisiert ist und die Hervorhebung von Kernaussagen, so wie bei allen Sprecher:innen, schon. Außerdem kann u. a. aufgrund des *a*-Gebrauchs in Fall 1 en général konstatiert werden, dass des Ausbilders Gesprächsführung mit seinem Lehrling stets von der Vorstellung mitbestimmt ist, mit ihm möglichst oft standardnah zu sprechen; auch eine Reihe von weiteren Sprachgebrauchsphänomenen – auf sie wurde bereits und wird auch weiterhin immer wieder aufmerksam gemacht – können als Absicht interpretiert werden, dieser Vorstellung entsprechen zu wollen.

Womöglich zeugt und JETZT kommt noch !NICHT! die schneenase (T8_DS bzw. RSoedA_DS_9: Z. 048) genau davon, dass ADS_1 der Auffassung ist, dass es ihm noch nicht gelungen ist, in einer L1S-L2S-Gesprächskonstellation standardnah genug zum Ausdruck gebracht zu haben, dass keine Schneenase einzusetzen ist. Allerdings geht es in Z. 048 nicht mehr darum, dass jene nicht an einer bestimmten Stelle zu platzieren ist (s. T8_DS: Z. 045), sondern darum, dass sie (zumindest in etwa) dort im Moment nicht einzuhängen ist. Diese Meinungsänderung bzw. der Gesprächsbeitrag, aus welchem diese hervorgeht, überschneidet sich teilweise mit einem Gesprächsbeitrag von LDS, in welchem sich dessen Einschätzung zur Frage des Einhängens einer Schneenase widerspiegelt (s. T8_DS: Z. 047–Z. 048 = RSoedA_DS_9). Sie lautet NOCH nicht (Z. 047), überlappt mit und JETZT (Z. 048), kann als ein Hinweis darauf interpretiert werden, dass LDS seines Ausbilders Kernaussage von zuvor, die schneenAse an einer Stelle NET (s. T8_DS: Z. 045) zu platzieren, verstehen konnte, und ist sicherlich ein Grund dafür, warum ADS_1 nach und JETZT (Z. 048) des Lehrlings NOCH nicht (Z. 047) aufgreift, wenn auch im Hinblick auf Akzentuierung neu aufgelegt (= noch !NICHT!: Z. 048). In der standardnahen Äußerung und JETZT kommt noch !NICHT! die schneenase (Z. 048) hebt ADS_1 hervor, dass er mittlerweile (= nach etwa einer Sekunde) so wie offenbar auch sein Lehrling die Meinung vertritt, dass im Moment keine Schneenase einzuhängen ist (= JETZT, !NICHT!). Womöglich revidiert er in ihr auch die (mittel-) bairische *nicht*-Variante von zuvor (=!NICHT! anstatt NET, s. Z. 045 & Z. 048), was einen anderen Grund für das Auftreten von noch !NICHT! darstellen würde – und zwar auch im Hinblick auf die Akzentsetzung: Die Interpretation von !NICHT! als Revision von NET würde erklären, warum die standardsprachliche *nicht*-Variante stark und stärker betont als die bereits stark betonte (mittel-) bairische ist sowie weshalb ADS_1 des Lehrlings NOCH nicht mit extra starkem Akzent auf *nicht* übernimmt. Vor dem Hintergrund der Thematisierung der Akzentuierung oder Nichtakzentuierung von standardkonformem *a* lässt sich im Hinblick auf RSoedA_DS_8 und RSoedA_DS_9 bzw. T8_DS Z. 045–Z. 048

folgendes Bild zeichnen: Des Ausbilders Aufmerksamkeit auf *nicht* in Z. 048 (= eventuell Substitution von NET durch !NICHT! und allemal !NICHT!, s. Z. 045 & Z. 048) und die Hervorhebung seiner Meinungsänderung in demselben Gesprächsbeitrag (= JETZT, !NICHT!: Z. 048) können Gründe dafür sein, warum die in Z. 045 noch auftretende Akzentuierung von standardkonformem *a* im Wort *Schneenase* in Z. 048 ausbleibt; kurzum: Im Unterschied zu RSoedA_ DS_8 (Z. 045) ist in RSoedA_DS_9 (Z. 048) inhaltlich Substanzielles nicht *a*-haltig (= schneenAse, NET: Z. 045 vs. JETZT, !NICHT!: Z. 048). In anderen Worten und auf eine neue Kurzform gebracht: Mit der Verschiebung inhaltlicher Relevanz wird in T8_DS (Z. 045–Z. 048) *a*-Akzentuierung hinfällig. Ob ADS_1 *a* in Z. 045 deshalb akzentuiert, weil er grundsätzlich im Zusammenhang mit der Vermittlung von Inhalten im Gespräch mit einem L2S die Realisierung von standardsprachlichem *a* für wichtig empfindet (= schneenAse), was ja im Grunde auch in Z. 048 zu erkennen ist (= schneenase), oder weil *a* Bestandteil eines Gesprächselements ist, welches die Kernaussage mitgestaltet, spielt dabei keine Rolle, dass Z. 048 standardnäher ist als Z. 045 womöglich schon, denn Z. 048 bietet zumindest etwas mehr Gelegenheiten Standardkonformität durch Akzentsetzung zu markieren. So und so ist in Z. 045 etwas anderes inhaltlich substanziell als in Z. 048 und beziehen sich entsprechende Gesprächsbeiträge aufeinander.

Die sich in der Episode T2_DS befindende RSoedA_DS_2 kann als eine der Momentaufnahmen verstanden werden, die zeigen, dass es ADS_1 sehr wichtig ist, dass seines Lehrlings Koffer mit seinem Sicherheitsgeschirr für Arbeiten auf dem Dach (in Baumärkten auch „Absturzsicherungs-Set" genannt) im Klein-LKW deponiert ist. Die anderen Momentaufnahmen, die diesen Eindruck vermitteln, befinden sich in der Episode T1_DS, zwischen deren Ende und dem Beginn von T2_DS etwa 20 Sekunden liegen, und in der Episode T3_DS, die gut 10 Sekunden nach T2_DS beginnt. Vier davon beinhalten Überakzentuierung, die teilweise bereits in anderen Kapiteln thematisiert wurde, und lauten hast du schOn deine:: KOF↑fEr?, s_mUss ich Aber ↑SE↓hEn (T1_DS: Z. 017 & Z. 025) und <<len> sicherheitsge↑↑SCHIRR.> (---) hAb ich dir aber ge↓SA↑↑:gt (T3_DS: Z. 062–Z. 064). Eine andere Momentaufnahme dürfte eine Anspielung auf einen möglichen Baustellenbesuch behördlicher Kontrollorgane sein (= T1_DS: Z. 029–Z. 030) und offenbart wohl einen der Gründe, warum ADS_1 den KOF↑fEr (T1_DS: Z. 017) mit dem sicherheitsge↑↑SCHIRR (T3_DS: Z. 062) im Auto (s. T2_DS: Z. 040) ↑SE↓hEn mUss (s. T1_DS: Z. 025). ADS_1 gibt in einem nicht aufgezeichneten Nachgespräch an, dass das Mitführen eines Sicherheitsgeschirrs bzw. eines Absturzsicherungs-Sets behördlich vorgeschrieben ist und er sich

5.3 Kollektionsausschnitt kooperationsbezogene Gesprächsausschnitte ...

außerdem für seinen Lehrling verantwortlich fühlt und dies u. a. in Bezug auf Sicherheitsaspekte rechtlich betrachtet wohl auch ist.

Eine der Interpretationen jener TKE, die die Überarbeitung der Frage host du SELber? darstellt und hast du deinen koffer SÖLber? lautet (= RSoedA_DS_2: Z. 041 & Z. 043), ist, dass ADS_1 mit der Nachreichung des Objekts anzeigt, ein potenzielles Problem vermeiden zu wollen, das dann entstehen könnte, wenn sein Lehrling besagten Koffer nicht mitführt. Dem Betonungsverhalten zufolge liegt der inhaltliche Schwerpunkt in RSoedA_DS_ 2 auf *selber*, womit ADS_1 wohl die Eigenverantwortung seines Lehrlings für das Mitführen des Koffers unterstreichen möchte;[20] dass es ADS_1 wichtig ist, diesen Koffer mitzunehmen, markiert er an anderen Stellen mittels (Über-)Akzentuierung vielleicht deutlicher (s. o.), jedoch zeugt auch die deinen-koffer-Ergänzung davon. Womöglich ist dem Ausbilder die Objekt-Ergänzung in Verbindung mit der Unterstreichung der Eigenverantwortung so wichtig, dass *a*-Akzentuierung, ob nun als Markierung von Standardkonformität oder Substitution ($o \rightarrow a$) oder als Bestandteil von inhaltlich Substanziellem, gar keine Rolle spielt. Anders als in RSoedA_DS_8 (Z. 045) geht in RSoedA_DS_2 (Z. 041–Z. 043) $o \rightarrow a$ mit keinem Akzent auf standardkonformem *a* einher. Auch vor RSoedA_DS_2 ist in Gesprächsbeiträgen von ADS_1 zu erkennen, dass die Akzentuierung von standardkonformem *a* keine oder eine geringe Rolle spielt. Hierbei handelt es sich um Gesprächsbeiträge mit mehr als vier Hervorhebungssignalen, wovon sich keines (= hast du schOn deine:: KOF↑fEr? In T1_DS: Z. 017) oder nur eines der schwächeren (= s_mUss ich Aber ↑SE↓hEn in T1_DS: Z. 025) auf standardkonformes *a* bezieht. Nach RSoedA_ DS_2 bzw. in T3_DS (Z. 064) ist u. a. festzustellen, dass standardkonformes *a* einmal keinen Akzent (aber), einmal einen schwächeren bzw. einen Nebenakzent (hAb) und einmal einen Hauptakzent trägt, der auch mit Überakzentuierung einher geht (ge↓SA↑↑:gt).

Nachdem gezeigt wurde, dass die Hervorhebung oder die Nichthervorhebung von standardsprachlichem *a* quasi selbstverständlich auch außerhalb episodenzentraler Gesprächsausschnitte (z. B. des vorliegenden Kollektionsausschnitt) zum Tragen kommt, wird die Manifestation der übrigen oben erwähnten fünf nicht-akzentuierten standardkonformen *a* diskutiert. Sie treten in einer der Reparatursequenzen (= RSoedA_DS_22) der Episode T15_DS, welche durchgängig durch *a* ↓ gekennzeichnet ist – und zwar in sowohl phonetisch-phonologischer Hinsicht (= auch $a^{(*= \text{\textit{passt, s. o.}})}$ ↓) als auch im Hinblick auf das Artikel-*a* (= *ein*

---

[20] Der SELber-SÖLber-Fall wird auch in den Abschnitten 1.6, 3.1, 3.2, 3.4 und 5.4 diskutiert. An dieser Stelle gelte diesbezüglich nur als relevant, dass *selber* Akzent trägt.

in a BRUNzer 'ein Urinierer'[21] und Nichtrevision der vokalischen *ein*-Variante, s. ab Z. 018)[22] – und in RSmedA_DS_3 auf, in der an bedeutender Stelle (= der Großteil der SAUFT-sowiesO-Paraphrase, die LDS von ADS_1 einfordert – s. Z. 066–Z. 070 –, und entspricht Z. 073–Z. 074 & Z. 078–Z. 080 – s. hierzu a. u. sowie Abschnitt 3.5) auch *a* ↓ – aber diesmal nur in phonetisch-phonologischer Hinsicht – zum Tragen kommt.

In T15_DS sind bis Z. 026 (= bis in RSoedA_DS_22 hineingehend) eindeutig standardkonforme *a* akzentuiert. Im Konkreten bezieht sich diese Aussage auf Ach sunscht passt ALles: (zur Erinnerung: *a* in passt ist nicht eindeutig standardsprachlich, s. o.) und <<len> BRAUCH_ST keine !ANGST! hAben.> (T15_DS bzw. RSoedA_DS_21: Z. 020 & Z. 026, aber auch RSoedA_DS_22: Z. 026). Die Episode T15_DS ereignet sich während Arbeiten, die offenbar gemacht werden müssen, bevor eine Dachrinne fixiert werden kann, und handelt nach RSoedA_DS_20, in der ADS_1 auf seines Lehrlings Äußerung WAAGENseit passt net (Z. 016) relativierend zu reagieren scheint, davon, diese Reaktion semantisch neu aufzubereiten. Des Ausbilders Reaktion auf die Äußerung von LDS, mit der er allemal einen Istzustand und womöglich auch das Tun von ADS_1 kritisiert, lautet <<creaky pp> a gEh bi_st a BRUNzer.> (Z. 018), kann aus einer L1S-Perspektive als unfreundlich verstanden werden und als derb gewiss, sie könnte aber auch trotz oder genau wegen ihres Bezugs zum Urinieren (bzw. Brunzen) auch humorvoll gemeint sein. Was ADS_1 in Z. 018 auf welche Art und Weise tatsächlich zum Ausdruck bringen möchte, geht aus Z. 018 selbst nicht unbedingt hervor und ist nach Z. 018 eher zu erkennen oder zumindest zu erahnen. Ab Z. 020 bietet ADS_1 semantische Alternativität zu <<creaky pp> a gEh bi_st a BRUNzer.> (Z. 018) an, was dem Umstand geschuldet sein kann, dass ADS_1 spätestens etwa eineinhalb Sekunden (= Z. 019) nach seiner BRUNzer-Äußerung bewusst wird, dass sie als Reaktion auf WAAGENseit passt net (Z. 016) für LDS womöglich auf keine Art und Weise zu deuten ist. Die krächzende und sehr leise Sprechweise (= <<creaky pp> [...]>) in Z. 018 ist für LDS sicherlich auch herausfordernd.

Aus der Zusammenschau der Gesprächsbeiträge, mit denen ADS_1 Z. 018 semantisch neu aufstellt (= Z. 020, Z. 026–Z. 032), lässt sich ableiten, dass

---

[21] Vgl. z. B. ÖWB (2018: 133).

[22] Der Vollständigkeit halber soll an dieser Stelle erwähnt werden, dass der Negativartikel *keine* in T15_DS (Z. 026 & Z. 032) standardkonform ist.

5.3 Kollektionsausschnitt kooperationsbezogene Gesprächsausschnitte ...

BRUNzer dem entspricht, was ins Standarddeutsche mit „Angsthase" übersetzt werden könnte.[23] Im semantischen Alternativangebot zu a gEh bi_st a BRUNzer scheint ADS_1 zwei inhaltliche Schwerpunkte zu setzen. Zunächst und mittels Ach sunscht passt ALles: versucht ADS_1 wohl die Bedenken seines Lehrlings etwas abzuschwächen (= T15_DS bzw. RSoedA_DS_21: Z. 020) und danach hebt ADS_1 hervor, dass er seines Lehrlings Bedenken, Zweifel oder Befürchtung nicht teilt und/oder für übertrieben bzw. als nicht angemessen hält (= T15_DS bzw. RSoedA_DS_22: Z. 026 & Z. 032, aber auch RSoedA_DS_21: Z. 026). Die Äußerungen, aus denen der zweite inhaltliche Schwerpunkt hervorgeht, sind BRAUCH_ST keine !ANGST! hAben (Z. 026) und die diesbezügliche Überarbeitung das ist BESser wenn du kEine angst hast (Z. 032). Des semantischen Alternativangebots erster und zum Teil auch zweiter inhaltlicher Schwerpunkt wird u. a. durch Akzentuierung von eindeutig standardkonformem *a* zum Ausdruck gebracht (= Ach – womöglich ist es im Zusammenhang von Z. 018 und Z. 020 bemerkenswerter, dass die *ch*-Tilgung in *ach* in Z. 018 erfolgt, in Z. 020 aber nicht mehr –, ALles: Z. 020 & !ANGST! hAben: Z. 026). Der zweite konversationelle Bestandteil des zweiten inhaltlichen Schwerpunkts ist die Reformulierung des Gesprächsbeitrags in Z. 026, d. h. Z. 032. In dieser ist das standardkonforme *a* nicht mehr akzentuiert (s. !ANGST! hAben: Z. 026 vs. angst hast: Z. 032 & das: Z. 032), die Akzente liegen auf *besser* und *keine* (s. Z. 032). Außerdem ist anders als in Z. 026 die 2. Person Singular in Z. 032 nicht hervorgehoben (s. BRAUCH_ST: Z. 026 vs. du, hast: Z. 032), vielleicht hängt dies mit _st (Z. 026) → *du* (Z. 028); *du* ↓ (Z. 028, Z. 032) zusammen.

Es ist (oder gelte zumindest als) unkontrovers, dass BRAUCH_ST keine !ANGST! hAben (Z. 026) und das ist BESser wenn du kEine angst hast (Z. 032) aufeinander bezogen sind. Die Summe aus Z. 026 und Z. 032 kann im Hinblick auf deren Kernaussagen als BRAUCH_ST BESser kEine !ANGST! hAben dargestellt werden. Wenn die Kernaussage in Z. 032 (= BESser, kEine) in Bezug auf die Kernaussage in Z. 026 (= BRAUCH_ST, !ANGST! hAben) als additiv begriffen wird, ist es wenig überraschend, dass *Angst* und *haben* in Z. 032 keinen Akzent mehr tragen. Auch hier gilt, dass mit der Verschiebung inhaltlicher Relevanz *a*-Akzentuierung hinfällig wird. Ob diese Verschiebung damit zusammenhängt, die vorangegangene Kernaussage zu erweitern oder nicht, könnte als sekundär betrachtet werden.

---

[23] "Brunzer/-in" kann m. E. auch Idiot bzw. Idiotin bedeuten. Es ist nicht auszuschließen, dass ADS_1 zum Zeitpunkt seiner Äußerung in Z. 018 das Wort BRUNzer (auch) mit dieser Bedeutung verwendet.

Der letzte episodenzentrale Gesprächsausschnitt des vorliegenden Kollektionsausschnitts, der im Hinblick auf (Nicht-)Akzentuierung von Gesprächselementen mit *a* diskutiert wird, ist RSmedA_DS_3. Dies ist der erste im vorliegenden Kapitel thematisierte episodenzentrale Gesprächsausschnitt, in dem ein deutschlernender Lehrling Variation einfordert. So wie bei RSoedA_DS_21 im Verein mit RSoedA_DS_22 kommt auch in RSmedA_DS_3 semantische Alternativität zum Tragen. Deshalb ist auch RSmedA_DS_3 eine längere Passage; sie entspricht der Episode T16_DS zur Gänze. Dies bedeutet, dass es in Bezug auf diese Episode keinen episodeneinleitenden und keinen episodenfinalen Abschnitt gibt.

T16_DS bzw. RSmedA_DS_3 ereignet sich etwa sechs Minuten nach T15_DS (bzw. RSoedA_DS_22) und genauso wie T15_DS während Vorbereitungsarbeiten für die Montage einer Dachrinne. Des Ausbilders Äußerung SAUFT sowiesO (Z. 066) wird durch des Lehrlings Frage WAS sagst du? (Z. 070) zum Reparandum. ADS_1 scheint in Z. 066 einen Sachverhalt zu kommentieren; ob dieser mutmaßliche Kommentar für die Ohren von LDS bestimmt gewesen ist, ist allerdings fraglich. Bevor LDS fragt, lacht er (Z. 068), was womöglich darauf hindeutet, dass der deutschlernende Lehrling die Aussage in Z. 066 mit etwas für ihn Humorvollem assoziieren kann. Das Lachen kann aber auch einer Verlegenheit über das Nichtverstehen von SAUFT sowiesO geschuldet sein. Um SAUFT sowiesO für LDS semantisch neu aufzulegen, benötigt ADS_1 genauso wie im BRUNzer-Fall mehr als eine TKE, es sind insgesamt sechs. Das semantische Alternativangebot zu SAUFT sowiesO lautet na des is DO- =WEIL was ist; = die letzte LATte; (--) die is so HOCH; (1.5) <<cresc> do muss ma ANders mAchen.>. (1.5) sunst geht das GAR nicht. (Z. 072–Z. 080). Im Hinblick auf *a*-Fluktuation wurde dieser Turn bereits dargestellt, als die Überlegung angestellt wurde, dass in sunst geht das GAR nicht (Z. 080) das *a* in das möglicherweise deshalb nicht akzentuiert ist, weil bereits ein anderes Gesprächselement mit standardkonformem *a*, nämlich GAR, in dieser TKE einen Akzent trägt (s. o.). An dieser Stelle der vorliegenden Untersuchung stehen weniger bzw. nicht nur Moves in Richtung Dialektpol oder Standardpol, sondern – wie ja in den vorangegangenen drei Fällen (s. o. beziehentlich RSoedA_DS_2, RSoedA_DS_9 und RSoedA_DS_22) auch – Verschiebungen von inhaltlich Substanziellem in Verbindung mit (Nicht-)Akzentuierung von standardsprachlichem *a* im Vordergrund. Folglich sei auch im Hinblick auf *a* in na des is DO- (Z. 072) darauf verwiesen, dass dazu bereits Überlegungen angestellt wurden (s. o.). In Z. 073–Z. 080 verwendet ADS_1 nahezu ausschließlich standardkonformes *a*. Lediglich in Z. 078 tritt einmal verdumpftes *a* auf – und zwar in do, das allein auf Z. 078, aber auch auf den Abschnitt Z. 073–Z. 078 bezogen als *perifokales*

5.3 Kollektionsausschnitt kooperationsbezogene Gesprächsausschnitte ...

Gesprächselement interpretiert werden kann und im Zusammenhang mit Z. 072 so, dass da in Z. 078 nicht mehr Akzent trägt, weil die inhaltliche Relevanz von da bereits zuvor hervorgehoben wird (= DO: Z. 072) und in Z. 078 etwas anderes, nämlich ANders mAchen, inhaltlich substanziell ist. Wird der gesamte standardnahe Variationsausschnitt in den Blick genommen (= Z. 073–Z. 080), ist zu erkennen, dass alle nicht-standardkonformen Gesprächselemente, d. h. neben do auch is, ma 'man' und sunst, Teil des entsprechenden perifokalen Segments sind und außerdem nach deren Manifestation auf der sprachlich-interaktionalen Oberfläche nicht wieder aufgegriffen werden, weder als standardkonforme noch als nicht-standardkonforme Variante.

Sowohl vor Z. 078 – genauer in Z. 073–Z. 074 – als auch nach do in Z. 078 – genauer bis zum Ende von T16_DS bzw. RSmedA_DS – ist $a \downarrow$ zu kodieren (= was, LATte & ANders mAchen, das GAR). Vier dieser a tragen Akzent und zwei nicht, worauf im Folgenden näher eingegangen wird. Ab Z. 073 und bis Z. 078 kann jede TKE als Erweiterung der vorangehenden TKE und der Gesprächsausschnitt Z. 072–Z. 080 als Paraphrase von Z. 066 verstanden werden. Die Summe der Kernaussagen aus dem entsprechenden Gesprächsausschnitt kann als DO WEIL LATte HOCH ANders mAchen GAR dargestellt werden. Zunächst wird ein bestimmter Ort am Dachvorsprung hervorgehoben (=DO: Z. 072) und direkt im Anschluss daran wird die Einführung einer Begründung akzentuiert (WEIL, Z. 073), die sich sowohl auf die Bedeutung von SAUFT sowiesO (Z. 066) als auch darauf beziehen kann, warum ADS_1 überhaupt etwas bzw. einen Sachverhalt mit einem solchen Ausdruck kommentiert (s. Z. 073–Z. 080). WEIL kann als Gesprächselement interpretiert werden, dass des Ausbilders In-Richtung-Standardpol-in-Schwung-Kommen anzeigt – und zwar deshalb, weil hier *l* in *weil*, wie im Sprachgebrauch von ADS_1 ansonsten so oft, nicht entfällt und v. a. deshalb, weil *weil* akzentuiert und darauf folgend, mit Ausnahme von bestimmten inter- bzw. perifokalen Gesprächselementen (s. o.), standardnah formuliert wird (s. Z. 073–Z. 080). Eine solche Interpretation schließt selbstverständlich nicht aus, dass WEIL (auch) auf inhaltlich Substanzielles verweist. Für ADS_1 ist die Markierung der Einführung der Begründung in Z. 073 im Hinblick auf SAUFT sowiesO und/oder des standardnahen Fortsetzens der Paraphrase (s. Z. 072–Z. 080) dieses Ausdrucks bis zur Nennung des Objekts LATte (Z. 074), auf das sich dieser wohl bezieht, offenbar am wesentlichsten, womit sich erklären lässt, warum nach WEIL und bis LATte keines der standardsprachlichen Gesprächselemente, ob nun mit standardkonformem *a* (= was: Z. 073) oder nicht (= ist, die letzte: Z. 073 & Z. 074), einen Akzent trägt. In die is so HOCH (Z. 076) hebt ADS_1 offensichtlich beziehentlich LATte eine (Sach-)Lage hervor und danach seine Ansicht, etwas ANders mAchen

(Z. 078) zu müssen, denn etwas von ADS_1 nicht näher Bestimmtes und als das Bezeichnete geht ansonsten GAR nicht (Z. 080). Dass in Z. 080 das keinen Akzent trägt, könnte damit zu tun haben, dass es ADS_1 wichtiger ist, zu markieren, dass etwas im derzeitigen Zustand (LATte, HOCH: Z. 074 & Z. 076) nicht funktioniere, als dieses durch das repräsentierte Etwas selbst, und/oder damit, dass ADS_1 davon ausgeht, dass sein Lehrling aufgrund des Kontexts ohnehin weiß, was mit das gemeint ist. Worauf sich des Ausbilders das bezieht und was er mit SAUFT sowieso tatsächlich zum Ausdruck bringen möchte, weiß niemand besser als ADS_1 selbst und erkennt vielleicht auch LDS (irgendwann in oder nach T16_DS). Dritte können darüber nur spekulieren.[24]

Vor dem Hintergrund der Akzentuierung oder Nichtakzentuierung von standardkonformem *a* ist zusammenfassend Folgendes festzustellen: Im vorliegenden Kollektionsausschnitt gibt es episodenzentral kein nicht-akzentuiertes standardkonformes *a*, das nicht in einem semantischen Verhältnis zu einem akzentuierten steht. Meistens befinden sich solche *a* in mehr oder weniger unmittelbarer Umgebung zueinander. Die Akzentuierung von *a*, ob nun als standardkonforme oder nicht-standardkonforme Variante, scheint mit keiner bestimmten *a*-bezogenen DSK-Emergenz-Figur zusammenfallen zu müssen – s. z. B.: *o* → *a* in RSoedA_DS_2 (Z. 041, Z. 043), RSoedA_DS_8 (Z. 045), RSoedA_DS_18 (Z. 007, Z. 008) & RSmedA_DS_3 (Z. 072, Z. 073 & Z. 078); *e* ↓ *o* in RSmedA_DS_3 (Z. 072); *o* ← *a* in RSmedA_DS_3 (Z. 074, Z. 078); *a* ↓ in RSoedA_DS_9 (Z. 048), RSoedA_DS_21 (Z. 020, Z. 026), RSoedA_DS_22 (Z. 026, Z. 032) & RSmedA_DS_3 (Z. 073, Z. 074 & Z. 078, Z. 080). Nichtsdestotrotz ist zu beobachten, dass die meisten standardkonformen *a* hervorgehoben sind. Außerdem ist zu erkennen, dass es in standardnahen Gesprächsbeiträgen oft mehr und manchmal auch außergewöhnlichere Hervorhebungen gibt als in dialektnahen. Diese Beobachtungen beziehen sich auf das gesamte Korpus der vorliegenden Untersuchung bzw. auf den Sprachgebrauch von ADS_1 genauso wie auf jenen von AK_1 und AK_2. Ein plakatives episodenzentrales (Ein-Wort-) Beispiel aus dem vorliegenden Kollektionsausschnitt und mit *a*-Bezug, der ja im Hinblick auf die Beobachtung, dass standardnahe Gesprächsbeiträge durch mehrere Hervorhebungsphänomene auffallen, nicht unbedingt gegeben sein muss, ist verSTAN↑dEn, wobei es sich um eine überakzentuierte Ergänzung zu HAST

---

[24] Womöglich kommentiert ADS_1 mit SAUFT sowie O (Z. 066), dass etwas am Dachvorsprung nicht adäquat ausgerichtet ist, denn die letzte LATte; (–) die is so HOCH (Z. 074– Z. 076). SAUFT sowieso (Z. 066) könnte sinnbildlich für eine durch übermäßigen Alkoholgenuss hervorgerufene Beeinträchtigung stehen, mit der ein Mangel – möglicherweise eine schlecht ausgerichtete Latte (s. Z. 074–Z. 076) – am Dachvorsprung verglichen wird. Wahrscheinlich bezieht sich das auf das Ziel, eine funktionstüchtige Dachrinne zu montieren.

5.3 Kollektionsausschnitt kooperationsbezogene Gesprächsausschnitte ...

du mich handelt (= RSoedA_DS_4: Z. 033 & Z. 029). Dieser Überarbeitung zufolge ist HAST du mich (Z. 029) wohl die Übertragung der Wendung *host mi* ins Standarddeutsche, die 'hast du mich verstanden' bedeutet. Ob nun die Auslassung von *verstanden* in Z. 029 für ADS_1 einen Kookkurrenzkonflikt darstellt, den er durch die Nachreichung von *verstanden* in Z. 033 auflösen möchte, er durch die Ergänzung um *verstanden* in Z. 033 morphosyntaktische Standardsprachlichkeit abgebildet haben wissen will, er davon ausgeht, dass LDS ihn ohne die Nennung des Partizips nicht verstehen kann, oder gar alle diese Punkte zutreffen, ist nicht zu klären. Nichtsdestotrotz kann zumindest einer dieser Punkte der Grund dafür sein, warum standardkonformes verSTAN↑dEn hervorgehoben ist, die dreifache Hervorhebung ist allerdings auffällig. HAST du mich? und verSTAN↑dEn? folgt Anweisungen zum weiteren Arbeitsvorgang (= T4_DS: Z. 016–Z. 027) und zielt offensichtlich darauf ab, dass LDS das Verstehen dieser Anweisungen bestätigen soll, was er kurz nach Z. 033 mittels <<f> ja.> (Z. 035) auch eindeutig macht und vielleicht auch schon kurz nach Z. 029 durch mhm (Z. 031) anzeigt – doch mhm, das nicht unbedingt als Verstehenssignal, sondern auch als Signal des Zuhörens gedeutet werden kann, reicht ADS_1 wohl nicht aus, um sich von LDS ausreichend genug verSTAN↑dEn zu wissen. Womöglich ist sich ADS_1 aufgrund von *o* (Z. 016) ↓ *a-l-Vok.* (Z. 017); *a-l-Vok.* ↓ *o* (Z. 017); *o* ↓ (Z. (017, Z. 018); *o* (Z. 018) → *a* (Z. 019); *o* (Z. 021) ← *a* (Z. 019); *o* ↓ (Z. 021, Z. 023); *o* (Z. 023) → *a* (Z. 027) unsicher, LDS die nächsten Arbeitsschritte verständlich genug vermittelt zu haben. Es könnte aber auch sein, dass ADS_1 bloß signalisieren möchte, dass die von ihm angegebenen nächsten Arbeitsschritte einzuhalten sind, weil ansonsten ein Problem entstehen kann oder Gefahr für Leib und Leben besteht; schließlich beziehen sich seine Anweisungen in T4_DS (Z. 016–Z.027) auf ein FENster (Z. 021) und Arbeiten auf einer LEIter (Z. 018, Z. 025).

Der Verdacht, dass Hervorhebungen standardkonformer Gesprächselemente nicht nur der Markierung von inhaltlich Substanziellem geschuldet sind, wird ab nun als *Standardkonformitätshervorhebungs-Hypothese* geführt. Überakzentuierungen mit oder ohne *a*-Bezug und unabhängig davon, ob sie sich auf einen Turn, eine TKE oder einen kleineren Variationsausschnitt (z. B. Wort oder Silbe) beziehen, bilden die salientesten Hinweise auf diese Hypothese. Solche Überakzentuierungen treten – wie immer wieder erwähnt – nicht nur episodenzentral auf; s_mUss ich Aber ↑SE↓hEn (T1_DS: Z. 025) ist episodeneinleitend und steht übrigens im Zusammenhang mit *a* ↓ und <<len> sicherheitsge↑↑SCHIRR.> (---) hAb ich dir aber ge↓SA↑↑:gt (T3_DS: Z. 062–Z. 064) ist episodenfinal und Teil von *a* (*) ↓, auf das übrigens *a*-bezogenes Pingpong folgt (T3_DS: ab Z. 066). Wie bereits in Abschnitt 5.2 angemerkt, ist T3_DS (Z. 058–Z. 073) in Bezug auf den episodenzentralen Gesprächsausschnitt mit Normalprogression RSoedA_DS_3 episodenfinal und wird im vorliegenden Abschnitt deshalb aufgegriffen, weil das *Koffer*- bzw. KOF↑fEr-Problem darin thematisiert wird, das insbesondere in T1_DS, T2_DS und T4_DS eine zentrale Rolle spielt.

5.4 Kollektionsausschnitt kooperationsbezogene Gesprächsausschnitte mit Problemprogression in Fall 2

Episodenzentral ist in Fall 2 die *a*-bezogene Phänomenlage in kooperationsbezogenen Gesprächsausschnitten mit Problemprogression mit jener in kooperationsbezogenen Gesprächsausschnitten mit Normalprogression vergleichbar; in beiden Kollektionsausschnitten ist der Move → *a* selten. Dies zeigt sich auch in episodeneinleitenden und episodenfinalen Gesprächsausschnitten dieser Kollektionsausschnitte. Dass in solchen Gesprächsausschnitten dennoch manchmal *a* ↓ zu kodieren ist, soll nicht unterschlagen werden; im Gegenteil, diese Figur ist aufgrund ihres geringen Vorkommnisses und ihrer geringen Reichweite in den Interaktionsverläufen in Fall 2 sogar hervorzuheben. Diese Feststellung lässt sich freilich nur vor dem Hintergrund von Fall 1 als Vergleichs- oder Kontrastfolie treffen, was folgendermaßen zum Ausdruck gebracht werden kann: Während sich in den kooperationsbezogenen Kollektionsausschnitten in Fall 1 *a* ↓ öfter zeigt und auch häufiger auf mehr als eine oder zwei TKE bezieht, steht *a* ↓ darin in Fall 2 fast immer nur im Zusammenhang mit einer oder höchstens zwei TKE (die diesbezügliche Ausnahme wird in diesem Abschnitt später thematisiert und tritt in T6_K: Z. 089–Z. 097 auf). Dies betrifft grundsätzlich auch episodenzentrale Gesprächsausschnitte – bezüglich Fall 2 s. die normalprogressive RSoedA_K_13 (Z. 025), die die einzige Reparatursequenz der kooperationsbezogenen Kollektionsausschnitte in diesem Fall ist, in welcher *a* ↓ zu kodieren ist. Selbstverständlich geht *a* ↓ in episodenzentralen und episodenfinalen Gesprächsausschnitten oft ein unmittelbarer Move → *a* voran,[25] mit dem der Übergang zwischen episodeneinleitenden und episodenzentralen sowie episodenzentralen und episodenfinalen Gesprächsausschnitten gekennzeichnet werden

---

[25] Wenn die letzte DSK-Emergenz-Figur in einem episodeneinleitenden bzw. episodenzentralen Gesprächsbeitrag *a* ↓ ist und *a* ↓ die erste DSK-Emergenz-Figur in einem episodenzentralen bzw. episodenfinalen Gesprächsbeitrag, geht der Move → *a* dem episodenzentralen bzw. episodenfinalen Gesprächsbeitrag zwar nicht unmittelbar, aber mittelbar voran. Solche Moves werden ausgewiesen.

5.4 Kollektionsausschnitt kooperationsbezogene Gesprächsausschnitte ...

könnte. Quasi selbstredend wäre eine Darstellung solcher Übergänge in der vorliegenden Untersuchung nur dann möglich, wenn eine Episode entsprechend gliederbar ist. Doch solche Übergänge werden in dieser Untersuchung generell nicht ausgewiesen und wollen als in der ersten DSK-Emergenz-Figur eines episodenzentralen und episodenfinalen Gesprächsausschnitts impliziert verstanden werden. Die Nicht-Markierung solcher Übergänge kann als Effekt des Segmentierens betrachtet werden, dessen Angemessenheit in Bezug auf Interaktionsverläufe v. a. in Abschnitt 3.2 in Anlehnung an Auer (2010) reflektiert wurde. In Abschnitt 3.2 wird darauf aufmerksam gemacht, dass in der vorliegenden Untersuchung das Segmentieren von Interaktionsverläufen vertretbar ist, wenn es das Ständig-im-Entstehen-begriffen-Sein der situationsabhängigen Organisation der sozialen Interaktion abbildet, was mittels Kollektionsbildung, Zerlegung in episodenspezifische Kollektions- und Gesprächsausschnitte sowie Darstellung durch DSK-Emergenz-Figuren versucht wird. Eine solche Abbildung kann allerdings immer nur eine einer Auswahl (hier das vorliegende Datensample) sein; im Hinblick auf die Generierung empirischer Ergebnisse vielleicht noch im Bereich des Menschenmöglichen liegend kommt einer vollständigen Abbildung des Ständig-im-Entstehen-begriffen-Seins eine mit einem <u>ständigen Bezug</u> auf alle aufgenommenen Gesprächsausschnitte wohl am nächsten, was allerdings über Analysen im Kontext von Sequenzialität bestimmter thematisierter Gesprächsausschnitte – hier das vorliegende Datensample – hinausgeht und auch über eine mit solchen Analysen einhergehende Berücksichtigung von davor und danach stattfindenden und aufgezeichneten Interaktionsverläufen – hier nicht oder nicht mehr im vorliegenden Datensample – hinausführen würde. Genaugenommen würde eine forschungsprojektbezogene vollständige Abbildung des Ständig-im-Entstehen-begriffen-Seins das Ergebnis oder vielmehr eines der Ergebnisse der Zusammenschau aller Gespräche sein, die die Gewährspersonen – hier die Ausbilder und ihr jeweiliger deutschlernender Lehrling – vor, während und nach der Datenerhebung führ(t)en. Da $a \downarrow$ als erste Figur in episodenzentralen oder episodenfinalen Gesprächsausschnitten in Verbindung mit einer Angabe zur Reichweite (= im Regelfall eine Zeilenangabe) immer anzeigt, worauf sich $a \downarrow$ bezieht bzw. nicht oder nicht mehr bezieht, geht aus der entsprechenden Kodierung auch ohne Ausweisung des Übergangs hervor, inwiefern und/oder inwieweit welche Art von *a*-Fluktuation zum Tragen kommt (ein Beispiel dafür folgt etwas weiter unten). Dasselbe gilt selbstverständlich ebenso für alle anderen ersten DSK-Emergenz-Figuren in episodenzentralen oder episodenfinalen Gesprächsausschnitten und im Grunde auch in episodeneinleitenden, die ja gemäß der gesprächslinguistischen Maxime *order at all points* auch nicht ‚aus den Wolken fallen', sondern – auf welche Art und Weise auch immer – (u. a.) mit

Vorangehendem in Verbindung stehen; doch eine solche Verbindung, die strenggenommen die Thematisierung weiterer davor liegender Verbindungen nach sich zöge und so in letzter Konsequenz dazu führte, auf die absolute Originärität zwischenmenschlicher Kommunikation eingehen zu müssen, ist nicht Gegenstand der vorliegenden Untersuchung. In ihr wird in bestimmten oder ausgewählten (Interaktions-, Gesprächs- oder Variations-)Ausschnitten das Verhältnis von DSK-Emergenz-Figuren zueinander diskutiert – u. a. jenes von $a \downarrow$ zu anderen. So zeigt z. B. *a-l-Vok.* $\downarrow$ *o* (T6_K bzw. RSoedA_K_9: Z. 067) und $a \downarrow$ (T6_K: Z. 080) mit oder ohne Kennzeichnung des Übergangs vom episodenzentralen zum episodenfinalen Gesprächsausschnitt, der als *o* (Z. 067) → *a* (Z. 080) zu notieren wäre, an, dass innerhalb einer Reparatursequenz-TKE zwei nicht-standardkonforme *a*-Varianten auftreten und erst wieder etwas später und nach der Reparatursequenz *a* in einer TKE wieder eine Rolle spielt – und zwar als standardkonforme Variante. Das soeben genannte Beispiel (= T6_K: Z. 067, Z. 080) stammt aus dem Kollektionsausschnitt kooperationsbezogene Gesprächsausschnitte mit Problemprogression in Fall 2, der ab nun tatsächlich im Fokus steht; die kleineren Exkurse in andere Kollektionsausschnitte und das erneute Aufgreifen der Thematik des Segmentierens sollten nur erneut in Erinnerung rufen, wie intrikat Versuche der Zerlegung von Kommunikation und Interaktion sind.

In T6_K treten zwei Reparatursequenzen auf und spricht AK_2 mit LK darüber, was er am nÄchsten TAG (Z. 102) bzw. mOrgen (Z. 067), MORgen (Z. 074), MOR↑gEn (Z. 077) oder MORgen (Z. 097) im FRÜHdienst (Z. 071) gemeinsam mit bzw. mit_n TOM[26] (Z. 069) tun soll. Die erste Reparatursequenz in dieser Episode ist RSoedA_K_9 und die Überarbeitung darin bezieht sich darauf, eine oder die richtige Person – nämlich TOM – zu nennen (s. Z. 067–Z. 069). Im Konkreten zeigt sich dies in dem Ausschnitt mit_n- (--) mit_ n TOM (Z. 067–Z. 069), aus dem auch hervorgeht, dass AK_2 die Absicht, den bestimmten Artikel dem Vornamen voranzustellen, nicht aufgibt, was bei bairisch geprägtem Sprachgebrauch auch nicht überraschend ist (vgl. z. B. Zehetner 1985: 115), und dabei die Klitisierung des bestimmten Artikels an die Präposition *mit* beibehält. Im Gesprächsbeitrag in Z. 102 ist ein ähnliches Phänomen zu beobachten; darin verwendet AK_2 fia_n, was der Präposition *für* mit daran angelehntem bestimmten Artikel entspricht. Bemerkenswert ist, dass _n in diesem Fall für *den* steht, jedoch im andern Fall für *dem*. Nichtsdestotrotz kann entsprechend der L1S-Phänomenlage in T6_K *Präp.* + _(i)n $\downarrow$ (Z. 067, Z. 069,

---

[26] Tom ist ein anderer Lehrling. Der Name ist anonymisiert.

5.4 Kollektionsausschnitt kooperationsbezogene Gesprächsausschnitte ...

Z. 102) kodiert werden und ist dies unter einer Input-Perspektive wohl auch sinnvoll – schließlich tritt *dem* und *den* im Sprachgebrauch von AK_2 in T6_K nur als die Suffixvariante _n auf.

Dass _n hier sowohl *dem* als auch *den* entspricht, ist aus einem weiteren Grund bemerkenswert. Dieser betrifft die Repräsentation des Dativs, nämlich die Tatsache, dass bei (mittel-)bairisch geprägtem Sprachgebrauch durchaus „statt des *-n* auch *-m* auftreten [kann] (womit Einigkeit mit der hochsprachlichen Grammatik erreicht ist), und zwar v. a. dann, wenn das folgende Wort mit einem Lippenlaut beginnt, so daß *-m* artikulatorisch näher liegt als *-n* (Assimilation)" (Zehetner 1985: 109 [H. i. O.]). Legt man auf die Darstellung dessen Wert, dass AK_2 in Z. 080 zwischen *mit* und der Nennung des Vornamens des besagten Kollegen keinen bestimmten Artikel verwendet (= mit tOm), ist die oben vorgeschlagene und Stabilität ausweisende DSK-Emergenz-Figur nicht treffend oder unzureichend und stellt sich die Frage, ob man nur das Verhältnis von nichtstandardkonformem mit_n TOM (Z. 069) und standardkonformem mit tOm (Z. 080), nur Variation im Segment *Präposition + Artikel* an sich, wobei im Hinblick auf den Artikelgebrauch nicht nur die Form des Artikels relevant wäre, sondern auch Fragen zur regulären Belegung von potenziellen Artikelpositionen zu berücksichtigen wären, oder beides darstellen soll. In *den* und *dem* als _n repräsentiert spiegelt sich die im gesprochenen Deutschen (vgl. z. B. Herrgen / Schmidt 2019: grosso modo) und im Bairischen allemal (vgl. z. B. Zehetner 1985: 108 ff.; Lenz 2019: 333) häufig zu beobachtende Tendenz wider, zwischen Akkusativ und Dativ nicht zu differenzieren bzw. Akkusativ und Dativ in einem einzigen und eigenständigen Objektkasus zusammenzuführen.[27] Ins Treffen geführt, dass die Akkusativ-Dativ-Unterscheidung in den meisten germanischen Sprachen bereits aufgegeben wurde (Krifka 1999: 2), ist diese Tendenz nicht überraschend. In einschlägiger Literatur ist in solchen Fällen von Kasussynkretismus die Rede, mit dem – wie bereits in Abschnitt 5.1 angedeutet – auch die nicht-existierende Genitiv-Dativ-Unterscheidung bei bairisch geprägtem Deutschgebrauch erklärt werden könnte. Insbesondere vor dem Hintergrund des bairisch geprägten Deutschgebrauchs kommt nicht nur *der Dativ ist dem Genitiv sein Tod*, sondern auch die Tendenz *Tod ‚den' Dativ* zum Tragen.

In der zweiten Reparatursequenz in T6_K alias RSoedA_K_10 spielt das wohl maßgeblichste Kernaussagenelement dieser Episode die Hauptrolle, nämlich *morgen*. Im Konkreten handelt es sich hierbei um die Überarbeitung von MORgen (Z. 074) zur überakzentuierten Form MOR↑gEn (Z. 077). Es geht

---

[27] Diese Tendenz gilt allemal in Bezug auf Maskulina (vgl. Lenz 2019: 333), im Allgemeinen ist sie aber auch beziehentlich Neutra und Feminina zu beobachten (vgl. Krifka 1999).

AK_2 in T6_K offensichtlich generell darum, Missmanagement-Problemen am folgenden Tag vorzubeugen. Im Wesentlichen soll LK dafür sorgen, dass in Zusammenarbeit mit dem Kollegen Tom im Hinblick auf wie VIEL gebÄck, (--) wie VIEle etAgeren, (--) wie schaut das ÖU::S; (-) was braucht ihr ALles; (.) wie funktioniert ALles (Z. 087–Z. 095) alles in Ordnung geht. Dieser episodenfinale Gesprächsausschnitt handelt offensichtlich vom Ablauf des Frühstücksservices und der Präsentation des Frühstücks, wie im Rahmen des Forschungsbesuchs festgestellt werden konnte, und beinhaltet die oben erwähnte Ausnahme hinsichtlich der Reichweite von $a \downarrow$ (bzw. $a^{(*)} \downarrow$, s. u.), die hier ja über zwei TKE hinausgeht und nicht wie ansonsten in kooperationsbezogenen Kollektionsausschnitten in Fall 2 sich auf maximal zwei TKE beschränkt. Genaugenommen ist in Betracht zu ziehen, dass $a \downarrow$ in Z. 087–Z. 097 gilt und die Serie standardkonformer a erst nach dass in <<all> dass ihr MORgen nuamoi a gespräch a hoiwe stund führts;> (Z. 097) abreißt, was sich als a-l-$Vok. \leftarrow a*$ darstellen lässt. Die standardkonformen a in Z. 087–Z. 097 fallen bis auf jenes in das (Z. 091) und was (Z. 093) mit a-Verdumpfungsresistenz (= etAgeren: Z. 089 & dass: Z. 097) oder unterbliebener l-Vokalisierung zusammen (= ALles: Z. 093, Z. 095). Diese Beobachtung ergänzt das schon am Anfang von Abschnitt 5.2 gezeichnete Bild, dass die Verwendung von standardkonformem a in kooperationsbezogenen Kollektionsausschnitten in Fall 2 nicht nur mit dem Blick in Richtung Standardpol beziehentlich a in Verbindung steht. Das Auftreten eines (gebrauchs-)standardkonformen Gesprächsbeitrags (wie z. B. jene in Z. 087–Z. 095) oder Segments (wie z. B. dass ihr MORgen: Z. 097) widerspricht dem Kern dieser Beobachtung zum a-Gebrauch prinzipiell nicht, denn in ihnen ist eben nicht nur a standardkonform, was mit einem In-Schwung-Sein oder einer Fokussierung in Zusammenhang gebracht werden kann. Solche Beobachtungen können quasi selbstverständlich auch in Fall 1 gemacht werden, allerdings fällt in Fall 2 auf, dass viele der darin ohnehin schon wenig vorkommenden Moves $\rightarrow a$ und auch die sich darin selten manifestierende DSK-Emergenz-Figur $a \downarrow$ durch $a*$ gekennzeichnet sind oder mit standardsprachlichem l-Gebrauch einhergehen. In der problemprogressiven Episode T6_K bezieht sich dies auf $a \downarrow$ (Z. 080); a-l-$Vok.$ (Z. 084, Z. 097, Z. 099) $\rightarrow a*$ (Z. 089, Z. 099, Z. 101); $a^{(*)} \downarrow$ (Z. 089, Z. 091, Z. 093, Z. 095, Z. 097) und normalprogressiv betrifft dies o (Z. 052) $\rightarrow a*$ (Z. 053) in T3_K, $o \rightarrow a*$ (Z. 055) in T7_K, e (Z. 013) $\rightarrow a$ (Z. 015) und $e \rightarrow a*$ (Z. 019) in T8_K (s. o.). Kurzum und in Bezug auf kooperationsbezogene Kollektionsausschnitte: In Fall 1 lässt sich der Move $\rightarrow a$ und auch $a \downarrow$ öfter leichter oder eindeutiger als Ansteuerung des Standardpols interpretieren als in Fall 2. Dies kann schlicht damit zu tun

5.4 Kollektionsausschnitt kooperationsbezogene Gesprächsausschnitte ...

haben, dass in Fall 1 sowohl der Move → a als auch $a \downarrow$ häufiger auftritt als in Fall 2. Die Beobachtung, dass im Vergleich zu Fall 2 sich $a \downarrow$ in Fall 1 öfter über längere Phasen erstreckt, trägt womöglich auch zu diesem Eindruck bei. Davon, dass die Beobachtbarkeit in dem einen Fall der Beobachtbarkeit in dem anderen entgegenkommt, kann in diesem Forschungsprojekt überhaupt nicht die Rede sein. Wie für die vorliegende Untersuchung generell gilt, sind die Vergleichsmöglichkeiten zwischen Fall 1 und 2 beschränkt und endlos scheinend zugleich – was auch immer man vergleicht, stößt ab einem bestimmen Punkt an Grenzen und öffnet Türen zu nächsten Vergleichsmöglichkeiten, die hier nicht alle thematisiert werden können – und zwar schon allein in Bezug auf a. Vergleiche innerhalb der Fälle sind zumindest bewältigbarer.

Fälle, in denen a^* zu konstatieren ist und a^* aufgrund seiner sprachlich-interaktionalen Umgebung eher in Bezug auf das Bairische als das Standardsprachliche als konform zu interpretiert ist, wurden bereits in den Abschnitten 5.1 und 5.2 diskutiert. Mit dass ihr MORgen nuamoi a gespräch a hoiwe stund führts;> (Z. 097) liegt ein Fall vor, in dem sich a^* in einem standardkonformen Segment befindet, auf das ein nicht-standardkonformes folgt. Dementsprechend schwierig stellte sich die Aufgabe dar, a^* im Hinblick auf das Bairische oder Standardsprachliche als konform zu interpretieren. Dennoch wird im Folgenden versucht, dem Verhältnis von <<all> dass ihr MORgen und nuamoi a gespräch a hoiwe stund führts;> in Z. 097 nachzugehen. Zu diesem Zweck wird aus Z. 097 herausgezoomt und werden somit mehrere Gesprächsbeiträge von AK_2 in T6_K in den Blick genommen. Dass dabei weiter ausgeholt werden muss, ist – wie bei Analysen im Kontext von Sequenzialität so oft – unvermeidlich. Im Folgenden wird jedoch die Episode T6_K nicht nur im Hinblick auf ihre sequenzielle Organisation behandelt, der ja schon (zumindest teilweise) Beachtung geschenkt wurde, sondern auch ganzheitlich betrachtet. Vorausgeschickt sei, dass dies die Thematisierung der Phänomenlage in anderen Gesprächsbeiträgen mit sich bringt und sich herausstellt, dass es sich bei dass ihr MORgen gar nicht um ein standardkonformes Segment handeln muss.

Das Auftreten von standardsprachlichem *morgen* in Z. 097 ist aufgrund dessen, dass für AK_2 – wie aus seinem Betonungs- bzw. Hervorhebungsverhalten in T6_K mit hervorgeht – das, was LK am folgenden Tag tun soll, besonders wichtig ist, genauso überraschend oder wenig überraschend wie jenes zuvor in Z. 067, Z. 074 und Z. 077. Die Gesprächsbeiträge von AK_2 betreffend ist dieses in T6_K stets standardkonform auftretende Adverb (eine bairische Variante ist *murgen*) nur in Z. 080 nicht akzentuiert bzw. kein Teil einer Kernaussage. Im ziemlich standardnahen Gesprächsbeitrag in Z. 080 ist u. a. die Person tOm

– wie bereits erwähnt, hier ohne vorangestellten Artikel – und ALles inhaltlich substanziell, bis Z. 080 ist es für AK_2 immer (auch) *morgen*, sofern dieses Wort von ihm verwendet wird. Auch in Z. 102 ist der folgende Tag für AK_2 inhaltlich relevant, wie aus nÄchsten TAG hervorgeht. Zur Diskussion des Ausbilders Verwendung von dass ihr MORgen in Z. 097, ALles und dem artikellosen und folglich in morphosyntaktischer Hinsicht standardkonformen Gebrauch des Vornamens tOm in Z. 080 sowie nÄchsten TAG in Z. 102 kann die *Standardkonformitätshervorhebungs-Hypothese* ins Treffen geführt werden, nach der standardsprachliche Gesprächselemente nicht nur aufgrund inhaltlicher Schwerpunktlegung markiert werden, sondern auch wegen ihrer Standardsprachlichkeit an sich.

Von dieser Hypothese ausgehend lässt sich die Phänomenlage in den soeben erwähnten TKE im Kontext von Z. 067–Z. 102 (≈ T6_K) wie folgt darstellen: Dass im standardkonformen Segment dass ihr MORgen (Z. 097) nur ein Gesprächselement akzentuiert ist, kann mit der schnellen Sprechweise von AK_2 im entsprechenden Gesprächsbeitrag an sich zusammenhängen, schließlich ist in Z. 097 keine weitere Akzentsetzung mehr zu beobachten (s. nuamoi a gespräch a hoiwe stund führts). Doch bei schneller Sprechweise zwei Gesprächselemente zu akzentuieren, wäre nichts Außergewöhnliches; dies geschieht auch in Z. 067 und eines davon ist das Adverb mOrgen. Dass in Z. 097 das Gesprächselement MORgen den/einen Akzent trägt, kann damit zu tun haben, dass MORgen das erneute Aufgreifen eines wichtigen und davor schon als solchen dreimal markierten Punkts (= mOrgen: Z. 067; MORgen: Z. 074; MOR↑gEn: Z. 077) darstellt. Außerdem ist in Betracht zu ziehen, dass die Möglichkeit besteht, dass in Z. 097 mit MORgen auch nicht hervorgehobenes morgen aus Z. 080 aufgegriffen wird. Folglich kann es sich bei MORgen in Z. 097 um eine auf Recycling basierende Insertion handeln, wobei sich Recycling allemal auf die Beibehaltung von Standardkonformität bei der Realisierung der Hauptsilbe (= *mor-* bzw. *muu-*) und zum Teil auch die Hervorhebung von *morgen* bezieht. Insertion impliziert, dass sich diese auf irgendeine Art und Weise von dem Rest der Umgebung abhebt; das Einsetzen an sich stellt ein solches Sich-vom-Rest-Abheben dar und MORgen als auf Vorangehendes zurückzuführende standardsprachliche Insertion in Bezug auf nuamoi a gespräch a hoiwe stund führts zu bezeichnen, ist sicherlich leicht nachzuvollziehen. Allerdings stellt sich die Frage, warum und inwiefern sich standardkonformes MORgen in dass ihr MORgen von standardkonformem dass ihr abheben sollte (s. Z. 097). Beziehentlich der Gesprächsbeiträge von AK_2 in T6_K kann dazu folgendes Erklärungsangebot geliefert werden: Da AK_2 auch in

5.4 Kollektionsausschnitt kooperationsbezogene Gesprächsausschnitte ...

anderen Gesprächsbeiträgen – ob nun durch Standardkonformität gekennzeichnet (s. Z. 093) oder kaum (s. Z. 067) – das Personalpronomen *ihr* verwendet und dieses einerseits standardkonform ist, aber andererseits auch im (Mittel-)Bairischen als regulär gilt (vgl. Zehetner 1985: 125)[28], ist *ihr* nicht unbedingt als Ergebnis einer Zuwendung zum Standardpol zu interpretieren, und da *a* in *dass* höchstens vor dem Hintergrund einer sprachlich-interaktionalen Umgebung zu deuten ist und diese in anderen Gesprächsbeiträgen von AK_2 eindeutig eher als nicht-standardkonform als standardkonform zu bezeichnen ist (s. Z. 099, Z. 101), kann nicht ausgeschlossen werden, dass auch dass in Z. 097 kein Ergebnis einer Orientierung am Standardpol ist. MORgen könnte als die oder zumindest eine der standardsprachlichsten Insertionen in des Ausbilders Gesprächsbeiträgen im episodenfinalen Gesprächsausschnitt Z. 097–Z. 101 geführt werden, denn die Phänomenlage stellt sich in diesem u. a. als von *a*-Verdumpfung (Z. 099, Z. 101), *l*-Vokalisierung (Z. 097) und anderen vokalischen Realisierungen, die für eine Orientierung am Dialektpol sprechen (s. Z. 097, Z. 101), sowie *a* ↓ in Bezug auf den unbestimmten Artikel (s. Z. 097, Z. 099) wie auch hinsichtlich *er* (Z. 101) und der bairischen *s*-Endung in der 2. Person Plural (Z. 097, Z. 099) geprägt dar. Die in diesem Gesprächsausschnitt dreimal auftretende Konjunktion dass bzw. *a** darin (s. Z. 097, Z. 099, Z. 101) mit einer kurzzeitigen Zuwendung zum Standardpol in Verbindung zu bringen, kann als gewagt bezeichnet werden, zu notieren ist dennoch $a^{(*)}$ ↓ (Z. 089–Z. 097); *a-l-Vok.* ← *a** (Z. 097); *a-l-Vok.* (Z. 097) → *a** (Z. 099); *o* ← *a** (Z. 099); *o* (Z. 099) → *a** (Z. 101); *o* ← *a** (Z. 101). Die DSK-Emergenz-Figuren *a-l-Vok.* ↓ (Z. 097) und *o* ↓ (Z. 099) komplementieren im Hinblick auf *a* das phonetisch-phonologische Bild des Gesprächsausschnitts Z. 097–Z. 101. Nimmt man auch noch Z. 102 in den Blick, ist um *o* (Z. 101) → *a* (Z. 102) zu ergänzen, wobei der Move → *a* mit Akzentuierung einhergeht (= TAG). In Z. 102 ist aber nicht nur das *a*-haltige Gesprächselement TAG akzentuiert, sondern auch das vorangehende Adjektiv nÄchsten, womit auch hier das inhaltlich substanziell ist, was es auch in Z. 067, Z. 074 und Z. 077 ist, nämlich *morgen*. Gilt TAG trotz lenisiertem *t* und nÄchsten ohne [ɛː] als (zumindest gebrauchs-)standardkonform, ist festzustellen, dass in der TKE fia_n nÄchsten TAG das Standardkonformste hervorgehoben ist. Auch bei Berücksichtigung dessen, dass nÄchsten bei Zuwendung zum Dialektpol nicht anders lauten würde, trifft diese Aussage zu, denn in TAG unterbleibt die *a*-Verdumpfung. Bemerkenswert ist, dass in nÄchsten

---

[28] Obwohl Zehetner (1985: 57, 68, 95, 125, 164) folgend bei (mittel-)bairischem Deutschgebrauch die *ihr*-Variante „*ees*" (ebd.: 164 [H. i. O.]) eher zu erwarten ist, ist mit demselben nicht auszuschließen, dass (mittel-)bairische Sprecher:innen bei Orientierung am Dialektpol auch „*ia*" (ebd.: 125) für *ihr* verwenden.

TAG das *a*-haltige Gesprächselement den Hauptakzent trägt und nicht das Element, das den *Tag* erst zu *morgen* macht. Auch im phonetisch-phonologisch standardkonformen Gesprächsbeitrag in Z. 080 ist eines der *a*-haltigen Gesprächselemente akzentuiert, nämlich ALles. In Z. 080 ist der Akzent auf ALles einer von dreien, was auf der sprachlich-interaktionalen Oberfläche an sich auffällt und als überakzentuiert bezeichnet werden kann; würde AK_2 noch mehr Gesprächselemente in diesem standardnahen Gesprächsbeitrag betonen, wäre das Betonungsverhalten noch überakzentuierter bzw. auffälliger. Dass *alles* in Z. 080 Akzent trägt, kann selbstverständlich tatsächlich damit zu tun haben, dass ALles für AK_2 inhaltlich substanziell ist, in Zusammenschau mit was braucht ihr ALles; (.) wie funktioniert ALles (Z. 093–Z. 095) ist dies durchaus anzunehmen. Ob *a* in ALles in Z. 080, Z. 093 und Z. 095 auch deshalb betont wird, weil es standardkonform ist, ist unklar und ob diese Akzentsetzung auch mit unterbleibender *l*-Vokalisierung zusammenhängt, die ja – wie oben ausgeführt – neben *a*-Verdumpfungsresistenz in *a* ↓ in Fall 2 mehr auffällt als in Fall 1, ebenso. Auch, ob die *a*-Akzentuierung in fia_n nÄchsten TAG (Z. 102) mit der Markierung von Standardsprachlichkeit zusammenhängt, ist nicht klar. Dass jedoch in Z. 102 das *a* im standardkonformsten Segment (haupt-)akzentuiert wird und im standardnahen Gesprächsbeitrag in Z. 080 u. a. eines der beiden standardkonformen *a* ebenso, ist gewiss, und dass standardkonforme Gesprächselemente akzentuierungssensitiv sind, geht z. B. oder u. a. aus den Gesprächsbeiträgen in Z. 080, Z. 097 und Z. 102 auch hervor – zur Erinnerung: Im phonetisch-phonologisch standardkonformen Gesprächsbeitrag in Z. 080 liegen drei Akzente vor, einer betrifft *a* und *l* gleichzeitig (ALles) und einer die standardkonforme Verwendung eines Personennamens (mit tOm); im Gesprächsbeitrag in Z. 097 ist allein das einzige als eindeutig standardkonform zu identifizierende Gesprächselement akzentuiert (= MORgen); im Gesprächsbeitrag in Z. 102 trägt das Gesprächselement Akzent, das eindeutig und außerdem vor dem Hintergrund des *a*-Gebrauchs auf eine Orientierung am Standardpol hinweist (= TAG).

Die Akzentuierungssensitivität standardkonformer Gesprächselemente, gleich, ob sie nun mit einer Kernaussage einhergeht oder doch nicht, zeigt sich in T6_K schon am Anfang – und zwar in Z. 067; im entsprechenden Gesprächsbeitrag ist *morgen* das einzige Gesprächselement, das auf Bairisch anders lauten könnte, nämlich und wie schon oben angegeben oder angedeutet *murgen*, und dieses trägt einen Akzent (= mOrgen). In RSoedA_K_10 sind mit MOR↑gEn (Z. 077) zumindest nahezu alle Mittel ausgeschöpft, die eine solche Sensitivität ausweisen können. MOR↑gEn ist so wie auch verSTAN↑dEn (s. o bzw. = RSoedA_DS_4: Z. 033) ein prägnantes Beispiel dafür, dass Überakzentuierung in Gesprächen mit

5.4 Kollektionsausschnitt kooperationsbezogene Gesprächsausschnitte ...

den deutschlernenden Lehrlingen die Laut-, Silben-, Wort- und Sinneinheitsebene betrifft. Dass es AK_2 sehr wichtig ist, dass am nächsten Tag alles reibungslos läuft, zeigt sich in T6_K wohl im ziemlich standardnahen Gesprächsausschnitt Z. 087–Z. 095 am deutlichsten, WOAST eh unmittelbar davor (Z. 086) könnte als post- bzw. perifokal interpretiert werden. Dieses Segment und die Repräsentation von mittelhochdeutschem *ei* als *oa* spielt etwas weiter unten nochmals eine Rolle. In Z. 087–Z. 095 ist neben Standardnähe auch in Bezug auf den Frühstücksdienst pointiertes Akzentuierungsverhalten zu erkennen, was zwar nicht über mehr als zwei Hervorhebungen hinausgeht, aber trotzdem anzeigt, womit es AK_2 ernst ist.

Die standardnahe Phänomenlage ist im soeben genannten Abschnitt auch jenseits vom *a*-Gebrauch bemerkenswert, und zwar zum einen deshalb, weil diesmal die *s*-Endung in der 2. Person Plural ausbleibt (= braucht ihr: Z. 093 vs. reds eich ihr bzw. ihr führts: Z. 067 & Z. 097) und zum anderen deshalb, weil einmal mit dem Anvisieren des Standardpols Nasalierung einhergeht, was z. B. auch Auer (1990: 253, 324) im Süden des deutschen Sprachraums beobachtet, aber auch Wiesinger (2009: 237 f.) im Hinblick auf Standardsprache in Österreich feststellt, allerdings ohne darauf verzichten zu können, seinen Leser:innen aufgrund von Nasalierungsphänomenen Rückschlüsse auf das Bildungsniveau oder die soziale Herkunft von Sprecher:innen aufzudrängen. Das in T6_K beobachtete Nasalierungsphänomen bezieht sich auf ÕU: : S 'aus' (Z. 091). Die Nasalierung in ÕU ist so stark, dass sie als [˜ɔ] dargestellt werden könnte und so dominant, dass es eigentlich fraglich ist, ob sie in [ʊ] übergeht oder doch (noch) nicht. Auch in Perner / Brodnik (2021: 193) wird ein Fall beschrieben, in dem die Realisierung von *au* als tatsächlicher Diphthong strittig ist, und dieser kann genauso wie der vorliegende ÕU-Fall im Anschluss an einschlägige (dialektologische oder sprachlich-regionale) Fachliteratur mit der Wiener Monophthongierung[29] in Verbindung gebracht werden, die, wie bereits in den 1990ern beobachtet, über (den Großraum) Wien weit hinausgehend anzutreffen ist (vgl. Lenz 2019: 327, 348) und zumindest in Teilen Österreichs wohl als gebrauchsstandardkonform interpretiert werden kann, was für Wiesinger (2009: 238) auch mit „sozial niedriger Herkunft" korrelieren muss. Jedoch, dass ÕU: : (oder Ähnliches) für *au* nur mit der Strahlkraft der Bundeshauptstadt Wien auf z. B. Oberösterreich und/oder seine Landeshauptstadt Linz, in der AK_2 viel Zeit verbracht hat, zurückzuführen ist, kann nicht mit Sicherheit geäußert werden.

---

[29] Die *Wiener Monophthongierung* bezeichnet einen [aɪ̯] und [aʊ̯] betreffenden Assimilationsprozess, dessen Ergebnis von auffälliger Dehnung gekennzeichnet ist und an [ɛ] bzw. [ɔ] erinnert (vgl. Moosmüller 2010). In der vorliegenden Untersuchung konnte nicht beobachtet werden, dass einer der Ausbilder [aɪ̯] monophthongiert.

Die Beobachtung, dass AK_2 in der vorliegenden Untersuchung ansonsten *au* immer als [aʊ̯] realisiert, was in T6_K im Kontext eines nicht-standardkonformen Gesprächsbeitrags genau in Z. 101 und eines standardkonformen braucht in Z. 093 betrifft und sich auch in den standardkonformen Gesprächsbeiträgen dieses Ausbilders in T7_K (s. Z. 051) und T8_K (s. Z. 023–Z. 025 bzw. RSoedA_K_13) zeigt, nährt diesen Zweifel und impliziert auch, dass sich die soziale Herkunft von AK_2 aufgrund seines Sprachgebrauchs in Blickrichtung Standardpol im Wiesinger'schen Sinne nicht herleiten lässt. Perner / Brodnik (2021: 193) folgend ist in Betracht zu ziehen, dass die Manifestation von ÕU:: für *au* bzw. betontes, nasaliertes und auffällig gedehntes *au*, das kein Diphthong mehr und doch noch kein Monophthong ist, der Situation geschuldet sein kann, mit einem (oder einer) L2S zu sprechen; in diesem Sinne kann ÕU:: als überakzentuierte *au*-Variante und Spielart xenolektaler Variation gelten.

Dass eine in Richtung Monophthong gehende *au*-Variante prinzipiell auch in L1S-L1S-Gesprächskonstellationen erwartet werden kann, wenn der Standardpol anvisiert wird, widerspricht der Interpretation von ÕU:: als xenolektal nicht unbedingt, denn solche Schnittmengen oder Ähnlichkeiten kann es geben; allein schon die Verwendung standardkonformer *a* von L1S, deren Orientierung am Mittelbairischen automatisiert ist, in Gesprächen mit L2S könnte als xenolektal interpretiert werden (vgl. Perner 2020: 57 ff.; Perner / Brodnik 2021: 199). Doch neben dieser überindividuellen Betrachtung von Sprachgebrauch widerspräche auch die Beobachtung, dass AK_2 generell dazu neigen würde, *au* bei Ansteuerung des Standardpols als in Richtung Monophthong gehend zu realisieren, nicht der Möglichkeit, eine solche *au*-Variante als xenolektal zu interpretieren, denn xenolektale Variation muss Roche (1998: 122 f.) folgend für Dritte, Forscher:innen oder an Interaktionen sprachwissenschaftlich Interessierte nicht immer sichtbar oder erkennbar sein. Reguläre Variation im Sinne von nicht-xenolektaler und xenolektale Variation können sich gleichen (vgl. ebd.).

Gleich, ob nun xenolektale Variation ins Spiel gebracht oder außen vor gelassen wird und/oder die Wiener Monophthongierung ins Treffen geführt wird oder nicht, zeigt sich z. B. in wie schaut das ÕU::S (T6_K: Z. 091), dass die L1S-Hervorhebung eines Gesprächselements in einer L1S-L2S-Gesprächskonstellation mehr oder weniger im Kontext von Standardsprachlichkeit stehend sich nicht nur auf normierte Regularitäten des Standarddeutschen beschränkt, was eine andere Art von Akzentuierungssensitivität in Blickrichtung Standardpol darstellt und sich im ÕU::S-Fall neben Betonung auch durch Dehnung einer *au*-Variante manifestiert, die einem nasalen Monophthong nahe kommt. Eine ähnliche Akzentuierungssensitivität kann auch im ebenfalls problemprogressiven SÖLber-Fall (s. RSoedA_DS_2: Z. 043) konstatiert werden,

5.4 Kollektionsausschnitt kooperationsbezogene Gesprächsausschnitte ... 257

in diesem geht Betonung mit von *l*-Vokalisierung gekennzeichnetem Vokalgebrauch einher, obwohl die tatsächliche *l*-Vokalisierung unterbleibt, wie in Bezug auf Regularitäten des Mittelbairischen beschrieben werden kann, denn *sölber* ist im Bairischen an sich nicht irregulär (s. Abschnitt 3.1). Eine Gemeinsamkeit des ÕU::US-Falls und des SÖLber-Falls ist, dass sie beide von im Mühlviertel oder in Linz mit Deutsch aufgewachsenen Sprecher:innen nicht unbedingt zu erwarten sind und im Sprachgebrauch der betreffenden Ausbilder eine phonetisch-phonologische Ausnahme ausweisen.

Neben T6_K gibt es in Fall 2 noch weitere zwei problemprogressive Kollektionsausschnitte. Der eine gehört zu T2_K und entspricht RSoedA_K_3; hierbei handelt es sich um eine Reparatursequenz, die in Bezug auf die normalprogressive RSoedA_K_2 als episodenfinaler Gesprächsausschnitt darzustellen ist und in Abschnitt 5.2 auch als solche in den Blick genommen wird. Der andere betrifft T9_K und die darin enthaltene RSmedA_K_1.

In der Episode T2_K stellt die Lösung einer Aufgabe, die AK_1 LK gibt und die im beruflichen Alltag sowie in Bezug auf die Kommunikation zwischen den beiden Kollegen erwartbar ist und deren adäquate Durchführung als simpel erscheinen mag, ein Problem dar. Der Ausbilder weist seinen Lehrling an, so an TOPF bzw. so an braden TOPF zu holen (s. Z. 038–Z. 039 bzw. RSoedA_K_2) – und zwar eh do wia_s do HINT han (Z. 043) und meint kurz danach auch STÖ_ST_n amoi do hEr (Z. 047). Nach dem LK einen Topf geholt hat, was etwa 50 Sekunden dauert, fragt er AK_1 vermutlich etwas zum SCHNEIden (Z. 051) eines Gemüses, was AK_1 mit jo hoiBIEREn tuat_ s_es (Z. 053) beantwortet. Etwa fünf Sekunden später begutachtet AK_2 den von LK gebrachten Topf, wobei er a so da brAuch_ma an BREIteren (Z. 055) äußert, und erst zu diesem Zeitpunkt wird braden TOPF (Z. 039) ein Reparandum und tritt außerdem ein Move → *a* auf. Die späte Überarbeitung von braden TOPF zu BREIteren kann als Substantivierung beschrieben werden und lässt sich phonetisch-phonologisch als *a* → *ei* darstellen, womit *a*-bezogene Dialekt-Standard-Variation um einen weiteren Aspekt reicher wird. Dieses *a* ist eine der beiden (mittel-)bairischen Varianten für *ei*, die sich auch in T6_K zeigt (= wa:ss 'weiß': Z. 101). Die andere (mittel-)bairische Entsprechung für *ei* ist *oa*, auch sie ist sowohl in T2_K (bzw. RSoedA_K_2 oder RSoedA_K_3: Z. 039) als auch in T6_K (Z. 086) zu beobachten – und zwar beide Male in der 2. Person Singular des Verbs *wissen* in Kombination mit der Modalpartikel *eh*. Das sich somit ergebende Segment *woaßt eh* dient in beiden Fällen als Einleitung eines Gesprächsbeitrags mit weiterführenden Inhalten und kann somit auch als perifokal interpretiert werden. Dennoch unterscheiden sich die beiden *woaßt-eh*-Fälle etwas voneinander. In T6_K ist WOAS_ST eh (Z. 086) Teil eines episodenfinalen Gesprächsausschnitts und folgen darauf einige TKE, in dem die Orientierung am Standardpol zu erkennen ist (s. o. bzw. Z. 087–Z. 095), und in T2_K gehört woas_st eh (Z. 039) zu einem episodenzentralen Gesprächsausschnitt, der Teil einer Episode ist, in der bis zu ihrem Ende, das dem Moment entspricht, in dem AK_1 feststellt, dass der Topf zu schmal ist, überhaupt keine Standardnähe zu erkennen ist. Auch der entsprechende Gesprächsbeitrag (= Z. 055) ist von nicht-standardkonformen Gesprächselementen durchzogen. Dass *woaßt* in T6_K akzentuiert ist und in T2_K nicht, mag auffallen, ist jedoch einfach damit zu erklären, dass im ersten Fall *woaßt eh* eine eigene TKE darstellt (s. Z. 086), jede TKE irgendwo einen Akzent trägt und Modalpartikel wie etwa *eh* dies in der Regel nicht tun und im zweiten Fall *woaßt eh* Teil einer längeren TKE ist (Z. 039), in der, wie zu erwarten, nicht die Einleitung eines Gesprächsbeitrags mit einer neuen Information, sondern das Objekt, auf das sich die neue Information bezieht (auch die neue Information an sich hätte es sein können), inhaltlich substanziell ist. Das *woaßt-eh*-Segment ist wohl in beiden Fällen eine routinehafte Einleitung eines Gesprächsbeitrags mit weiterführenden Inhalten, in T6_K folgt ihr ein kurzes Absetzen, bevor weitere Gesprächselemente auftreten, und in T2_K nicht, was damit zu tun haben kann, dass der entsprechende Gesprächsbeitrag insgesamt als einer mit schneller Sprechweise angelegt ist.

Beziehentlich des sogenannten mittelhochdeutschen *ei*, das im Mittelbairischen sowohl als *oa* als auch als *a* auftreten kann (vgl. Lenz 2019: 328 f.), ist in T6_K *oa* (Z. 086) ↓ *a* (Z. 101) und in T2_K *oa* ↓ *a* (Z. 039); *a* (Z. 039) → *ei* (Z. 055) zu kodieren. Aus dieser Darstellung geht hervor, dass LK allen erwartbaren Varianten von mittelhochdeutschem *ei* begegnet. Die Frage, wie LK es mental sortiert, dass *ei* manchmal *oa* und manchmal *a* ist und es außerdem noch andere *ei* gibt, die nie *oa* und *a* sein können, bleibt offen. Andere DSK-Emergenz-Figuren, in denen *a* involviert ist, werden in Bezug auf T6_K im vorliegenden Abschnitt weiter oben und im Hinblick auf T2_K in Abschnitt 5.2 thematisiert. Hinsichtlich T2_K soll an dieser Stelle nur nochmals darauf aufmerksam gemacht werden, dass in dieser Episode eine Bewegung in Richtung Standardpol erst dann stattfindet, als AK_1 offenbar feststellt, dass etwas – genauer: ein zu schmaler Topf – ein Problem werden könnte. Davor, wie oben auch durch entsprechende Gesprächsbeiträge illustriert, zeichnet sich der Sprachgebrauch von AK_1 ausnahmslos durch Variation aus, die von Sprecher:innen des (Mittel-)Bairischen zu erwarten ist, wenn sie den Blick in Richtung Standardpol nicht einmal in Betracht ziehen. Eines dieser Phänomene sieht zwar als DSK-Emergenz-Figur dargestellt so aus, als ob es eine Ansteuerung des Standardpols implizierte, weist

5.4 Kollektionsausschnitt kooperationsbezogene Gesprächsausschnitte ...

aber eine morphosyntaktische Struktur aus, die im (Mittel-)Bairischen erwartet werden kann. Gemeint ist tuat_s_es, was als *Verb* + _s → *es* (Z. 053) kodiert werden und als ein Beispiel für Personalpronomen-Doubling im (Mittel-)Bairischen gelten kann.[30]

In T9_K sticht im Hinblick auf standardkonformen *a*-Gebrauch der episodenfinale Gesprächsausschnitt Z. 068–Z. 070 hervor. Er ist durch *a* ↓ gekennzeichnet, während episodeneinleitend und episodenfinal stabilitätsausweisendes ↓ für Orientierung am Dialektpol spricht. Der besagte episodenfinale Gesprächsausschnitt fällt aber nicht nur durch die konsequente Verwendung von standardkonformem *a* in zwei TKE, sondern auch durch die konsequente Hervorhebung von *a*-haltigen Gesprächselementen auf; er lautet und dAnn in PFANne brAtEn. (-) und NACH pfAnne brAtEn (Z. 068–Z. 070) und HIER rauf (legEn) (Z. 071) vervollständigen den Turn und die Anweisung, wie LK mit etwas bzw. den Fleischlaibchen umzugehen hat. Die Standardkonformitätshervorhebungs-Hypothese drängt sich in der vorliegenden Untersuchung wohl in keinem anderen Gesprächsbeitrag mehr auf als in diesem, denn alle standardkonformen *a* wie auch alle -*en*-Reduktionsilben tragen Akzent und außerdem oder damit einhergehend tritt Überakzentuierung auf, die in Z. 068–Z. 070 allein schon aufgrund der Anzahl der Akzente festzustellen ist. In Bezug auf diesen Gesprächsausschnitt wird die Thematik Hervorhebung, Inhaltsvermittlung und Standardkonformität (u. a. im Anschluss an Perner 2020: 57 f.) in den Abschnitten 3.5 und 4.1.2 eingehender behandelt und muss daher hier nicht näher darauf eingegangen werden.

Was allerdings bezüglich Z. 068–Z. 071 noch zu thematisieren ist, sind die Auslassungen darin. Geht man davon aus, dass Z. 068–Z. 071 als 'nachdem du die Fleischlaibchen in der Pfanne gebraten hast, legst du sie hier rauf' oder Ähnliches paraphrasiert werden kann, können im Abgleich mit tatsächlich Geäußertem verschiedenste Arten oder Typen von Auslassungen identifiziert werden. Manche mögen als Ergebnis einer elliptischen Ausdrucksweise und manche als xenolektal interpretiert werden. Auf eine eingehende Beschäftigung damit und Darstellung von Interpretationsmöglichkeiten wird an dieser Stelle verzichtet, aber darauf, dass mit NACH pfAnne brAtEn nicht gemeint sein wird, 'nachdem die Pfanne gebraten ist', was bedeutet, dass Auslassungen potenziell zu Missverständnissen führen können, sei dennoch aufmerksam gemacht. Doch in Z. 068–Z. 071 und auch davor (= <<all> du nimmst nur:> BRÖ↑sEl- =einfoch in brösel WÄLzen in T9_K: Z. 063–Z. 064 und

---

[30] Eine ausführliche Auseinandersetzung mit dem Auftreten von gedoppelten Personalpronomen im Bairischen ist z. B. in Weiß (1998: 113–133).

ist a. Teil von RSmedA_K_1, s. hierzu a. u. sowie Abschnitt 3.5) scheint LK seinen Ausbilder nicht misszuverstehen bzw. ausreichend gut zu verstehen, schließlich produziert LK Fleischlaibchen, die offensichtlich den Vorstellungen von AK_1 entsprechen.[31] Selbstverständlich lässt es der Kontext auch nicht zu, dass Pfannen zu braten sind. Dennoch ist bezüglich Z. 068–Z. 071 Folgendes festzuhalten: Die Vermeidung eines eventuell entstehenden Problems (oder Missverständnisses, vgl. Perner 2020: 57 f.), das hier mit dem Misslingen der Fleischlaibchen zu tun hätte, geht nicht nur mit Überakzentuierung, sondern auch mit der Auslassung von vermeintlich Überflüssigen oder nicht die Kernaussage Betreffenden einher. Die Extremform der Standardkonformitätshervorhebungs-Hypothese ist wohl durch Auslassungen gekennzeichnet, durch Hervorhebung in jedem Wort ohnehin. Folglich ist NACH pfAnne brAtEn ein prototypisches Beispiel für die Hervorhebung von Standardkonformität seitens L1S im Gespräch mit L2S – im vorliegenden Datensample ist kaum ein besseres Beispiel dafür zu finden, dass mit der Standardkonformitätshervorhebungs-Hypothese in Verbindung gebracht werden kann.

RSmedA_K_1 ist durch o ↓ a-l-Vok. (Z. 048) und a-l-Vok (Z. 048) ↓ o (Z. 064) gekennzeichnet und kann dennoch im Zusammenhang mit einem In-Schwung-Sein diskutiert werden. Es ist zwar in Z. 064 noch nichtstandardkonformer a-Gebrauch (s. einfoch) zu erkennen, aber die übrigen Gesprächselemente sind im Vergleich zu Z. 048 – dort liegen entsprechende Reparanda vor und einfoch gehört nicht dazu (s. Z. 048 & Z. 064) – standardnah, denn die Entrundung von ö (s. brEsel: Z. 048, brösel: Z. 064) und die l-Vokalisierung (s. wÖzen: Z. 048, WÄLzen: Z. 064) sind aufgehoben. Im weiteren Verlauf hebt AK_1 auch die Verwendung von nichtstandardkonformen a auf (= und dAnn in PFAnne brAtEn. (-) und NACH pfAnne brAtEn: Z. 068–Z. 070), was dafür spricht, dass das In-Richtung-Standardpol-in-Schwung-Sein nach einfoch in Z. 064 einsetzt. Hier geht das In-Schwung-Sein weniger von a aus, als dass es sich auf a auswirkt, und geht es mit Auslassungen einher, die oben bereits im Zusammenhang mit der Standardkonformitätshervorhebungs-Hypothese diskutiert werden.

Der vorliegende Kollektionsausschnitt ist wohl jener, in dem in Fall 2 in nicht-episodenzentralen Gesprächsausschnitten a ↓ am augenfälligsten ist. Tatsächlich bezieht sich dies allerdings nur auf episodenfinale Gesprächsausschnitte, also auf Stellen im Interaktionsverlauf, an denen den Ausbildern wohl mit am bewusstesten ist, dass Probleme auftreten könnten oder womöglich gar schon

---

[31] An dieser Stelle soll darauf hingewiesen werden, dass die hier ausgewiesenen Variationsausschnitte auch in Perner (2020: 57 f.) diskutiert werden.

vorliegen. Diese Stellen sind in T9_K (= a ↓: Z. 068, Z. 070) und in T6_K (= $a^{(*)}$ ↓: Z. 089, Z. 091, Z. 093, Z. 095, Z. 097) zu finden. Es gibt eine DSK-Emergenz-Figur, die nur im vorliegenden Kollektionsausschnitt auftritt und deshalb bemerkenswert ist, sie ist episodeneinleitend zu RSmedA_K_1 und kann als o ↓ ~~a~~dargestellt werden; ~~a~~bezieht sich auf drauf 'darauf' im Kontext von blEch donn drauf in T9_K (Z. 046).

5.5 Kollektionsausschnitt kooperationsbegleitende Gesprächsausschnitte in Fall 1

Episodenzentral dominiert in Fall 1 a ↓, was sich v. a. auf Reparatursequenzen in T9_DS bezieht. T9_DS ist die Episode, die in Abschnitt 3.5 auch *Gschnena-Lektion* oder *Dialektlern-Episode* genannt und dort ausführlich diskutiert wird. Zur Erinnerung: ADS_1 lehrt LDS nicht-standardkonforme Variation in Bezug auf *Geschnittener*. Im Hinblick auf a kann noch ins Treffen geführt werden, dass a für -er in GSCHNEna (RSoedA_DS_10: Z. 131), GSCHNEnA (RSoedA_DS_10 bzw. RSoedA_DS_11: Z. 133), GSCHNEna (RSoedA_DS_12: Z. 146) und GSCHNE↑nA (RSmedA_DS_2: Z. 158) weniger einem a-Schwa entspricht als [a]. Doch dies muss gar nicht berücksichtigt werden, um zu erkennen, dass in T9_DS episodenzentral ausnahmslos a ↓ festzustellen ist – s. nicht eintretende a-Verdumpfung in RSoedA_DS_10 (Z. 131, Z. 133 – = auch RSoedA_DS_11: Z. 133 –, Z. 138) und RSoedA_DS_12 (Z. 144) sowie vokalische Variante des unbestimmten Artikels im Maskulinum in RSoedA_DS_10 bzw. RSoedA_DS_11 (Z. 133) oder auch in RSoedA_DS_12 (Z. 146). In RSmedA_DS_1 spielt a keine Rolle und in RSmedA_DS_2 nur dann, wenn die Realisierung von -er als ↑nA (Z. 158) thematisiert wird, was – wie bereits in Abschnitt 3.5 erwähnt – als hyperkorrekte (mittel-)bairische Form interpretiert werden kann und hier gemeinsam mit GSCHNE (wieder zusammengesetzt = GSCHNE↑nA: Z. 158) für Überakzentuierung spricht, denn drei Hervorhebungen in einem Wort sind außergewöhnlich. Doch um Alternativität im Hinblick auf *(-e)r*-Variation geht es in RSmedA_DS_2 nicht. ADS_1 reagiert mit GSCHNE↑nA auf seines Lehrlings (Rück-)Frage GSCHNEda; = oder? (Z. 156), was bedeutet, dass nicht die Endung -er zu a, sondern das Segment -der oder da zu -ner bzw. nA überarbeitet wird. Es geht um d vs. n und nicht darum, ob -er als [er], [ɐɐ],[əɐ], [ɐ], oder [a] repräsentiert ist. Phonetisch-Phonologische Alternativität im Hinblick auf *(-e)r*-Variation tritt in T9_DS und auch im Allgemeinen im vorliegenden Datensample nicht auf (s. a. Abschnitt 4.1.2).

In Anbetracht dessen, dass mehrsilbige standardsprachliche Wörter im (Mittel-)Bairischen oft als silbenreduzierte Variante auftreten,[32] ist es nicht überraschend, dass LDS mit dem Wort *Gschnena* Schwierigkeiten hat. *Gschnena* ist um zwei Silben kürzer als *Geschnittener* oder *Geschnittenen* und außerdem ist eine Silbe davon *t*-haltig, und genau diese Silbenreduktion scheint LDS zunächst schlecht oder nicht einordnen zu können (s. Z. 148 & Z. 156). Die beiden *e*-Tilgungen überraschen im Hinblick auf mündlichen Sprachgebrauch kaum, schon gar nicht in Bezug auf mittelbairisch geprägten.

Beziehentlich der Realisierung des besagten Artikels sei RSoedA_DS_11 (= T9_DS: Z. 133) – sie kann als kurze Reparatursequenz in der etwas längeren Reparatursequenz RSoedA_DS_10 bezeichnet werden – besonders hervorgehoben, zum einen deshalb, weil in ihr zweimal das Artikel-*a* ohne Akkusativ- oder Dativmarkierung vorliegt – in RSoedA_DS_12 steht an 'einen (womöglich einem)' (Z. 146) – und zum anderen deshalb, weil diese zweimalige Verwendung der vokalischen *ein*-Variante mit einer Überarbeitung zu tun hat, die womöglich auch auf einen Kookkurrenzkonflikt hindeutet. Gemeint ist, dass die Überarbeitung von a GESCH zu a GSCHNEnA eventuell und u. a. auch anzeigt, dass für ADS_1 a GESCHnittener weniger akzeptabel ist als a GSCHNEnA. Doch die Kookkurrenzkonflikt-Hypothese muss hier nicht unbedingt zutreffen. Es kann auch sein, dass es sich hier bloß um eine Art Versprecher handelt, der womöglich damit zu erklären ist, dass ADS_1 sein In-Richtung-Standardpol-in-Schwung-Sein, das in T9_DS ab Z. 133 allemal zu erkennen ist, unterbrechen muss, denn das Wort, dass ADS_1 seinem Lehrling beibringen möchte, ist nicht standardkonformen Charakters (hier = GSCHNEnA). Von einer Unterbrechung des In-Schwung-Seins kann hier deshalb die Rede sein, weil a GESCH a GSCHNEnA (Z. 133) zwischen wenn ich SAg↑E (Z. 133) und WEISST du. = dAs is diaLEKT (T9_DS, aber auch RSoedA_DS_10: Z. 137–Z. 138) liegt. Moniert werden könnte, dass is nicht standardsprachlich genug ist, um ein In-Schwung-Sein anzunehmen. Doch mit Berend (2005: 149) ist es dies für den mündlichen Sprachgebrauch sehr wohl, und Berend (ebd.) folgend ist es auch das Artikel-*a* (s. z. B. a. Abschnitt 3.5), weswegen a GESCH als Teil des unterbrochenen In-Schwung-Seins interpretiert werden kann. Die sprachlich-interaktionale Umgebung des zweiten *a* (= GSCHNEnA, aber auch der Kontrast zu den anderen Gesprächselementen in Z. 133 und Z. 137–Z. 138, s. o.) spricht dafür, dass dieses zumindest weniger standardkonform ist. Dass mit der Überarbeitung von a GESCH zu a GSCHNEnA an die sprachlich-interaktionale Oberfläche tritt, dass ADS_1 sein konvergierendes Sprachverhalten, das in Gesprächen mit LDS

---

[32] Für nähere Details vgl. z. B. Zehetner (1985: 55).

ansonsten durch Bemühungen gekennzeichnet ist, den Standardpol im Blick zu behalten, ändert oder ändern muss, um einen Inhalt adäquat zu vermitteln, und dies nicht ohne Weiteres möglich ist, ist wahrscheinlich. Kurzum: Der Variationsausschnitt a GESCH a GSCHNEnA zeigt ein akkommodatives bzw. konvergierendes Umdisponieren im DSK an.

Im Hinblick auf is in dAs is diaLEKT (Z. 138) sei noch angemerkt, dass es sich hier im Vergleich mit Z. 131 um ein nicht-modifiziertes Element in RSoedA_DS_10 handelt, segmental betrachtet gilt dasselbe für die Verwendung von *das* (s. das: Z. 131). Die Überarbeitungen, die in der TKE in Z. 138 zu finden sind und in RSoedA_DS_10 am offensichtlichsten die Fortsetzung dessen anzeigen, was ADS_1 in GSCHNEna das is in(_n) (.) in(_n) (Z. 131) nicht zu Ende führt, beziehen sich auf die Nachreichung eines Nomens und die Tilgung einer Präposition, an die womöglich ein *dem*-Klitikon anschließt. Trifft es zu, dass in(_n) (.) in(_n) der Konstruktion *in dem* entspricht, dann bildet dAs is diaLEKT (Z. 138) *in* ↑ ∅ ab und auch ein morphosyntaktisches Rearrangement, denn die Nachreichung des Nomens diaLEKT ist keine eines Objekts, so wie aufgrund von und nach Z. 131 erwartet werden könnte, sondern Teil eines vollendeten Gleichsetzungsnominativs.

T10_DS findet im Pausenraum des Betriebs statt und die darin zu findende RSoedA_DS_13 kommt zustande, weil der Forschende LDS fragt, ob er verstehe, wenn sich sein Ausbilder und der Forschende unterhalten, die beide in Oberösterreich sprachlich sozialisiert wurden (s. a. Abschnitte 2.2.3 und 2.3.3). Unmittelbar nach des Lehrlings Antwort auf diese Frage, sie lautet NICHT ganz <<lachend> aber auch.> H° (Z. 008), meint ADS_1 ja da DES DES wird- = DAS is schwieriger für di. = goi? (T10_DS: Z. 010–Z. 012 bzw. RSoedA_DS_13 ohne Ratifizierung). Im Hinblick auf *a* sind in Z. 010–Z. 012 die Moves ←(=da, DES: Z. 010) und →(DES, DAS: Z. 010 & Z. 011) zu erkennen, wenn man so will auch ↓ (betrifft ja da und DES DES in Z. 010). Allerdings führt der modifizierte *a*-Gebrauch nicht dazu, andere Gesprächselemente mit Blick in dieselbe Richtung, nämlich in Richtung Standardpol, zu formulieren – *dich* tritt *ch*-getilgt auf und *gell* ist, so wie im vorliegenden Datensample immer, *l*-vokalisiert. RSoedA_DS_13 ist also kaum mit der In-Schwung-Sein-Hypothese in Verbindung zu bringen, mit der Perifokal-Hypothese aufgrund der Korrelation zwischen standardkonformen *a*-Gebrauch und Akzentuierung schon eher.

Episodeneinleitend dominiert in Fall 1 auch *a* ↓, und dies betrifft ebenso T9_DS. Episodenfinal ist in T9_DS *a*-bezogenes Pingpong zu erkennen, was dem in Abschnitt 3.5 geschilderten Lehrverhalten von ADS_1 geschuldet sein kann. Wie dort ausgeführt, ist jenes dadurch geprägt, einen ziemlich großen Teil des

Variationsraums von Dialekt bis Standardsprache zu bespielen, was u. a. dadurch gekennzeichnet ist, sehr dicht am Dialektpol zu sein, was für ADS_1 in Gesprächen mit seinem Lehrling weniger typisch ist als für AK_1 im Gespräch mit LK. Einmal ist $e \downarrow o$ zu kodieren, die entsprechende TKE lautet des is GOR nix (Z. 164), sie ist die vorletzte Äußerung von ADS_1 in T9_DS, was bedeutet, dass sie in Bezug auf alle Reparatursequenzen in T9_DS (= RSoedA_DS_10–RSoedA_DS_12, RSmedA_DS_1 und RSmedA_DS_2) als episodenfinal gilt. Nach Z. 164 äußert ADS_1 noch an GSCHNE↑nA: (Z. 166), auch hier kann die Beibehaltung von a – nämlich im Hinblick auf die Realisierung des unbestimmten Artikels und der Endung -*er* – ins Treffen geführt werden.

5.6 Kollektionsausschnitt kooperationsbegleitende Gesprächsausschnitte in Fall 2

Episodenzentral sticht im Sprachgebrauch von AK_1 (AK_2 spielt im vorliegenden Kollektionsausschnitt keine Rolle) die DSK-Emergenz-Figur $a \downarrow$ am wenigsten hervor. Sie tritt in RSoedA_K_14 und RSmedA_K_2 auf. Beide betreffen T10_K, das ist die Episode, in der es darum geht, ob für LK der Dachdeckerberuf in Frage kommt. Sie und v. a. die darin auftretende RSmedA_K_2 wird unter verschiedenen Blickwinkeln bereits in den Abschnitten 1.5, 3.5 und 4.1.2 diskutiert. Zu dieser Reparatursequenz sei vor dem Hintergrund von *a* noch Folgendes ergänzt: In dem Gesprächsbeitrag, auf den sich alle Überarbeitungen in RSmedA_K_2 beziehen (= Z. 087), fällt in Bezug auf nicht-standardkonformes *a* nicht nur *a*-Verdumpfung (s. DOCHdecker) auf, sondern auch, dass 'dir' und 'können' *a*-haltig sind bzw. als da und kinna auftreten. Bei ersterem handelt es sich um eine bairische Suffixform (s. a. Abschnitt 1.5), bei letzterem um die Variante von -*en*, die in Fällen wie dem vorliegenden erwartet werden kann,[33] und beides wird zumindest mit Blick in Richtung Standardpol modifiziert (s. duir: Z. 092, können: Z. 094). Eine der weiteren Überarbeitungen in RSmedA_K_2 stellt jene von DOCHdecker (Z. 087) zu DACHdEcker (Z. 090) dar und ab dem Zeitpunkt dieser Substitution ist in RSmedA_K_2 im Hinblick auf den standardkonformen *a*-Gebrauch $\downarrow$ zu kodieren, denn schließlich ist in sowas (Z. 092) und ARbei↑tEn (Z. 094) keine *a*-Hebung zu erkennen.

---

[33] Nähere Details zu solchen Fällen sind z. B. in Zehetner (1985: 45 f., 66) enthalten. Beispiele dafür, dass *können* als Modalverb mit entrundetem *ö* und *a* für -*en* auftritt, sind in verschiedenen Arbeiten zum (Mittel-)Bairischen zu finden, eines davon befindet sich in Zehetner (1985: 191).

5.6 Kollektionsausschnitt kooperationsbegleitende Gesprächsausschnitte ...

Die Figur $a \downarrow$ aus RSmedA_K_2 könnte als bis in RSoedA_K_14 hineinreichend verstanden werden, wenn vernachlässigt wird, dass AK_1 eine Frage seines Lehrlings (s. Z. 096) mit jo (Z. 097) beantwortet, was zwischen den beiden Reparatursequenzen in T10_K liegt und dementsprechend als episodeneinleitend und episodenfinal zu verstehen ist. Des Ausbilders jo ist ein kurzes a-Verdumpfungs-Intermezzo, nachdem AK_1 in T10_K damit beginnt, sich mit LK wesentlich standardnäher über den Dachdeckerberuf zu unterhalten (s. ab Z. 090) als noch davor (s. Z. 087). Dieses Intermezzo kann als kurzzeitiges $o \downarrow$ notiert werden und schon vor RSoedA_K_14 ist $o \rightarrow a$ zu kodieren, denn in dem an sich ziemlich standardnahen Turn weisst du AUF- (-) auf- (.) WEISST du wAs ich MEIne? (Z. 099-Z. 103)[34] ist a standardkonform. Vor dem Hintergrund von T10_K ab Z. 090 ist jo sicherlich als perifokal bzw. interfokal interpretierbar.

In RSoedA_K_14 ist eine der wenigen Situationen abgebildet, in denen AK_1 eingreift, um LK einen sprachbezogenen Inhalt zu vermitteln. Er überarbeitet seines Lehrlings Ausdruck DECK (Z. 104) zu DACH (Z. 105). Eine andere Situation, die als ein Eingreifen von AK_1 interpretiert werden kann, bei dem es darum geht, LK einen sprachbezogenen Inhalt zu vermitteln, ist in T4_K bzw. RSoedA_K_6 zu finden. Damit ist die KOIsprossen-rOsenkohl-Reparatur – oder, wenn man so will, -Korrektur – gemeint, die in Abschnitt 1.5 ausführlich behandelt wird, auch zum vorliegenden Kollektionsausschnitt gehört und genauso wie die soeben genannte DECK-DACH-Reparatur – oder, wenn man möchte, ebenfalls -Korrektur – als eine Überarbeitung verstanden werden kann, die auf Standardkonformität abzielt. Ein Unterschied zwischen diesen beiden Fällen ist, dass bei

---

[34] Dieser Turn könnte im Anschluss an Schegloff / Jefferson / Sacks (1977: z. B. 363, 371 ff.) als Reparatursequenz gedeutet werden, weil WEISST du als lexikalisches Reparaturinitiierungssignal interpretierbar ist (womöglich auch weisst du) und v. a. weil AUF– (-) auf– (.) für eine Suche nach passenden Wörtern spricht, mit denen der Gesprächsbeitrag fertiggestellt werden kann. Da allerdings in diesem Turn keine (unmittelbare) Alternativität festgestellt werden konnte, wurde davon abgesehen, ihn als Reparatursequenz zu interpretieren. Z. B. das Auftreten von „same-turn word-search repair" (ebd.: Fußnote 372) ist in der vorliegenden Untersuchung ein Grund dafür, einen Gesprächsausschnitt als Reparatursequenz zu deuten – solche Fälle sind z. B. in RSoedA_DS_8 (= eine schni schneenAse: Z. 045), RSoedA_DS_10 (= a GESCH a GSCHNEnA: Z. 133) RSoedA_K_4 (= von unt; = vA unt: Z. 052–Z. 053) und RSoedA_K_11 (= WAS; (--) wos_ma: Z. 053–Z. 055) zu finden. Auch in GSCHNEna das is in(_n) (.) in(_n) (RSoedA_DS_10: Z. 131) ist eine Suchbewegung eines Ausbilders zu finden. Im Unterschied zu T10_K (Z. 099–Z. 103) liegt hier aber unmittelbare Alternativität vor; sie betrifft die suprasegmentale und die morphosyntaktische Beschreibungsebene – s. das is in(_n) (Z. 131) und dAs is diaLEKT (Z. 138) (s. hierzu a. Abschnitt 5.5). Würde Z. 099–Z. 103 in T10_K als eine Reparatursequenz interpretiert werden, dann wäre zu konstatieren, dass $a \downarrow$ nicht nur für zwei, sondern für drei Reparatursequenzen in T10_K gilt.

dem ersten ein Bezug zum eigenen Fach bzw. Beruf zu erkennen ist und bei dem letzten keineswegs.

Das episodenzentrale Kernstück in RSoedA_K_6, es setzt sich aus KOIsprossen (Z. 023) und n_DEITSCHlond song_s rOsenkohl dazua (Z. 027) zusammen, kann eventuell mit einer *light*-Variante der Perifokal-Hypothese in Verbindung gebracht werden, denn schließlich trägt das standardkonforme Wort rOsenkohl einen der Akzente in der TKE, in der AK_1 seinem Lehrling ein Synonym für KOIsprossen anbietet. Allerdings ist es fragwürdig, in einer längeren TKE wie z. B. der besagten (oder auch in einem längeren Turn) alle Gesprächselemente bis auf ein einziges als perifokal zu verstehen. Außerdem trägt in der TKE in Z. 027 DEITSCHlond den Hauptakzent, was in Verbindung mit rOsenkohl eine Kernaussage bildet, die tatsächlich dafür spricht, dass in RSoedA_K_6 lexikalische Variation thematisiert wird, die sich durch den Blick auf Deutsch als plurinationale und/oder plurizentrische Sprache erklären lässt. Der Verdacht der Thematisierung von national-funktionalen Variationsaspekten liegt im vorliegenden Datensample nur mit T4_K und der darin sich befindenden RSoedA_K_6 vor und kann deshalb auch als *Plurinationalität-als-Ausnahmeerscheinung-Hypothese* bezeichnet werden. Zumindest in der vorliegenden Untersuchung betrifft diese Hypothese den *a*-Gebrauch nicht.

Werden jene Gesprächsbeiträge in den Blick genommen, in denen in RSmedA_K_2 und RSoedA_K_14 ein Reparans liegt, können sie mit der Standardkonformitätshervorhebungs-Hypothese in Verbindung gebracht werden, zumindest mit einer *light*-Variante derselben – wenn denn Äußerungen wie NACH pfAnne brAtEn (T9_K: Z. 070, s. a. Abschnitt 5.4) als Maßstab für eine messbare Abstufung des Standardkonformitätshervorhebungs-Grads herangezogen werden –, denn in DACHdEcker. (-) hättest duir AUCH sowas- (--) vOrSTEL↑lEn können zu ARbei↑tEn? (RSmedA_K_2: Z. 090–Z. 094) ist schließlich aufgrund von duir nicht alles standardkonform und darüber hinaus ist nicht alles Standardkonforme hervorgehoben und auch in DACH ja (RSoedA_K_14: Z. 105) wird nur eines der zwei standardkonformen *a* akzentuiert. Allerdings kann nicht crwartct werden, dass in einem längeren Turn wie z. B. Z. 090–Z. 094 in RSmedA_K_2 tatsächlich immer alles auf der suprasegmentalen Ebene hervorgehoben wird, und sprechen die Überakzentuierungen, die im besagten Turn auftreten (= DACHdEcker, vOrSTEL↑lEn, ARbei↑tEn, letzte zwei Gesprächselemente für sich einzelnstehend wie auch als Gefüge auf der Ebene der Sinneinheit), sehr wohl dafür, die Standardkonformitätshervorhebungs-Hypothese ins Treffen zu führen. Es kann

5.6 Kollektionsausschnitt kooperationsbegleitende Gesprächsausschnitte ...

auch nicht erwartet werden, dass in kürzeren Gesprächsbeiträgen alles Standardkonforme hervorgehoben wird. In der kurzen TKE DACH ja kann allein das Auftreten von standardkonformen *a* als *a*-bezogene Hervorhebung gedeutet werden. Im Hinblick auf den Sprachgebrauch von AK_1 in Gesprächen mit LK allemal, denn er ist die Gewährsperson, die den Standardpol im Gespräch mit einem deutschlernenden Lehrling am wenigsten (oft) ansteuert.

Episodenzentral ist T5_K in *a*-bezogene DSK-Emergenz-Figuren zerlegt wie folgt darzustellen: *o* (Z. 033) ← *a* (Z. 031); *o* ↓ *a-l-Vok.* (Z. 033); *a-l-Vok.* ↓ *o* (Z. 033); *o* ↓ (Z. 038, Z. 040). Diese Darstellung bezieht sich auf die zwei Reparatursequenzen RSoedA_K_7 (= T5_K: Z. 031–Z. 034) und RSoedA_K_8 (= T5_K: Z. 038–Z. 040). Aus dem *a*-bezogenen DSK-Emergenz-Figuren-Verlauf geht hervor, dass AK_1 in RSoedA_K_7 auf nichtstandardkonformes *a* umsteigt und er auch in RSoedA_K_8 kein standardkonformes *a* verwendet. Nach diesen beiden Reparatursequenzen – also episodenfinal – ist nur dann ein Move → zu kodieren, wenn *a** (betrifft dass in Z. 042) als standardkonform interpretiert wird, doch aufgrund der sprachlich-interaktionalen Umgebung fällt eine solche Interpretation schwer. Episodeneinleitend bzw. vor RSoedA_K_7 oder vor *o* (Z. 033) ← *a* (Z. 031) ist *o* ↓ (Z. 021, Z. 023) und dann *o* (Z. 023) → *a* (Z. 028) zu kodieren. Episodenabschnitts-übergreifend könnte auch *a* ↓ (Z. 028, Z. 031) notiert werden und die entsprechenden TKE lauten ich hab AUCH (e) gEsehen (Z. 028) und ich hab mich NICHT ba (Z. 031). Das, was nach ba (Z. 031) in T5_K passiert und sich auch mit ba in Zusammenhang bringen lässt, kann wie folgt interpretiert werden: Mit ba könnte angezeigt sein, (1) dass AK_1 nicht in der Lage ist, seinen Gesprächsbeitrag bzw. die Inhalte, die er vermitteln möchte, weiterhin mit Blick in Richtung Standardpol zu formulieren (s. Z. 033–Z. 047) – bereits (e) in Z. 028 könnte darauf hindeuten –, (2) dass AK_1 einen drohenden Kookkurrenzkonflikt im Kontext von ich hab mich NICHT (Z. 031) und amoi mitkriagt wia de GFÜMT hom (Z. 033) erkennt oder einfach (3) dass AK_1 umdisponiert, was selbstverständlich vorangegangene Vermutungen miteinschließt. Allerdings kann das Umdisponieren hier auch schlicht damit zusammenhängen, dass des Ausbilders Sprachgebrauchsgewohnheiten maßgeblich durch Dialektnähe geprägt sind. Ob oder inwiefern LK damit Schwierigkeiten hat, ist nicht immer klar, dass er sie zumindest manchmal hat, zeigt z. B. seine Rückfrage in RSmedA_K_2 (= bitte WAS?: Z. 089), doch es kann nicht festgestellt werden, dass LK mit dem dialektnahen Deutschgebrauch von AK_1 immer Schwierigkeiten hat. In T5_K ist kein Signal von LK zu erkennen, das darauf hinweist, dass er seinen Ausbilder nicht ausreichend versteht, allerdings ist auch das Gegenteil nicht auszuschließen.

Zwischen RSoedA_K_7 und RSoedA_K_8 liegt des Lehrlings Ausdruck a so:: (Z. 034) und des Ausbilders Äußerung i hob des NET checkt (Z. 036), die den oben angeführten episodenzentralen DSK-Emergenz-Figuren-Verlauf im Hinblick auf nicht-standardkonformen *a*-Gebrauch ab Z. 033 ergänzt, wenn auch (in Bezug auf RSoedA_K_7) in episodenfinaler bzw. (in Bezug auf RSoedA_K_8) episodeneinleitender Hinsicht (= *o* ↓ *e*). Allerdings kann i hob des NET checkt (Z. 036) als Paraphrase von i hob_s net amoi mitkriagt (Z. 033) interpretiert werden und somit auch beides als Teil einer Reparatursequenz. Es liegt hier unmittelbare lexikalische Alternativität (= mitkriagt: Z. 033, checkt: Z. 036) vor, die über den deutschen Variationsraum von Dialekt bis Standardsprache hinausgeht, weshalb besagte Gesprächsbeiträge hier auch nicht als episodenzentral behandelt werden. Sollte man jedoch die Überarbeitung von mitkriagt zu checkt als Reparatur ausweisen wollen, was völlig legitim ist, hat dies keine Auswirkungen auf das Bild in puncto *a*-Gebrauch in T5_K – ab Z. 033 ist der *a*-Gebrauch nicht-standardkonform. Dasselbe gilt auch für andere Gesprächsbeiträge ab Z. 033, es könnte von einem In-Richtung-Dialektpol-in-Schwung-Sein die Rede sein, das ab besagter Stelle in T5_K einsetzt; ob es von *a* ausgeht, ist zwar fraglich, aber gleichzeitig auch nicht auszuschließen. Der Vollständigkeit halber sei noch kurz auf RSoedA_K_8 eingegangen. In ihr kann *o* ↓ und die (mittel-)bairische Suffixform von *er*, also _a (Z. 038), festgestellt werden; im Hinblick auf *lautliche Variation* könnte *o* ↓ *a* (betrifft hot_a: Z. 038) und *a* ↓ *o* (betrifft _a: Z. 038 & hot: Z. 040) notiert werden. Da in Verbindung mit dem Verb *haben* auch Alternativität in Bezug auf Klitika zu erkennen ist, könnte auch diese als DSK-Emergenz-Figur dargestellt werden. Gemeint ist, dass hot_a (Z. 038) und hot_s (Z. 040) als _*a* ↓ _*s* kodiert werden kann. Allerdings ist aufgrund des abrupten Abbruchs nach a in Z. 038 und des daran anschließenden Rearrangementprozesses in Z. 040 nicht auszuschließen, dass a nicht *er*, sondern *ein(e)* oder *auch* repräsentiert. Außerdem könnte auch die Beibehaltung von _*s* konstatiert werden – also _*s* ↓ –, wenn davon ausgegangen wird, dass hot_s (Z. 040) die klitisierungsbezogene Überarbeitung von durts (Z. 038) darstellt. Wie im duir-Fall (s. RSmedA_K_2 bzw. Abschnitt 1.5) handelt es sich womöglich auch im durts-Fall um eine irreguläre und nicht zu erwartende Klitisierung, die AK_1 selbst außergewöhnlich erscheint und überarbeitet.

Zu den *a*-bezogenen DSK-Emergenz-Figuren, die sich im vorliegenden Kollektionsausschnitt befinden und als episodeneinleitend oder episodenfinal interpretiert werden, wurde hier bereits das eine oder andere Wort verloren (s. o.). Zusammenfassend lässt sich festhalten, dass in episodeneinleitenden und episodenfinalen Gesprächsbeiträgen nicht-standardkonformer *a*-Gebrauch die

5.6 Kollektionsausschnitt kooperationsbegleitende Gesprächsausschnitte ...

Hauptrolle spielt, was im Konkreten bedeutet, dass vornehmlich $o \downarrow$, $o \downarrow$ *a-l-Vok.*, *a-l-Vok.* $\downarrow o$ oder *a-l-Vok.* $\downarrow e$ zu kodieren ist, aber auch verdumpfungsresistentes *a* tritt auf und dementsprechend ist auch $o \rightarrow a*$ und $o \leftarrow a*$ (betrifft dazua in T4_K: Z. 027 und dass in T5_K: Z. 042) zu kodieren. Die DSK-Emergenz-Figur $a \downarrow$ kommt im vorliegenden Kollektionsausschnitt in nicht-episodenzentralen Gesprächsausschnitten nur dann zum Tragen, wenn ein bzw. mehrere episodenzentrale Gesprächsbeiträge auch als nicht-episodenzentrale heranzuziehen sind (s. T5_K). Dasselbe oder zumindest Ähnliches gilt auch bezüglich $o \rightarrow a$ (s. T10_K: Z. 097 & Z. 105) und $o \leftarrow a$ (s. T5_K: Z. 028 & Z. 033).

Von *a*-bezogenem Pingpong, wie es z. B. im Sprachgebrauch von ADS_1 in T9_DS beobachtet werden kann (s. Abschnitt 5.5), kann im vorliegenden Kollektionsausschnitt nicht die Rede sein, eher ist hier zu beobachten, dass sich AK_1 auf einen nicht-standardkonformen *a*-Gebrauch einpendelt. Die Beibehaltung von Nicht-Standardkonformität zeigt sich in Bezug auf *a* auch im Hinblick auf _a – also *a* als *er*-Suffix – und *a* als (mittel-)bairische *auch*-Variante, denn schließlich wird _a nicht zu *er* (s. o. bzw. T5_K: Z. 038–Z. 040 oder ab Z. 038) und auch *a* für *auch* in und i hob do a genAu FREI ghobt (T5_K: Z. 044) nicht modifiziert (s. T5_K: ab Z. 044).

Schlussbetrachtung 6

In den vorangegangenen Kapiteln dieser Arbeit wurde versucht, die Bespielung des Variationsraums von Dialekt bis Standardsprache seitens L1S im Gespräch mit L2S auszuloten. Dies geschah anhand von Ausschnitten aus Gesprächen in zwei betrieblichen Kommunikationsräumen in Oberösterreich (Mühlviertel) und auf der Grundlage der Annahme, dass sprachliche Variation immer (auch) mit Soziofunktionalität zu tun hat und das Gespräch eine fundamentale Methode ist, (fach- bzw. berufsbezogenen oder sprachbezogenen) Input zu geben und zu erhalten. In den Kapiteln 1–4 wurde das vorliegende Datensample unter enger Einbindung von Konzepten, Modellen und methodischen Zugängen aufgearbeitet, die dem gesprächslinguistischen Paradigma zugeordnet werden können, und in Kapitel 5 wurden vor dem Hintergrund *a*-bezogener Variation, wobei sich dies nicht ausschließlich auf die phonetisch-phonologische Phänomenlage beschränkt, sechs DSK-Emergenz-Hypothesen – nämlich die *In-Schwung-Sein-Hypothese*, die *Perifokal-Hypothese*, die *Pingpong-Hypothese*, die *Kookkurrenzkonflikt-Hypothese*, die *Standardkonformitätshervorhebungs-Hypothese* und die *Plurinationalität-als-Ausnahmeerscheinung-Hypothese* – aufgestellt und diskutiert, die sich auf die Schnittstelle zwischen der mikro- und der mesoskopischen oder der mikro- und der makroskopischen Analyseebene beziehen. Außerdem können diese Hypothesen die Grundlage dafür bilden, das Modifizierungs- und Stabilisierungsgeschehen im Variationsraum von Dialekt bis Standardsprache in verschiedenen L1S-L2S-Settings (womöglich auch L1S-L1S-Settings) zu vergleichen. Dabei kann der Schwerpunkt auf einem oder mehreren Kommunikationsräumen, einer oder mehreren Situationen, einem oder mehreren Interaktionsverlaufssegmenten oder, wie in der vorliegenden Untersuchung angestrebt wurde, einer Kombination dieser Faktoren liegen.

Wie soeben angedeutet, stehen im vorliegenden, abschließenden Kapitel Anschlussmöglichkeiten für weitere Forschungsprojekte im Mittelpunkt, in denen der mündliche Deutschgebrauch von L1S gegenüber L2S bzw. Deutschlernenden untersucht wird. Diese Anschlussmöglichkeiten stellen die Validierung der besagten sechs DSK-Emergenz-Hypothesen, die weiter unten erneut aufgegriffen und auf der Metaebene zusammengefasst werden, sowie anderer aus dem Forschungsprozess abgeleiteter Befunde dar, um weiter auszuloten, von welchem *interaktional und situational modifizierten DSK-Input* Deutschlernende (im Kommunikationsraum Betrieb in (Ober-)Österreich) umgeben sind. Zukünftige Forschungsprojekte, deren Untersuchungsgegenstand im Hinblick auf das Deutsche L1S-L2S-Gesprächskonstellationen bilden, können im gesamten deutschen Sprachraum stattfinden und qualitativ wie auch quantitativ (oder idealiter im Mixed-methods-Design) angelegt sein. Als Folgeprojekt zur vorliegenden Forschungsarbeit bieten sich Untersuchungen in anderen Gegenden Österreichs, aber auch Gebieten Deutschlands, in denen ein vitaler (mittel-)bairisch geprägter Sprachgebrauch angenommen wird, wohl ganz besonders an. Dabei kann der Deutschgebrauch von L1S in Gesprächen mit L2S in einem bestimmten Setting genauso fokussiert, wie auch ein Vergleich zwischen zwei oder mehr Settings angestrebt werden. So würde nach und nach eine umfangreiche empirische Basis für weitere Aufarbeitungsschritte im Hinblick auf die Variation des Deutschen und dessen Aneignung bzw. Erwerb als Zweitsprache entstehen. Unter all den Fragen, die sich bei der Aufarbeitung dieses Themas stellen können, ist es wohl die Frage danach, welche Effekte die L1S-Bespielung des Variationsraums von Dialekt bis Standardsprache auf den Deutschaneignungsprozess und/oder Deutschgebrauch von L2S hat, die sich am stärksten aufdrängende. Anders als in der vorliegenden Untersuchung – sie konzentriert sich auf den Deutschgebrauch von L1S als Input interpretiert, den L2S erhalten – kann selbstverständlich auch Forschung betrieben werden, in der vor dem Hintergrund von Deutschaneignung und -gebrauch im Variationsraum von Dialekt bis Standardsprache Fragen zum Input und zu Inputeffekten eng miteinander verschränkt sind. Doch Forschung zum L2-Erwerb des Deutschen unter besonderer Berücksichtigung der Variation des Deutschen kann nicht stattfinden, ohne zu wissen, womit es Deutschlernende tatsächlich zu tun bekommen. Um diese Frage zu beantworten, reicht es im Anschluss an die vorliegende Untersuchung nicht aus, Forschung und entsprechende Literatur einzubeziehen, (1) in der man sich damit beschäftigt, welcher Sprachgebrauch in L1S-L1S-Gesprächskonstellationen in einer bestimmten Region erwartet werden kann, oder (2) den Sprachgebrauch von L1S in L1S-L2S-Gesprächskonstellationen als typisch auszuweisen.

6 Schlussbetrachtung

Vor dem Hintergrund der vorliegenden gesprächslinguistischen Untersuchung, aber auch im Licht von (Gesprächs-)Daten aus ähnlichen Arbeiten (vgl. z. B. Roche 2005; Cindark / Hünlich 2017; Deppermann et al. 2018; Perner 2020; Perner / Brodnik 2021) scheint es so, als ob L1S in Gesprächen mit Deutschlernenden kommunikativ alles passieren kann, was der Variationsraum von Dialekt bis Standardsprache hergibt; und noch mehr, denn schließlich spielen in der Kommunikation mit Deutschlernenden gelegentlich auch Ausdrücke aus anderen Einzelsprachen eine Rolle. Die Belege verleiten dazu, den interaktional und situational modifizierten DSK-Input, dem Deutschlernende in (Ober-)Österreich begegnen, in drei Kategorien einzuteilen, die wie folgt benannt werden können:

(1) *Erwartbare(re) Variation*
(2) *Wenig(er) erwartbare Variation*
(3) *Diffuser Mix aus erwartbarer(er) und wenig(er) erwartbarer Variation*

Unter die erste Kategorie würden zumindest Varianten fallen, die aus arealsprachlicher Perspektive erwartet werden können, und deren standardkonforme(re) bzw. standardsprachliche(re) Entsprechungen sowie reguläre Betonungs- bzw. Hervorhebungsmuster; die zweite Kategorie würde allemal Varianten umfassen, die aus arealsprachlicher Sicht überraschend sein dürften und vor dem Hintergrund normspektraler Variation des Deutschen auffallen, wozu auch außergewöhnliche suprasegmentale Realisierungen zählen; und die dritte Kategorie würde sich auf Gesprächsbeiträge oder kleinere bzw. größere Analyseeinheiten beziehen, in denen zumindest ein Variationsaspekt sowohl aus der ersten als auch aus der zweiten Kategorie auftritt.

Modifizierungsgeschehen, das sich als Überarbeitungs- oder Umwandlungsprozess von standardkonformer zu nicht-standardkonformer Variation bzw. von nicht-standardkonformer zu standardkonformer Variation beschreiben lässt und dementsprechend als zur Kategorie *erwartbare(re) Variation* gehörig verstanden werden kann, tritt in der vorliegenden Untersuchung häufig auf. In solchen Fällen werden reguläre Sprech- oder Ausdrucksweisen durch andere reguläre Sprech- oder Ausdrucksweisen ersetzt. Aus sprachsystematischer Perspektive ist dazu nur dann mehr zu sagen, wenn ein solcher Umwandlungsprozess am Ende eher einem misslungenen Versuch als dessen gelungener Durchführung entspricht. Irreguläre und/oder als das Ergebnis eines Lapsus Linguae interpretierbare Variation kann zur Kategorie *wenig(er) erwartbare Variation* gezählt werden, was ja nicht bedeutet, dass *Error*-Variation des Deutschen auszuschließen ist – den vorliegenden Gesprächsdaten folgend ist die Kategorie *unerwartete Variation* ohnehin kaum zu bilden. An dieser Stelle sei erwähnt, dass nicht alles, was zumindest aus der Sicht von an Interaktionen sprachwissenschaftlich Interessierten einer Überarbeitung bedarf – ob nun als Versprecher deutbar oder nicht –, auch überarbeitet wird. Aus gesprächslinguistischer Sicht ist dies nichts Außergewöhnliches, doch im Hinblick auf Fragen zum DSK-Input, den L2S von L1S erhalten, ist hervorzuheben, dass Deutschlernende auch Variationsaspekten begegnen, die die Regularitäten des (gesprochenen) Deutschen opponieren und nicht rektifiziert werden. Die Ansicht, dass Variation, die sich aufgrund eines mehr oder weniger misslungenen Umwandlungs- bzw. Überarbeitungsprozesses ergibt oder einfach bloß einem Versprecher entspricht, mit sowohl *erwartbarer(er) Variation* als auch *wenig(er) erwartbarer Variation* in Verbindung zu bringen ist, kann geteilt werden oder nicht, dass sie mit der Kategorie *diffuser Mix aus erwartbarer(er) und wenig(er) erwartbarer Variation* in Zusammenhang zu bringen ist, ist hingegen quasi-selbstredend, denn eine (zumindest etwas größere) interaktionsbezogene Analyseeinheit besteht nicht nur aus Versprechern, und in der Umgebung des Ergebnisses eines misslungenen Umwandlungsprozesses befinden sich auch reguläre Elemente oder Segmente.

Obwohl es aus gesprächslinguistischer Sicht wohl kaum eine Erwähnung wert ist, soll dennoch darauf aufmerksam gemacht werden, dass es der vorliegenden Untersuchung folgend Deutschlernende oft mit Sinneinheiten zu tun bekommen, die keinem grammatikalisch korrekt geschriebenen Satz entsprechen und somit aus einer normorientierten Perspektive als mangelhaft beurteilt werden können. Geht man davon aus – doch das geschieht hier nicht –, dass nicht nur standardsprachlicher bzw. standardkonformer, sondern auch weniger standardkonformer oder nicht-standardkonformer Deutschgebrauch an (norm-)grammatischer Vollständigkeit und Korrektheit gemessen werden sollte, müsste ein großer Teil des hier diskutierten Deutschgebrauchs von L1S als mangelhaft bewertet werden. Also viele, aber nicht alle der hier diskutierten L1S-Äußerungen setzen sich über das im Kontext von DaF, DaZ und Deutsch als Bildungs- und Fachsprache, aber auch im Rahmen von Deutsch als Berufssprache viel beachtete Geschriebene-Sprache-Vorbild hinweg. Sie sind zwar rar, aber sie treten gelegentlich auf, nämlich jene Fälle, in denen L1S einen (eigenen) Gesprächsbeitrag in morphosyntaktischer Hinsicht verbessern oder perfektionieren. L1S-Äußerungen – ob nun in Form einer TKE oder eines Turns –, die ohne Überarbeitung einem grammatikalisch korrekt geschriebenen Satz entsprechen, sind auch keine Selbstverständlichkeit, was aus gesprächslinguistischer Perspektive freilich nicht überrascht. Im Anschluss an die vorliegende Untersuchung ist festzustellen, dass der morphosyntaktische Ausbau einer Äußerung offenbar eher auftritt als die Überarbeitung einer Äußerung im Hinblick auf die Morphosyntax und nicht alle Reparaturen in

6 Schlussbetrachtung

morphosyntaktischer Hinsicht standardkonform oder gar standardsprachlich sind. Elliptische und fragmentarische Ausdrucksweise, ob nun von an Interaktionen sprachwissenschaftlich Interessierten als legitim interpretierbar oder nicht, sind in den vorliegenden Gesprächen mit L2S nicht selten. Non-taxative Ausdrucksweise ist auch in Gesprächen zwischen L1S usuell und ergibt im Verein mit taxativer Ausdrucksweise erwartbare Variationsaspekte. Es gibt wohl nichts, was dagegen spricht, auch in L1S-L2S-Gesprächskonstellationen sowohl non-taxative als auch taxative Ausdrucksweise zu erwarten. Das Auftreten unterschiedlicher Komplexitätsgrade auf der Äußerungsebene fällt prinzipiell unter die Kategorie *erwartbare(re) Variation*, kann aber auch als Teil der Kategorie *diffuser Mix aus erwartbarer(er) und wenig(er) erwartbarer Variation* verstanden werden. Je weiter man eine Analyseeinheit fasst, desto plausibler wird letztere. Ein Blick auf die größtmögliche Analyseeinheit – nämlich die Zusammenschau aller vorliegenden L1S-Äußerungen – vermittelt den Eindruck, dass im Deutschgebrauch von L1S gegenüber L2S keine morphosyntaktische Bahnung, Spielart und/oder Qualität ausgeschlossen werden kann. Ob es sich dabei um reguläre Morphosyntax handelt, ist eine ganz andere Frage, und diese ist kaum zu beantworten, wenn (Deutsch-)Sprechen als Teil der Organisation von sozialer Interaktion verstanden wird.

Es ist schwierig, Variation einzuordnen, die (auch) als xenolektal interpretiert werden kann. Dass im Sprachgebrauch von L1S gegenüber L2S xenolektale Variation auftritt, kann z. B. Hinnenkamp (1982) und Roche (1998; 2005) folgend als prinzipiell erwartbar gelten. Allerdings kann das Auftreten xenolektaler Variation auch als weniger erwartbar eingestuft werden, denn wie aus der geringen Anzahl entsprechender Belege in der vorliegenden Untersuchung, aber auch aus anderen zum Sprachgebrauch von L1S gegenüber L2S im Kontext von Arbeit und Beruf (vgl. z. B. Roche 2005: 266–275; Cindark / Hünlich 2017: 8 f.; Perner 2020: 53–59; Perner / Brodnik 2021: 200 f.) hervorgeht, ist es für L1S offenbar mühsam, Regularitäten des gesprochenen Deutschen zu verletzen. L1S-Sprachgebrauch, der durch grammatische Reduktionen, Simplifizierungen und/oder Übersteigerung (z. B. in Form einer Hyperkorrektur oder auf der suprasegmentalen Ebene) auffällt, betrifft wohl alle drei oben angedachten Kategorien zur Einordnung von Variationsaspekten. Je mehr L1S-Sprachgebrauch vor dem Hintergrund von kontextualisiertem (und kontextualisierendem) Modifizierungs- und Stabilisierungsgeschehen thematisiert wird, desto plausibler wird dies.

Im Anschluss an die vorliegende Untersuchung könnte postuliert werden, dass sich als xenolektal interpretierbare Variation desto wahrscheinlicher ergibt, je mehr Bewegung im Variationsraum von Dialekt bis Standardsprache stattfindet. Ob es sich bei den entsprechenden Variationsausschnitten jedoch tatsächlich (immer) um Abweichungen von Sprachgewohnheiten handelt und ob entsprechende Variationsausschnitte als xenolektale Sprech- oder Ausdrucksweise zu beurteilen sind, wenn oder weil sie (offenbar oder einfach bloß vermutlich) von Sprachgewohnheiten abweichen, kann hinterfragt werden – nur prototypische Fälle von Foreigner Talk (z. B. und NACH pfAnne brAtEn: T9_K: Z. 070) setzen sich über diesen Zweifel hinweg, doch viele solcher konnten im Korpus, aber auch in den übrigen und in der vorliegenden Untersuchung nicht thematisierten Gesprächen zwischen L1S, wozu neben den Ausbildern auch andere Arbeitskolleg:innen, Kund:innen/Konsument:innen und Beschäftigte aus anderen Betrieben zählen, und den deutschlernenden Lehrlingen nicht gefunden werden.[1] Schließlich können auch konvergierende Verhaltensweisen oder das Bemühen, den impliziten Common Ground zu sichern, Gründe dafür sein, warum Variationsausschnitte (an Interaktionen sprachwissenschaftlich Interessierten) vor dem Hintergrund von Annahmen zu den Regularitäten des gesprochenen Deutschen auffallen. Inwiefern *was* zu diesen Zwecken auf der sprachlich-interaktionalen Oberfläche zu erwarten ist, ist nicht klar – vorauszusehen ist dies schon gar nicht. Um Inhalte zu vermitteln, können, aber müssen nicht Aussparungen, Simplifizierungen und/oder Übersteigerungen von Elementen oder Segmenten vonseiten L1S im Gespräch mit L2S zum Tragen kommen, genauso können solche auffälligen Features gemeinsam mit unauffälligen bzw. regulär(er)en auftreten. Allerdings, und wie oben bereits angesprochen, ist die Beurteilung von Regularität in Bezug auf (Deutsch-)Sprechen im Sinne eines Mittels zur Organisation von sozialer Interaktion nicht leicht. Sollte der Schwerpunkt in zukünftigen und ähnlichen Forschungsprojekten auf der Beurteilung von regulären Deutschgebrauch gelegt werden, müsste das Verhältnis des entsprechenden Beurteilungskonzepts von an Interaktionen Beteiligten und jenes von an Interaktionen sprachwissenschaftlich Interessierten mehrdimensional modelliert werden, und würde (u. a. deshalb) ein gesprächslinguistisches Forschungsdesign nicht genügen. Eine entsprechende Methodologie müsste wohl Aspekte aus der Spracheinstellungsforschung und aus

---

[1] An dieser Stelle sei darauf aufmerksam gemacht, dass prototypische Fälle von Foreigner Talk in Gesprächen mit L2S, die sich nicht in Ausbildung befinden, eher auffallen als in Gesprächen mit den deutschlernenden Lehrlingen – und zwar trotz, aber wohl auch wegen der wenigen vorliegenden Aufnahmen, bei denen mit ersteren, die in der vorliegenden Arbeit ja nicht im Mittelpunkt standen, gesprochen wird. Einen Ansatzpunkt für zukünftige Forschungsprojekte stellt diese unsystematische Beobachtung allemal dar, womöglich stellt sich auch heraus, dass diese als ein (erster) Hinweis darauf gelten kann, dass sich der L1S-Sprachgebrauch gegenüber auszubildende L2S von jenem gegenüber nicht auszubildende unterscheidet. Dass im Zusammenhang mit schulischer Bildung von L2S Foreigner Talk bzw. xenolektale Variation kaum ein Rolle spielt, geht aus bisher dazu vorliegender Forschung hervor (vgl. hierzu z. B. Blaschitz et al. 2020; Dannerer et al. 2021: 51–68).

6 Schlussbetrachtung

der Gesprächslinguistik vereinen, was bedeuten würde mit einem ‚Datencocktail' zu arbeiten, der sich aus Antworten von L1S auf Fragen zum (eignen) Deutschgebrauch und – so wie etwa in der vorliegenden Untersuchung – Gesprächsbeiträgen von L1S gegenüber L2S zusammensetzt. Optimal – jedoch illusorisch – wäre es, L1S zum Zeitpunkt der (opportunistischen Planung der) Organisation der sozialen Interaktion mit L2S auch dazu zu befragen, denn es ist nicht auszuschließen, dass die Perspektive auf das – je aktuell vollzogene – eigene (sprachliche) Handeln von jener danach oder davor abweicht (vgl. hierzu z. B. Purschke 2015). Realistisch möglich wäre jedoch die Ermittlung von Gemeinsamkeiten und Unterschieden zwischen L1S-Perspektiven auf das eigene (sprachliche) Handeln in Gesprächen mit L2S ex ante und/oder ex post und dem (sprachlichen) L1S-Handeln in L1S-L2S-Gesprächskonstellationen – also mit Auer (z. B. 2010) gesprochen *online*. Außerdem wäre es auch interessant, in ein derartiges Forschungsprojekt die L2S-Perspektive bezüglich des DSK-Inputs, den sie von L1S erhalten, miteinzubeziehen. So könnten Ausschnitte von Gesprächen wie z. B. der folgende besser eingeordnet werden. Dieser setzt nach der Frage an einen in vorliegender Untersuchung relevanten L1S ein, ob er im Gespräch mit seinem deutschlernenden Lehrling etwas bewusst anders mache, und lautet:

```
[...]
019  L1S:      WOASS eh.=
019            weiß eh
020            =i glaub jo MEI-
020            ich glaube ja mein
021            (--)
022  L1S:      es is a MEI;
022            es ist auch mein
023            (-)
024  L1S:      HOCHdeitsch=
024            hochdeutsch
025            =wõ i jetz des ois HOCHdeitsch;
025            wenn ich jetzt das als hochdeutsch
026            (.)
027            kõ(_)i_s eh nEt beZEICHna,
027            kann ich es eh nicht bezeichnen
[...]
031  L1S:      i RE a !AUS!länderdeitsch.=
031            ich rede ein ausländerdeutsch
032            =FERtig.=
033  L2S:      =ja JA ja ja.=
034  L1S:      =ja JA;
[...]
```

Im Anschluss an die vorliegende Untersuchung ist kaum die Ansicht zu vertreten, dass L1S mit L2S nur mangelhaftes Deutsch oder !AUS!länderdeitsch

(s. o. Z. 031) sprechen – bzw. xenolektale Sprech- und Ausdrucksweisen (im Sinne von Roche 1998) verwenden. Allerdings stellt sich die Frage, wie damit umzugehen ist, dass dem obigen Gesprächsausschnitt folgend nicht nur der L1S die Meinung vertritt, mit L2S !AUS!länderdeitsch zu verwenden, sondern auch der betroffene L2S (s. o. Z. 031–Z. 034). Selbstverständlich gehen aus diesem kurzen Gesprächsausschnitt auch andere Aspekte hervor. Einer davon ist die Unsicherheit, die L1S bezüglich dessen zum Ausdruck bringt, ob er gegenüber L2S bzw. seinem deutschlernenden Lehrling eine (bestimmte) Form des Standard- bzw. Hochdeutschen verwendet (s. o. Z. 019–Z. 027). Sicherlich wurde nicht alles diskutiert, was auf Basis dieses (gekürzten, s. [...])[2] Gesprächsausschnitts thematisiert werden könnte, aber Hinweise dafür, dass es schwierig ist, Variation in Erwartbarkeitskategorien einzuteilen, liefert dieser auch nach vorliegender Kurzanalyse, die damit abgeschlossen sei, dass L1S ja auch zu verstehen gibt, sein eigenes (Hoch-)Deutsch (s. o. Z. 019–Z. 027) – und nicht etwa das von Wiesinger (2009; 2010) für/in Österreich konstatierte – zu sprechen, was die Annahme stützt, dass der Deutschgebrauch von L1S in L1S-L2S-Gesprächskonstellationen einem *diffusen Mix aus erwartbarer(er) und wenig(er) erwartbarer Variation* entspricht. Außerdem stellt sich auch die Frage, inwiefern L1S – wie z. B. die in dieser Untersuchung relevanten und in (Ober-)Österreich (sprachlich-)sozialisierten Gewährspersonen – tatsächlich in der Lage sind, normspektraler Variation des Deutschen – konstatiert oder vorgeschlagen von wem auch immer – zu entsprechen.

Doch nicht nur bei Variation, die im Hinblick auf Regularitäten des (gesprochenen) Deutschen als mangelhaft angesehen werden kann, verschwimmen die Grenzen zwischen den Kategorien *erwartbare(re) Variation*, *wenig(er) erwartbare Variation* und *diffuser Mix aus erwartbarer(er) und wenig(er) erwartbarer Variation*. Je umfangreicher die Analyse(einheit), desto fragwürdiger wird nicht nur eine Grenzziehung zwischen diesen drei Kategorien, sondern auch die Verwendung dieses dreiteiligen Kategoriensystems selbst – denn letzten Endes läuft der vorliegenden Untersuchung folgend immer *alles* auf die zuletzt genannte Kategorie hinaus. Inwiefern (unmittelbare) Alternativität – gleich, auf welche linguistische Beschreibungsebene(n) sie sich bezieht –, bei der normspektrale Variation – wie auch immer sie modelliert wird – im Spiel ist, tatsächlich als erwartbar gelten kann, kann z. B. vor dem Hintergrund des situationalen Sprachgebrauchs in Oberösterreich kontrovers diskutiert werden. Sowohl der These,

---

[2] Der Vollständigkeit halber sei erwähnt, dass von Z. 019 bis Z. 034 etwa 13 Sekunden vergehen.

6 Schlussbetrachtung

dass (ziemlich) standardnaher Sprachgebrauch dort (in bestimmten Fällen) eindeutig unter die Kategorie *erwartbare(re) Variation* fällt, als auch jener, dass (ziemlich) standardnaher Sprachgebrauch dort (in bestimmten Fällen) eindeutig unter die Kategorie *wenig(er) erwartbare Variation* fällt, würde jeweils eine Legion an Gegenbeispielen entgegengesetzt werden können, was im Endeffekt für die Kategorie *diffuser Mix aus erwartbarer(er) und wenig(er) erwartbarer Variation* sprechen würde. Allein aufgrund der verschiedenen Formen von Mobilität (z. B. (Binnen-)Migration, Medienkonsum und Digitalisierung) ist von der Erwartbarkeits-Mix-Kategorie auszugehen, was sich innerhalb des regulären Spektrums weder nur auf Standardkonformes oder Standardsprachliches noch nur auf einen bestimmten Dialekt, wie etwa das (Mittel-)Bairische, bezieht. Dies lässt sich auch feststellen, ohne genauer unter die Lupe genommen zu haben, dass es die deutschlernenden Gewährspersonen auch mit Gesprächspartner:innen zu tun bekommen, die nicht in Oberösterreich, sondern in anderen österreichischen Bundesländern oder in Deutschland, aber auch in Ländern, in denen Deutsch keine Rolle spielt, sprachlich sozialisiert wurden. Zukünftige Forschung könnte dies mehr in den Blick nehmen.

Die vorliegende Untersuchung zeigt allemal, dass der Deutschgebrauch von L1S im Gespräch mit L2S nicht (nur) so beschrieben werden kann, wie man aus areallinguistischer Perspektive dazu verleitet sein könnte, aber auch, dass dialektaler und/oder dialektnaher Sprachgebrauch Teil des Modifizierungs- und Stabilisierungsgeschehens ist, dem L2S in Gesprächen mit L1S begegnen. Prinzipiell gilt dasselbe auch für Variationsausschnitte, die als standardsprachlich, standardnah, standardkonform oder xenolektal interpretiert werden können. Kommt man zum Schluss, dass entweder wenig oder nur selten Moves in Richtung Standardpol stattfinden (dies würde v. a. Fall 2 betreffen) oder dass Moves in Richtung Standardpol oft Moves in Richtung Dialektpol folgen (dies würde sowohl Fall 1 als auch Fall 2 betreffen, ist aber in Fall 1 sicherlich ersichtlicher und facettenreicher), liegt ein zweiter Hinweis darauf vor, dass es für L1S mühsam ist, von Sprachgewohnheiten abzuweichen. Dieser würde sich dann aber nicht nur auf die Verletzung von Regularitäten des gesprochenen Deutschen, wie oben im Zusammenhang mit als xenolektal interpretierbarer Variation thematisiert wurde, sondern allgemein auf die Gewohnheiten beziehen, den Variationsraum von Dialekt bis Standardsprache zu nutzen. Wie schwierig es für L1S wohl ist, nicht-standardkonforme Sprachgewohnheiten im Gespräch mit L2S abzulegen, ist auf der sprachlich-interaktionalen Oberfläche anhand von Features, die offenbar für sowohl an Interaktionen Beteiligte als auch an Interaktionen sprachwissenschaftlich Interessierte salient sind, besonders gut zu beobachten – im Hinblick auf die vorliegende Untersuchung, in der der L1S-Deutschgebrauch in

Mittelbairisch-(Ober-)Österreich zentral ist, sei diesbezüglich der stark fluktuierende /a/- und /l/-Gebrauch genannt (s. v. a. Kapitel 5). Gesprächsausschnitten oder Analyse(einheit)en zufolge, in denen xenolektale Variationsaspekte mit dialektalen bzw. dialektnahen oder mit standardsprachlichen bzw. standardnahen zusammenfließen, bilden eine eigene Variationsraums-Nutzungs-Kategorie oder doch auch nicht, denn auf einen *diffusen Mix aus erwartbarer(er) und wenig(er) erwartbarer Variation* weisen auch solche hin. An dieser Stelle sei noch auf die Möglichkeit hingewiesen, dass, wenn für L1S die normspektrale Bespielung des Variationsraums von Dialekt bis Standardsprache mit einer Abweichung von den eigenen Sprachgewohnheiten einhergeht – was in der vorliegenden Untersuchung offensichtlich der Fall ist –, man daraus schließen könnte, dass ein normspektraler Sprachgebrauch gegenüber L2S per se xenolektal ist.

Was im Anschluss an die vorliegende Untersuchung mit Sicherheit gesagt werden kann, ist, (1) dass L1S wesentlich häufiger von sich aus Variation anbieten als L2S diese einfordern und (2) dass der *interaktional und situational modifizierte DSK-Input* von L1S gegenüber L2S weder als nur dialektal oder dialektnah noch als nur standardsprachlich oder standardnah noch als nur xenolektal beschrieben werden kann, weshalb die Diskussion nur bestimmter Aspekte bezüglich der Variation des Deutschen im Zusammenhang mit der Vermittlung und Aneignung des Deutschen als Zweitsprache zu kurz greift. Deutschlernende bekommen es offensichtlich mit Variationsausschnitten zu tun, die wohl in keiner Lehr- und Lernunterlage zur Deutschaneignung zu finden sind, ob sie in solchen dargestellt werden können und sollen, ist eine andere Frage, deren Beantwortung je nach epistemologischer, sprachphilosophischer, (sprach-)bildungspolitischer, aber auch ideologischer Ausrichtung verschieden ausfallen kann. Ökonomische Aspekte spielen hierbei sicherlich auch noch eine Rolle. Deutschlernende bekommen es der vorliegenden Untersuchung folgend aber auch nicht nur mit Variation (des Deutschen) zu tun, die in der germanistischen (Sozio-)Linguistik im Mittelpunkt steht (vgl. hierzu z. B. Herrgen / Schmidt 2019). Spätestens im Anschluss an das vorliegende Forschungsprojekt ist einzusehen, dass (1) (Aus-)Bildung sich nicht nur am Pol (deutsche) Standardsprache orientiert und (2) Formen von Mobilität, wie z. B. (Globalisierung, Digitalisierung, Medienkonsum oder) Migration, aber auch die bloße Anwesenheit von Migrant:innen oder L2S den Deutschgebrauch prägen, der denselben als Input dienen kann.

Aus der Zusammenschau der im Rahmen vorliegender Arbeit analysierten Belege ergibt sich nicht unbedingt, dass sich das Auftreten bestimmter (Modifizierungs- und oder Stabilisierungs-)Phänomene auf Situationen mit normal- oder problemprogressiver Charakteristik beschränken lässt. Vielmehr

6 Schlussbetrachtung

veranschaulichen sie, dass es L1S gibt, die sich im Gespräch mit L2S im Variationsraum von Dialekt bis Standardsprache viel und öfter bewegen, und dass es L1S gibt, die sich in L1S-L2S-Gesprächskonstellationen wenig oder weniger oft bewegen. Letztere tendieren wohl dazu, (nur) dann den Standardpol anzusteuern, wenn Situationen auftreten, in denen es Probleme gibt oder solche zu entstehen drohen, und erstere in ähnlichen Situationen dazu, die Bemühungen zu intensivieren, dem Standardpol zu entsprechen oder zumindest noch näher zu kommen. Die Frage, ob in Situationen mit normal- oder problemprogressiver Charakteristik eher fach- bzw. berufsbezogene oder sprachbezogene Inhalte vermittelt werden, ist (zumindest im Anschluss an die vorliegende Untersuchung) kaum zu beantworten. Weder die Vermittlung entweder nur fach- bzw. berufsbezogener Inhalte oder nur sprachbezogener Inhalte noch das Hand-in-Hand-Gehen von fach- bzw. berufsbezogener und sprachbezogener Inhaltsvermittlung kann in solchen Situationen ausgeschlossen werden. Die vorliegende Untersuchung zeigt, dass in Situationen, in denen L1S und L2S zwischenmenschliche Beziehungen pflegen, die Vermittlung sprachlicher Inhalte am deutlichsten zu erkennen ist, und dass diese Inhalte nicht notwendigerweise standardsprachlich oder standardkonform sein müssen.

Vielleicht kann eine Validierung und/oder Weiterentwicklung der sechs DSK-Emergenz-Hypothesen, die im Folgenden erneut aufgegriffen werden, einen Beitrag dazu leisten, (noch) besser zu verstehen, was, wann und auf welche Art und Weise im DSK involvierte L1S des Deutschen Deutschlernenden vermitteln. (1) Die In-Schwung-Sein-Hypothese besagt, dass die Modifizierung eines Elements in (irgend-)einem sprachlich-systematisierbaren Bereich in Richtung eines DSK-Pols der Grund dafür ist, warum sich die Phänomenlage bezüglich anderer sprachlich-systematisierbarer Bereiche ebenso in dieselbe Richtung gehend darstellt bzw. darstellen lässt. Ein gutes Beispiel dafür sind Moves in Richtung Standardpol im phonetisch-phonologischen Bereich, die im betreffenden Gesprächsbeitrag gemeinsam mit standardnaher Morphosyntax auftreten. Phonetisch-phonologische Moves in Richtung Dialektpol, die mit dialektnaher Morphosyntax einhergehen, stellen selbstverständlich ein ebenso gutes Beispiel dar. Diese beiden Beispiele legen nahe, dass es leicht ist, zu erkennen, von welchem sprachlich-systematisierbaren Bereich das In-Schwung-Sein ausgeht und auf welchen oder welche sprachlich-systematisierbare Bereiche sich die Manifestation des In-Schwung-Seins bezieht. In ihnen ist die Modifizierung auf der phonetisch-phonologischen Beschreibungsebene der Auslöser und die morphosyntaktische Phänomenlage der Effekt. Allerdings treten Fälle auf, bei denen nicht mit Sicherheit gesagt werden kann, was in welchem sprachlich-systematisierbaren Bereich als der Auslöser und was in welchem sprachlich-systematisierbaren

Bereich als Manifestation des In-Schwung-Seins zu verstehen ist. Eine solche Frage stellt sich dann, wenn auf der sprachlich-interaktionalen Oberfläche mehr als eine Modifizierung ins Spiel kommt. Für den Fall, dass diese Hypothese nur auf einen sprachlich-systematisierbaren Bereich bezogen werden möchte, lässt sich die Frage nach dem Auslöser und dem Effekt möglicherweise leichter beantworten. (2) Die Perifokal-Hypothese ist im Anschluss an die vorliegende Untersuchung mit Moves in Richtung Dialektpol in Verbindung zu bringen. Sie besagt, dass Gesprächselemente oder -segmente eines Gesprächsbeitrags, die nicht Teil einer Kernaussage sind, sich dadurch auszeichnen, vom Standardpol weiter entfernt zu sein als jene Gesprächselemente oder -segmente eines Gesprächsbeitrags, die zur Kernaussage gehören. Es stellt sich die Frage, ob es auch Fälle gibt, in denen Moves in Richtung Standardpol eine Rolle spielen, wenn keine Kernaussage betroffen ist. (3) Die Pingpong-Hypothese besagt, dass das Hin-und-Her zwischen zwei Varianten – z. B. von /a/ oder /l/ – dem Hin-und-Her zwischen Beibehaltung und Abweichung von eigenen Sprachgewohnheiten entspricht. Diese Hypothese basiert auf der Annahme, dass das Ablegen von Sprachgewohnheiten mühsam ist, aber dennoch im Gespräch mit L2S zumindest in bestimmen Fällen für wichtig erachtet wird. Obwohl in der vorliegenden Untersuchung die Sprachgewohnheiten der L1S als dialektnah und das Abweichen davon als standardnah dargestellt wird, ist nicht auszuschließen, dass die Pingpong-Hypothese auch bei Gesprächspartner:innen von L2S zum Tragen kommt, deren Sprachgewohnheiten standardnäher sind als jene der hier fokussierten Gewährspersonen mit Deutsch als L1. (4) Die Kookkurrenzkonflikt-Hypothese besagt, dass Modifizierungen dann vorgenommen werden, wenn ein Variationsausschnitt auf der sprachlich-interaktionalen Oberfläche aufgetreten ist oder in Kürze zu entstehen droht, der zumindest in einem bestimmten Moment für L1S im Variationsraum von Dialekt bis Standardsprache nicht akzeptiert wird. In der vorliegenden Untersuchung wurde diese Hypothese anhand von Gesprächsbeiträgen entwickelt, in denen L1S von ihnen selbst stammende Gesprächselemente oder -Segmente überarbeiten, was nicht bedeuten soll, dass auszuschließen ist, dass die Kookkurrenzkonflikt-Hypothese auch in Fällen zum Tragen kommen kann, die sich durch die Überarbeitung eines Gesprächsbeitrags von L2S auszeichnen. Hinsichtlich Fragen zum Deutschinput, den L2S von L1S erhalten, sind es selbstverständlich entsprechende Modifizierungen von L1S, die relevant sind. Dass L2S während einer Äußerung in einen Kookkurrenzkonflikt geraten, kann freilich auch nicht ausgeschlossen werden, doch dies spielt(e) in der vorliegenden Untersuchung keine Rolle. (5) Die Standardkonformitätshervorhebungs-Hypothese besagt, dass die Hervorhebung von Standardkonformität mit der Markierung von inhaltlich Substanziellem

6 Schlussbetrachtung

bzw. der Kernaussage zu tun hat, aber auch jenem – wenn auch nur kurzzeitigen – L1S-Bemühen geschuldet ist, im Gespräch mit Deutschlernenden den Standardpol nicht aus dem Blick verlieren zu wollen. Je weniger L1S in der Lage oder es gewohnt sind, sich im standardnahen Bereich des DSK zu bewegen, desto eher kommt wohl in entsprechenden Gesprächsbeiträgen Variation zum Tragen, die als xenolektal interpretiert werden kann. (6) Die Plurinationalität-als-Ausnahmeerscheinung-Hypothese ist quasi-selbstredend – sie besagt, dass das Variationsparadigma sprachlicher Plurizentrizität plurinationaler Lesart hinsichtlich Modifikationen im Sprachgebrauch von L1S gegenüber L2S kaum eine Rolle spielt. In der vorliegenden Untersuchung betrifft dies v. a. lexikalische Variation bzw. Alternativität, die in jener generell am wenigsten auffällt.

Bibliographie

Ahrenholz, Bernt / Oomen-Welke, Ingelore (Hg.) (2017): Deutsch als Zweitsprache. 4. Auflage (= Deutschunterricht in Theorie und Praxis 9). Baltmannsweiler: Schneider.
Ammon, Ulrich (2003): Dialektschwund, Dialekt-Standard-Kontinuum, Diglossie: Drei Typen des Verhältnisses Dialekt – Standardvarietät im deutschen Sprachgebiet. In: Androutsopoulos, Jannis K. / Ziegler, Evelyn (Hg.): „Standardfragen". Soziolinguistische Perspektiven auf Sprachgeschichte, Sprachkontakt und Sprachvariation (VarioLingua 18). Frankfurt am Main [u. a.]: Lang, 163–171.
Ammon, Ulrich (2005): Standard und Variation: Norm, Autorität, Legitimation. In: Eichinger, Ludwig M. / Kallmeyer, Werner (Hg.): Standardvariation. Wie viel Variation verträgt die deutsche Sprache? (= IDS Jahrbuch 2004). Berlin / New York: de Gruyter, 28–40.
Ammon, Ulrich / Bickel, Hans / Lenz, Alexandra N. (2016): Variantenwörterbuch des Deutschen. Die Standardsprache in Österreich, der Schweiz, Deutschland, Liechtenstein, Luxemburg, Ostbelgien und Südtirol sowie Rumänien, Namibia und Mennonitensiedlungen. 2. Auflage. Berlin / Boston: Gruyter.
Auer, Peter (1986): Konversationelle Standard/Dialekt-Kontinua (Code-Shifting). In: Deutsche Sprache 14, 97–124.
Auer, Peter (1990): Phonologie der Alltagssprache. Eine Untersuchung zur Standard/Dialekt-Variation am Beispiel der Konstanzer Stadtsprache. Berlin / New York: de Gruyter.
Auer, Peter (1993): Zur Verbspitzenstellung im Gesprochenen Deutsch. In: *Deutsche Sprache* 3. Erich Schmidt, 193–222.
Auer, Peter (1999): Sprachliche Interaktion. Eine Einführung anhand von 22 Klassikern. Tübingen: Max Niemeyer.
Auer, Peter (2010): Zum Segmentierungsproblem in der Gesprochenen Sprache, In: InLiSt – *Interaction* and Linguistic Structures 49, 1–19. Online: http://www.inlist.uni-bayreuth.de/ [letzter Zugriff: 08.04.2024].
Auer, Peter (2014): Anmerkungen zum Salienzbegriff in der Soziolinguistik. In: Linguistik online 66/4, 7–20. Online: https://bop.unibe.ch/linguistik-online/issue/view/388 [letzter Zugriff: 08.04.2024].
Auer, Peter (2015): The Temporality of Language in Interaction: Projection and Latency. In: Deppermann, Arnulf / Günthner, Susanne (Hg.): Temporality in Interaction, Amsterdam / Philadelphia: John Benjamins, 27–56.

Auer, Peter (2020): Die Struktur von Redebeiträgen und die Organisation des Sprecherwechsels. In: Birkner, Karin / Auer, Peter / Bauer, Angelika / Kotthoff, Helga (Hg.): Einführung in die Konversationsanalyse. Berlin / Boston: de Gruyter.

Auer, Peter / Barden, Birgit / Großkopf, Beate (2000): Long-Term Linguistic Accommodation an its Sociolinguistic Interpretation: Evidence from the Inner-German Migration After the *Wende*. In: Mattheier, Klaus (Hg.): *Dialect and Migration in a Changing Europe* (= VarioLingua 12). Frankfurt am Main [u. a.]: Lang, 79–98.

Barbour, Stephen / Stevenson, Patrick (1998): Variation im Deutschen. Soziolinguistische Perspektiven. Berlin / New York: de Gruyter.

Bauer, Angelika (2020): Reparaturen. In: Birkner, Karin / Auer, Peter / Bauer, Angelika / Kotthoff, Helga (Hg.): Einführung in die Konversationsanalyse. Berlin / Boston: de Gruyter, 331–414.

Berend, Nina: Regionale Gebrauchsstandards – Gibt es sie und wie kann man sie beschreiben?. In: Eichinger, Ludwig M. / Kallmeyer, Werner (Hg.): Standardvariation. Wie viel Variation verträgt die deutsche Sprache? (= IDS Jahrbuch 2004). Berlin / New York: de Gruyter, 143–170.

Berndt, Annette (2000): Senioren lernen Deutsch: 13 Grundgedanken. In: German as a Foreign Language. Online: http://www.gfl-journal.de/3-2000/berndt.pdf [letzter Zugriff: 08.04.2024].

Berndt, Annette (2002): Sprachenlernen im Laufe des Lebens bis ins höhere Alter. In: bulletin vals-asla Sonderheft zur IDT 2001 in Luzern, 87–90.

Berndt, Annette (2003): Sprachenlernen im Alter. Eine empirische Studie zur Fremdsprachengeragogik. München: Iudicum.

Berthele, Raphael (2010): Dialekt als Problem oder Potenzial? Überlegungen zur Hochdeutschoffensive in der deutschen Schweiz aus Sicht der Mehrsprachigkeitsforschung. In: Bitter Bättig, Franziska / Tanner, Albert (Hg.): Sprachen lernen – durch Sprache lernen. Zürich: Seismo, 37–52.

Biffl, Gudrun / Skrivanek, Isabella (2015): Jugendliche mit Migrationshintergrund in der Lehre. Strukturen, Barrieren, Potentiale. Studie finanziert von der Arbeiterkammer Wien. Studienreihe Migration und Globalisierung. Krems: Edition Donau-Universität Krems.

Birkner, Karin (2020a): Grundlegendes. In: Birkner, Karin / Auer, Peter / Bauer, Angelika / Kotthoff, Helga (Hg.): Einführung in die Konversationsanalyse. Berlin / Boston: de Gruyter, 3–31.

Birkner, Karin (2020b): Sequenzstruktur. In: Birkner, Karin / Auer, Peter / Bauer, Angelika / Kotthoff, Helga (Hg.): Einführung in die Konversationsanalyse. Berlin / Boston: de Gruyter, 236–330.

Blaschitz, Verena / Perner, Kevin R. / Grabenberger, Hanna / Weichselbaum, Maria / Dirim, İnci / Templ, Viktoria (2020): Die Aneignung von Deutsch als Zweitsprache im Dialekt-Standard-Kontinuum. In: Zielsprache Deutsch 2. Stauffenburg, 3–20.

BMI (2015): Asylstatistik. Online: https://www.bmi.gv.at/301/Statistiken/files/Jahresstatistiken/Asyl_Jahresstatistik_2015.pdf [letzter Zugriff: 08.04.2024].

BMI (2020): Asylstatistik. Online: https://www.bmi.gv.at/301/Statistiken/files/Jahresstatistiken/Asyl_Jahresstatistik_2020.pdf [letzter Zugriff: 08.04.2024].

Boettcher, Wolfgang (2008): Glossar zur „linguistischen Gesprächsanalyse". Online: https://homepage.ruhr-uni-bochum.de/wolfgang.boettcher/dokumente/s-ga-glossar.doc [letzter Zugriff: 08.04.2024].

Brinker, Klaus / Antos, Gerd / Heinemann, Wolfgang / Sager, Sven F. (2000): Text- und Gesprächslinguistik. Ein internationales Handbuch zeitgenössischer Forschung (HSK 16.1). Berlin / New York: de Gruyter.

Busch, Brigitta (2013): Mehrsprachigkeit. Wien: Facultas.

Bußmann, Hadumod (1990): Lexikon der Sprachwissenschaft. 2. Auflage. Stuttgart: Kröner.

Buttaroni, Susanna / Knapp, Alfred (1988): Fremdsprachenwachstum. Wien: Fernkurse der Wiener Volkshochschulen.

Chi, Do. N. (2016). Intake in second language acquisition. Hawaii Pacific University TESOL Working Paper Series 14, 76–89.

Chomsky, Noam (1965): Aspects of the Theory of Syntax. Cambridge / Massachusetts: The M.I.T. Press.

Christen, Helen (1998): Dialekt im Alltag. Eine empirische Untersuchung zur lokalen Komponenten heutiger schweizerdeutscher Varietäten (= Germanistische Linguistik 201). Tübingen: Niemeyer.

Christen, Helen (2019): Alemannisch in der Schweiz. In: Herrgen, Joachim / Schmidt, Jürgen E. (Hg.): Sprache und Raum Ein internationales Handbuch der Sprachvariation (= HSK 30.4). Berlin / Boston: de Gruyter, 246–279.

Cindark, Ibrahim / Bauer, Kerstin (2017): Abschlussbericht zur ethnographisch-sprachwissenschaftlichen Begleitung einer gastronomischen Fördermaßnahme für Flüchtlinge („Gastro") im Rhein-Neckar-Rau. Mannheim: IDS. Online: https://ids-pub.bsz-bw.de/frontdoor/index/index/docId/7651 [letzter Zugriff: 08.04.2024].

Cindark, Ibrahim / Hünlich, David (2017): Abschlussbericht zur ethnographisch-sprachwissenschaftlichen Begleitung der Fördermaßnahme „Perspektive für Flüchtlinge Plus (PerFPlus)". Mannheim: IDS. Online: https://ids-pub.bsz-bw.de/frontdoor/index/index/docId/6755 [letzter Zugriff: 08.04.2024].

Cummins, Jim (1979): Cognitive/Academic Language Proficiency, Linguistic Interdependence, the Optimum Age Question and Some Other Matters. In: Working Papers on Bilingualism 19, 198–205.

Dannerer, Monika (2018): Sprachwahl, Sprachvariation und Sprachbewertung an der Universität. In: Deppermann, Arnulf / Reineke, Silke (Hg.): Sprache im kommunikativen Interaktiven und kulturellen Kontext (= Germanistische Sprachwissenschaft um 2020). Berlin / Boston: de Gruyter, 169–192.

Dannerer, Monika / Dirim, İnci / Döll, Marion / Grabenberger, Hanna / Perner, Kevin R. / Weichselbaum, Maria (2021): Variation im Deutschen: Grundlagen und Vorschläge für den Regelunterricht (= FörMig Material 11). Münster / New York: Waxmann.

Dannerer, Monika / Vergeiner, Philip C. (2019): (Un)Sicherheit, (In)Konsistenz und vielerlei Maß. Zur Form und Aussagekraft von (Sprach-)Normformulierungen in Interviews. In: Zeitschrift für Germanistische Linguistik 47/3, 483–506.

De Cillia, Rudolf (2014): Österreichisches Deutsch und Plurizentrik. In: IDE 38/3, 9–19.

De Cillia, Rudolf / Ransmayr, Jutta (2019): Österreichisches Deutsch macht Schule. Bildung und Deutschunterricht im Spannungsfeld von sprachlicher Variation und Norm. Wien / Köln / Weimar: Böhlau.

De Cillia, Rudolf / Wodak, Ruth / Rheindorf, Markus / Lehner, Sabine (2020): Österreichische Identitäten im Wandel. Empirische Untersuchungen zu ihrer diskursiven Konstruktion 1995–2015. Wiesbaden: Springer.

Deppermann, Arnulf (2008): Gespräche analysieren. Eine Einführung. 4. Auflage (= Qualitative Sozialforschung 3). Wiesbaden: VS Verlag für Sozialwissenschaften.

Deppermann, Arnulf (2014): Konversationsanalyse: Elementare Interaktionsstrukturen am Beispiel der Bundespressekonferenz. In: Staffeldt, Sven / Hagemann, Jörg (Hg.): Pragmatiktheorien. Analysen im Vergleich (Stauffenburg Einführungen 27). Tübingen: Stauffenburg, 19–47.

Deppermann, Arnulf / Cindark, Ibrahim (2018): Instruktion und Verständigung unter fragilen Interaktionsbedingungen: Gesprächsanalytische Untersuchungen zu beruflichen Qualifizierungsmaßnahmen für Flüchtlinge. In: Deppermann, Arnulf / Cindark, Ibrahim / Hünlich, David / Eichinger, Ludwig M. (Hg.): Flüchtlinge in Deutschland: Sprachliche und kommunikative Aspekte. (= Deutsche Sprache 3). Berlin: Erich Schmidt, 245–288.

Deppermann, Arnulf / Cindark, Ibrahim / Hünlich, David / Eichinger, Ludwig M. (Hg.) (2018): Flüchtlinge in Deutschland: Sprachliche und kommunikative Aspekte (= Deutsche Sprache 3). Berlin: Erich Schmidt.

Dirim, İnci / Auer, Peter (2004): Türkisch sprechen nicht nur die Türken. Über die Unschärfebeziehung zwischen Sprache und Ethnie in Deutschland (= Linguistik – Impulse & Tendenzen 4). Berlin / New York: de Gruyter.

Dirim, İnci / Eder, Ulrike / Springsits, Birgit (2013): Subjektivierungskritischer Umgang mit Literatur in migrationsbedingt multilingual-multikulturellen Klassen der Sekundarstufe. In: Gawlitzek, Ira / Kümmerling-Meibauer, Betina (Hg.): Mehrsprachigkeit und Kinderliteratur. Stuttgart: Fillibach bei Klett, 121–141.

Dornmayr, Helmut / Nowak, Sabine (2016): Lehrlingsausbildung im Überblick 2016. Strukturdaten, Trends und Perspektiven. ibw-Forschungsbericht Nr. 188, Wien.

Dragojevic, Marko / Gasiorek, Jessica / Giles, Howard (2016): Accommodative Strategies as Core of the Theory. In: Giles, Howard (ed.): Communication accommodation theory. Negotiating personal relationships and social identities across contexts. Cambridge: Cambridge University Press, 36–59.

Dresing, Thorsten / Pehl, Thorsten (2018): MUSTER-Einwilligungserklärung für Interviews. Revision 2. Online: https://www.audiotranskription.de/interviews-dsgvo/ [letzter Zugriff: 02.11.2018].

Ebner, Jakob (2008): Österreichisches Deutsch. Mannheim [u. a]: Duden.

Efing, Christian (2014): Berufssprache & Co.: Berufsrelevante Register in der Fremdsprache. Ein varietätenlinguistischer Zugang zum berufsbezogenen DaF-Unterricht. In: Info DaF 41/4, 415–441.

Egbert, Maria (2009): Der Reparaturmechanismus in deutschen Gesprächen. Mannheim: Verlag für Gesprächsforschung.

Eller-Wildfeuer, Nicole / Wildfeuer, Alfred (2017): Doanagsindl *und* Woidhausmich: *Bairische Namen von Sagengestalten*. In: Namenkundliche Informationen 109/110, 174–187.

Elspaß, Stephan / Dürscheid, Christa (2017): Areale Variation in den Gebrauchsstandards des Deutschen. In: Konopka, Marek / Wöllstein, Angelika (Hg.). Grammatische Variation – empirische Zugänge und theoretische Modellierung. Berlin: de Gruyter, 85–104.

Ender, Andrea (2020): Zum Zusammenhang von Dialektkompetenz und Dialektbewertung in Erst- und Zweitsprache. In: Hundt, Markus / Kleene, Andrea / Plewnia, Albrecht / Sauer, Verena (Hg.): Regiolekte – Objektive Sprachdaten und subjektive Sprachwahrnehmung. Tübingen: Narr, 77–102.

Ender, Andrea (2022): Dialekt-Standard-Variation im ungesteuerten Zweitspracherwerb des Deutschen. Eine soziolinguistische Analyse zum Erwerb von Variation bei erwachsenen Lernenden (= DaZ-Forschung, Deutsch als Zweitsprache, Mehrsprachigkeit und Migration 27). Berlin / Boston: de Gruyter.

Ender, Andrea / Kaiser, Irmtraud (2009): Zum Stellenwert von Dialekt und Standard im österreichischen und Schweizer Alltag Ergebnisse einer Umfrage. ZGL. 39/2, 266–295.

Ender, Andrea / Kaiser, Irmtraud (2014): Diglossie oder Standard-Dialekt-Standard-Kontinuum? Zwischen kollektiver, individueller, wahrgenommener und tatsächlicher Sprachvariation in Vorarlberg und im bairischsprachigen Österreich. In: Erhart, Pascale / Bogatto, François-Xavier / Huck, Dominique (Hg.): Alemannische Dialektologie: Dialekte im Kontakt: Beiträge zur 17. Arbeitstagung für alemannische Dialektologie in Straßburg vom 26.–28.10.2011, 131–146.

Ender, Andrea / Kaiser, Irmtraud / Wirtz, Mason A. (2023): Standard- und Dialektbewertungen auf den Grund gehen: Individuelle Unterschiede und subjektive Theorien hinsichtlich Dialekt- und Standardaffinität bei Personen mit Deutsch als Zweitsprache im bairischsprachigen Österreich. In: Zeitschrift für Deutsch im Kontext von Mehrsprachigkeit 39/1+2, 8–24.

Ender, Andrea / Kasberger, Gudrun / Kaiser, Irmtraud (2017): Wahrnehmung und Bewertung von Dialekt und Standard durch Jugendliche mit Deutsch als Erst- und Zweitsprache. In: ÖDaF-Mitteilungen 33/1, 97–110.

Eser, Michaela (2016): Augsburger Nibelungenlied und -klage. Edition und Untersuchung der Nibelungen-Handschrift b (= Editio Bavarica 2). Friedrich Pustet.

Faistauer, Renate (2010): Die sprachlichen Fertigkeiten. In: Krumm, Hans-Jürgen / Fandrych, Christian / Hufeisen, Britta / Riemer, Claudia (Hg.): Deutsch als Fremd- und Zweitsprache. Ein internationales Handbuch (= HSK 35.1): Berlin / New York: de Gruyter, 961–969.

Ferguson, Charles A. (1971): Absence of Copula and the Notion of Simplicity: A Study of Normal Speech, Baby Talk, Foreigner Talk and Pidgins. In: Hymes, Dell (ed.): Pidginization and Creolization of Language. Cambridge: Cambridge University Press, 141–150.

Fiehler, Reinhard (1993): Spezifika der Kommunikation in Kooperation. In: Schröder, Hartmut (Hg.): Fachtextpragmatik. Tübingen: Narr, 343–357.

Garrod, Simon / Pickerung, Martin J. (2004): Why Is Conversation so Easy?. Trends in Cognitive Sciences 8/1, 8–11.

Gass, Susan M. / Selinker, Larry (2008): Second Language Acquisition. An Introductory Course. Third edition. New York / London: Routledge.

Gebhard, Christian (2012): Sprechtempo im Sprachvergleich: Eine Untersuchung phonologischer und kultureller Aspekte anhand von Nachrichtensendungen. Humboldt-Universität zu Berlin: Dissertation. Online: https://edoc.hu-berlin.de/handle/18452/17219 [letzter Zugriff: 08.04.2024].

Gerlach, Birgit / Grijzenhout, Janet (2000): Clitics from Different Perspectives. In: Gerlach, Birgit / Grijzenhout, Janet (ed.): Clitics in Phonology, Morphology and Syntax (= Linguistics Today 36). Amsterdam / Philadelphia: John Benjamins, 1–29.

Gerwinski, Jan / Linz, Erika (2018) Methodik II: Beobachterparadoxon – die Aufnahmesituation im Gespräch. In: Gerwinski, Jan / Habscheid, Stephan / Linz, Erika (Hg.): Theater im Gespräch. Sprachliche Publikumspraktiken in der Theaterpause. Berlin / Boston: de Gruyter, 105–163.

Giles, Howard / Ogay, Tania (2007): Communication Accommodation Theory. In: Whaley, Brian B. / Samter, Wendy (ed.): Explaining Communication. Contemporary Theories and Exemplars. Mawah / New Jersey: Lawrence Erlbaum, 293–310.

Girnth, Heiko (2019): Sprache und Raum im Deutschen: Von der Konstitutionsphase der Dialektologie bis zu ihrer pluridimensionalen Erweiterung im 20. Jahrhundert. In: Herrgen, Joachim / Schmidt, Jürgen E. (Hg.): Sprache und Raum Ein internationales Handbuch der Sprachvariation (= HSK 30.4). Berlin / Boston: de Gruyter, 1–28.

Givón, Talmy (1979): From Discourse to Syntax: Grammar as a Processing Strategy. In: Kimball, John P. / Givón, Talmy (ed.): Discourse and Syntax. New York [u. a.]: Academic Press, 81–112.

Glauninger, Manfred M. (2012): Zur Metasoziosemiose des ‚Wienerischen'. Aspekte einer funktionalen Sprachvariationstheorie. ZLL 166, 110–118.

Glauninger, Manfred M. (2014): Salienz und System. In: Linguistik online 66/4, 21–29. Online: https://bop.unibe.ch/linguistik-online/issue/view/388 [letzter Zugriff: 08.04.2024].

Glauninger, Manfred M. (2015): (Standard-)Deutsch in Österreich im Kontext des gesamtdeutschen Sprachraums. Perspektiven einer funktional dimensionierten Sprachvariationstheorie. In: Lenz, Alexandra N. / Glauninger, Manfred M. (Hg.): Standarddeutsch im 21. Jahrhundert Theoretische und empirische Ansätze mit einem Fokus auf Österreich (= Wiener Arbeiten zur Linguistik 1). Göttingen: V&R unipress, 11–57.

Glauninger, Manfred M. (2017): Zur Transformation des Zeichens Wienerisch und zur Medialität der deutschen Sprache in Wien. In: Lenz, Alexandra N. / Breuer, Ludwig Maximilian / Kallenborn, Tim / Ernst, Peter / Glauninger, Manfred M. / Patocka, Franz (Hg.): Bayerisch-österreichische Varietäten zu Beginn des 21. Jahrhunderts – Dynamik, Struktur, Funktion. 12. Bayerisch-Österreichische Dialektologentagung (= ZDL-Beihefte 167). Stuttgart: Franz Steiner, 113–132.

Glauninger, Manfred M. (2018): Zur Politizität von Sprache als Zeichen. Eine (meta-)semiotische Perspektivierung. In: Fábián, Annamária / Trost, Igor (Hg.): Sprachgebrauch in der Politik. Grammatische, lexikalische, pragmatische, kulturelle und dialektologische Perspektiven. Berlin / Boston: de Gruyter, 23–31.

Glück, Helmut / Rödel, Michael (2016): Metzler Lexikon Sprache. 5. Auflage. Stuttgart: Metzler.

Goffman, Erving (1955): On Face-Work. An Analysis of Ritual Elements in Social Interaction. In: Psychiatry. Interpersonal and Biological Processes 18/3, 213–231.

Gogolin, Ingrid; Lange, Imke (2011): Bildungssprache und Durchgängige Sprachbildung. In: Fürstenau, Sara; Gomolla, Mechtild (Hg.): Migration und schulischer Wandel: Mehrsprachigkeit. Wiesbaden: VS Verlag für Sozialwissenschaften, 107–127.

Gumperz, John J. (1964): Linguistic and Social Interaction in Two Communities. In: American Anthropologist 66/6, 137–153.

Hager, Maria (2021): Zur Konstruktion von Zugehörigkeit und Differenz im Kontext des Dialekt-Standard-Kontinuums in der Schule. Überlegungen zu ‚Beziehungssprache' als didaktisch-pädagogisches Instrument. In: Perner, Kevin / Prikoszovits, Matthias (Hg.): Deutsch und Kommunikation in der beruflichen Aus- und Weiterbildung in Österreich (= Sprache im Beruf 4/2). Stuttgart: Steiner, 166–183.

Hager, Maria (2023): Adressat_innenorientierte Code-Variation im Schulalltag. In: Zeitschrift für Deutsch im Kontext von Mehrsprachigkeit 39/1+2, 26–44.

Halliday, M. A. K. (2004): An Introduction to Functional Grammar. 3. Auflage. London: Hodder Arnold.

Hanke, Michael (2001): Kommunikation und Erzählung. Zur narrativen Vergemeinschaftungspraxis am Beispiel konversationellen Traumerzählens. Würzburg: Königshausen & Neumann.

Herrgen, Joachim / Schmidt, Jürgen E. (Hg.) (2019): Sprache und Raum Ein internationales Handbuch der Sprachvariation (= HSK 30.4). Berlin / Boston: de Gruyter.

Hinnenkamp, Volker (1982): „Türkisch Mann, Du?" Sprachverhalten von Deutschen gegenüber Gastarbeitern. In: Bausch, Karl-Heinz (Hg.): Mehrsprachigkeit in der Stadtregion: Jahrbuch 1981 des Instituts für deutsche Sprache (= Sprache der Gegenwart 56). Düsseldorf: Schwann.

Hufeisen, Britta / Riemer, Claudia (2010): Spracherwerb und Sprachenlernen: In: Krumm, Hans-Jürgen / Fandrych, Christian / Hufeisen, Britta / Riemer, Claudia (Hg.): Deutsch als Fremd- und Zweitsprache. Ein internationales Handbuch (= HSK 35.1): Berlin / New York: de Gruyter, 738–753.

Imo, Wolfgang / Lanwer, Jens P. (2019): Interaktionale Linguistik. Eine Einführung. Berlin: Metzler.

Jeuk, Stefan (2015): Deutsch als Zweitsprache in der Schule. Grundlagen – Diagnose – Förderung. 3. Auflage. Stuttgart: Kohlhammer.

Kaiser, Irmtraud (2006): Warum sagt ma des? Code-Switching und Code-Shifting zwischen Dialekt und Standard in Gesprächen des österreichischen Fernsehens. In: ZDL 73/3, 275–300.

Kaiser, Irmtraud (2019): Dialekt-Standard-Variation in Deutsch bei mehrsprachigen Kindern in Österreich. In: ÖDaF-Mitteilungen 35/2, 68–84.

Kaiser, Irmtraud (2020): Zwischen Standardsprache und Dialekt: Variationsspektren und Variationsverhalten österreichischer Kindergartenkinder. In: Christen, Helen / Ganswindt, Brigitte / Herrgen, Joachim / Schmidt, Jürgen Erich (Hg.): Regiolekt – Der neue Dialekt? Akten des 6. Kongresses der Internationalen Gesellschaft für Dialektologie des Deutschen (IGDD). Stuttgart: Steiner (Zeitschrift für Dialektologie und Linguistik. Beihefte). 41–64.

Kaiser, Irmtraud (2022): Children's linguistic repertoires across dialect and standard speech: mirroring input or co-constructing sociolinguistic identities? In: Language Learning and Development 18/1, 41–61.

Kaiser, Irmtraud / Ender, Andrea / Kasberger, Gudrun (2019): Varietäten des österreichischen Deutsch aus der HörerInnenperspektive: Diskriminationsfähigkeiten und sozioindexikalische Interpretation. In: Bülow, Lars / Fischer, Ann K. / Herbert, Kristina (Hg.): Dimensions of Linguistic Space: Variation – Multilingualism – Conceptualisations. Dimensionen des sprachlichen Raums: Variation – Mehrsprachigkeit – Konzeptualisierung. Peter Lang, 341–362.

Kasberger, Gudrun / Gaisbauer, Stephan (2020): Varietätengebrauch und Spracheinstellungen in der kindgerichteten Sprache: Ergebnisse einer Untersuchung in Oberösterreich. In: Hundt, Markus / Kleene, Andrea / Plewnia, Albrecht / Sauer, Verena (Hg.): Regiolekte – Objektive Sprachdaten und subjektive Sprachwahrnehmung. Tübingen: Narr, 103–130.

Kasberger, Gudrun / Kaiser, Irmtraud (2019): „I red normal" – eine Untersuchung der varietätenspezifischen Sprachbewusstheit und -bewertung von österreichischen Kindern. In: Bülow, Lars / Fischer, Ann K. / Herbert, Kristina (Hg.): Dimensions of Linguistic Space:

Variation – Multilingualism – Conceptualisations. Dimensionen des sprachlichen Raums: Variation – Mehrsprachigkeit – Konzeptualisierung. Berlin u.a.: Peter Lang, 319–340

Kasberger, Gudrun / Kaiser, Irmtraud (2021): Sprachvorbild sein, und/aber authentisch bleiben? Lehramtsstudierende und ihre innere Mehrsprachigkeit: Gebrauch, Einstellungen und didaktische Implikationen. In: Perner, Kevin / Prikoszovits, Matthias (Hg.): Deutsch und Kommunikation in der beruflichen Aus- und Weiterbildung in Österreich (= Sprache im Beruf 4/2). Stuttgart: Steiner, 141–165.

Kehrein, Roland (2019): Areale Variation im Deutschen „vertikal". In: Herrgen, Joachim / Schmidt, Jürgen E. (Hg.): Sprache und Raum Ein internationales Handbuch der Sprachvariation (= HSK 30.4), 121–158.

Kleemann, Frank / Krähnke, Uwe / Matuschek, Ingo (2013): Interpretative Sozialforschung. Eine Einführung in die Praxis des Interpretierens. 2. Auflage. Wiesbaden: Springer.

Kleiner, Stefan / Knöbl, Ralf (2015): Das Aussprachewörterbuch. 7. Auflage. Berlin / Mannheim: Duden.

Koch, Günter (2019): Bairisch in Deutschland. In: Herrgen, Joachim / Schmidt, Jürgen E. (Hg.): Sprache und Raum Ein internationales Handbuch der Sprachvariation (= HSK 30.4). Berlin / Boston: de Gruyter, 279–318.

Koch, Peter / Oesterreicher, Wulf (1986): Sprache der Nähe – Sprache der Distanz. Mündlichkeit und Schriftlichkeit im Spannungsfeld von Sprachtheorie und Sprachgeschichte. In: Deutschmann, Olaf / Flasche, Hans / König, Bernhard / Kruse, Margot / Pabst, Walter / Stempel, Wolf-Dieter (Hg.): Romantisches Jahrbuch 36. Berlin / New York: de Gruyter, 15–43.

Koch, Peter / Oesterreicher, Wulf (2008): Mündlichkeit und Schriftlichkeit von Texten. In: Janich (Hg.). Textlinguistik. 15 Einführungen. Tübingen: Narr, 199–215).

König, Werner / Elspaß, Stephan / Möller, Robert (2019): dtv-Atlas Deutsche Sprache. 19. Auflage. München: dtv.

Krifka, Manfred (1999): Kasus-Synkretismus im Deutschen in typologischer Perspektive. Vortrag am Fachbereich Sprachwissenschaft der Universität Konstanz, 26. April 1999. Online: http://amor.cms.hu-berlin.de/~h2816i3x/Talks/Kasussynkretismus.pdf [letzter Zugriff: 08.04.2024].

Krumm, Hans-Jürgen / Fandrych, Christian / Hufeisen, Britta / Riemer, Claudia (Hg.) (2010): Deutsch als Fremd- und Zweitsprache. Ein internationales Handbuch (= HSK 35.1): Berlin / New York: de Gruyter.

Labov, William (1980): Einige Prinzipien linguistischer Methodologie. In: Labov, William (Übersetzung: Senft, Gunter): Sprache im sozialen Kontext. Königstein Fischer-Athenäum-Taschenbücher, 184–207. Online: https://pure.mpg.de/ [letzter Zugriff: 08.04.2024].

Lameli, Alfred (2006): Zur Historizität und Variabilität der deutschen Standardsprechsprache. In: OBST 71, 53–80.

Lenz, Alexandra N. (2010): Zum Salienzbegriff und zum Nachweis salienter Merkmale. In: Anders, Christina A. / Hundt, Markus / Lasch, Alexander (Hg.): Perceptual Dialectology. Neue Wege der Dialektologie (= Linguistik – Impulse & Tendenzen 38). Berlin / New York: de Gruyter.

Lenz, Alexandra N. (2019): Bairisch und Alemannisch in Österreich. In: Herrgen, Joachim / Schmidt, Jürgen E. (Hg.): Sprache und Raum Ein internationales Handbuch der Sprachvariation (= HSK 30.4). Berlin / Boston: de Gruyter, 318–363.

Löffler, Heinrich (2005): Wieviel Variation verträgt die deutsche Standardsprache? Begriffsklärung: Standard und Gegenbegriffe. In: Eichinger, Ludwig / Kallmeyer, Werner (Hg.). Standardvariation. Wie viel Variation verträgt die deutsche Sprache? (= IDS Jahrbuch 2004). Berlin / New York: de Gruyter, 7–27.

Luhmann, Niklas (1991): Soziale Systeme. Grundriß einer allgemeinen Theorie. 4. Auflage. Frankfurt am Main: Suhrkamp.

Maas, Utz (2012): Was ist Deutsch? Die Entwicklung der sprachlichen Verhältnisse in Deutschland. München: Wilhelm Fink.

Mezger, Verena / Schroeder, Christoph / Şimşek, Yazgül (2014): Elizitierung von Lernersprache: In: Settinieri, Julia / Demirkaya, Sevilen / Feldmeier, Alexis / Gültekin-Koç, Nazan / Riemer, Claudia (Hg.): Empirische Forschungsmethoden für Deutsch als Fremd- und Zweitsprache. Eine Einführung. Paderborn: Schöningh, 73–86.

Miethe, Ingrid (2010): Forschungsethik. In: Friebertshäuser, Barbara / Langer, Antje / Prengel, Anedore (Hg.): Handbuch Qualitative Forschungsmethoden in der Erziehungswissenschaft. Weinheim: Juventa, 927–937.

Moosmüller, Sylvia (1987): Soziophonologische Variation im gegenwärtigen Wiener Deutsch. Eine empirische Untersuchung (= ZDL-Beiheft 56). Wiesbaden: Steiner.

Moosmüller, Sylvia (1991): Hochsprache und Dialekt in Österreich. Soziophonologische Untersuchungen zu ihrer Abgrenzung in Wien, Graz, Salzburg und Innsbruck (= Sprachwissenschaftliche Reihe 1). Wien: Böhlau.

Moosmüller, Sylvia (2007): Vowels in Standard Austrian German. An Acoustic-Phonetic an Phonological Analysis. Universität Wien. Habilitationsschrift.

Moosmüller, Sylvia (2010): Die vorderen Vokale des Wiener Dialekts. In: Bergmann, Hubert / Glauninger, Manfred Michael / Wandl-Vogt, Eveline / Winterstein, Stefan (Hg.): Fokus Dialekt: Analysieren – Dokumentieren – Kommunizieren. Festschrift für Ingeborg Geyer zum 60. Geburtstag (= Germanistische Linguistik 199–201). Hildesheim / Zürich / New York: Olms, 279–288. Olms, Hildesheim, 279–288.

Muhr, Rudolf / Schrodt, Richard / Wiesinger, Peter (Hg.) (1995): Österreichisches Deutsch. Linguistische, sozialpsychologische und sprachpolitische Aspekte einer nationalen Variante des Deutschen. Wien: Hölder-Pichler-Tempsky.

ÖIF (o. J.): Fact Sheet 13. Aktuelles zu Migration und Integration. Migration und Arbeit. Online: https://www.integrationsfonds.at/publikationen/oeif-fact-sheets-archiv/ [letzter Zugriff: 08.04.2024].

Pabst, Christiane M. (Redaktion) (2018): ÖWB – Österreichisches Wörterbuch. Auf der Grundlage des amtlichen Regelwerks. Schulausgabe. Herausgegeben im Auftrag des Bundesministeriums für Bildung, Wissenschaft und Forschung. 43. Auflage. Wien: Österreichischer Bundesverlag.

Perner, Kevin R. (2015): Souverän? – Eine Untersuchung zum Konzept ‚native speaker'. In: ÖDaF-Mitteilungen 1, 32–50.

Perner, Kevin R. (2020): Die ‚Abwendung von Missverständnissen' und das Dialekt-Standard-Kontinuum. Konversationsanalytische Perspektiven auf die DaZ-Aneignung durch Lehrlinge im Rahmen der innerbetrieblichen Kommunikation in Oberösterreich. In: IDE 44/4. Innsbruck: StudienVerlag, 50–60.

Perner, Kevin R. (2023): Etwas mehr als eineinhalb Minuten im Variationsraum von Dialekt bis Standardsprache. Ein variations-/gesprächslinguistischer Blick auf den Dialekt-/Standard-Input innerhalb einer kurzen Zeitspanne am Beispiel des innerbetrieblichen

Deutschgebrauchs von Ausbildenden gegenüber deutschlernenden Lehrlingen im oberösterreichischen Mühlviertel. In: Zeitschrift für Deutsch im Kontext von Mehrsprachigkeit 39/1+2, 85–102.

Perner, Kevin R. / Brodnik, Caroline (2021): Xenolektale Variation im Dialekt-Standard-Kontinuum am Arbeitsplatz im mittelbairischen Kommunikationsraum. In: Perner, Kevin R. / Prikoszovits, Matthias (Hg.): Deutsch und Kommunikation im Beruf und in der beruflichen Aus- und Weiterbildung in Österreich (= Sprache im Beruf 4/2). Stuttgart: Steiner, 184–203.

Perner, Kevin R. / Dirim, İnci (2023): Hörverstehen nicht-standardkonformer Äußerungen von Erwachsenen mit Deutsch als Zweitsprache. In: Zeitschrift für Deutsch im Kontext von Mehrsprachigkeit 39/1+2, 70–84.

Perner, Kevin R. / Prikoszovits, Matthias (2021): Editorial. Deutsch und Kommunikation im Beruf und in der beruflichen Aus- und Weiterbildung in Österreich. In: Perner, Kevin R. / Prikoszovits, Matthias (Hg.): Deutsch und Kommunikation im Beruf und in der beruflichen Aus- und Weiterbildung in Österreich (= Sprache im Beruf 4/2). Stuttgart: Steiner, 137–140.

Pickering, Martin J. / Garrod, Simon (2004): Toward a Mechanistic Psychology of Dialogue. Behavioral and Brain Sciences 27/2, 169–226.

Pohl, Heinz D. (1997): Gedanken zum Österreichischen Deutsch (als Teil der „pluriarealen" deutschen Sprache). In: Muhr, Rudolf / Schrodt, Richard (Hg.): Österreichisches Deutsch und andere nationale Varietäten in Europa. Empirische Analysen. Wien: Hölder-Pichler-Tempsky, 67–88.

Purschke, Christoph (2014): „I remember it like it was interesting.". Zur Theorie von Salienz und Pertinenz. In: Linguistik online 66/4, 31–50. Online: https://bop.unibe.ch/linguistikonline/issue/view/388 [letzter Zugriff: 08.04.2024].

Purschke, Christoph (2015): Das Holz, die Axt, der Hieb. Über den Zusammenhang von Einstellung und Handeln am Beispiel des Handlungsschemas ‚Holz hacken'. In: Langhanke, Robert (Hg.): Sprache, Literatur, Raum. Festgabe für Willy Diercks. Bielefeld: Verlag für Regionalgeschichte, 145–162.

Reichertz, Jo (2011): Die Sequenzanalyse in der Hermeneutik. Unkorrigiertes Manuskript für das Methodenfestival in Basel. Online: https://www.sagw.ch/fileadmin/redaktion_sagw/dokumente/Veranstaltungen/2011/Methodenfestival/SequenzanalyseReichertzWilz.pdf [letzter Zugriff: 08.04.2024].

Reichertz, Jo (2013): Die Abduktion in der qualitativen Sozialforschung. Über die Entdeckung des Neuen. 2. Auflage. Wiesbaden: Springer VS.

Rein, Kurt (1983): Kontraktion in den deutschen Dialekten. In: Besch, Werner / Knoop, Ulrich / Putschke, Wolfgang / Wiegand, Herbert E. (Hg.): Dialektologie: Ein Handbuch zur deutschen und allgemeinen Dialektforschung (= HSK 1.2). Berlin / New York: de Gruyter, 1147–1153.

Rickheit, Gert (2005): Alignment und Aushandlung im Dialog. In: ZfP 213/3, 129–166.

Riehl, Claudia (2014): Sprachkontaktforschung. Eine Einführung. 3. Auflage. Tübingen: Narr.

Roche, Jörg (1998): Variation in Xenolects (Foreigner Talk). In: Sociolinguistica 12, 117–139.

Roche, Jörg (2005): Variation im Spracherwerb. In: DAAD (Hg): Germanistentreffen Deutschland – Großbritannien, Irland. 30.9–3.10.2004. Dokumentation der Tagungsbeiträge. Bonn: DAAD, 265–277.

Sacks, Harvey (1984): Notes on Methodology. In: Atkinson, John Maxwell / John Heritage (Hg.): Structures of Social Action. Cambridge: Cambridge University Press, 21–27.

Schaar, Katrin (2017): Die informierte Einwilligung als Voraussetzung für die (Nach-) nutzung von Forschungsdaten. Beitrag zur Standardisierung von Einwilligungserklärungen im Forschungsbereich unter Einbeziehung der Vorgaben der DS-GVO und Ethikvorgaben. (= RatSWD Working Paper Series 264). Online: http://hdl.handle.net/10419/162644 [letzter Zugriff: 08.04.2024].

Schegloff, Emanuel A. (2013): Ten Operations in Self-Initiated, Same-Turn Repair. In: Hayashi, Makoto / Raymond, Geoffrey / Sidnell, Jack (ed.): Conversational Repair and Human Understanding. Cambridge: Cambridge University Press, 41–70.

Schegloff, Emanuel A. / Jefferson, Gail / Sacks, Harvey (1977): The Preference for Self-Correction in the Organization of Repair in Conversation. In: Language 53, 361–382.

Scheuringer, Hermann (1985): Sprachstabilität und Sprachvariabilität im nördlichen oberösterreichischen Innviertel und im angrenzenden Niederbayern. Wien: Braumüller.

Scheuringer, Hermann (1990): Sprachentwicklung in Bayern und Osterreich. Eine Analyse des Substandardverhaltens der Stadte Braunau am Inn (Osterreich) und Simbach am Inn (Bayern) und ihres Umlandes. Hamburg: Buske.

Scheuringer, Hermann (2002): Die Realisierungen der historischen *a*-Laute in Altbayern und Österreich – Zwischen komplexer Wirklichkeit und handlichem Stereotyp. In: Wildfeuer, Alfred / Zehetner, Ludwig (Hg.): Bairisch in Bayern, Österreich, Tschechien (= Regensburger Dialektforum 1). Regensburg: edition vulpes, 69–83.

Scheuringer, Hermann (2005): Die lexikalische Situation des Standarddeutschen in Österreich. In: Cruse, D. Alan / Hundsnurscher, Franz / Job, Michael / Lutzeier, Peter Rolf (Hg.): Lexikologie. Ein internationales Handbuch zur Natur und Struktur von Wörtern und Wortschätzen 2. Berlin / New York: de Gruyter, 1196–1201.

Schirmunski, Vitor (1930): Volkskundliche Forschungen in den deutschen Siedlungen der Sowjet-Union. In: Brandsch, Gottlieb. (Hg.): Deutsche Volkskunde im ausserdeutschen Osten: vier Vorträge. Berlin: de Gruyter, 52–81.

Schmidt, Jürgen E. / Dammel, Antje / Girnth, Heiko / Lenz, Alexandra N. (2019): Sprache und Raum im Deutschen: Aktuelle Entwicklungen und Forschungsdesiderate. In: Herrgen, Joachim / Schmidt, Jürgen E. (Hg.): Sprache und Raum Ein internationales Handbuch der Sprachvariation (= HSK 30.4). Berlin / Boston: de Gruyter, 28–60.

Schmidt, Jürgen E. / Herrgen, Joachim (2011): Sprachdynamik. Eine Einführung in die moderne Regionalsprachenforschung (= Grundlagen der Germanistik 49). Berlin: Erich Schmidt.

Schwab, Götz / Schramm, Karen (2016): Diskursanalytische Auswertungsmethoden. In: Caspari, Daniela / Klippel, Friederike / Legutke, Michael K. / Karen Schramm (Hg.): Forschungsmethoden in der Fremdsprachendidaktik: Ein Handbuch Tübingen: Narr, 280–297.

Selinker, Larry (1972): Interlanguage. In: International Review of Applied Linguistics 10, 209–231.

Selting, Margret / Auer, Peter / Barth-Weingarten, Dagmar / Bergmann, Jörg / Bergmann, Pia / Birkner, Karin / Couper-Kuhlen, Elizabeth / Deppermann, Arnulf / Gilles, Peter /

Günthner, Susanne / Hartung, Martin / Kern, Friederike / Mertzlufft, Christine / Meyer, Christian / Morek, Miriam / Oberzaucher, Frank / Peters, Jörg / Quasthoff, Uta / Schütte, Wilfried / Stukenbrock, Anja / Uhmann, Susanne (2009): Gesprächsanalytisches Transkriptionssystem 2 (GAT 2). In: Gesprächsforschung – Online-Zeitschrift zur verbalen Interaktion 10, 353–402. Online: http://www.gespraechsforschung-ozs.de [letzter Zugriff: 08.04.2024].

Selting, Margret / Couper-Kuhlen, Elizabeth (2001): Forschungsprogramm ‚Interaktionale Linguistik'. In: Linguistische Berichte 187, 257–287.

Sick, Bastian (2004): Der Dativ ist dem Genitiv sein Tod (Folge 1). Ein Wegweiser durch den Irrgarten der deutschen Sprache. Köln: Kiepenheuer & Witsch.

Stevenson, Patrick / Horner, Kristine / Langer, Nils / Reershemius, Gertrud (2018): The German Speaking World. A Practical Introduction to Sociolinguistic Issues. Second edition. London / New York: Routledge.

Strobel, Thomas / Weiß, Helmut (2017): Möglichkeiten der Reduplikation des Indefinitartikels im Bairischen. In: Lenz, Alexandra N. / Breuer, Ludwig Maximilian / Kallenborn, Tim / Ernst, Peter / Glauninger, Manfred M. / Patocka, Franz (Hg.): Bayerisch-österreichische Varietäten zu Beginn des 21. Jahrhunderts – Dynamik, Struktur, Funktion. 12. Bayerisch-Österreichische Dialektologentagung (= ZDL-Beihefte 167). Stuttgart: Franz Steiner, 71–88.

Stubkjær, Flemming Talbo (1997): Das Präsensparadigma der starken Verben im Österreichischen Deutsch. In: Muhr, Rudolf / Schrodt, Richard (Hg.). Österreichisches Deutsch und andere nationale Varietäten in Europa. Empirische Analysen. Wien: Hölder-Pichler-Tempsky, 199–210.

Szigetvari, András (2017): Lehrlinge als Asylwerber. „Die gut Integrierten müssen gehen". In: derstandard.at 09.12.2017. Online: https://www.derstandard.at/story/2000069844006/lehrlinge-als-asylwerber-die-gut-integrierten-muessen-gehen [letzter Zugriff: 08.04.2024].

Terrasi-Haufe, Elisabetta / Börsel, Anke (Hg.) (2017): Sprache und Sprachbildung in der beruflichen Bildung (= Sprachliche Bildung 4). Münster / New York: Waxmann.

The Leipzig Glossing Rules (2015): Conventions for Interlinear Morpheme-by-Morpheme Glosses. Online: https://www.eva.mpg.de/lingua/pdf/Glossing-Rules.pdf [letzter Zugriff: 08.04.2024].

Trubetzkoy, Nikolai S. (1958): Grundzüge der Phonologie. Göttingen 1958.

Vergeiner, Philip C. (2021): Bewertungen – Erwartungen – Gebrauch. Sprachgebrauchsnormen zur inneren Mehrsprachigkeit an der Universität (= ZDL-Beihefte 184). Stuttgart: Steiner.

Vollmann, Ralf / Thorsten Seifter / Bettina Hobel / Florian Pokorny (2015): /l/-Vokalisierung in der Steiermark. In: JournaLIPP 4., 13–25.

Weiss, Andreas (1982): Sprachgebrauch in Ulrichsberg/Oberösterreich. Eine Pilotstudie in kommunikativer Dialektologie. In: Besch, Werner / Knoop, Ulrich / Putschke, Wolfgang / Wiegand, Herbert E. (Hg.): Dialektologie: Ein Handbuch zur deutschen und allgemeinen Dialektforschung (= HSK 1.1), Berlin / New York: de Gruyter, 375–396.

Weiß, Helmut (1998): Syntax des Bairischen. Studien zur Grammatik einer natürlichen Sprache (= Linguistische Arbeiten 391). Tübingen: Max Niemeyer.

Wiesinger, Peter (1983): Hebung und Senkung in den deutschen Dialekten. In: Besch, Werner / Knoop, Ulrich / Putschke, Wolfgang / Wiegand, Herbert E. (Hg.): Dialektologie. Ein

Handbuch zur deutschen und allgemeinen Dialektforschung (= HSK 1.2). Berlin / New York: de Gruyter, 1106–1110.

Wiesinger, Peter (1992): Zur Interaktion von Dialekt und Standardsprache in Österreich. In: van Leuvensteijn, Jan A. / Berns, Jan B. (Hg.): Dialect and Standard Language in the English, Dutch, German and Norwegian Language Areas. (= Afdeling Letterkunde: Verhandelingen. Nieuwe reeks 150). Amsterdam / New York: North-Holland, 290–311.

Wiesinger, Peter (2004): Die Dialektgeographie Oberösterreichs und ihre Geschichte. Mit 20 Karten. In: Gaisbauer, Stephan / Scheuringer, Hermann (Hg.): Linzerschnitten. Beiträge zur 8. Bayerisch-österreichischen Dialektologentagung, zugleich 3. Arbeitstagung zu Sprache und Dialekt in Oberösterreich, in Linz, September 2001. Linz: Adalbert-Stifter-Institut des Landes Oberösterreich, 15–61.

Wiesinger, Peter (2009): Die Standardaussprache in Österreich. In: Krech, Eva-Maria / Stock, Eberhard / Hirschfeld, Ursula / Andres, Lutz Christian (Hg.): Deutsches Aussprachewörterbuch. Berlin / New York, 229–258.

Wiesinger, Peter (2010): Deutsch in Österreich: Standard, regionale und dialektale Variation. In: Krumm, Hans-Jürgen / Fandrych, Christian / Hufeisen, Britta / Riemer, Claudia (Hg.): Deutsch als Fremd- und Zweitsprache. Ein internationales Handbuch (= HSK 35.1): Berlin / New York: de Gruyter, 360–372.

www 1 = (Glossar des) Queer Lexikon, https://queer-lexikon.net bzw. https://queer-lexikon.net/glossar/ [letzter Zugriff: 08.04.2024].

www 10 = DWDS: Kanister, https://www.dwds.de/wb/Kanister [letzter Zugriff: 08.04.2024].

www 11 = DWDS: passen, https://www.dwds.de/wb/passen [letzter Zugriff: 08.04.2024].

www 12 = DWDS: Marille, https://www.dwds.de/wb/Marille [letzter Zugriff: 08.04.2024].

www 13 = DWDS: tragisch, https://www.dwds.de/wb/tragisch [letzter Zugriff: 08.04.2024].

www 14 = DWDS: Etagere, https://www.dwds.de/wb/Etagere [letzter Zugriff: 08.04.2024].

www 2 = Bundesrecht konsolidiert: Gesamte Rechtsvorschrift für EU-Beitrittsvertrag – Akte – Protokoll Nr. 10, https://www.ris.bka.gv.at/GeltendeFassung.wxe?Abfrage=Bundesnormen&Gesetzesnummer=10007687 [letzter Zugriff: 08.04.2024].

www 3 = duden.de: Kontinuum, https://www.duden.de/rechtschreibung/Kontinuum [letzter Zugriff: 08.04.2024].

www 4 = krone.at 12.09.2018: „Asyl-Lehrlinge": Regierung stampft SPÖ-Erlass ein, https://www.krone.at/1769731 [letzter Zugriff: 08.04.2024].

www 5 = EXMARaLDA, https://exmaralda.org/de/ [letzter Zugriff: 08.04.2024].

www 6 = IDS: Verb-Pronomen-Folgen: *haben wir*, http://prowiki.ids-mannheim.de/bin/view/%20AADG/VerbPRO [letzter Zugriff: 08.04.2024].

www 7 = de.statista.com: Verteilung der Erwerbstätigen in Österreich nach Wirtschaftssektoren von 2010 bis 2020, https://de.statista.com/statistik/daten/studie/217608/umfrage/erwerbstaetige-nach-wirtschaftssektoren-in-oesterreich/#professional [letzter Zugriff: 08.04.2024].

www 8 = de.pons.com: alignment, https://de.pons.com/%C3%BCbersetzung/englisch-deutsch/alignment [letzter Zugriff: 08.04.2024].

www 9 = DWDS: egal, https://www.dwds.de/wb/egal [letzter Zugriff: 08.04.2024].

Zehetner, Ludwig (1985): Das bairische Dialektbuch. München: Beck.